奔驰车系混动系统结构原理与经典实例

杨军身　赵锦鹏　孙海平　主编

北方联合出版传媒（集团）股份有限公司
辽宁科学技术出版社

图书在版编目（CIP）数据

奔驰车系混动系统结构原理与经典实例 ／ 杨军身，
赵锦鹏，孙海平主编．— 沈阳：辽宁科学技术出版社，
2024.3
ISBN 978−7−5591−3254−3

Ⅰ．①奔… Ⅱ．①杨… ②赵… ③孙… Ⅲ．①混合
动力汽车−理论②混合动力汽车−案例 Ⅳ．①U469.7

中国国家版本馆CIP数据核字(2023)第197191号

出版发行：辽宁科学技术出版社
　　　　　（地址：沈阳市和平区十一纬路25号　邮编：110003）
印 刷 者：辽宁新华印务有限公司
经 销 者：各地新华书店
幅面尺寸：210mm×285mm
印　　张：31.75
字　　数：900千字
出版时间：2024年3月第1版
印刷时间：2024年3月第1次印刷
责任编辑：吕焕亮
封面设计：谷玉杰
责任校对：张　永
书　　号：ISBN 978−7−5591−3254−3
定　　价：150.00元

编辑电话：024−23284373
E−mail：atauto@vip.sina.com
邮购热线：024−23284626

前　言

　　新能源汽车产业作为新能源产业的重要组成部分，是我国重要的战略新兴产业，对实现碳达峰、碳中和目标具有重要的作用，新能源汽车产业迎来新的发展机遇。作为 BBA 成员之一的奔驰汽车公司大力发展新能源汽车，连续推出多款混动车型和纯电动车型。奔驰汽车公司是国内比较早把混动车型引进市场的汽车公司，2009 年就上市了奔驰 S400 HYBRID（W221），所以奔驰混动车型的保有量非常大，部分已开始进入维修期，鉴于此，我们编写了本书，供汽车维修人员参考。

　　本书有以下 3 个特点：

　　（1）车型全。本书汇集了大部分奔驰混动车型，例如，奔驰 S400 HYBRID（W221）、奔驰 S400 HYBRID（W222）、奔驰 C 级（W205）、奔驰 ML450 HYBRID 4MATIC、奔驰 GLE500e 4MATIC（X166）、奔驰 GLE 级（X167）、奔驰 E350e、奔驰 A250e、奔驰 B250e、奔驰 AMG GT63 SE 等。

　　（2）实用性和指导性强。书中介绍了很多奔驰混动车型的典型故障与维修提示，并且介绍了一些维修实例，奔驰汽车维修技师在碰到类似故障时可参考此书，因此本书的实用性和指导性均很强。

　　（3）可读性强。本书内容新颖，图文并茂，数据准确，通俗易懂，是一本价值很高的奔驰混动汽车维修图书。

　　本书由杨军身、赵锦鹏、孙海平主编。参与编写的有刘勤中、丁玉中、董玉江、鲁子南、钱树贵、艾明、付建、艾玉华、刘殊访、徐东静、黄志强、李海港、刘芳、李红敏、李彩侠、徐爱侠、李贵荣、胡凤、丁红梅、胡秀寒、李园园、刘金、李秀梅、徐畅、孙宗旺、鲁晶、梁维波、张丽、梁楠等。

在编写过程中，编者花费了大量的时间、精力，虽然在编写时对本书内容进行了仔细检查，但是由于编者水平有限，书中不当之处在所难免，欢迎广大读者对本书内容提出宝贵意见。

编　者

目　录

第一章　奔驰混合动力汽车基础知识 …………………………………………………………… 1

　　第一节　新能源汽车分类 ……………………………………………………………………… 1

　　第二节　奔驰插电式混合动力基础知识 …………………………………………………… 12

　　第三节　新能源汽车维修安全规范 ………………………………………………………… 32

　　第四节　高压车辆维修作业注意事项 ……………………………………………………… 34

　　第五节　绝缘电阻测量 ……………………………………………………………………… 40

　　第六节　在高压车辆上工作 ………………………………………………………………… 47

　　第七节　高压蓄电池车外评估 ……………………………………………………………… 53

　　第八节　高压蓄电池诊断说明 ……………………………………………………………… 60

第二章　奔驰 S400 HYBRID（W221）混合动力车型 ……………………………………… 75

　　第一节　概述 ………………………………………………………………………………… 75

　　第二节　子系统 ……………………………………………………………………………… 82

　　第三节　操作策略 …………………………………………………………………………… 96

　　第四节　车载电气系统 …………………………………………………………………… 109

　　第五节　高压互锁电路介绍和诊断 ……………………………………………………… 111

　　第六节　保养信息 ………………………………………………………………………… 117

　　第七节　经典实例和维修提示 …………………………………………………………… 122

第三章　奔驰 S 级（W222）混合动力车系 ……………………………………………… 159

　　第一节　奔驰 S400 HYBRID（W222）混合动力车型 ………………………………… 159

　　第二节　奔驰 S500 PLUG-IN HYBRID（W222）插电式混合动力车型 ……………… 213

　　第三节　奔驰 S560e（W222.173）混合动力车型 ……………………………………… 265

　　第四节　奔驰 S 级（W222）混合动力汽车典型故障与维修提示 …………………… 277

第四章　奔驰 C 级（W205）混合动力车系 ……………………………………… 303

第一节　奔驰 C 级（W205）混合动力结构 ……………………………… 303

第二节　奔驰 C 级（W205.047/147/247）插电式混合动力结构 ………… 331

第三节　奔驰 C 级（W205.047/147/247）插电式混合动力汽车经典实例与维修提示 ……… 340

第五章　奔驰 ML450 HYBRID 4MATIC 混合动力车型 ……………………… 342

第六章　奔驰 GLE500e 4MATIC（X166）混合动力车型 ……………………… 363

第七章　奔驰 GLE 级（X167）混合动力车系 …………………………………… 392

第一节　奔驰 GLE 新技术剖析 ………………………………………… 392

第二节　2020 年奔驰 GLE 级（X167）混合动力车系 …………………… 407

第三节　奔驰 GLE 级（X167）混合动力汽车典型故障与维修提示 ……… 414

第八章　奔驰 E 级（W213）混合动力车系 ……………………………………… 426

第一节　奔驰 E350e（W213.050）混合动力结构 ……………………… 426

第二节　奔驰 E 级（W213）混合动力汽车典型故障与维修提示 ………… 435

第九章　奔驰 A250e 和 B250e 混合动力车型 ………………………………… 443

第十章　奔驰 AMG GT63 SE 高性能混合动力车型 …………………………… 467

第一章　奔驰混合动力汽车基础知识

第一节　新能源汽车分类

新能源汽车主要分为以下 3 类（如图 1-1 所示）：

混合动力汽车（HEV），如图 1-2 所示。

纯电动汽车（BEV）。

燃料电池汽车（FCEV），如图 1-3 所示。

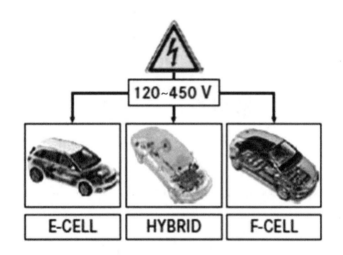

图 1-1

图 1-2

图 1-3

一、混合动力汽车（HEV）按混合方式分类

混合动力汽车，就是装备两种或两种以上动力来源的汽车，最常见的是只装备了发动机和电机的汽车，如图 1-4 所示。

图 1-4

1. 串联式混合动力（增程式混合动力），如图 1-5 所示。

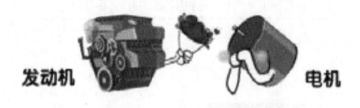

图 1-5

电机直接驱动车轮，发动机则用来驱动发电机给蓄电池充电，如图 1-6 所示。

图 1-6

串联式混合动力汽车经济省油，不依赖充电桩，发动机油耗低，功率浪费，不适合高速行驶，如图 1-7 所示。

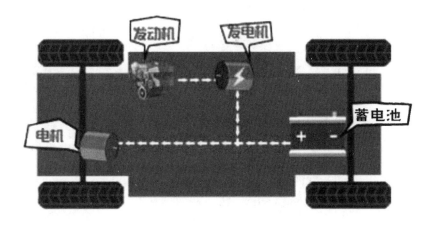

图 1-7

2. 并联式混合动力，如图 1-8 所示。

图 1-8

这里电机有双重身份，当电量低时它变成发电机充电，如图 1-9 所示，需要它驱动车轮时它变成驱动电机，如图 1-10 所示，但是它不能同时发电和驱动。

图 1-9

图 1-10

3

并联式混合动力汽车功率不浪费，集合了燃油汽车与电动汽车的优点，使用成本低，不能同时发电和驱动车轮，高速行驶时电耗高，如图 1-11 所示。

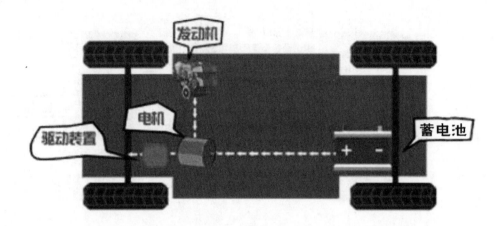

图 1-11

3. 混联式混合动力，以电机为主，发动机为辅，二者都能单独驱动车辆，如图 1-12 所示。

图 1-12

与并联式混合动力不同的是，混联式有两个电机：一个电机只负责驱动，如图 1-13 所示，还可以在电量低的时候给蓄电池充电，如图 1-14 所示；另一个电机可以帮着驱动车辆，如图 1-15 所示。

当然，要分配这两个电机工作需要一个动力分割机构，如图 1-16 所示。这个机构使用成本低，没有里程焦虑，有非常好的起步和加速性能，总成本高，车的总重量偏大。

图 1-13

4

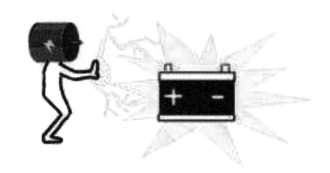

图 1-14

图 1-15

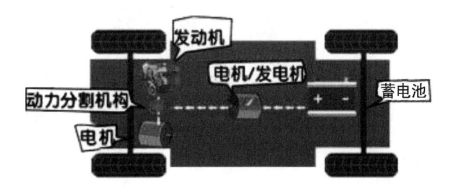

图 1-16

二、混合动力汽车（HEV）按节能效果分类

弱混：节能效果 10 %，如图 1-17 所示。
轻混：节能效果 12 %，如图 1-18 所示。
中混：节能效果 20 %，如图 1-19 所示。
强混：节能效果 40 % ~ 50 %，如图 1-20 所示。
目前市场上销售的混合动力汽车，大致上可以按照以上所述的以节能效果和混合方式进行区分。这里，我们有必要详细介绍一下弱混 48 V 的概念。

发动机启停

图 1-17

5

发动机启停　动能回收

图 1-18

发动机启停　动能回收　电机辅助

图 1-19

强混 节能效果：40%~50%

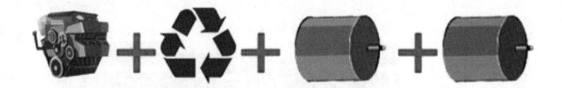

发动机启停　动能回收　电机辅助　电机驱动

图 1-20

1. 48 V 车载电气系统的由来。

48 V 车载电气系统，是在 12 V 车载电气系统的基础上进行结构拓展的，保留传统的 12 V 电路，额外增加独立的 48 V 电路。一般来说，12 V 电路用于照明、点火、音响系统等传统负载，48 V 电路用于空调系统、制动能量回收系统、主动悬架等。

2011 年奔驰、保时捷、大众、奥迪、宝马汽车公司联合推出 48 V 车载电气系统，以满足日益增长的车载负载需求，48 V 蓄电池的充电电压最高为 56 V，而 60 V 以下为安全电压。强制性标准促使整车厂和零部件供应商采用不同技术路线降低车辆的油耗，利用有限的成本采用 48 V 车载电气系统具有显著节能减排的优势，如图 1-21 所示。

2. 48 V 车载电气系统的优缺点。

优点：

（1）降低 CO_2 排放，降低燃油消耗率，适应国家政策。

（2）低于 60 V 安全电压，不需要采取额外的电压防护，与高压混动系统相比，成本更低。

图 1-21

（3）48 V Belt Starter Generator（BSG）容易替代原有的 12 V Belt Starter Generator，无须大幅更改设计即可配套；与高压系统相比，匹配难度降低了，同时成本和重量也降低了。

（4）可以将传统发动机上的高负载附件电动化，比如空调压缩机、冷却水泵、真空泵等，降低发动机的负载，即使在发动机关闭的情况下，这些设备也能工作；可以支持更大功率的车载设备。

（5）将车载电器工作电压提升到 48 V，可以进一步降低损耗，同时可以减小线束外径；BSG/ISG 点火时间更短，噪声和震动更小。

缺点：

（1）电压升高，电磁兼容要求会更高。

（2）在 48 V 电压下会存在电弧，是风险隐患，需要处理。

（3）原来的 12 V 车载设备迁移到 48 V 车载电气系统上时需要重新开发以及测试，代价巨大并且周期长。

（4）比 12 V Start-stop 系统成本高，节能效果不如高压混动系统。

装备 48 V 轻混系统，在夏天即使发动机熄火，仍然可以启动压缩机开启空调，保持车内合适的温度；无论起步还是急加速，通过 48 V 轻混系统驱动的电机能够更加平顺和高效地输出动力，并且能在制动的时候进行动能回收，为电池充电。最重要的一点是，可搭载功率更大的电动涡轮。48 V 车载电气系统的电动涡轮最高转速可达 72000 r/min，工作额定功率为 5 kW。电动涡轮的最大优点是可弥补废气涡轮的迟滞，让发动机低扭更加充沛，增强了发动机动力响应性以及动力输出。同时由于发动机缩短高转速运行时间，可进一步降低油耗。

3. 48 V 车载电气系统的关键部件及工作模式。

（1）电机、锂离子蓄电池组以及 DC/DC 转换器是 48 V 车载电气系统的关键部件，如图 1-22 所示。

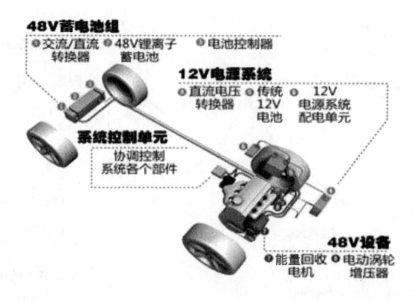

图 1-22

（2）工作模式。

自动启停（START/STOP）：等红绿灯时，车辆静止，发动机处于关闭状态，48 V 大容量蓄电池利用存储的能量维持车载电气系统的正常运行，发动机可以随时快速启动。

能量回收（RECUPERATION）：可以将动能转化为电能，并存储到蓄电池中。仅能量回收功能就可以降低大约 7 % 的油耗。

动力辅助（BOOST）：混动系统可以减小发动机的排量，在提速阶段，电机的辅助动力能弥补发动机动力的不足，在不损失动力的情况下降低排放。

巡航（SAILING/ACTIVE ENGINE-OFF COASTING）：在车辆恒速运行，并且蓄电池电量充足的情况下，关闭发动机喷油系统，依靠电机来维持车辆运行。电机提供的动力用来抵消行驶阻力以及发动机的拖拽阻力。位于 P2 位置的 BSG/ISG 在高速巡航阶段，电能充足的情况下，可以彻底分离且关闭发动机，仅靠电机保持车辆巡航。当再次踩下加速踏板时，发动机会迅速启动，平滑切入到当前车速。

滑行（COASTING）：松开加速踏板，车辆处于滑行阶段，离合器分离发动机和传动系统的机械连接，彻底关闭发动机，实现更长的行驶距离。相当于传统车辆空挡滑行，只不过传统车辆在切换到空挡滑行之后，在发动机转速降到怠速转速时依然需要喷油来维持发动机的运行。

4. 48 V 车载电气系统简介。

至 2020 年，欧盟成员国必须将 CO_2 平均排放水平降低到 95 g/km。利用 48 V 车载电气系统，可使这个目标在短期内实现，并且相对具有成本优势。

随着附加用电设备（座椅加热增强版、驾驶员辅助系统、高端音响系统、内饰中更多的照明等）的应用，传统 12 V 车载电气系统已达到极限。利用 12 V 供电电压和 250 A 最大电流，可以从车载电气系统中获取的最大功率不超过 3 kW，而 48 V 车载电气系统可将最大功率提高到 12 kW，如图 1-23 所示。

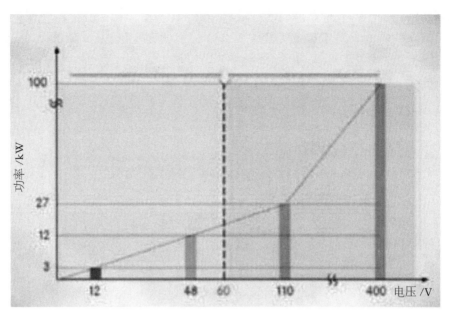

图 1-23

无须采取成本更高的安全预防措施，例如：

（1）更多的监控。

（2）线路与蓄电池的封装。

（3）对蓄电池及组件的高碰撞要求。

（4）零售环节关于操作高压系统的培训要求。

其他优势：

（1）较小的导线横截面（因为电流较小）。

（2）以明显低得多的成本实现混合动力的很多功能。

（3）整个系统的匹配一目了然。

5. 奔驰 48 V 车载电气系统有两种结构形式。

（1）M264 系统有一个通过皮带和皮带轮与曲轴连接的皮带驱动式启动发电机（RSG）。目前应用于 C238 车型，如图 1-24 和 1-25 所示。

（2）M256 系统有一个直接安装在启动装置前曲轴旁的集成式启动发电机（ISG）。目前应用于 W222 车型，如图 1-26 和图 1-27 所示。

与 RSG 相比，ISG 在硬件系统上会增加一个 48 V 电动辅助增压电机、一个空调控制单元以及 48 V 制冷剂压缩机。

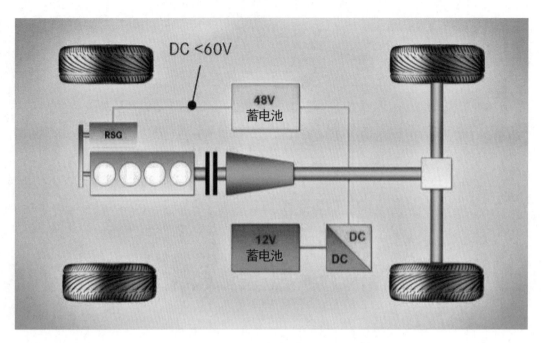

图 1-24

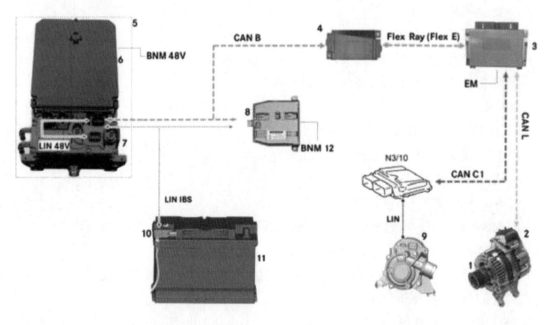

图 1-25（图注省略）

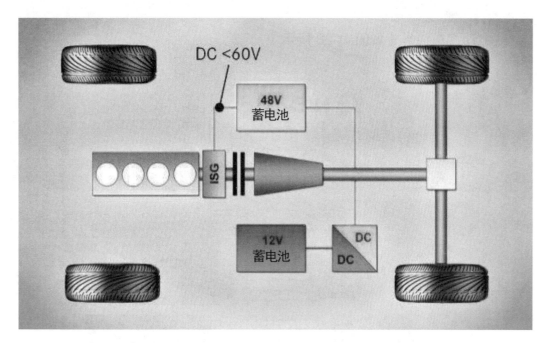

图 1-26

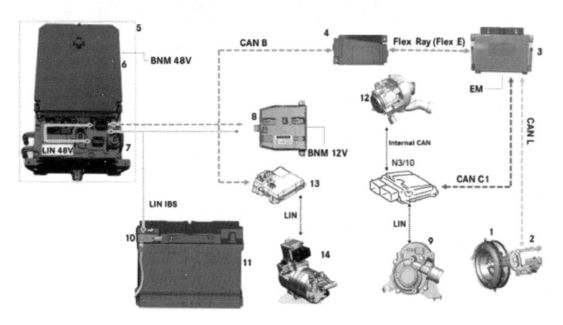

图 1-27（图注省略）

三、纯电动汽车种类（如图 1-28 所示）

图 1-28

第二节　奔驰插电式混合动力基础知识

一、引言

（一）Blue EFFICIENCY（蓝色效能）

1. 当前研发状态。

零排放驱动技术，电气化提高 0 % ~ 100 %。

发动机车型，如图 1-29 所示。

混合动力车型，如图 1-30 所示。

插电式混合动力车型，如图 1-31 所示。

蓄电池驱动车型，如图 1-32 所示。

2. 插电式混合动力技术。

插电式混合动力技术是未来几年的关键技术，可带来极大的驾驶乐趣，如图 1-33 ~ 图 1-35 所示。

命名法（梅赛德斯 - 奔驰），如图 1-36 所示。

图 1-29

图 1-30

图 1-31

图 1-32

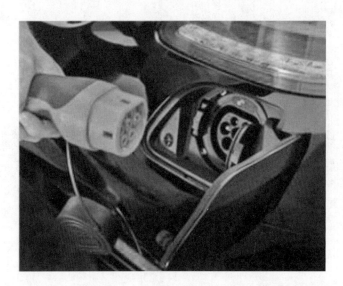

图 1-33

图 1-34

图 1-35

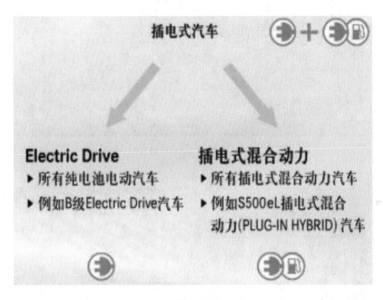

图 1-36

（二）E-Mobility

1.E-Mobility 的市场与未来。

（1）不断增长的世界人口，如图 1-37 所示。

（2）全球变暖，如图 1-38 所示。

（3）市场环境，如图 1-39 所示。

（4）客户要求的变化。

全球趋势改变客户在可持续发展方面的态度 / 要求。

任务：提供更强大的零排放机动性解决方案。

2.戴姆勒公司的 E-Mobility。

戴姆勒公司已对市场要求做好充分准备，现在就能提供多款全电动或半电动汽车。

图 1-37

图 1-38

图 1-39

　　梅赛德斯－奔驰汽车产品满足客户对零排放驾驶的需求，并提供梅赛德斯的典型特色，如安全、舒适、驾驶乐趣。2014 年和 2015 年新成员：B 级 Electric Drive 和 S500eL PLUG-IN HYBRID。从 2012 年起第 3 代 Smart for two electric drive 全球上市，93 % 的 Smart for two electric drive 客户愿意继续推荐该车，如图 1-40 和图 1-41 所示。

　　3. 插电式汽车的优势。

　　（1）购买与使用。

　　补贴或税收减免：

图 1-40

图 1-41

购车时。

车辆使用时。

相对较低的使用成本。

（2）技术。

技术优势：

行驶无噪声。

起步时即可输出全部扭矩。

可实现完全零排放行驶。

二、插电式混合动力

（一）插电式混合动力技术

1. 混合动力 / 插电式混合动力的技术发展。

S400 HYBRID（W221）是豪华车中的先锋。

S400 HYBRID（W222）第 2 代混合动力系统。

插电式混合动力车型：S500eL PLUG-IN HYBRID。

（1）2009 年梅赛德斯 – 奔驰在 S 级汽车上集成带锂离子蓄电池的混合动力系统，成为推出同类型汽车的第一个欧洲生产商；S400 HYBRID 在装备汽油发动机的汽车中是最节能的豪华轿车，在所处细分市场中是最成功的混合动力车型，在全球售出 20000 辆。

S400 HYBRID（W221）功能图，如图 1–42 所示。

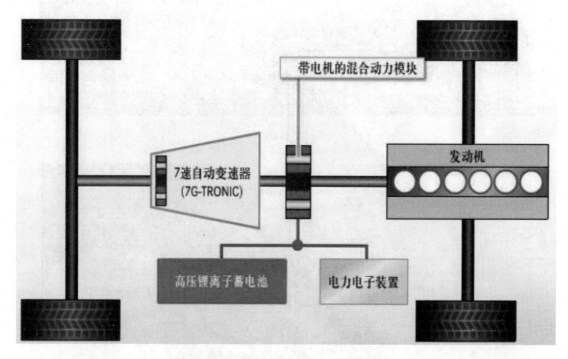

图 1–42

（2）2013 年 S400 HYBRID（W222）第 2 代混合动力系统。

发动机在静止和行驶中可通过湿式启动离合器与混合动力模块和自动变速器分离。

带电机和 7 速自动变速器增强版（7G–TRONIC PLUS）的混合动力模块起到自动驱动单元的作用。

可实现纯电动行驶及滑行。

S400 HYBRID（W222）功能图，如图 1–43 所示。

（3）插电式混合动力汽车将 S400 HYBRID（W222）的技术与全新高压蓄电池和全新再生制动系统组合在一起；高压锂离子蓄电池容量更大，功率更大，并且可外部充电；电机（85 kW/340 N·m）可以保证纯电动行驶约 30 km。

S500eL PLUG-IN HYBRID 功能图，如图 1–44 所示。

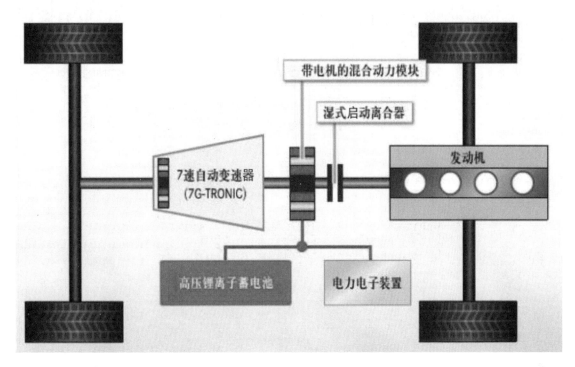

图 1-43

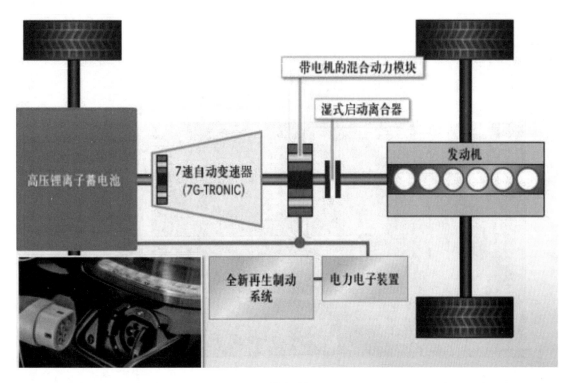

图 1-44

2. 混合动力和插电式混合动力对比，如表1-1所示。

表 1-1

项目	S400 HYBRID（W222）混合动力	S500eL PLUG-IN HYBRID 插电式混合动力
技术	与传动系统实现无缝接入的第2代混合动力驱动装置 可实现发动机从电机上完全退耦 第2代再生制动系统 预判性、基于地图的能源管理	—
电机功率、扭矩、电动行驶可达里程、最高车速	20 kW、250 N·m、1 km、35 km/h	85 kW、340 N·m、30 km、120 km/h
锂离子蓄电池容量 / 是否可以外部充电	0.8 kWh/ 否	8.8 kWh/ 是
系统基本功能：助推、回收、ECO 启动 / 停止、辅助机组管理	是	是
滑行 / 滑行 +	是	是（另外的驾驶模式"E+"）
触觉加速踏板	否	是
总结	几乎不适合电动行驶 主要适用于起步、调头、转向、城市交通、时走时停交通状况、交通灯前滑行	可纯电动行驶 可达里程约 30 km，最高车速 120 km/h 可以外部充电，行车时可使用触觉加速踏板

（二）混合动力功能

1. 基本功能。

（1）无声启动和调头，如图1-45所示。

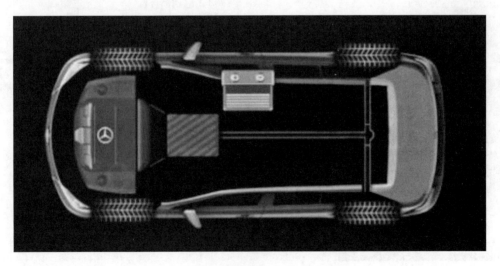

图 1-45

成功操作钥匙后仪表中显示一个相应的界面，然后可以运行纯电动行驶模式。

（2）助推功能，如图1-46所示。

当猛烈加速时，电机通过短时提供辅助功率向发动机提供支持。从静止加速时，将立刻额外提供电机的全部扭矩，例如 S500eL PLUG-IN HYBRID 可提供 340 N·m，这是临时数值。

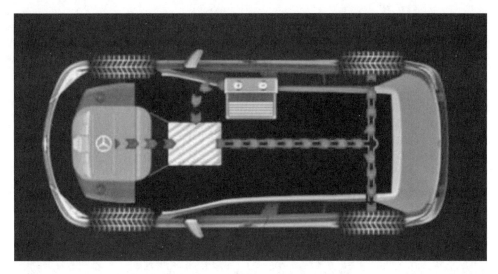

图 1-46

（3）能量回收，如图 1-47 所示。

回收是指在减速运转模式下（通过松油门减速）或制动时回收动能。此时，电机作为发电机工作，将动能转化后输送回高压蓄电池。提示：混合动力驱动降低油耗的最大潜力在于上述减速运转阶段和制动阶段中对能量回收的最大化。因此，在踩下制动踏板时，首先通过电机而不是盘式制动器减速。

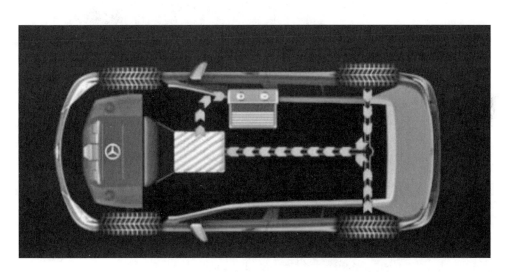

图 1-47

（4）ECO 启动 / 停止功能，如图 1-48 所示。

ECO 启动 / 停止功能可在汽车停止时自动关闭发动机。对于插电式混合动力车型，当车速较高时也会关闭发动机和启动回收。在行驶期间，ECO 启动 / 停止功能只在驾驶模式 E（最高 130 km/h）和 E+（最高 180 km/h）下可用。在运动驾驶模式 S 下，发动机始终保持接通。

（5）辅助机组管理，如图 1-49 所示。

通过辅助机组管理可以降低发动机油耗。此时，充分充电的锂离子蓄电池（例如在高速公路上行驶期间）即可满足辅助机组的需求（例如空调），从而减轻了发动机的负荷，实现较低的油耗。

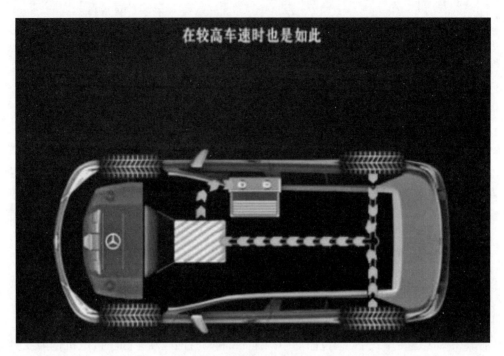

图 1-48

图 1-49

2. 扩展功能。

（1）减速运转模式，如图 1-50 所示。

在驾驶模式 E（最高 130 km/h）下脚从加速踏板上移开，汽车在空气阻力 / 滚动阻力下行驶，更大的电动推进扭矩实现更长的行驶距离（类似于发动机工作时），回收系统运行，回收动能用于高压蓄电池轻微充电和为辅助用电器提供能源。

（2）延长减速运转模式，如图 1-51 所示。

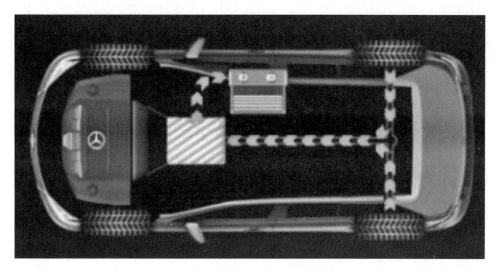

图 1-50

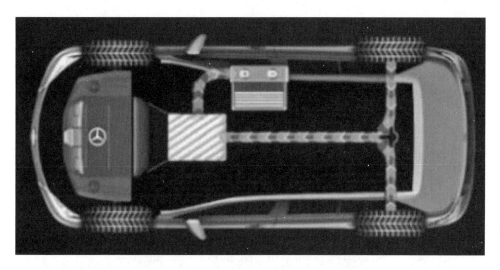

图 1-51

在驾驶模式 E+（最高 180 km/h）下脚从加速踏板上移开，汽车在空气阻力／滚动阻力下行驶，更大的电动推进扭矩实现更长的行驶距离，少量回收运行，回收动能仅为辅助用电器提供能源。

（3）基于雷达的减速运转模式，如图 1-52 所示。

在驾驶模式 E+ 下脚从加速踏板上移开；当识别到前方行驶车辆时，自动调节距离；电动推进扭矩和回收会自动进行匹配，将动能更好地转化为能量；提高回收效率。

3. 预判性、基于地图的能源管理。

基于地图的能源管理改进了 S 级混合动力驱动的能源效率；在整个行驶路段上控制电机和回收；路段数据包括坡路、车速限制、转弯可能性等方面的数据；基于地图的能源管理激活时将在仪表和主机内进行显示（车前方的绿色区域），如图 1-53 所示。

两个阶段：

第 1 阶段用于所有 S 级混合动力。

驾驶员必须在 S400 HYBRID 上选择驾驶模式 E；在 S500eL PLUG-IN HYBRID 上选择驾驶模式 E 或 E+，并且选择运行方式 HYBRID，目的地指引不必激活。

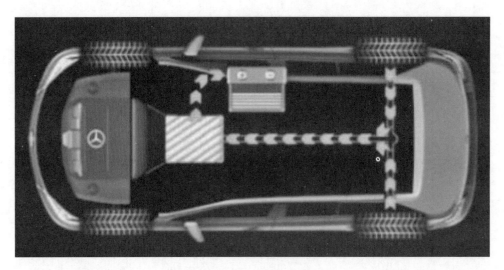

图 1-52

图 1-53

最高可预判 7 km。

工作方式：上坡时使用蓄电池能量，下坡时通过回收对蓄电池充电。

第 2 阶段仅用于插电式混合动力。

驾驶员必须选择 HYBRID 运行方式、驾驶模式 E+，并且激活目的地指引。

预判：最多整个路线（行程开始至行程结束）。

工作方式：例如，将电能主要用于市内路段的电动行驶。

（三）S500eL 插电式混合动力（PLUG-IN HYBRID）

1. 全世界第一款 3L 豪华轿车。

85 kW/340 N·m 的大功率电机结合全新 3.0 L V6 涡轮增压发动机（功率为 245 kW，扭矩为 480 N·m）。

S500eL PLUG-IN HYBRID 有以下几种混合动力运行方式：HYBRID、E-MODE、E-SAVE、CHARGE 以及预进入气候控制。

触觉加速踏板提供了自信的车辆控制：加速踏板上的一个压力点提供发动机接通点的反馈信息并在定量输出驱动功率时提供帮助，布置图如图 1-54 所示。

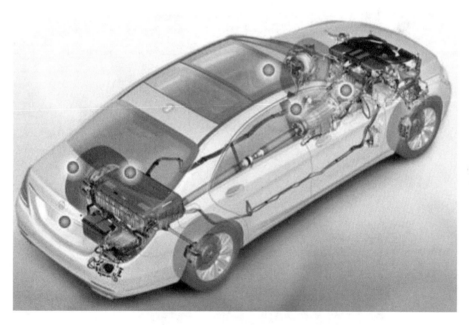

图 1-54

后备箱容积减小（395 L 取代 530 L），因为大型蓄电池安装在后备箱内，如图 1-55 所示。后备箱盖上有 PLUG-IN HYBRID 字样（不可取消），提示着创新型技术。

S500eL PLUG-IN HYBRID 树立了能效、驱动舒适性和空调舒适性的标杆；3 L/100 km 是豪华轿车的最佳油耗值；最高车速为 250 km/h，0 ~ 100 km/h 加速时间为 5.5 s。S500eL PLUG-IN HYBRID 仅提供加长版 V222，2015 年上市。

2. 触觉加速踏板的亮点（压力点），如图 1-56 和图 1-57 所示。

压力点的概念：不接通发动机，尽可能远地以纯电动方式行驶；加速踏板上更高的阻力（压力点）表明了纯电动行驶的功率极限；超过压力点继续踩下加速踏板，发动机启动；可随时抑制加速踏板上的阻力；通过压力点可更好地感觉到电动行驶的功率极限，无须再观察仪表上的显示；这是提供给拥有电动驾驶意识的客户的功能；功能仅在 E+ 模式下激活（自动）。

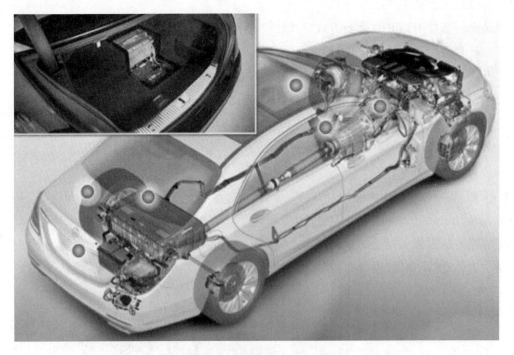

图 1-55

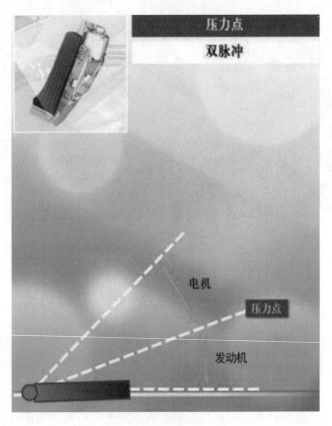

图 1-56

图 1-57

3.触觉加速踏板的亮点（双脉冲），如图 1-58 和图 1-59 所示。

双脉冲需要预判性行驶；通过加速踏板上的两个振动脉冲提醒驾驶员可以避免不必要的制动；通过驾驶模式开关 E+ 激活；当接近前方行驶车辆且马上需要制动时，通过振动表示脚从加速踏板上移开；当脚从加速踏板上移开时，通过雷达接口提供推进扭矩干预与前方行驶车辆保持安全距离。

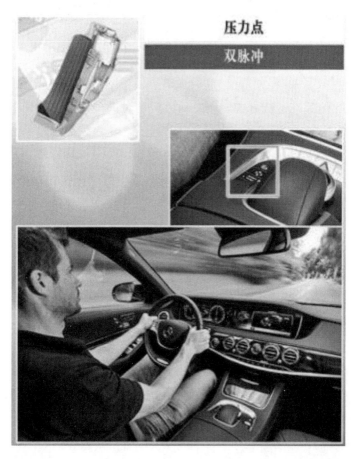

图 1-58

脚从加速踏板上移开

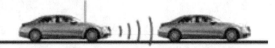

图 1-59

4. 混合动力运行方式，如图 1-60 所示。

图 1-60

（1）HYBRID。

这是所有驾驶状况的标准运行方式。在发动机启动时进行预设：发动机从约 35 km/h 起自动启动。

（2）E-MODE。

提供尽可能远的纯电动行驶距离；车速在 120 km/h 以下可进行纯电力驱动；包括触觉加速踏板的功能"压力点"。

（3）E-SAVE。

尽可能长地维持蓄电池充满电的状态；目标：以纯电动方式行驶尽可能长的时间；在交通管控的市中心区域行驶。

（4）CHARGE。

蓄电池在行驶期间充电；前提是尽可能避免使用发动机对蓄电池充电；利用尽可能高效的运行点。

5. 竞争对手和交车。

核心竞争对手：保时捷 Panamera SE-HYBRID 和特斯拉 Model S，如图 1-61 所示。

交车：

（1）蓄电池应充满电，如图 1-62 所示。

（2）向客户展示充电过程，如图 1-63 所示。

图 1-61

图 1-62

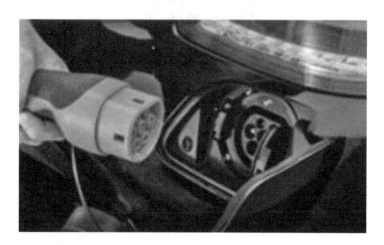

图 1-63

拆开电缆，然后插入；车辆锁止（电缆被保护）。

（3）在仪表或驾驶室管理及数据系统（COMAND）中预设能量流显示，如图 1-64 所示。

图 1-64

三、E-Mobility

1. 充电方法。

壁挂式充电盒，如图 1-65 所示。

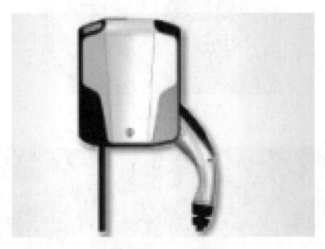

图 1-65

可以在家或在公司里通过快速充电站快速、方便地充电；壁挂式充电盒由与梅赛德斯 – 奔驰合作的第三方充电盒服务商提供。该服务商还提供充电盒的安装、维修、保养等服务。

技术数据：

GB standard。

8m 长充电电缆。

272 mm × 220 mm × 115 mm。

室内及户外使用（户外安装需要使用立柱和防雨罩）。

安装所需电源：单相 220V 16A。

2. 充电过程，如图 1-66 所示。

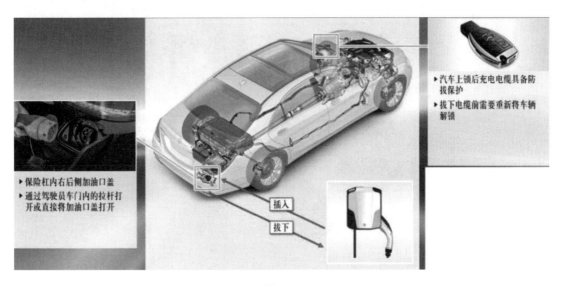

图 1-66

首先将电缆插到充电盒上，然后插到车辆上；充电后首先将电缆从车辆上拔下，然后从电源上拔下；充电时间：使用充电盒大约需要 2 h15 min。

四、总结

（一）插电式汽车

1. 插电式汽车快速成长的市场（全电动或半电动）。

电动／插电式混合动力汽车提供较高的日常适用性，并具有大量优点。

2. S500eL PLUG-IN HYBRID 实现零排放行驶，如图 1-67 所示。

3. 插电式混合动力技术逐步应用在越来越多的车型上，如图 1-68 所示。

（二）插电式汽车的优势

独一无二的动态行驶性，灵敏的加速度，无换挡过程；驾驶乐趣大；自启动起即输出全部扭矩；行驶舒适、无噪声；零燃油行驶，在家舒适、便捷地充电；通过回收延长可达里程；电动行驶的可达里程能满足一般、日常的行驶需求；插电式汽车的社会认可度高。

图 1-67

图 1-68

第三节　新能源汽车维修安全规范

一、涉电作业安全意识和安全防护要求

1. 车载高压可达 396 V 甚至更高，触摸高压车载电气系统的部件或线路可能会因电击而导致灼伤、心脏纤维性颤动或心搏停止，甚至有导致死亡的风险。

2. 任何情况下都不得触摸高压车载电气系统的明线及损坏或故障部件，尤其是事故车辆处于高压车载电气系统停用之前。

3. 禁止体内带有电子植入装置（如心脏起搏器）的人员对高压车载电气系统进行任何作业。

4. 高压车辆维修属于特种作业，只能由完成专门的电工培训并获得应急管理部（原国家安全生产监督管理总局）颁发的低压电工作业证（特种作业操作证）的人员对高压车载电气系统及部件进行操作。

5. 对高压车载电气系统进行维修操作必须满足相应的奔驰维修资质要求，包括高压车辆的断电、保养、故障诊断以及高压部件的拆卸和安装等都必须由参加过奔驰高压培训课程并获得相应维修资质的员工进行。

6. 在不清楚高压车载电气系统是否存在高压电的情况下（如事故车），必须穿戴好个人防护装备（PPE），以避免潜在的危险。

7. 必须遵循个人防护装备（PPE）的使用说明，穿着个人防护装备之前，仔细检查其安全状态。若个人防护装备有任何损坏，则立即对其进行更换。

8. 高压绝缘手套、绝缘鞋和绝缘垫每 6 个月定期送到有资质的计量机构做绝缘性能检查。

9. 绝缘工具每 12 个月定期送到有资质的计量机构做绝缘性能检查。

10. 维修高压车辆时，必须设置专职监护人 1 名，监护人的要求与工作职责如下：

（1）监护人必须具有低压电工作业证（特种作业操作证）并且参加过奔驰高压培训课程并获得相应维修资质。

（2）监督维修人员有无维修资质，防护用品佩戴、工具使用、维修安全警示牌使用等是否符合要求。

（3）确认维修开关安全接通和断开。

（4）负责对维修过程中的维修操作进行安全检查，监护人要按安全维修操作规程指挥操作，维修人员在做完一个操作后要告知监护人。

（5）监督维修的全过程，监护人要认真负责。

二、涉电作业安全操作规范

1. 对高压车载电气系统进行操作之前，必须将高压电安全断电且必须确保在进行操作期间保持高压车载电气系统的断电状态。

必须遵守 3 条安全准则：

（1）禁用（断电）。

（2）防止再次启用。

（3）检查并确保断电状态。

2. 对高压车载电气系统进行操作时，必须注意以下注意事项：

（1）使用前根据制造商规定检查测量装置和工具设备，确保其状态良好。

（2）通过安装合适的防护套或绝缘盖，防止接触电缆接头或电气连接器被弄脏。

（3）操作前，检查电线和电气连接器是否脏污和损坏；如有必要，则进行清洁或更换。

（4）记录车辆的高压车载电气系统断开与启用情况。

3. 进行高压车载电气系统诊断时，务必仔细阅读所有 XENTRY 诊断仪关于必须注意的安全说明项目。

4. 在进行任何高压电气设备、线路维修前，必须按照规定首先进行基于 XENTRY 诊断仪对车载电网的禁用断开。

对于无法通过 XENTRY 诊断仪正常禁用断开的情况，必须由获得手动断电维修资质的人员进行和记录"手动禁用高压车载电气系统"操作。操作人员将 XENTRY 诊断仪或 WIS 文档生成的断电记录打印并签字后将其放在车辆中显眼位置（如风挡玻璃前）。

5. 对高压部件进行评估。

检查高压车载电气系统是否存在外部损坏和故障。若发现高压部件或高压车载电气系统的线束发生损坏或故障（例如动物啃咬、磨损、事故损坏等），则必须更换这些部件和／或线束，不允许维修高压部件或高压车载电气系统线束。

6. 对于事故后车辆，必须检查高压车载电气系统是否存在外部损坏和故障。若在部件或导线上检测到故障或损坏，则必须立即更换部件或导线，不允许修理部件或导线。

7. 对高压蓄电池进行任何操作的员工必须在开始工作之前了解可能出现的潜在风险，以及高压蓄电池损坏、发生事故及故障时的处理步骤。

8. 高压蓄电池运输规定。

（1）在拆下高压蓄电池之前应当进行可运输性检查。必须遵照车辆制造商提供的关于各特定车型系列的说明。

（2）发生事故并触发热敏保险丝的情况下，高压蓄电池不适合运输，必须存放在为该高压蓄电池准备的专用容器中。

9. 运输可以安全运输的高压蓄电池。

可以安全运输的高压蓄电池用新蓄电池的原包装装运，要求高压蓄电池按照交货状态进行包装。

10. 操作不可以安全运输的高压蓄电池。

根据可运输性分析表被评估为不可以安全运输的高压蓄电池会对周围区域的安全造成威胁（具体取决于蓄电池损坏程度）。若起火和冒烟，则必须立即通知消防部门，并保持足够的安全距离。若能够排除严重危险，则必须按照当前流程，向保修部门的 WPIC（邮箱：prc_wpic@daimler.com）申请不可以安全运输高压蓄电池专用存储 / 运输箱，并严格按照 WIS 文档规定的存储 / 运输箱使用说明进行存储和运输。

11. 存放不可以安全运输的高压蓄电池。

拆卸高压蓄电池前，车辆必须由具备资质的员工停到户外（如果可能）。一定要确保将车辆停放在液体不能渗透的地面或底层 / 收集盘上方，从而避免可能漏出的电解液渗入地面。

第四节　高压车辆维修作业注意事项

在日常调查中我们发现很多车间的维修技师对高压车辆接触不多，而且不太了解。配备高压技术的车型与数量不断增加，这给我们的日常维修作业带了很大的风险。应确保维修技师对越来越多的 HV 车辆进行安全和合规的操作。下面介绍高压车辆维修作业注意事项，请必须严格遵守。

一、资质措施

所有涉及车辆高压车载电气系统的操作，必须由受过相关培训并具有资质的员工进行。

请务必遵守中国职业安全与健康法规，并与当地相关部门确认是否需要电工维修特种作业操作资质认证。

二、个人防护装备

必须依照 WIS 文档中的作业指导穿戴个人防护装备，请购买市面上销售的符合中国相关法规要求的个人防护装备。个人防护装备如表 1-2 所示。

表 1-2

高压个人防护装备	WIS 规定的标准（欧标）	强制性国家标准
防护手套	·至少 1000 V 交流电压 /1500 V 直流电压的电压维持力 ·必须具有符合标准的热量保护的证明文件 ·耐酸性和耐油性。使用符合 DIN EN/IEC 60903 标准，防护级为 0［R（酸性 + 油性 + 臭氧）+C（低温）］的防护手套	·至少 1000 V 交流电压 /1500 V 直流电压的电压维持能力 ·BG/T 17622—2008 ·如果个人防护装备生产厂的标准高于国标，也可接受。企业标准号以字母 Q 开始
防电弧夹克	EN ISO11612	·DL/T 320—2010（电力行业推荐标准） ·GB 8965.1—2009
面部 / 眼睛保护装备	EN166	·GB 14866—2006
带工业安全帽的面部保护装置	EN397	·GB 2811—2007 安全帽
安全鞋	WIS 信息不可用	电压抵抗等级必须高于 10 kV ·GB 12011—2009 ·如果个人防护装备生产厂的标准高于国标，也可接受。企业标准号以字母 Q 开始

三、WIS 维修说明

进行手动断开电源、绝缘电阻测量和耐电压测试，下列车型当前版本的 WIS 维修指导必须在完成培训课程 T1192F 及产品培训课程后进行，如表 1-3 所示。

表 1-3

手动断开高压车载电气系统电源					
车型	底盘	WIS 文档 / 操作项目	电源断开结果	特殊工具：检测适配器	两相电压检测仪
S400 HYBRID	221	AR54.10−P−1039SX	OF54.10−P−3000−50B	W222589016300	W000588071900
S300/S400 HYBRID	222	AR54.10−P−1039LF	OF54.10−P−3000−50C	W222589016300	W000588071900
E300/E400 HYBRID	212	AR54.10−P−1039EH	OF54.10−P−3000−50C	W222589016300	W000588071900
Smart Electr. Drive Gen Ⅲ	451	AR54.10−P−1039MEV	OF54.10−P−3000−50C	W222589016300	W000588071900
C350 PlUG−IN HYBRID	205	AR54.10−P−1039LWH	OF54.10−P−3000−50E	W222589026300 W222589056300	W000588071900
S500 PlUG−IN HYBRID	222	AR54.10−P−1039LFH	OF54.10−P−3000−50D	W222589026300 W222589056300	W000588071900

四、高压蓄电池常规信息

1. 售后对故障高压蓄电池的处理。

为了安全运输高压蓄电池，首先使用高压蓄电池可运输性分析表进行评估。操作指导和有效信息在 WIS 文档 AH54.10−P−0006−01MEV "关于高压蓄电池的说明"中提供，必须始终遵守，如表 1-4 所示。

表 1-4

WIS 文档	有效的车型系列
OF54.10-P-3000-01B	Model 164.195
OF54.10-P-3000-01C	Model 169.090 Model 451.391/491
OF54.10-P-3000-01E	Model 205.047/147/247，222.163
OF54.10-P-3000-01Z	Model 212.095/098/195/298 Model 221.095/195 Model 222.004/057/104/157 Model 451.390/490/392/492 Model 205.012/212/312

2. 根据可运输性分析表的结果做出明确的决定。对于可运输性分析表的结果是安全的运输，HV 蓄电池可以使用原有的替换件的包装进行存储和运输。包装材料的配件号可以在戴姆勒公司网站"有害物质和危险品管理"的包装说明中找到。gms.aftersales.daimler.com →产品搜索→搜索 HV 蓄电池的零件号→在图标检索的包装说明中找到。原更换零件的包装（适用安全运输的高压蓄电池），如图 1-69 所示。

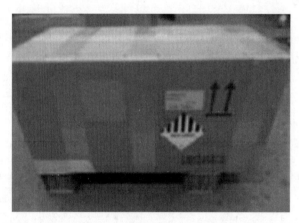

图 1-69

3. 可运输性分析表的结果是不安全的运输。

每个被视为不安全运输的 HV 蓄电池的 TIPS 技术报告必须提交给 BMBS 售后服务部高压与新能源动力组。储存不安全运输的 HV 蓄电池时，必须使用橘色的安全容器。运输不安全运输的 HV 蓄电池时，必须使用银色的特殊安全容器。按照 WIS 要求，HV 蓄电池应当存放在对应车辆上，直到收到指定的容器。所有进一步的步骤（例如，橘色或银色安全容器的申请，不安全运输 HV 蓄电池的处理或运输）必须与 BMBS 售后服务部高压与新能源动力组进行协调。有关安全容器的使用和处理信息可以从有害物质和危险品管理中找到（gms.aftersales.daimler.com →指南→ HV 蓄电池安全容器介绍）。

4. 根据 WIS 文档 AH54.10-P-0006-01MEV 操作。

高压蓄电池的存储与运输请遵守国家的具体法规。

（1）用于不安全运输的 HV 蓄电池的安全容器（仅适用存储），如图 1-70 所示。车型：

36

205、212、221、222、166、Smart 451，高 / 长 / 宽：90 cm/160 cm/120 cm，重量：276 kg。

图 1-70

（2）用于不安全运输的 HV 蓄电池的安全容器（仅适用存储），如图 1-71 所示。车型：212 HYBRID、221 HYBRID、222 HYBRID，高 / 长 / 宽：50 cm/100 cm/60 cm，重量：45 kg。

图 1-71

（3）用于不安全运输的 HV 蓄电池的安全容器（运输），如图 1-72 所示。车型：205、212、221、222、166，高 / 长 / 宽：75.8 cm/141 cm/86 cm，重量：200 kg。

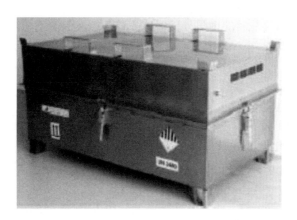

图 1-72

5. 如果客户要自行处理高压蓄电池，请务必让客户签署高压蓄电池客户自行处理确认函。

五、带电驱动系统的汽车牵引服务

带电驱动系统的汽车牵引服务请参考乘用车牵引服务手册，如图 1-73 所示。

图 1-73

1. 售后对高压蓄电池的维护。

持续对高压蓄电池维护是确保车辆无故障并按时交付给客户的重要保证，并且避免产生附加成本。不符合规范的操作将造成不同的后果：

（1）高压蓄电池由于深度放电所导致的硬件损坏（附加成本）。

（2）高压电力只能手动解除。

车辆延迟交付给客户或错过最后的期限，使客户不购买。

在车辆闲置时间超过 6 周的情况下，必须对高压蓄电池模块进行检查，如果有必要，至少每 6 周进行一次充电。

2. 售后对高压蓄电池进行充电量检查。

如果充电状态（SOC）值低于 50 %，高压蓄电池必须被充电到 SOC 值高于 50 %。对于混合动力汽车，请查看 WIS 文档 AR54.10-P-1170**，SOC 值推荐范围为 55 % ~ 65 %。对于插电式混合动力和电动汽车，请参考车主手册中的充电指示，推荐 SOC 值为 100 %。

如果 Smart 电动汽车储存超过 90 天或 270 天，必须依照 WIS 文档 AP00.20-P-0018B 和 AR00.20-P-0002MCC 进行操作。

提示：对于长时间存储的高压车辆（带高压蓄电池的车辆），12 V 蓄电池不要断开。12 V 电量的供给是保证高压蓄电池电压平衡的必要因素。若断开，可能会造成高压蓄电池损坏。当前所有车型的 12 V 蓄电池的充电 / 反馈都是通过高压蓄电池在特定周期进行的。

六、关于混合动力汽车控制单元编程时自身放电的信息

对于车型 212.095/098/195/298，自改款起，在每个控制单元编程之前请检查高压蓄电池的充电状态（SOC）。SOC 值必须在仪表或 COMAND 中读出（在混合动力功能界面上）。如果 SOC 值小于 50 %，高压蓄电池必须重新充电（固定充电）。在这样做时，必须遵循文档 AR54.10-P-1170EH。通过对比，在使用 Xentry Diagnostics 对控制单元编程之前高压蓄电池必须被充电到 SOC 值为 75 %。如果 SOC 值在 5 % 与 10 % 之间，高压蓄电池的高压接触器必须被手动闭合。如果 SOC 值小于 5 %，高压蓄电池不能再继续使用，必须更换。

七、插电式混合动力汽车（PHEV）充电投诉售后处理流程

1. 依据以下法律条件开始售后服务。

（1）经销商和顾客间的汽车销售合同。

（2）当地充电盒供应商与顾客间的充电盒销售及安装协议。

2. 责任方确认。

有关充电盒的问题：充电盒保修问题。若充电盒导致进一步财产损失（包括车辆）或人员损失，顾客应向充电盒卖家或制造商提出索赔。

3. 法律背景。

充电盒的交易与安装服务发生于当地充电盒供应商（卖家）和顾客（买家）间。因此，若顾客就有关充电盒的保修问题联系经销商，经销商可引导顾客联系当地充电盒供应商。

4. 有关车辆的问题。

若车辆给顾客造成了财产损失，车辆销售商（经销商及 MBCL/BBAC）应承担责任。若顾客从另一家供应商购买了充电盒，该充电盒卖家及制造商应对充电盒负责。

5. 充电盒维护保修。

（1）当地充电盒供应商应向指定区域提供充电盒售后服务。

（2）保修期始于当地充电盒供应商安装充电盒及顾客签署委托书的时间（遵从当地充电盒供应商与顾客间的充电盒销售及安装服务协议）。

（3）充电盒的保修及安装服务期限为两年（遵从当地充电盒供应商与顾客间的充电盒销售及安装服务协议）。

（4）在充电盒保修期间，当地充电盒供应商（卖家）及充电盒制造商应对充电盒保修问题负责。

6. 总结。

随着混合动力和电动汽车越来越多，高压系统的维修操作也会越来越多。很多维修工作都有特殊的操作流程，为了确保日常维修安全和规范操作，对车辆的高压系统、MB 内部认证、个人防护、绝缘电阻测量、变速器维修后的耐电压测试、高压蓄电池车外评估、高压蓄电池的存储和运输、售后对高压蓄电池的维护、插电式混合动力汽车（PHEV）充电投诉售后处理流程以及相关的注意事项进行了介绍。请大家务必遵守执行！

第五节　绝缘电阻测量

一、绝缘电阻测量仪

绝缘电阻测量仪，如图 1-74 所示。

（1）零件号 W000588001900，绝缘电阻测量仪。

（2）WIS 文档描述：WS54.00-P-0046B。

（3）可用替代设备：FLUKE1587 或 GOSSEN Metriso 5000D-PI。

图 1-74

二、绝缘电阻测量仪连接

绝缘电阻测量仪连接（以 FLUKE1587 为例），如图 1-75 和图 1-76 所示。

（1）将表笔连接到绝缘电阻测量仪的橙色绝缘测量插孔内。

（2）将挡位旋钮转到 50 ～ 1000 V 绝缘阻值测试挡位。

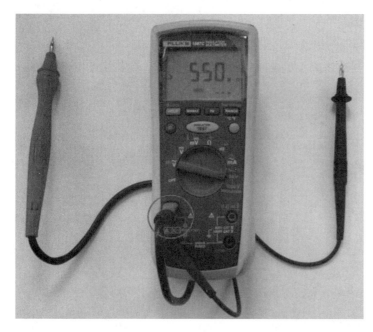

图 1-75 图 1-76

三、设置与使用

绝缘电阻测量仪的设置与使用（以 FLUKE1587 为例），如图 1-77 ~ 图 1-79 所示。

（1）按动测量范围调整按钮，将施加电压调整到 500 V。

（2）使用正极表笔上的测量按钮或仪表上的绝缘测量按钮进行测量。

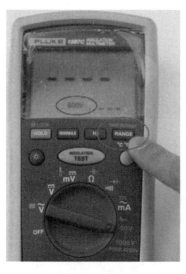

图 1-77 图 1-78 图 1-79

四、正确的测量方法

在车上或高压设备上进行测量的正确方法（以 FLUKE1587 为例），如图 1-80 ~ 图 1-82 所示。

（1）将一只表笔连接车身接地。

（2）将另一支表笔接到高压部件的正极端并进行测量。

（3）之后，将表笔再次连接到高压部件的负极端并进行测量。当对高压蓄电池测量时，需要连接专用适配器，并在适配器上进行测量。

  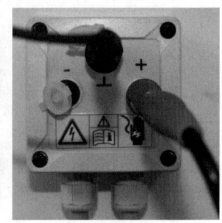

图 1-80 图 1-81 图 1-82

五、错误的测量方法

在车上或高压设备上进行测量的错误方法（以 FLUKE1587 为例），如图 1-83 和图 1-84 所示。

（1）只能在高压系统断开后进行测量。

（2）绝对不允许在正极与负极之间测量绝缘阻值，可能会损坏这个部件！

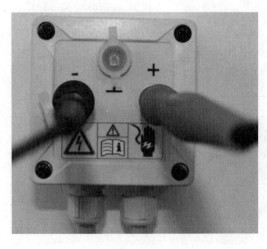 

图 1-83 图 1-84

六、在车上进行测量的步骤与参考值

1. WIS 指导文件。

221.195 AR54.10-P-4000SX。

222.157 AR54.10-P-4000LF。

212.195 AR54.10-P-4000EH。

222.163 AR54.10-P-4000LFH。

205.147 AR54.10-P-4000LWH。

166.063 AR54.10-P-4000GQA。

253.954 AR54.10-P-4000LVH。

451.390 AR54.10-P-4000MEV。

2. 正常的测量值：≥ 1 MΩ。

3. 221.195 测量值（AR54.10-P-4000SX），如图 1-85 和表 1-5 所示。

图 1-85

表 1-5

步骤		测量点	名称	测量值（MΩ）	标准值（MΩ）
3	3	HV+to ground	Connect cable and DC/DC	550	>1
		HV–to ground		550	>1
6	—	HV+to ground	HV battery	>1	>1
		HV–to ground		>1	>1
7	1	HV+to ground	Connect cable and SGEM,A/C compressor,emotor	550	>1
		HV–to ground		550	>1

4.222.157 测量值（AR54.10-P-4000LF），如图 1-86 和表 1-6 所示。

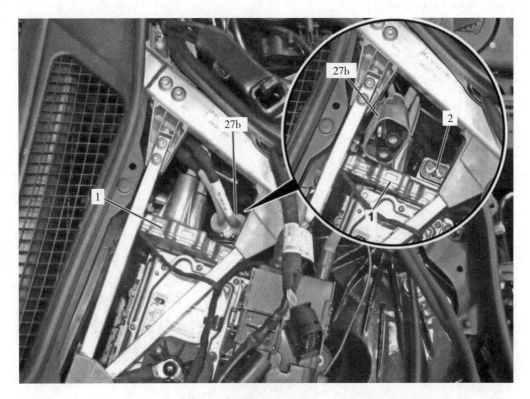

图 1-86（图注省略）

表 1-6

步骤	测量点		名称	测量值（MΩ）	标准值（MΩ）
4	27b	HV+to ground	Connect cable and HV battery	>1	>1
		HV−to ground		>1	>1
9	27b	HV+to ground	Connect cable and SGEM,PDU,A/C compressor,emotor	>20	>1
		HV−to ground		>20	>1

5.212.195 测量值（AR54.10-P-4000EH），如图 1-87 和表 1-7 所示。

图 1-87

表 1-7

步骤	测量点		名称	测量值（MΩ）	标准值（MΩ）
5	27b	HV+to ground	Connect cable and SGEM,PDU,A/C compressor,emotor	550	>1
		HV-to ground		550	>1

七、在车上进行测量的记录表格

对于车型 212.195，产生关于绝缘阻值的故障码或绝缘阻值实际值低的 TIPS 时，请填写表格并上传到 TIPS 附件中，如图 1-88 所示。绝缘电阻测量车型：212.195，参考 WIS 文档：AR54.10-P-4000EH，如表 1-8 所示。

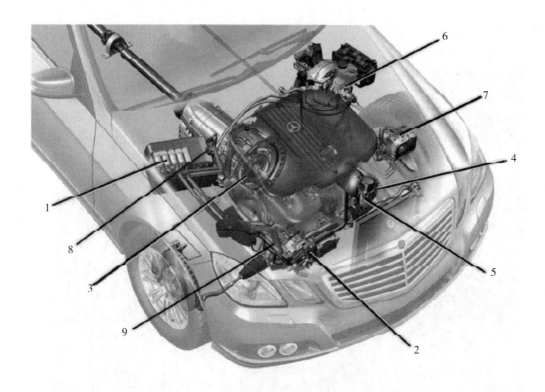

1.高压蓄电池　2.动力电子系统　3.电机　4.空调压缩机　5.电动真空泵　6.制动助力器　7.液压单元　8.高压插头27b　9.功率分配器

图 1-88

表 1-8

步骤		测量点	部分断开	标准值（MΩ）
5	8	HV+to ground	4	>1
		HV−to ground		>1
7	8	HV+to ground	3	>1
		HV−to ground		>1
8	8	HV+to ground	2+9	>1
		HV−to ground		>1
9	9	U to ground	2+9	>1
		V to ground		>1
		W to ground		>1

第六节　在高压车辆上工作

一、新的高压培训课程的信息

根据目前的 NAG2 混合动力变速器的设计，若不首先拆下电机，则不能接触到变速器内的主要机械部件。为了对变速器进行维修，应该先拆下电机。应使用专用工具，这个专用工具适用于当前和未来车型 NAG2 混合动力变速器的维修。

1.手动电力解除。

如果在事故、火灾、水渍或部件损坏后无法通过 XENTRY 对高压车载电气系统进行断电，应进行确认与记录，在完成培训课程后，进行手动解除，如图 1-89 所示。

诊断辅助程序不工作，或有可能启动诊断辅助程序。

图 1-89

电力解除过程包括断开高压蓄电池，断电后的检查和合理利用所需的个人防护装备。提示：进行手动电力解除前，必须尝试对电力系统进行 XENTRY 诊断辅助的电力解除。这不一定由同一个在车上执行手动解除电力的人员来进行。要求在进行诊断基础上的电力解除前参加特定的车辆产品培训。

2. 绝缘电阻测量。

如果发生高压线路（如动物啃咬等）或高压部件损坏，车辆的绝缘监控系统将会向诊断系统发送错误报告。对于绝缘故障，通常需要进行手动电力解除。然而，这并不能确定是哪个部件引起的故障。在顺利完成培训课程后，将有能力通过绝缘电阻测量仪安全地确定部件并更换对应的部件。损坏的充电插座或充电线可能会触发对地故障电流断路器（GFCI）。残余电流保护设备（RCD），是充电电缆或者基础设施的一部分。如果触发对地故障电流断路器，必须在这里进行绝缘电阻测量，如图 1-90 所示。

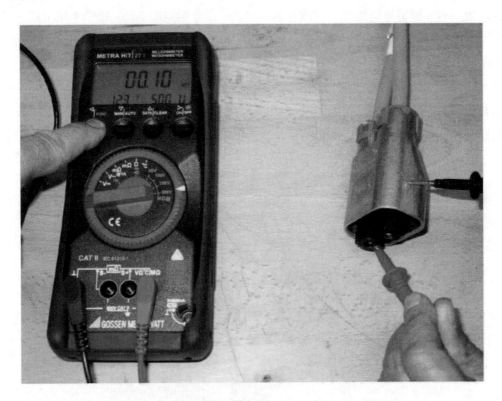

图 1-90

3. 变速器维修后的耐电压测试。

在变速器维修后必须进行耐电压测试。为了实施耐电压测试，需要在维修站内建立一个移动测试站来防止工人受到危害，在这个测试站中将对维修的变速器进行耐电压测试。通过测试后，变速器才能安装在车辆上。

4. 建立移动测试站和车间设备的采购。

必须建立一个移动（非固定）测试站进行耐电压测试。必须使用路障胶带封锁移动测试站并且禁止非授权者进入。另外，必须张贴信息和警告符号，如图 1-91 和图 1-92 所示。必须遵守国家法规。

这只是信息及警告符号的样例。它的样式和设计必须符合国家法规。使用外部操作设备进行耐电压测试，如图 1-93 和图 1-94 所示。

图 1-91

图 1-92

图 1-93

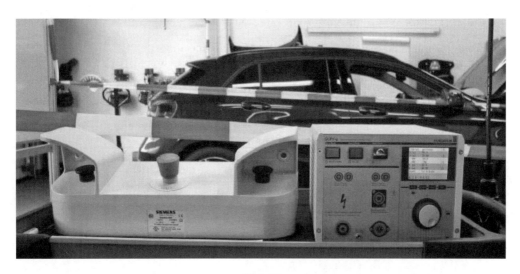

图 1-94

5.WIS 维修指导。

为了进行手动电力解除、绝缘电阻测量和耐电压测试，依据当前版本针对下列车型的 WIS 维修指导，必须在完成培训课程后进行，如表 1-9 ~ 表 1-12 所示。

表 1-9

手动断开高压车载电气系统电源					
车型	底盘	WIS 文档 / 操作项目	电源断开结果	特殊工具：检测适配器	两相电压检测仪
S400 HYBRID	221	AR54.10-P-1039SX	OF54.10-P-3000-50B	W222589016300	W000588071900
S300/S400 HYBRID	222	AR54.10-P-1039LF	OF54.10-P-3000-50C	W222589016300	W000588071900
E300/E400 HYBRID	212	AR54.10-P-1039EH	OF54.10-P-3000-50C	W222589016300	W000588071900
Smart Electr. Drive Gen	451	AR54.10-P-1039MEV	OF54.10-P-3000-50C	W222589016300	W000588071900
C350 PLUG-IN HYBRID	205	AR54.10-P-1039LWH	OF54.10-P-3000-50E	W222589026300 W222589056300	W000588071900
GLE500 PLUG-IN HYBRID	166	AR54.10-P-1039GQA	OF54.10-P-3000-50D	W222589026300 W222589056300	W000588071900
S500 PLUG-IN HYBRID	222	AR54.10-P-1039LFH	OF54.10-P-3000-50D	W222589026300 W222589056300	W000588071900
S560eL	222	AR54.10-P-1039LFH	OF54.10-P-3000-50G	W222589026300 W000589926300	W000588071900

表 1-10

对充电线和充电插座进行绝缘电阻测量			
车型	底盘	WIS 文档 / 操作项目	绝缘电阻测量仪
Smart Electr. Drive Gen Ⅲ	451	AR54.10-P-0019-01MEV	W000588001900
B-class Electr. Drive	242	AR54.10-P-0019-01NKE	W000588001900
执行接地保护与绝缘电阻测量			
车型	底盘	WIS 文档 / 操作项目	绝缘电阻测量仪
C350 PLUG-IN HYBRID	205	AR54.10-P-0019-01LWH	W000588001900
S500 PLUG-IN HYBRID	222	AR54.10-P-0019-01LFH	W000588001900

表 1-11

在车上测量绝缘电阻				
车型	底盘	WIS 文档 / 操作项目	特殊工具：检测适配器	绝缘电阻测量仪
S400 HYBRID	221	AR54.10-P-4000SX	W222589016300	W000588001900
S300/S400 HYBRID	222	AR54.10-P-4000LF	W222589016300	W000588001900
E300 /E400 HYBRID	212	AR54.10-P-4000EH	W222589016300	W000588001900
Smart Electr. Drive Gen Ⅲ	451	AR54.10-P-4000MEV	W222589016300	W000588001900

在车上测量绝缘电阻				
车型	底盘	WIS 文档 / 操作项目	特殊工具：检测适配器	绝缘电阻测量仪
C350 PLUG-IN HYBRID	205	AR54.10-P-4000LWH	W222589026300 W222589056300	W000588001900
GLE500 PLUG-IN HYBRID	166	AR54.10-P-4000GOA	W222589026300 W222589056300	W000588001900
S500 PLUG-IN HYBRID	222	AR54.10-P-4000LFH	W222589026300 W222589056300	W000588001900
S560eL	222	—	W222589026300 W000589926300	W000588001900
B-class Electr. Drive	242	AR54.10-P-4000-NKE	—	W000588001900

表 1-12

变速器维修后的耐电压测试					
车型	底盘	变速器	WIS 文档 / 操作项目	专用工具：检测适配器	绝缘垫 耐电压测试仪
S300/S400 HYBRID	222	724.2	AR54.10-P-0018-01LF	W724589016300	000588152100 000588169800
E300/E400 HYBRID	212	724.2	AR54.10-P-0018-01LF	—	000588152100 000588169800

对于 S560eL 车型，在维修时，驱动头部单元必须作为一个完整的单元更换，这意味着不再进行耐电压测试。

二、专用工具和车间设备

表 1-13 所示为需要在高压车载电气系统中进行个别操作的专用工具和车间设备。

表 1-13

专用工具 / 车间设备	订购编号	维修类型	可订购
耐电压测试仪	W000588169800	耐电压测量	OK
绝缘电阻测量仪	W000588001900	绝缘电阻测量	OK
检测适配器	W222589016300	电力解除 / 绝缘电阻测量	2014 年 5 月
LV 测试线	W724589046300	耐电压测试	2014 年 6 月
测试盒	W000589002100	耐电压测试	OK
绝缘垫	W000588152100	耐电压测试	OK
两相电压检测仪	W000588169800	电力解除	OK
路障胶带	自行采购	耐电压测试	—
举升设备	W724589026300	NAT 混合动力变速器	OK

专用工具 / 车间设备	订购编号	维修类型	可订购
加注油的适配器	W724589002100	NAT 混合动力变速器	OK
转子总成的安装工具	W724589033100	NAT 混合动力变速器	OK
导向销（只适用 P-20）	W724589011500	NAT 混合动力变速器	OK
总成设备（变速器支撑）	W724589044000	NAT 混合动力变速器	2014 年 6 月
用于径向轴密封圈的移除	W724589021500	NAT 混合动力变速器	OK
组装 / 分解固定装置（拉手）	W724589036300	NAT 混合动力变速器	2014 年 6 月

三、车外评估高压蓄电池

情况：车外评估高压蓄电池（例如在物流环境或事故后）。

方法：使用适配器和 XENTRY 对高压蓄电池进行车外诊断，记录"Mercedes-Benz"→特殊案例（在 DAS 05/2014），同时牢记运输安全相关评估表（根据高压蓄电池类型），如图 1-95 所示。

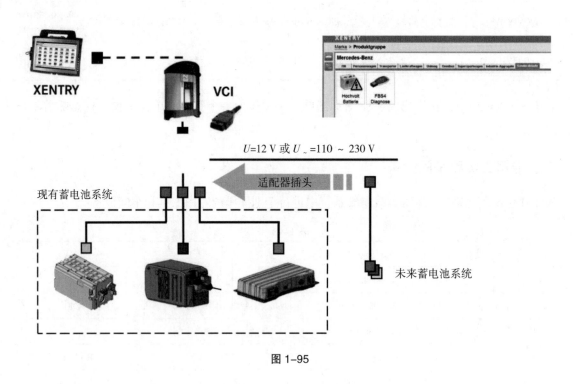

图 1-95

高压蓄电池车外评估设备订购号，如表 1-14 所示。

表 1-14

诊断单元（适配器）	W000586009900	全部有效
适配线	W212589056300	BR212.098/298/095/195；BR 221.095 /195；BR212.098/298

适配线	W222589036300	BR222.004/104/057/157；BR212.098/298/095/195；BR205.012/212
适配线	W222589046300	BR222.163；253.954；213.050；205.047/147/247；166.063
适配线	W242589016300	BR242.890
适配线	W451589106300	BR451.390/490/392/492

第七节　高压蓄电池车外评估

1. 使用条件：高压蓄电池车外评估（例如在物流环境或车辆发生事故后）。

2. 方法：使用适配器和 XENTRY 对高压蓄电池进行车外诊断，同时记录运输安全相关评估表（根据高压蓄电池类型）。

3. 订购号，如表 1–15 所示。

表 1–15

诊断单元（适配器）	W000586009900	全部有效
适配线	W212589056300	BR212.098/298 /095 /195；BR221.095 /195
适配线	W222589036300	BR222.004/104 /057 /157 /061/161；BR212.098/298 /095 /195；BR205.012/212/312
适配线	W222589046300	BR222.163
适配线	W242589016300	BR242.890
适配线	W451589106300	BR451.390/490/392/492

4. 操作步骤。

由于车型 221.195 的高压蓄电池建立通信的步骤较为特殊，因此请务必遵循下面的指导步骤。其他车型的操作步骤请依照 WIS 文档 AR54.10–P–1144NKE。

步骤 1：将适配器与 12 V 蓄电池相连，如图 1–96 所示。

步骤 2：将适配器侧面的接口与 XENTRY 相连，如图 1–97 所示。

步骤 3：使用合适的适配线将适配器与高压蓄电池的诊断接口相连，如图 1–98 所示。

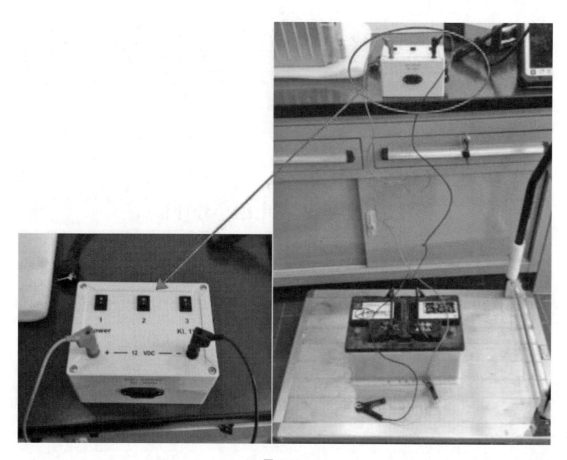

图 1–96

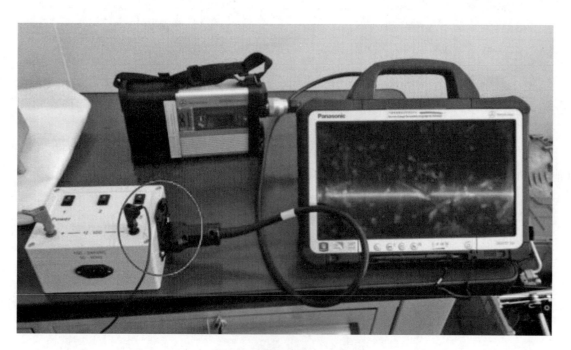

图 1–97

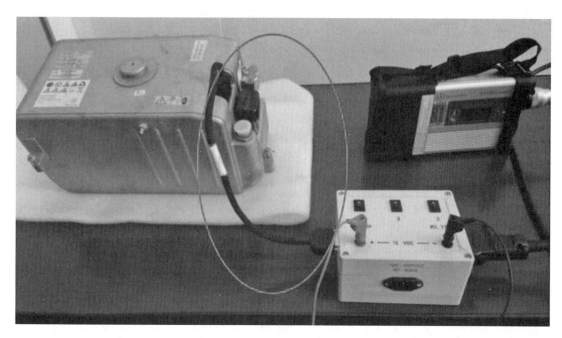

图 1-98

步骤 4：如不使用 12 V 蓄电池，请使用充电线连接适配器下方接口到 220 V 电源。充电线可以是 PC 或显示器的充电线，如图 1-99 和图 1-100 所示。

步骤 5：打开 3 个开关（与 WIS 文档的描述不同），如图 1-101 所示。

图 1-99

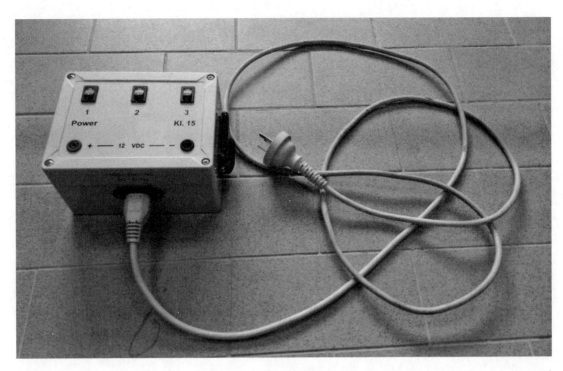

图 1–100

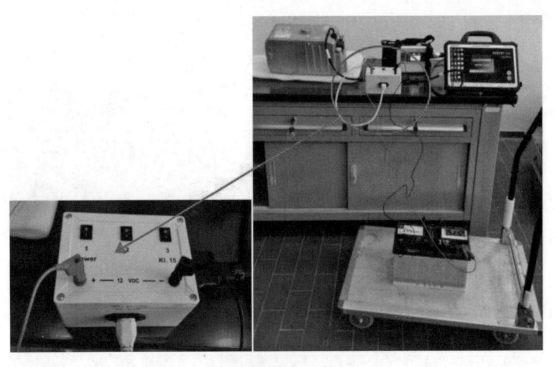

图 1–101

步骤 6：进入"产品组别"并选择正确的车型（与 WIS 文档的描述不同）。点击诊断按钮，如图 1–102 所示。

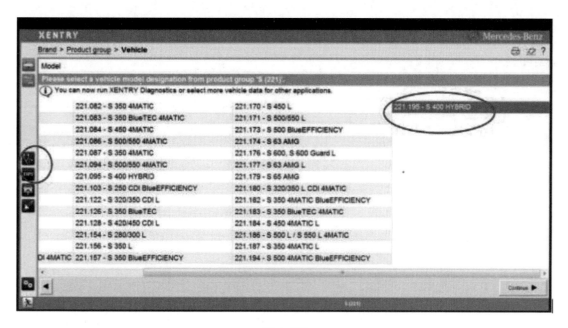

图 1-102

步骤 7：根据引导进行选择并输入 VIN。保证电源正常，如图 1-103 和图 1-104 所示。

步骤 8：选择"控制单元""车身""SG-BMS- 蓄电池管理系统"，如图 1-105 ～图 1-107 所示。

图 1-103

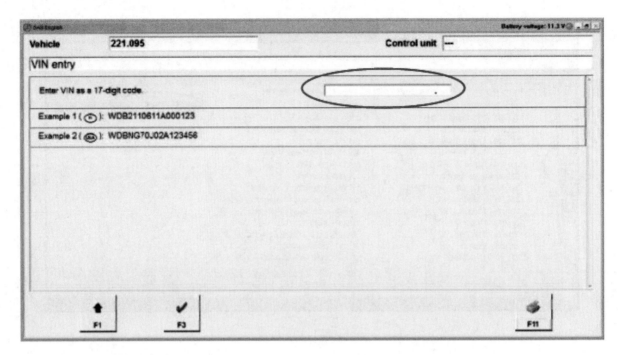

图 1-104

图 1-105

58

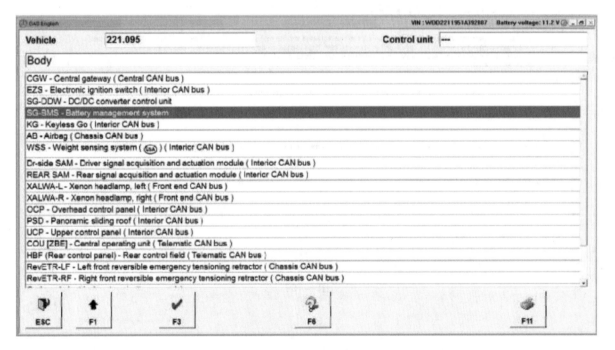

图 1-106

图 1-107

步骤 9：选择"操作""蓄电池单元格自放电测试操作记录"，如图 1-108 所示。

步骤 10：根据引导进行"蓄电池单元格自放电测试操作记录"，如图 1-109 所示。

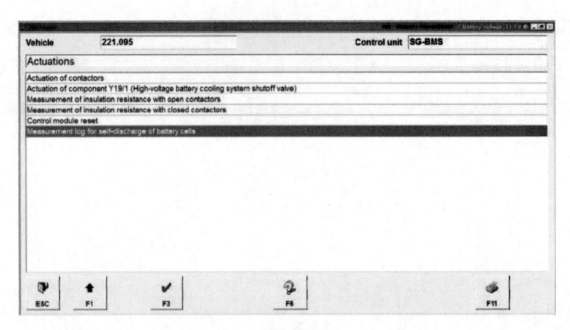

图 1-108

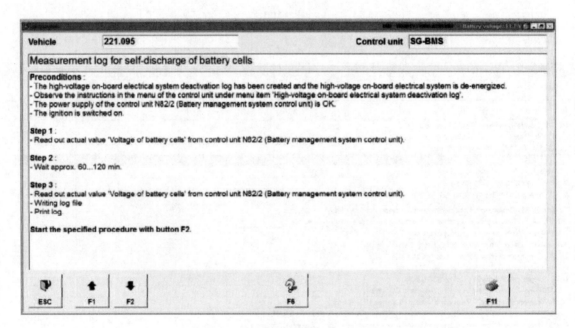

图 1-109

第八节　高压蓄电池诊断说明

一、高压蓄电池的维护

1. 电动汽车（EV）和插电式混合动力汽车的 12 V 车载电网蓄电池不得断开，否则可能导致高压车载电气系统损坏，如图 1-110 所示。

图 1-110

2. 高压蓄电池必须在发动机最后一次启动空闲 6 周内进行检查和充电，如图 1-111 所示。

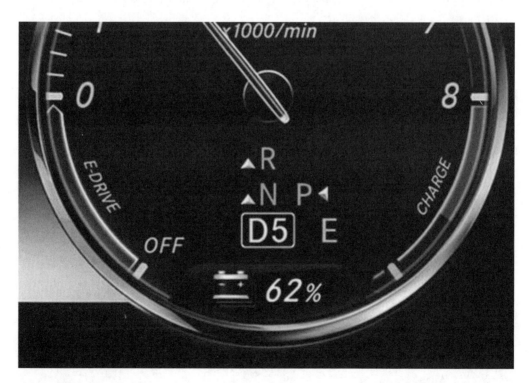

图 1-111

3. 关于烘干设备中油漆干燥的说明。若车辆装配了高压蓄电池，则必须注意以下几点：

（1）必须确保不会超出干燥时间。

（2）在开始干燥前，蓄电池温度必须低于 30 ℃。干燥设备处于 80 ℃时，车辆在其中的时间不能超过 60 min，否则蓄电池组的电池会发生永久损坏。

（3）在干燥过程中，拔下点火钥匙，然后将其放到车辆中清晰可见的位置。

（4）打开发动机罩会打开发动机罩接触开关并停用智能气候控制预调节功能。

（5）必须读取故障记忆，如有必要，完成作业且车辆冷却后进行删除。

（6）对于 P1 混合动力汽车（车型 221），在干燥设备中开始干燥前高压蓄电池的电量必须高于 45 %。这可以确保 P1 混合动力汽车（车型 221）能够在喷漆干燥后进行启动。

（7）P2 混合动力汽车（如车型 212、222）通过 12 V 蓄电池启动发动机。启动发动机不需要高压蓄电池具有最低电量。

二、高压蓄电池的保养

1. 若车辆闲置时间在 6 周内，则必须对高压蓄电池模块进行检查。对于混合动力汽车，请查看 WIS 文档 AR54.10-P-1170**，SOC 推荐值为 55 % ~ 65 %。对于插电式混合动力和电动汽车，请参考车主手册中的充电指示，SOC 推荐值为 100 %。

2. 如果 Smart 电动汽车存放 90 ~ 270 天，必须查看 WIS 文档 AP00.20-P-0018B 和 AR00.20-P-0002MCC。

3. 高压蓄电池控制单元升级。

对于车型 212.095/098/195/298（自改款起），高压蓄电池控制单元如图 1-112 所示。

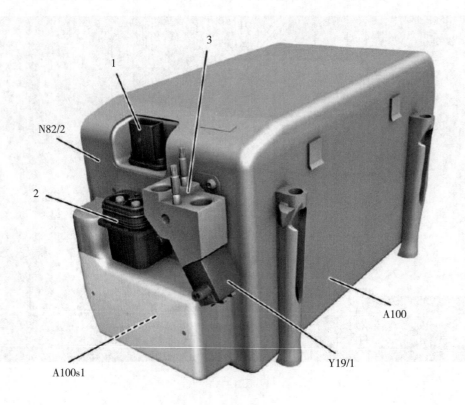

图 1-112（图注省略）

在每个控制单元编程之前请检查高压蓄电池的充电状态（SOC）。SOC值必须在仪表或COMAND中读出（在混合动力功能界面上）。

如果SOC值小于50％，高压蓄电池必须重新充电（固定充电）。在这样做时，必须遵循文档AR54.10-P-1170EH（执行步骤5.1）。通过对比，在使用Xentry Diagnostics对控制单元编程之前高压蓄电池的SOC值必须达到75％。

三、深度放电引起的高压蓄电池故障

1.检查车载电网蓄电池的启动性能，如有必要，为车载电网蓄电池充电。若车载电网蓄电池断开，或其在低电压情况下充电，则混合动力的特殊功能可能在特定时间内无法使用。在此期间，仪表盘中显示的"准备就绪（Ready）"呈黄色亮起。

2.对于车型221.195，若充电量低于5%，则需更换高压蓄电池。

3.对于深度放电的车辆，请检查车载电气系统的静态电流，排除车载电气系统漏电的可能性。

4.车载电网深度放电引起的故障，如表1-16和表1-17所示。

（1）读取高压蓄电池实际值或进行自放电测试评估时可能会出现蓄电池单元格显示不正常的情况。

（2）请尝试"复位"高压蓄电池控制单元，若可以正常显示蓄电池单元格的实际值，则可以在蓄电池单元格正常显示后进行自放电测试。

表1-16

单元格	测量1	结果	单元格	测量1	结果
1	SNA	×（!）	19	SNA	×（!）
2	SNA	×（!）	20	SNA	×（!）
3	SNA	×（!）	21	SNA	×（!）
4	SNA	×（!）	22	SNA	×（!）
5	SNA	×（!）	23	SNA	×（!）
6	SNA	×（!）	24	SNA	×（!）
7	SNA	×（!）	25	SNA	×（!）
8	SNA	×（!）	26	SNA	×（!）
9	SNA	×（!）	27	SNA	×（!）
10	SNA	×（!）	28	SNA	×（!）
11	SNA	×（!）	29	SNA	×（!）

表1-17

编号	名称	标准值	实际值	单位
050	蓄电池单元格1电压	3.20 ~ 4.10	0.00	V
051	蓄电池单元格2电压	3.20 ~ 4.10	0.00	V

编号	名称	标准值	实际值	单位
052	蓄电池单元格 3 电压	3.20 ~ 4.10	0.00	V
053	蓄电池单元格 4 电压	3.20 ~ 4.10	0.00	V
054	蓄电池单元格 5 电压	3.20 ~ 4.10	0.00	V
055	蓄电池单元格 6 电压	3.20 ~ 4.10	0.00	V
056	蓄电池单元格 7 电压	3.20 ~ 4.10	0.00	V
057	蓄电池单元格 8 电压	3.20 ~ 4.10	0.00	V
058	蓄电池单元格 9 电压	3.20 ~ 4.10	0.00	V
059	蓄电池单元格 10 电压	3.20 ~ 4.10	0.00	V
060	蓄电池单元格 11 电压	3.20 ~ 4.10	0.00	V
061	蓄电池单元格 12 电压	3.20 ~ 4.10	0.00	V
062	蓄电池单元格 13 电压	3.20 ~ 4.10	0.00	V
063	蓄电池单元格 14 电压	3.20 ~ 4.10	0.00	V
064	蓄电池单元格 15 电压	3.20 ~ 4.10	0.00	V
065	蓄电池单元格 16 电压	3.20 ~ 4.10	0.00	V
066	蓄电池单元格 17 电压	3.20 ~ 4.10	0.00	V
067	蓄电池单元格 18 电压	3.20 ~ 4.10	0.00	V
068	蓄电池单元格 19 电压	3.20 ~ 4.10	0.00	V
069	蓄电池单元格 20 电压	3.20 ~ 4.10	0.00	V
070	蓄电池单元格 21 电压	3.20 ~ 4.10	0.00	V
071	蓄电池单元格 22 电压	3.20 ~ 4.10	0.00	V
072	蓄电池单元格 23 电压	3.20 ~ 4.10	0.00	V
073	蓄电池单元格 24 电压	3.20 ~ 4.10	0.00	V
074	蓄电池单元格 25 电压	3.20 ~ 4.10	0.00	V
075	蓄电池单元格 26 电压	3.20 ~ 4.10	0.00	V
076	蓄电池单元格 27 电压	3.20 ~ 4.10	0.00	V
077	蓄电池单元格 28 电压	3.20 ~ 4.10	0.00	V
078	蓄电池单元格 29 电压	3.20 ~ 4.10	0.00	V
079	蓄电池单元格 30 电压	3.20 ~ 4.10	0.00	V
080	蓄电池单元格 31 电压	3.20 ~ 4.10	0.00	V
081	蓄电池单元格 32 电压	3.20 ~ 4.10	0.00	V
082	蓄电池单元格 33 电压	3.20 ~ 4.10	0.00	V
083	蓄电池单元格 34 电压	3.20 ~ 4.10	0.00	V

5. 如何判断车载电网存在深度放电。

（1）故障码冻结数据，如图 1–113 所示。

（2）车载电网充放电记录，如图 1–114 所示。

Error codes

Battery temperature Last occurrence	14.00°C
Status of contactors First occurrence	OPEN
Status of contactors Last occurrence	OPEN
Voltage at circuit 30c First occurrence	8.75V
Voltage at circuit 30c Last occurrence	8.75V
Cell voltages MINIMUM First occurrence	1.70V
Cell voltages MINIMUM Last occurrence	1.70V
Charge level of high-voltage battery First occurrence	0.00%
Charge level of high-voltage battery Last occurrence	0.00%
Fault event	65535
Voltage at circuit 30 First occurrence	8.63V
Voltage at circuit 30 Last occurrence	8.63V
Voltage of high-voltage on-board electrical system First occurrence	7.42V
Voltage of high-voltage on-board electrical system Last occurrence	7.42V
Outside temperature First occurrence	Signal NOT AVAILABLE
Outside temperature Last occurrence	Signal NOT AVAILABLE
Main odometer reading First occurrence	13184.00km
Main odometer reading Last occurrence	13184.00km
Number of ignition cycles since the last occurrence of the fault	0
Frequency counter	1

图 1–113

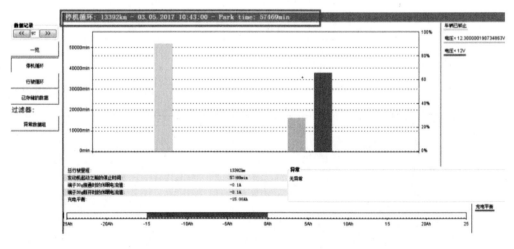

图 1–114

65

四、与高压蓄电池相关的 LI（如表 1-18 所示）

表 1-18

车型	编号	内容
222.157/212.195	LI08.30-P-064803	在行驶过程中高压蓄电池高压接触器断开
222.157	LI54.10-P-059019	高压蓄电池无法充电或仪表上出现高压蓄电池故障信息
205.147/222.163/166.063	LI54.10-P-060709	充电投诉 – 输入端分析
221/195	LI54.10-P-062308	车辆在更换功率电子装置后无法启动 – 预加载故障
221/195	LI54.10-P-054432	车辆偶尔无法启动或再也无法启动
221/195	LI54.10-P-054435	车辆因高压蓄电池 150 A 保险丝损坏而无法启动
221/195	LI54.10-P-049578	安装高压蓄电池到车上的 HV 插头螺栓折断

五、高压蓄电池的评估（如表 1-19 所示）

表 1-19

车型	编号	内容
221.195/212.195/222.157/451.390	OF54.10-P-3000-01Z	高压蓄电池运输能力分析数据
	AH54.10-P-0007-02MEV	评估高压蓄电池壳体的提示
	AR54.10-P-1140-02MEX	检查高压蓄电池，使用诊断系统对高压蓄电池进行电气测试，以检查是否存在内部短路故障
	AR54.10-P-1140-02MEV	检查高压蓄电池，凹痕测量
	AR54.10-P-1140-02MEZ	检查高压蓄电池，外部电压短路评估
166.063/205.147/222.163	OF54.10-P-3000-01E	高压蓄电池运输能力分析数据
166.063/205.147/222.163	AR54.10-P-0007-02LFH	评估高压蓄电池壳体的提示
166.063/205.147/222.163	AR54.10-P-1141-02LFH	评估蓄电池管理系统
166.063	AR54.10-P-1141-01GOA	评估高压蓄电池是否存在外部电压
205.147/222.163	AR54.10-P-1141-01LFH	评估高压蓄电池是否存在外部电压

1. 关于高压蓄电池运输能力分析表的说明。

项目 C 中提到的"单个蓄电池电位下降过多"，并不是指单个蓄电池单元格的电压过低，而是指单个蓄电池单元格的自放电性能超出标准，如图 1-115 和表 1-20 所示。

C: 评估内部短路：
见 AR54.10-P-1140-02MEX

C1: 如果 a) 蓄电池管理系统 (BMS) 启用：　　　单个蓄电池电位下降过多或存在绝缘故障
　　　　　　　　　　　　　　　　　　　　　→ 如果 是
　　　　　　　　　　　　　　　　　　　　　则高压蓄电池无法进行安全运输,应进行存放

　　　情况 b) 蓄电池管理系统 (BMS) 待用：　　无法与蓄电池管理系统 (BMS) 进行通信
　　　　　　　　　　　　　　　　　　　　　→ 如果 是
　　　　　　　　　　　　　　　　　　　　　则高压蓄电池无法进行安全运输,应进行存放

图 1–115

表 1–20

标准值	实际值	单位
[3.20.....4.10]	3.52	V
[3.20.....4.10]	3.52	V
[3.20.....4.10]	3.52	V
[3.20.....4.10]	3.52	V
[3.20.....4.10]	3.52	V
[3.20.....4.10]	3.52	V
[3.20.....4.10]	3.52	V
[3.20.....4.10]	3.52	V
[3.20.....4.10]	3.52	V
[3.20.....4.10]	3.52	V
[3.20.....4.10]	3.52	V
[3.20.....4.10]	1.94	V
[3.20.....4.10]	3.52	V
[3.20.....4.10]	3.52	V
[3.20.....4.10]	3.52	V

　　项目 D1 中提道：是否在高压接线柱或高压接线柱和蓄电池外壳之间施加了高于 20 V 的电压？其真实意思是，是否在高压接线柱或高压接线柱和蓄电池外壳之间可以测量到高于 20 V 的电压，而不能理解为我们进行绝缘测试过程中，对高压接线柱和蓄电池外壳之间施加超过 20 V 的电压，属于蓄电池内部短路，如图 1–116 所示。

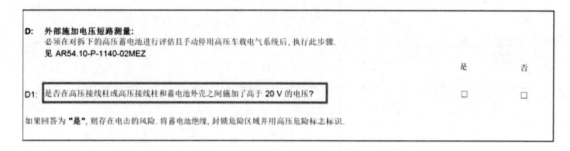

图 1-116

2.注意：对于 222.173 等改款的车型，高压蓄电池安全运输评估单已经集成到了 XENTRY 诊断仪中，如图 1-117 所示。

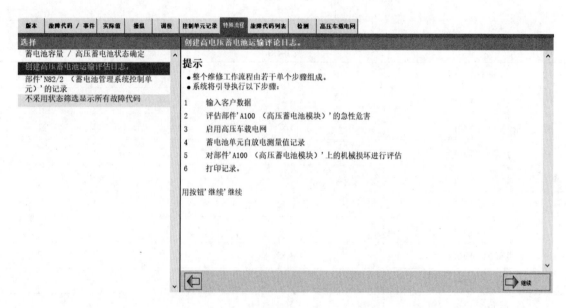

图 1-117

六、对拆下的高压蓄电池进行诊断（如图 1-118 所示）

1.使用条件：高压蓄电池车外评估（例如在物流环境或车辆发生事故后）。

2.方法：使用适配器和 XENTRY 对高压蓄电池进行车外诊断，同时记录运输安全相关评估表（根据高压蓄电池类型）。

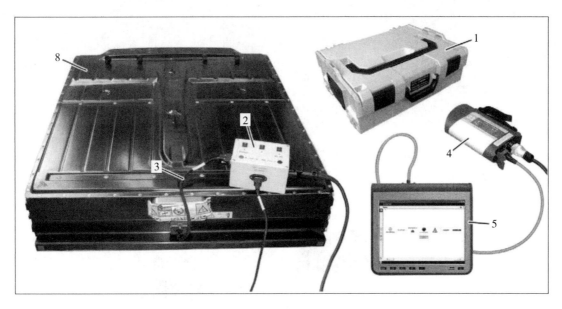

图 1-118（图注省略）

七、MEV 关于高压蓄电池的说明

1. 关于高压蓄电池的一般信息。

（1）安全指引。

（2）关于安全操作的信息。

（3）存放空间的要求。

（4）存放和容器的一般要求。

（5）有关运输的一般信息。

2. 操作可以安全运输的高压蓄电池。

（1）在配备喷淋保护设施的储物区存放。

（2）在未配备喷淋保护设施的储物区存放。

（3）运输可以安全运输的高压蓄电池。

3. 操作不可以安全运输的高压蓄电池。

（1）经销商在收到专用容器后，才可拆下车辆中已被诊断为无法安全运输的高压蓄电池。

（2）存放不可以安全运输的高压蓄电池。

（3）运输不可以安全运输的高压蓄电池。

4. 高压蓄电池运输流程，如图 1-119 所示。

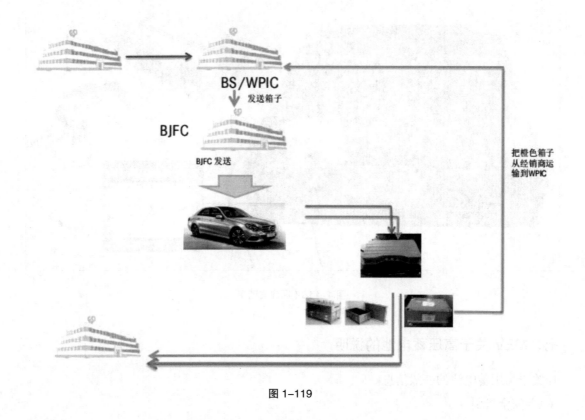

图 1–119

八、发生事故触发气囊或燃爆保险丝后处理高压蓄电池

请特别注意以下几点：

1. 接收到车辆时，必须由专业人员（接受过产品培训的人员）检查事故车辆高压蓄电池是否损坏。

2. 事故车辆必须按照相关要求停放。

3. 个人防护装备（PPE）可在对无法确定高压车载电气系统状况的车辆（例如事故车辆）进行作业时提供保护，以防范电流产生的潜在危险。

4. 若需要连接高压触点，则必须穿戴个人防护装备（PPE）。适用于以下车型：212、221、451 Phase Ⅱ。

5. 若触发了燃爆保险丝（高压车载电气系统不可逆切断），则必须更换高压蓄电池。必须由专业人员根据 WIS 中记录的流程手动切断车辆电源。

6. 在发生事故并触发燃爆保险丝的情况下，高压蓄电池不适合运输，必须存放在为该高压蓄电池准备的专用容器中。此外，必须遵照不可运输高压蓄电池的相关流程。

可能出现的故障码：

（1）故障码 B273500：车载电气系统线路的点火管发生故障。

（2）故障码 P1CB400：电路 30 C 的电源发生故障。

（3）故障码 0003：电路 30 C 的电压低于 4.5 V。

（4）故障码 00A2：检测到碰撞信号。

7. 事故中气囊展开的情况下处理高压蓄电池的流程，如图 1–120 所示。

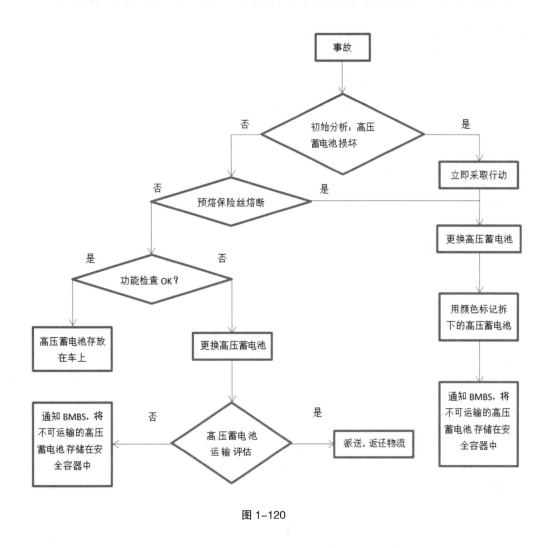

图 1–120

九、221.195 车型因高压蓄电池 150 A 保险丝损坏而无法启动的说明

1. 投诉。

（1）发动机无法启动。

说明：若车辆偶尔不能启动或删除故障码后可以启动，则不符合此 LI。

（2）蓄电池管理系统控制单元（SG–BMS）有当前存储和已存储的故障码，可能出现的故障码：0AA700、0C7800、0A1F04。

说明：并不是某个故障码出现就完全符合这个 LI，如故障码 0C7800 单独出现时，可能损坏的部件并不是高压蓄电池。

2. 损坏原因。

热敏机械负荷可能导致高压蓄电池内 150 A 保险丝功能不可用。在此状态下，高压蓄电池内的高压接触器会在启动尝试时禁用，无法启动车辆。

说明：LI 中没有提到检测方法和可参考的实际值。

十、221.195 车型高压蓄电池单个单元格过度放电（如表 1-21 所示）

1. 可能出现的故障码：SG-BMS 0BBD00、0BBE00。

2. 损坏代码：5471973。

3. 解决方案：更换高压蓄电池。

4. 有效性：09/2011（FIN：WDD2211951A441817）。

5. 高压蓄电池自放电测试必须被执行。

表 1-21

控制单元：BMS221					
编号	名称	标准值	实际值	单位	
050	Voltage of battery cell 1	[3.20.....4.10]	3.52	V	
051	Voltage of battery cell 2	[3.20.....4.10]	3.52	V	
052	Voltage of battery cell 3	[3.20.....4.10]	3.52	V	
053	Voltage of battery cell 4	[3.20.....4.10]	3.52	V	
054	Voltage of battery cell 5	[3.20.....4.10]	3.52	V	
055	Voltage of battery cell 5	[3.20.....4.10]	3.52	V	
056	Voltage of battery cell 7	[3.20.....4.10]	3.52	V	
057	Voltage of battery cell 8	[3.20.....4.10]	3.52	V	
058	Voltage of battery cell 9	[3.20.....4.10]	3.52	V	
059	Voltage of battery cell 10	[3.20.....4.10]	3.52	V	
060	Voltage of battery cell 11	[3.20.....4.10]	3.52	V	
061	Voltage of battery cell 12	[3.20.....4.10]	3.52	V	
062	Voltage of battery cell 13	[3.20.....4.10]	(1.94)	V	
063	Voltage of battery cell 14	[3.20.....4.10]	3.52	V	
064	Voltage of battery cell 15	[3.20.....4.10]	3.52	V	
065	Voltage of battery cell 16	[3.20.....4.10]	3.52	V	

十一、进行高压蓄电池制冷剂回路密封性检测（车型：222.157）

1. 请首先检查完整的空调冷却管路，确认高压蓄电池以外的部件及管路不存在泄漏。

2. 请依据 AR83.30-P-0005LF 进行高压蓄电池制冷剂回路的密封性检测。

3. 必须使用氮气及特殊工具进行测试，如图 1-121 和图 1-122 所示。

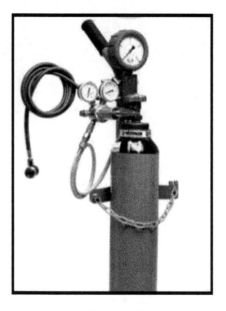

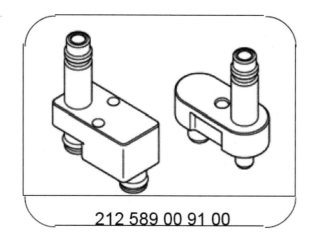

212 589 00 91 00

图 1-121 图 1-122

4. 如果测量结果为高压蓄电池制冷剂回路泄漏，请创建 TIPS 案例，并提供完整的测量步骤及相关数据。

十二、奔驰混动车型对照表（如表 1-22 所示）

表 1-22

车型	代码
A250e	177.086
A250e	177.186
B250e	247.086
C350 HYBRID Plus Limousine	205.047
C300e/C350e Limousine	205.053
C300e/C350e 4MATIC Limousine	205.054
C350e Limousine（Langer Radstand）	205.147
C350e T-Model	205.247
C300e T-Model	205.253
CLA250e Coupe	118.386
CLA250e Shooting Brake	118.686
E350e Limousine	213.050
E300e Limousine	213.053
E300e/E350e 4MATIC Limousine	213.054
E300e Limousine（Langer Radstand）	213.153

车型	代码
E300e T-Model	213.253
GLA250e	247.786
GLC300e/GLC350e 4MATIC Coupe	253.353
GLC350e 4MATIC Coupe	253.354
GLC300e/GLC350e 4MATIC Off-Roader	253.953
GLC350e 4MATIC Off-Roader	253.954
ML450 4MATIC HYBRID	164.195
ML500 4MATIC HYBRID Off-Roader/GLE500e 4MATIC	166.063
GLE350e 4MATIC	167.154
GLE350e 4MATIC	167.354
S400 HYBRID	221.095
S400 HYBRID	221.195
S300 Blue TEC HYBRID Limousine/S300h Limousine	222.004
S400 HYBRID Limousine	222.057
S300 Blue TEC HYBRID Limousine（Langer Radstand）	222.104
S400 HYBRID Limousine	222.157
S550 HYBRID Plus Limousine（Langer Radstand）/S550e Limousine	222.163
S560e Limousine（Langer Radstand）	222.173

第二章 奔驰 S400 HYBRID（W221）混合动力车型

第一节 概述

一、简介

新款奔驰 S400 HYBRID 基于 S350 研发而成，其传动系统进行了明显改进。改进包括进一步研发的 3.5L V6 汽油发动机、附加的持续通电同步电机、为配合混合动力模块而专门设计的 7 挡自动变速器（7G-TRONIC）、所需的动力和控制电子装置、变压器和锂离子蓄电池。紧凑型混合动力模块包括一个可用作启动机和高压发电机的盘形电机。系统具有两个优点：

一个优点是，有助于节约燃油。

另一个优点是，可提高驾驶乐趣。其中一个原因是"升压效果"，电机在能量消耗较高的加速阶段为发动机提供强劲支持。驾驶员也可受益于两种主总成之间的相互作用，具体表现为车辆每次起步或加速时有更加明显的扭矩曲线以及出色的动力提升。

混合动力模块还具有便捷启动/停止功能，可在车辆遇到交通信号灯等情况停止时关闭发动机。在启动行驶时，电机会非常舒适地以几乎不会被察觉的方式启动发动机。发动机在首次点火时几乎立即启动，这有助于提高燃油经济性并保护环境，也意味着起步阶段的排放量会降至最低。

车辆减速时，电机作为高压发电机工作，并能通过"再生制动"过程回收制动能量。在此过程中，电机协调工作，从而不间断地支持发动机和传统车轮制动器的制动。回收的能量存储在高性能紧凑型锂离子蓄电池中，以备之后需要时使用。集成在发动机控制单元中的"主总成协调器"用于通过能量管理和扭矩协调模块管理混合动力驱动系统。

注意：只有经过培训的授权服务中心人员（机动车辆高压车载电气系统电气技师）才可对高压车载电气系统进行作业。

为什么要采用混合动力？

未来的汽车将日益受到以下因素的影响：

（1）有限的自然资源。

（2）能源价格的长期上涨。

（3）环境保护和二氧化碳排放的相关法律规定。

（4）偏向于购买更环保、更经济的车辆。

S400 HYBRID 配备了平行混合动力驱动系统。通过该驱动系统，发动机和电机均与驱动轮机械相连（发动机和电机平行连接）。电机和发动机所提供的功率可以进行叠加，这就意味着二者可分别保持更低的额定功率，但仅使用电动驱动系统无法驱动车辆。

1. 驱动示意图，如图 2-1 所示。

2. 车辆的右前视图，如图 2-2 所示；车辆数据，如表 2-1 所示。

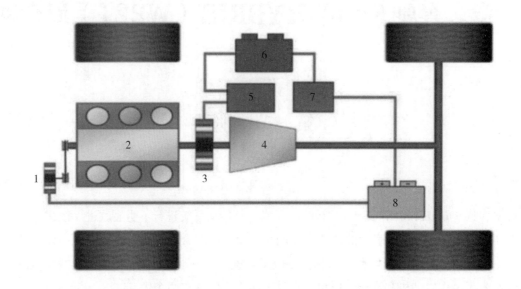

1.12 V发电机　2.发动机　3.电机　4.7挡自动变速器（7G-TRONIC）　5.电力电子模块　6.高压蓄电池模块　7.DC/DC 转换器模块　8.12 V蓄电池

图 2-1

图 2-2

表 2-1

名称	投放市场	车型（W221/V221）	发动机	变速器
S400 HYBRID	ECE 2009 年 6 月 日本 2009 年 8 月 美国 2009 年 9 月 中国 2009 年 9 月	221.095 221.195	272.974	722.950

混合动力部件概述，如图 2-3 所示。

1.高压蓄电池模块　2.DC/DC转换器模块　3.电力电子模块　4.电机　5.踏板总成　6.再生制动系统（RBS）
制动助力器　7.电动真空泵　8.电动制冷剂压缩机　9.低温冷却器　10.低温回路循环泵　11.电液动力转向机
构　12.带再生制动系统控制单元的液压单元

图 2-3

二、技术数据（如表 2-2 所示）和拓扑图（如图 2-4 所示）

表 2-2

项目	单位	规格
发动机		
特定发动机转速下的额定功率	kW	205（6000 r/min）
特定发动机转速下的额定扭矩	N·m	350（2400 ~ 5000 r/min）

项目	单位	规格
气缸数	—	6
排量	cm³	3498
最高转速	r/min	6500
压缩比	—	10.7∶1
每缸气门数	—	4
混合气形成	—	带热膜式空气流量传感器的微处理器控制汽油喷射
动力传输		
驱动	—	后轮
自动变速器	—	7G-TRONIC
电机		
类型	—	持续通电的同步电机
额定功率	kW	15
特定发动机转速下的额定扭矩	N·m	160（1000 r/min）
最大启动扭矩	N·m	215
额定电压	V	126
高压蓄电池		
类型	—	锂离子蓄电池
额定电压	V	126（35 个电池 ×3.6 V）
容量	Ah	7
重量	kg	约 28
发动机和混合动力模块		
特定发动机转速下的额定功率	kW	220（6000 r/min）
特定发动机转速下的额定扭矩	N·m	385（2400 ～ 4000 r/min）

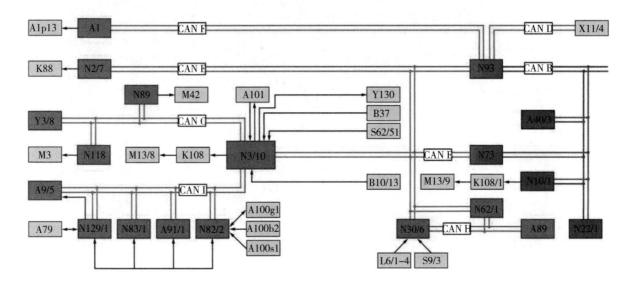

A1p13.多功能显示屏　A9/5.电动制冷剂压缩机　A40/3.COMAND 控制单元　A79.电机　A89.DTR 控制单元（装配增强型限距控制系统或自动智能巡航控制系统）　A91/1.电液动力转向机构　A100b2.高压蓄电池温度传感器　A100g1.高压蓄电池　A100s1.保护开关　A101.油箱泄漏诊断模块　B10/13.低温回路温度传感器　B37.加速踏板传感器　CAN B.车内CAN　CAN C.传动系统 CAN　CAN D.诊断 CAN　CAN E.底盘 CAN　CAN F.中央CAN　CAN H.车辆动态 CAN　CAN I.驾驶驱动数据链 CAN　K88.烟火隔离器　K108.循环泵继电器 1（电力电子）　K108/1.循环泵继电器 2（电力电子）　L6/1.左前转速传感器　L6/2.右前转速传感器　L6/3.左后转速传感器　L6/4.右后转速传感器　M13/8.循环泵 1（电力电子）　M3.燃油泵　M13/9.循环泵 2（电力电子）　M42.电动辅助变速器油泵　N2/7.防护装置控制单元　N3/10.ME-SF（ME）控制单元　N10/1.带保险丝和继电器模块的前侧 SAM 控制单元　N22/1.自动空调（KLA）控制单元　N30/6.再生制动系统（RBS）控制单元　N62/1.雷达传感器控制单元（SGR）（装配增强型限距控制系统或自动智能巡航控制系统）　N73.EZS控制单元　N82/2.蓄电池管理系统（BMS）控制单元　N83/1.DC/DC 转换器控制单元　N89.辅助变速器油泵控制单元　N93.中央网关控制单元　N118.燃油泵控制单元　N129/1.电力电子控制单元　S9/3.混合动力制动灯开关　S62/51.混合动力发动机罩接触开关　X11/4.数据传输连接器　Y3/8.控制单元（VGS）　Y130.发动机油泵阀

图2-4（部分图注省略）

三、显示概念

1.混合动力驱动系统各种驱动模式的当前动力流可在驾驶室管理及数据系统（COMAND）显示单元上加以显示。

（1）在驱动模式下，动力仅由发动机流向后轴，如图 2-5 所示。

（2）在加速模式下，动力由发动机和电机流向后轴。高压蓄电池对电机供电，然后由电机产生驱动扭矩，以对发动机所产生的扭矩提供支持，如图 2-6 所示。

（3）在发电机模式下，动力由后轴流向电机。电机将车辆的动能转化为电能。电机发挥高压发电机的作用，并对高压蓄电池充电，如图 2-7 所示。

耗油量条形图给出了燃油消耗量和所产生的电能，燃油消耗量和电能平衡显示，如图 2-8 所示。

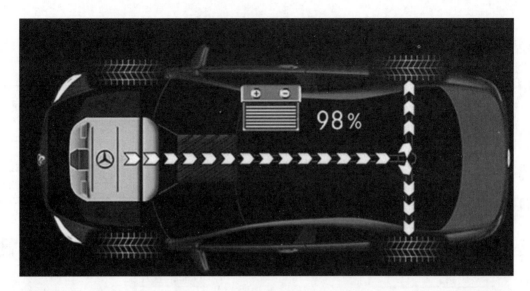

图 2-5

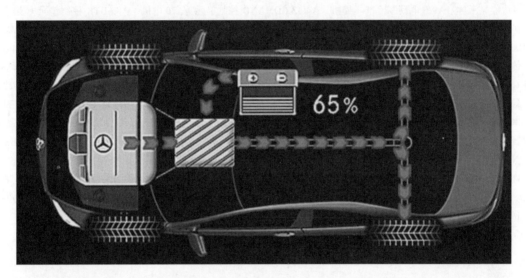

图 2-6

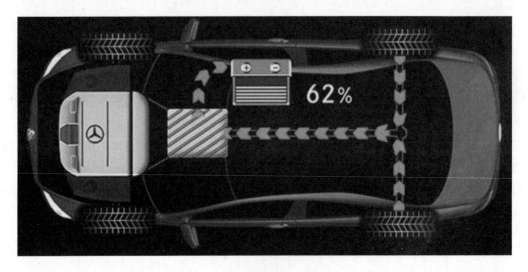

图 2-7

80

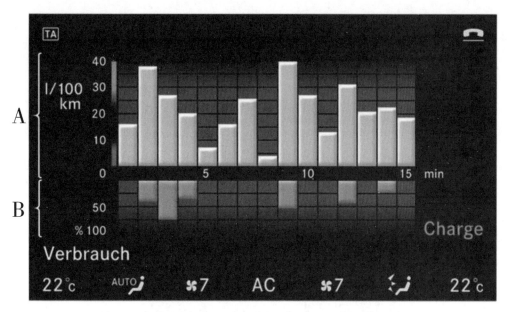

A.过去15 min的燃油消耗量　B.高压蓄电池在过去15 min回收能量的显示

图 2-8

2. 各种工作模式期间的能量流和高压蓄电池的当前电量可在仪表上加以显示，如图 2-9 所示。一旦混合动力驱动系统开始工作，即会显示信息"就绪（READY）"。ECO 启动 / 停止功能可用时，绿色的 READY 指示灯点亮。ECO 启动 / 停止功能暂时不可用时，黄色的 READY 指示灯点亮。

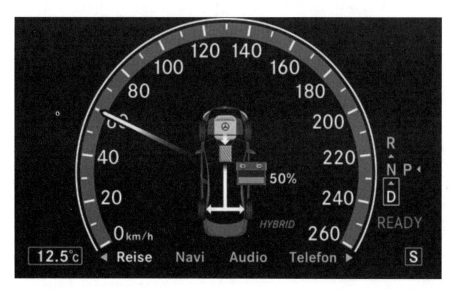

图 2-9

3. 充电指示灯。

仪表和驾驶室管理及数据系统（COMAND）上显示的高压蓄电池电量是一个调节值，仅表示实际可用的蓄电池电量。以 SOC（充电状态）值表示的高压蓄电池的实际电量可通过诊断辅助系统（DAS）读取。

第二节　子系统

一、发动机

发动机 272.974 针对混合动力驱动系统进行了改进和优化。由于采用了新气缸盖，具有改进后的可变正时凸轮轴以及有别于原型的活塞，输出功率增加了 5 kW。通过采用 Atkinson 原理提高了热效率，降低了燃油消耗率，从而降低了车辆在部分负荷条件下的燃油消耗量。电机的转子与曲轴直接相连，并位于发动机与自动变速器之间。

1. 发动机右后视图，如图 2-10 所示。

1.电气插头连接　2.UVW 螺纹连接　A79.电机　L20.转子位置传感器
图 2-10

Atkinson 原理：通过在进气和压缩阶段之间短时间打开进气门来优化气门正时，从而使膨胀阶段长于压缩阶段。

2. 扭矩曲线图，如图 2-11 所示。

3. 发动机性能曲线图，如图 2-12 所示。

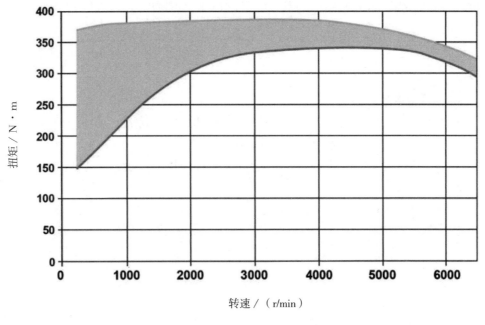

图 2-11

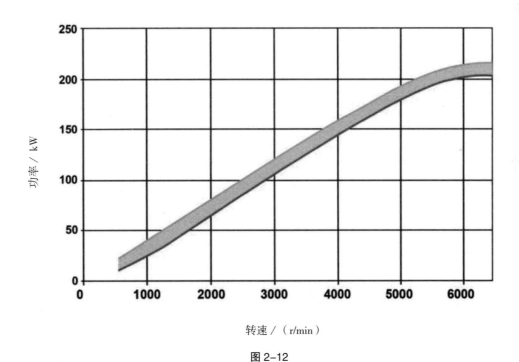

图 2-12

二、自动变速器

S400 HYBRID 配备了 7 挡自动变速器（7G-TRONIC）。变速器针对混合动力驱动系统进行了改进。除了新的变速器控制软件之外，还安装了一个电动辅助变速器油泵。作为启动 / 停止功能的一部分，当发动机关闭或正在重新启动时，必须确保对变速器液压装置持续供油，以防止驾驶员发出起步请求与车辆实际开始运动之间出现延迟。为此，当内部变速器油泵因发动机关闭而停止工作时，电动辅助变速器油泵为变速器控制系统供油。自动变速器剖面图，如图 2-13 所示。

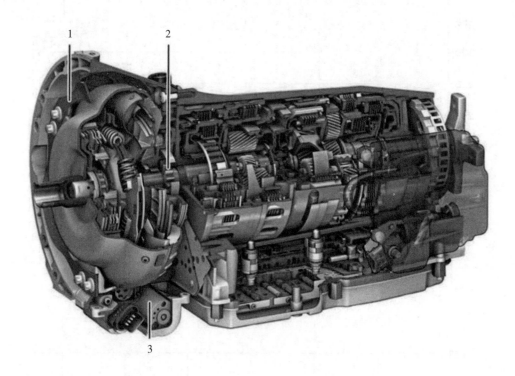

1.支承环　2.内部变速器油泵　3.电动辅助变速器油泵（M42）

图 2-13

三、S400 上的高压部件

高压部件包括根据高压定义传导高于 48 V 直流电和 / 或 25 V 交流电电压的所有部件。

主要部件包括：高压蓄电池、电机、电源电子装置（AC/DC 转换器）、DC/DC 转换器和高压线路。不同车型，可能还有其他部件。在 S400 HYBRID 中，还有电动制冷剂压缩机（EKMV）和电源分配单元（PDU）。高压部件图，如图 2-14 所示。

（一）高压蓄电池

1. 锂离子蓄电池。

高压蓄电池模块位于发动机舱右后部，可保护高压蓄电池免受外部热量的影响，并确保物理稳定性。高压蓄电池模块包括高压蓄电池、蓄电池管理系统（BMS）控制单元和保护开关。制冷剂管路和电线（高压 /12 V）可与高压蓄电池模块相连。高压蓄电池是锂离子蓄电池，可为电机储存能量。

与镍氢蓄电池相比，优点有：

（1）电效率更高。

（2）能量密度更大，因此重量更轻，结构更紧凑。

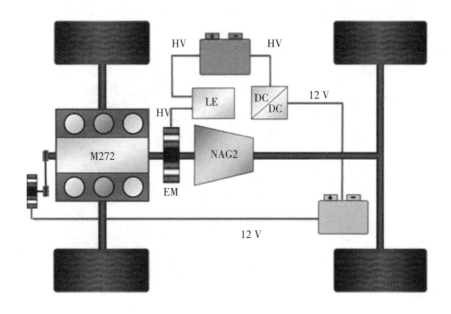

DC/DC.DC/DC转换器（直流/直流转换器） EM.电机 HV.高压 LE.带有AC/DC转换器的
电源电子装置（交流/直流转换器） NAG2.自动变速器 M272.汽油发动机

图 2-14

高压蓄电池通过 DC/DC 转换器与 12 V 车载电气系统相连，从而可在必要时为 12 V 车载电气系统提供支持。保护开关由蓄电池管理系统（BMS）控制单元促动，并在内部将高压蓄电池的正极和负极接线柱与高压车载电气系统绝缘。高压蓄电池模块示意图，如图 2-15 和图 2-16 所示。

图 2-15

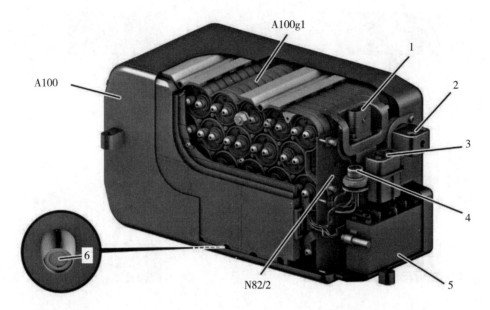

1.蓄电池管理系统控制单元的12 V插头连接　2.制冷剂管路连接　3.高压插头连接（电力电子、电动制冷剂压缩机）　4.高压插头连接（DC/DC 转换器）　5.保护开关　6.带膜片和爆裂盘的熔断接头　A100.高压蓄电池模块　A100g1.高压蓄电池　N82/2.蓄电池管理系统（BMS）控制单元

图 2-16

锂离子蓄电池组成：

（1）它由 35 个电池组成，每个电池的电压为 3.6 V。

（2）其容量是普通电池的 4 倍。

（3）锂电池的工作温度为 15 ～ 35 ℃，通过空调系统对其冷却。

（4）厂商：Continental（奔驰、宝马共同研究）。

不完全充电 / 放电过程计为一次完全充电循环。使用 I/U 充电，在这种情况下蓄电池首先以恒定电流充电，然后再以恒定电压充电。电池单元氧化会使锂离子蓄电池老化，这也是电极氧化。这会影响存储锂离子的能力，因为获得电流需要锂离子。电池单元氧化受多种因素影响，如温度和蓄电池的充电水平等。在高温和蓄电池充满电的情况下，电池单元氧化特别快。

锂离子蓄电池存储：

（1）存储时必须定期检查电量。

（2）最佳的电量是 50 % ～ 80 %。

（3）每个月 1 % 的自放电是极其低的，但这很大程度上取决于温度。

（4）可重复充电的锂离子蓄电池应每 3 ～ 4 个月充一次电，以防止过量放电。如果电压降至 2 V 以下，可能会损坏电池单元（2.9 ～ 3.6 V）。

锂离子蓄电池优点：

（1）功率密度、能量密度特别大。

（2）充电快，放电电流大。

（3）循环次数极高（超过 5000 次）。

（4）使用寿命长。

（5）不存在记忆效应。

注意：若车辆持续停放4周或曾经库存，应对车上安装的锂离子蓄电池充电（启动和驱动车辆）。

锂离子蓄电池特点：

（1）重量大，价格高。

（2）使用液态有机电解液。

（3）高压蓄电池的材料有害。

（4）运输遵从 UN3480 锂离子蓄电池、级别9、PG Ⅱ 的规定。

2. 高压蓄电池冷却。

高压蓄电池的工作温度必须处于特定范围内，以确保充电功率、充电循环的次数和高压蓄电池的预期使用寿命达到最佳。蓄电池管理系统（BMS）控制单元评估来自高压蓄电池的蓄电池温度传感器的数据，以确定当前高压蓄电池温度。必要时，会通过 ME-SFI 控制单元发出冷却输出请求。蓄电池管理系统（BMS）控制单元将冷却请求通过驱动 CAN 传送至 ME-SFI 控制单元。后者将请求与能量管理系统的目标值进行比较，并促动电动制冷剂压缩机。电动制冷剂压缩机的促动与高压蓄电池电量以及允许的最大放电电压 / 电流有关。使用钥匙启动车辆之后，允许进行首次促动，并在电路15断开时撤销。

若能量管理系统允许进行促动，则该信息连同冷却输出请求一起由 ME-SFI 控制单元通过底盘 CAN 传送至中央网关控制单元。该许可通过车内 CAN 继续传送至自动空调（KLA）控制单元，并由后者通过 CAN 网络促动电动制冷剂压缩机。

空调切断阀打开，制冷剂流经集成在高压蓄电池模块中的蒸发器。热能从高压蓄电池和蓄电池管理系统（BMS）控制单元中吸出。

冷却输出功率很大程度上取决于电动制冷剂压缩机的促动水平。发动机怠速或自动停机时，电动制冷剂压缩机的输出功率被限制为最高 2 kW。如果车辆突然加速，电动制冷剂压缩机输出功率将被短暂（小于 10 s）降低至 0 kW。高压蓄电池冷却示意图，如图 2-17 所示。

3. 镍氢蓄电池。

镍氢蓄电池，如图 2-18 所示。镍氢蓄电池通常被看作镍镉蓄电池的直接替代品。该蓄电池具有很大的能量密度，更重要的是不含有镉，非常环保。由于其能够提供类似的电压，因此通常用镍氢蓄电池直接取代镍镉蓄电池。镍氢蓄电池的正极和电解液与镍镉蓄电池相同。镍氢蓄电池采用氢电极作为正极。镍氢蓄电池通常安装在当前市场中的混合动力汽车上。

氢氟酸（氢氟化物）：

（1）若镍氢蓄电池损坏，则氢氟酸可能会从镍氢蓄电池中漏出。

（2）氢氟酸是一种无色（无色至黄色 / 绿色）、刺鼻性工作液。它可以严重腐蚀玻璃（玻璃蚀刻），对皮肤、黏膜、眼睛结膜有较强的破坏作用。

（3）有很强的接触毒性。由于能被皮肤直接吸收，因此进一步增加了危险性。

（4）即使皮肤表面看上去没有受损，也可能灼伤深层组织甚至骨骼。由于具有再吸收的毒性作用（被皮肤吸收），40 % 的氢氟酸造成的巴掌大小的灼伤会致命。

（5）特别危险的是疼痛（作为警示）通常要在数小时后才会显现。

（6）氢氟酸会损坏神经系统。

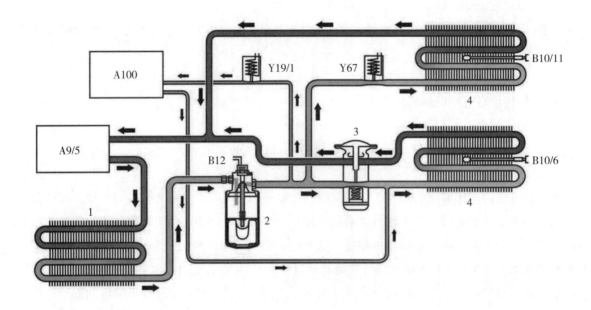

1.冷凝器 2.储液罐 3.膨胀阀 4.蒸发器 5.后排空调系统蒸发器（装配后排空调系统） A9/5.电动制冷剂压缩机 A100.高压蓄电池模块 B10/6.蒸发器温度传感器 B10/11.后排空调系统蒸发器温度传感器（装配后排空调系统） B12.制冷剂压力传感器 Y19/1.高压蓄电池冷却切断阀 Y67.后排空调系统制冷剂切断阀（装配后排空调系统）

图2-17

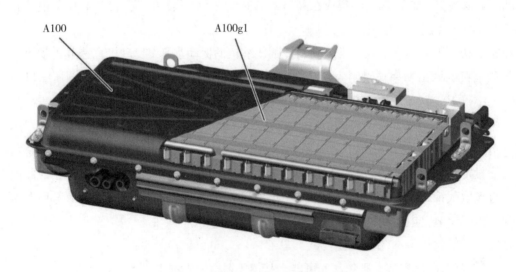

图2-18（图注省略）

（7）止痛药，甚至吗啡等麻药，实际上对此都不起作用。

（二）电机

盘形电机是采用永久磁铁的同步电机，外置转子，安装在发动机与自动变速器之间，具有启动机和高压发电机的功能，转速低于 100 r/min 时不会产生临界接触电压。电机充当减震元件的作用，以降低行驶/扭转振动。根据工作模式，电机可以沿曲轴转动方向施加扭矩，以启动发动机（发动机模式），或沿曲轴转动方向的反方向施加扭矩，以对高压蓄电池充电（发电机模式）。起步过程中，电机为发动机提供支持（升压模式）；施加制动过程中，部分制动能量被转化为电能（再生制动）。各种工作模式（发动机模式 / 发电机模式）之间的切换由电力电子控制单元进行控制。电力电子装置通过 3 条母线与电机的 3 个接线栓相连。根据工作模式和转子的位置调节三相电流。这些电流产生一个磁场，并与转子磁场一起产生转动所需的扭矩。剖面图，如图 2-19 所示。

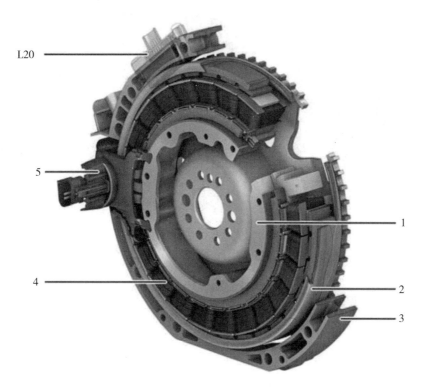

1.定子架　2.带增量环和位置传感器轨的转子　3.中间壳体　4.带线圈的定子　5.电气螺纹连接和温度传感器连接器　L20.转子位置传感器

图 2-19

调节电机时需要用到当前转子位置的相关信息。为此，即使电机静止时，转子位置传感器也会提供振幅信号，并将其传送至电力电子控制单元，以计算角度并由此计算转速。集成在定子绕组中的温度传感器记录绕组的温度，并将其作为电压信号传送至电力电子控制单元。若超出特定的温度阈值，则电力电子装置会激活相应的功率限制功能，以防止电机过热。电机分解图，如图 2-20 所示。

（三）电力电子模块

电力电子控制单元集成在电力电子模块中，位于排气歧管下方的右侧且装配有保护其免受热辐射的隔热板。电力电子控制单元根据请求为电机提供三相交流电压，监测电机的温度，执行诊断并为电控多端顺序燃料喷注 / 点火系统［ME-SFI（ME）］控制单元提供预测的可用扭矩。电力电子模块，如图 2-21 所示。

1.带线圈的定子　1/1.电气螺纹连接和温度传感器连接器　2.定子架　3.带增量环和位置传感器轨的转子　4.中间壳体　B70.曲轴霍尔传感器　L20.转子位置传感器

图 2-20

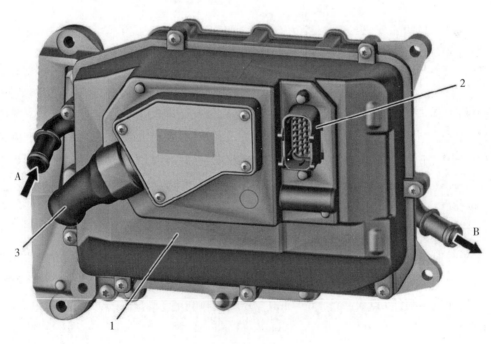

1.电力电子模块　2.电力电子控制单元的12 V插头连接　3.高压蓄电池的高压导线　A.冷却液进口　B.冷却液出口

图 2-21

（四）DC/DC 转换器模块

直流变压器（DC/DC 转换器）位于右前轮罩中，可产生直流高压和 12 V 直流电压，并实现高压车载电气系统与 12 V 车载电气系统之间的能量交换。高压与 12 V 电压之间可以双向转换。注意：由于 12 V 车载电气系统与高压车载电气系统之间会交换蓄电池能量，因此，在点火接通的情况下，可通过 12 V 跨接电缆对车辆进行跨接启动。换言之，若蓄电池已经放电，则不需要单独的高压充电器来启动车辆。DC/DC 转换器模块，如图 2-22 和图 2-23 所示。

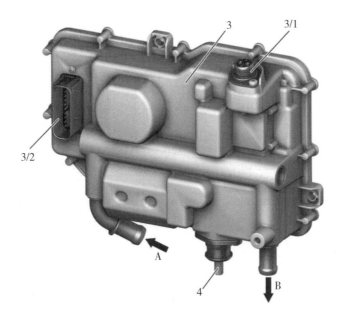

3.DC/DC转换器模块　3/1.高压连接器（高压蓄电池）　3/2.12 V DC/DC转换器控制单元的连接器　4.电路30的螺纹接线端子　A.冷却液进口　B.冷却液出口

图 2-22

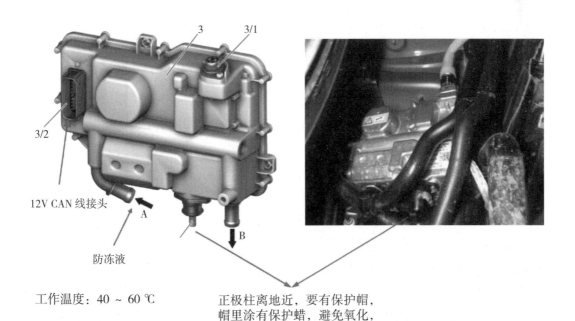

工作温度：40 ~ 60 ℃

正极柱离地近，要有保护帽，帽里涂有保护蜡，避免氧化，电阻过大，出现烧蚀

图 2-23（图注省略）

（五）电力电子模块和 DC/DC 转换器模块冷却

电力电子模块和 DC/DC 转换器模块共用一个低温冷却系统，该系统与发动机的冷却系统分开。该低温冷却系统可防止电力电子模块和 DC/DC 转换器模块出现过热损坏。ME-SFI 控制单元通过来自低温回路温度传感器的电压信号记录电力电子冷却系统中的冷却液温度。ME-SFI 控制单元根据冷却液温度促动循环泵继电器 1，循环泵 1 打开。循环泵 2 通过循环泵继电器 2 打开。点火接通时，循环泵继电器 2 由电路 15 促动。冷却液流经 DC/DC 转换器模块和电力电子模块，并吸收这些部件的热能。之后，冷却液流经低温冷却器，由此处的气流进行冷却，然后流回循环泵 1 中。冷却回路示意图，如图 2-24 所示。

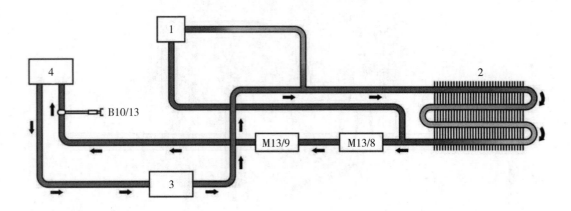

1.膨胀水箱　2.低温冷却器　3.电力电子模块　4.DC/DC 转换器模块　B10/13.低温回路温度传感器　M13/8.循环泵 1　M13/9.循环泵 2

图 2-24

（六）电动制冷剂压缩机

为确保在发动机自动停机时也能提供足够大的冷却输出功率，必须将电动制冷剂压缩机的驱动系统从发动机上分开，以便对车厢内部单独进行恒温控制，对高压蓄电池单独进行冷却，这通过电动制冷剂压缩机实现。该冷却系统仅在必要时工作，从而有助于优化燃油消耗量。电动制冷剂压缩机吸入制冷剂（R134a）并对其进行压缩，然后将制冷剂泵送到整个系统。根据蒸发器温度，自动空调（KLA）控制单元在 800 ~ 9000 r/min 的范围内对电动制冷剂压缩机进行无级调节。

电动制冷剂压缩机包括以下 3 个主要部件：

（1）带集成式电力电子装置的控制单元。

（2）电机。

（3）螺旋压缩机。

电动制冷剂压缩机示意图，如图 2-25 所示。

电动制冷剂压缩机控制单元对电机的转速和制冷剂量进行调节。电机驱动螺旋压缩机，螺旋压缩机包括内侧彼此嵌套的两个螺旋线圈，其中，第一个线圈永久固定在外壳上，第二个线圈则在第一个内侧做圆周运动。这样，螺旋线圈在几个位置处相互接触，并在线圈内部形成多个尺寸逐渐减少的空间。制冷剂因此被压缩，并向这些空间的中央运动，然后在中央以受压的形式离开螺旋线圈。

1.控制单元　2.电机　3.螺旋压缩机

图 2-25

四、制动踏板总成

制动踏板总成的功能有：

（1）记录驾驶员的制动请求。

（2）模拟踏板感觉（踏板阻力模拟器）。

（3）在后备状态时进行传统的液压车轮制动。

踏板角度传感器记录驾驶员的制动请求，并将信号传送至再生制动系统（RBS）控制单元。踏板角度传感器利用霍尔传感器测量制动踏板的角度位置，并将信号传送至再生制动系统（RBS）控制单元。正常操作期间，踏板阻力由踏板阻力模拟器产生。鉴于所涉及的工作原理，再生制动系统的制动踏板感觉可能与传统制动系统有所不同。发生故障时，踏板阻力模拟器被停用（后备状态）且模拟的踏板阻力不再存在。然后，与传统制动系统相同，驾驶员通过自己的脚力产生所需的制动压力，这就意味着踏板行程会稍稍长于正常操作期间的行程。首次施加制动期间，系统检测工作是否正常且再生制动系统会被激活。最初，踏板阻力模拟器关闭，从而使踏板行程稍稍长于系统激活时后续促动的行程。制动踏板总成，如图 2-26 所示。

五、再生制动系统（RBS）制动助力器

发动机和电动真空泵一起为再生制动系统（RBS）制动助力器提供真空。RBS 制动助力器中的 RBS 电磁阀用作执行驾驶员制动请求的促动器，并由 RBS 控制单元以电子方式促动。RBS 制动助力器包括一个 RBS 真空传感器，用于测量 RBS 制动助力器真空室中的真空度。RBS 制动助力器还配备有一个 RBS 膜片行程传感器。RBS 膜片行程传感器记录 RBS 制动助力器膜片板的位置。RBS 制动助力器，如图 2-27 所示。

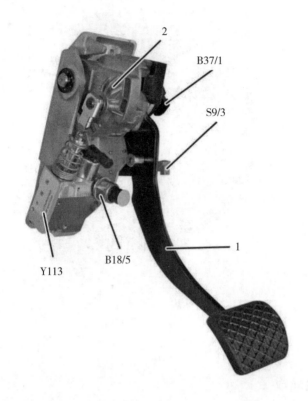

1.制动踏板　2.踏板阻力模拟器　B18/5.踏板阻力模拟器阀压力传感器　B37/1.踏板角度传感器　S9/3.混合动力制动灯开关　Y113.踏板阻力模拟器阀

图 2-26

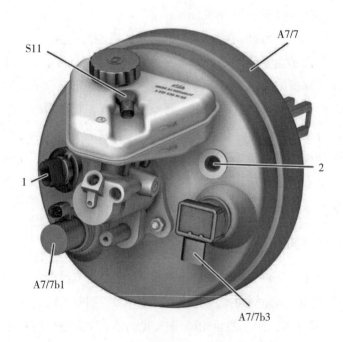

1.RBS 电磁阀的电气连接　2.真空管路连接　A7/7.RBS 制动助力器　A7/7b1.RBS膜片行程传感器　A7/7b3.RBS 真空传感器　S11.制动液指示开关

图 2-27

六、电动真空泵

电动真空泵由再生制动系统（RBS）控制单元促动。电动真空泵的功能包括：

（1）确保 RBS 制动助力器中有足够的真空。

（2）在启动/停止操作期间保持真空。

电动真空泵，如图 2-28 所示。

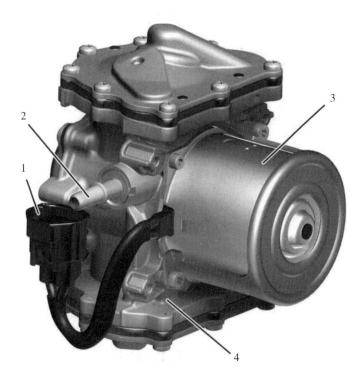

1.电气插头连接　2.真空出口连接　3.电机　4.泵单元

图 2-28

七、电液动力转向机构

为确保发动机自动停机后有充足的转向伺服助力，转向辅助系统必须与发动机分开，以便能够提供单独的转向助力，这由电液动力转向系统的动力转向泵通过液压的形式实现。该转向助力系统仅在必要时工作，从而有助于使燃油消耗量达到最佳。输出则根据需要通过控制器局域网（CAN）利用车速、转向角变化率和转向角信号进行调节。该转向助力调节在齿轮齿条式转向机内部进行。方向盘的转动运动通过齿轮齿条式转向机转化为水平运动。转向机具有可变传动比。传动比从中央开始不断增大，并在方向盘转角为 90° 时达到最大值。根据给定的特性，转动方向盘所需的操作力在车辆静止到车速为 100 km/h 的范围内不断增大。液压反作用总成通过电磁阀根据各自的要求进行调节。电子控制由再生制动系统（RBS）控制单元进行。电液动力转向机构，如图 2-29 所示。

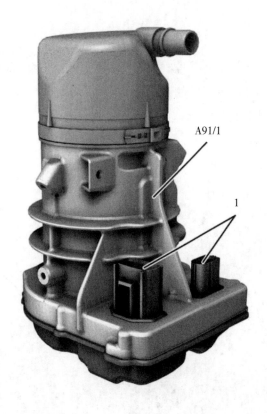

1.电气插头连接　A91/1.电液动力转向机构

图 2-29

第三节　操作策略

一、概述

　　由于发动机是主要的驱动系统，因此必须启动发动机来驱动车辆。加速过程中，电机提供扭矩来支持发动机，从而增大了驱动力，并减少了燃油消耗量。在减速模式下以及制动过程中，电机用于将动能转化为电能（再生），此时，发动机通常处于减速燃油切断阶段。若不需要能量来驱动车辆且车辆静止，则可关闭发动机（启动 / 停止功能）。电机无法单独驱动车辆。图 2-30 给出了发动机与电机之间相互作用的示例。

　　混合动力驱动系统的控制系统集成在 ME-SFI 控制单元中。混合动力驱动系统包括 272 混合动力发动机、一个带电力电子控制单元的电机以及一个带蓄电池管理系统（BMS）控制单元和 DC/DC转换器控制单元的高压系统。注意：ME-SFI 控制单元中的混合动力 / 发动机控制系统包括版本"ME17.7"。代码"ME17.7"的含义为：

　　M = 发动机电子系统。

　　E = 电子控制加速器。

　　17.7 = 版本 17.7（混合动力）。

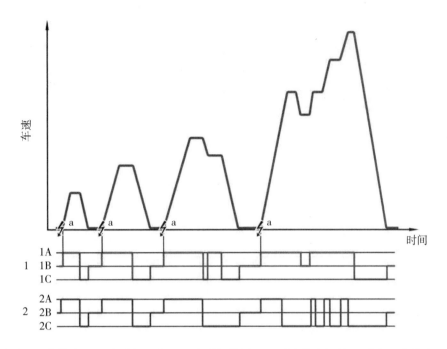

1.发动机工作模式　1A.发动机运转　1B.发动机关闭　1C.减速燃油切断　2.电机工作模式
2A.混合动力驱动工作（发电机工作或升压模式或负荷点偏移）　2B.待命　2C.再生模式　a.发
动机启动

图 2-30

二、驱动模式

车辆可在发动机模式（在混合动力系统发生故障的情况下）或混合动力模式下驱动。在混合动
力模式下，根据高压蓄电池的要求和电量，电机扭矩与发动机扭矩相结合［在加速（升压）期间为
发动机扭矩提供支持］。此外，发动机可将电机作为高压发电机操作。标准驱动模式是由发动机驱
动车辆。若发动机能够提供规定扭矩且因检测到混合动力驱动系统发生故障而导致混合动力模式不
可用，则车辆以标准驱动模式工作。

1. 起步。

起步时，驾驶员的扭矩请求由 ME-SFI 控制单元读入。若根据加速踏板位置发出升压请求，则
ME-SFI 控制单元会计算所需的启动扭矩，并在发动机和电机之间对其进行分配。ME-SFI 控制单元
通过电力电子控制单元请求来自电机的额外扭矩。高压蓄电池通过电力电子控制单元对电机供电。
若车辆在发动机自动停机后起步，则发动机启动（发动机自动启动）。

2. 升压。

在升压模式下，电机为发动机提供支持，以便尽快达到规定扭矩。所提供升压支持的持续时
间和强度取决于高压蓄电池的电量和加速踏板的位置。升压模式可分为协调升压和非协调升压。
非协调升压指发动机和电机所请求的规定扭矩过高且无法提供。为满足驾驶员的扭矩请求，ME-
SFI 控制单元通过电力电子控制单元请求电机输出可能的最大扭矩。若在发动机和电机的共同作用
下仍未达到规定扭矩，则非协调升压切换至协调升压。此时，电机与发动机作为一个驱动单元一
起工作。

3. 负荷点偏移。

SOC［充电状态（State of Charge）＝电量］值大于 55 % 时，会通过"负荷点偏移"降低高压蓄电池的电量。最初会请求 0 N·m 的电机扭矩，以便通过 DC/DC 转换器或电动制冷剂压缩机直接消耗电能。若 SOC 值继续增加，则电机会提供主动扭矩，以对驱动系统提供支持。提供支持时应保持尽可能高的发动机效率，发动机的负荷点发生偏移，这就意味着发动机提供的扭矩通过 ME–SFI 控制单元降低，以保持发动机转速恒定。其目的是使负荷点在效率仍然尽可能高的负荷点范围内发生偏移。

4. 发电机模式。

在发电机模式下，电机被用作高压发电机来产生电能，并由发动机或传动系统提供动力。由此产生的三相交流电压被电力电子控制单元转换为直流电压，以便对高压蓄电池充电，并通过 DC/DC 转换器对 12 V 车载电气系统供电。曲轴的动能作用在电机转子上，然后，转子的转动运动在定子的三相绕组中感应出交流电压，从而产生三相电流形式的电能，并由电子电力控制单元限制、监测并转换为直流电压。

5. 驱动模式的功能原理图，如图 2–31 所示。

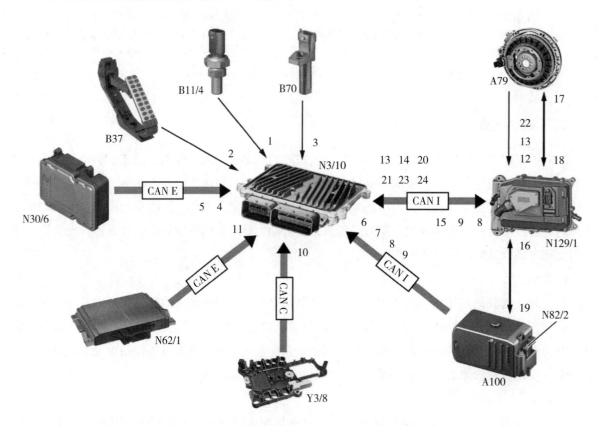

1.冷却液温度，信号　2.加速踏板位置，信号　3.发动机转速，信号　4.车轮转速，信号　5.行车制动器，状态
6.高压蓄电池电压，信号　7.高压蓄电池温度，信号　8.允许的放电电压/电流，信号　9.允许的充电电压/电流，
信号　10.挡位范围，状态　11.限距控制系统，请求　12.电机温度，信号　13.电机转速，信号　14.电机，状态
15.电机的规定扭矩，请求　16.放电电流，能量流　17.电机工作的放电电流，能量流　18.发电机工作的充电电流，能量流　19.充电电流，能量流　20.充电电压和充电电流，信号　21.可用扭矩，信号　22.电机转子的位置，信号　23.电机产生的扭矩，信号　24.电机的驱动扭矩，信号

图 2–31（部分图注省略）

三、扭矩协调

ME-SFI 控制单元收集各种扭矩请求，对其进行优先级排序，并协调如何产生所需的扭矩。为此，该控制单元监测发动机和电机的状态以及高压蓄电池的电量和自动变速器的状态。

1.扭矩请求的协调。

再生制动系统（RBS）、电控车辆稳定行驶系统（ESP）、定速巡航控制系统、自动智能巡航控制系统、增强型限距控制系统和驾驶员均发出扭矩请求，并将这些请求通过底盘 CAN、传动系统 CAN 和驾驶驱动数据链 CAN 传送至 ME-SFI 控制单元。ME-SFI 控制单元对这些扭矩请求进行优先级排序，并利用其计算所需的驱动扭矩。

按照以下顺序进行优先级排序：

（1）电子变速器控制。

（2）电控车辆稳定行驶系统（ESP）。

（3）再生制动系统（RBS）。

（4）增强型限距控制系统、定速巡航控制系统、自动智能巡航控制系统。

（5）驾驶员的发动机负荷请求。

2.扭矩产生的协调。

根据来自能量管理系统的指示，ME-SFI 控制单元对扭矩产生和扭矩干预进行协调。动态扭矩干预不仅仅通过改变点火角以储备发动机扭矩而实现。最初，ME-SFI 控制单元会增大和减小电机扭矩，以提供当前驱动扭矩。该控制单元通过驾驶驱动数据链 CAN 向电力电子控制单元请求电机驱动扭矩，以增大所施加的扭矩。电力电子控制单元满足这些请求，然后通过驾驶驱动数据链 CAN 向 ME-SFI 控制单元重新报告所产生的扭矩。若电机的扭矩干预不充分，则会通过改变点火角来额外减小或增大发动机的扭矩（扭矩储备）。

3.扭矩协调的功能原理图，如图 2-32 所示。

四、发动机自动停机

若车辆不需要任何驱动能量且驱动系统的相关系统未发出任何请求，则发动机会自动停机。发动机自动停机时，ME-SFI 控制单元使用电机关闭发动机，而不断开点火。

1.只有满足以下条件时，才能进行发动机自动停机：

（1）发动机正在运转。

（2）电机工作。

（3）高压蓄电池的电量足以重新启动发动机。

（4）电动辅助变速器油泵工作。

（5）发动机温度传感器（用于检测发动机油、冷却液、催化转换器温度）提示已经达到工作温度。

（6）发动机罩关闭。

（7）接合挡位 D 或 N。

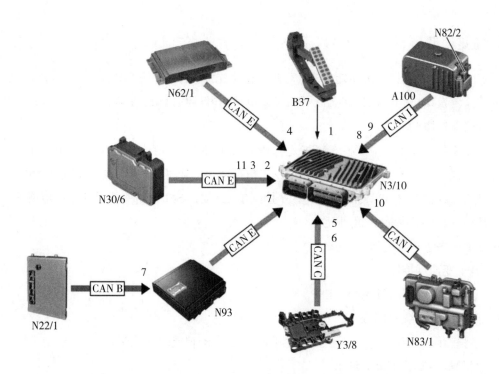

1.加速踏板位置，信号　2.车轮转速，信号　3.再生制动扭矩，请求　4.扭矩改变/限距控制系统动态，请求　5.变速器保护扭矩降低，请求　6.挡位范围，状态　7.空调，状态　8.高压蓄电池电压，信号　9.高压蓄电池温度，信号　10.12 V蓄电池电压，信号　11.扭矩降低/ESP动态，请求

图2-32（部分图注省略）

2. 以下因素会触发发动机自动停机。

（1）对车速的评估：车速降至可编程阈值以下时，会触发发动机自动停机。为确定车速，ME-SFI控制单元对车轮的转动方向和转速进行评估，这些数值由再生制动系统（RBS）控制单元通过底盘CAN传送。

（2）当车速与制动扭矩的比值达到特定水平时，若行驶过程中制动扭矩的增量为可编程数值，则会触发发动机自动停机。

达到发动机自动停机的条件且具备相应的触发条件时，ME-SFI控制单元通过切断喷油器和点火线圈来关闭发动机。ME-SFI控制单元请求促动电机，以由电力电子控制单元通过驾驶驱动数据链CAN关闭发动机，这可防止关闭过程中出现颠簸，并防止在减速模式（车速高于0 km/h）下对车辆行驶产生影响。若出现碰撞信号且高压车载电气系统立即停用，则发动机也会关闭。

3. 发动机自动停机的功能原理图，如图2-33所示。

五、发动机自动启动

若车辆需要驱动能量或与驱动系统相关的系统发出请求，则会触发发动机自动启动。发动机自动启动时，电控多端顺序燃料喷注/点火系统［ME-SFI（ME）］控制单元利用电机启动发动机。

1. 只有满足以下条件时，才能进行发动机自动启动：

（1）已经触发了发动机自动停机。

（2）高压蓄电池的保护开关闭合。

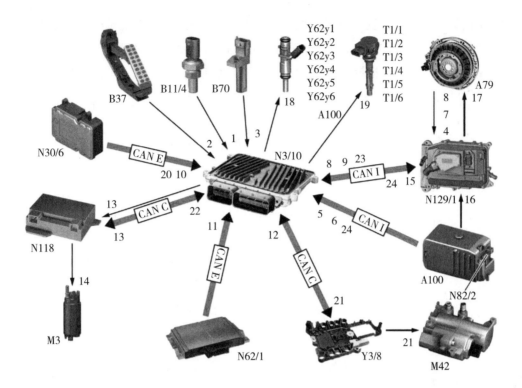

1.冷却液温度，信号　2.加速踏板位置，信号　3.发动机转速，信号　4.电机转子的位置，信号　5.高压蓄电池电压，信号　6.高压蓄电池温度，信号　7.电机温度，信号　8.电机转速，信号　9.电机，状态　10.车轮转速，信号　11.限距控制系统，请求　12.电动辅助变速器油泵，状态　13.燃油泵，请求 OFF　14.燃油泵，促动 OFF　15.电机的规定扭矩，请求　16.放电电流，能量流　17.电机工作的放电电流，能量流　18.喷油器，促动 OFF　19.点火线圈，促动 OFF　20.行车制动器，状态　21.电动辅助变速器油泵，促动 ON　22.燃油泵促动比，信号　23.电机的驱动扭矩，信号　24.允许的放电电压/电流，信号

图 2-33（部分图注省略）

（3）尚未检测到碰撞。

（4）高压车载电气系统无故障（高压互锁打开）。

2.以下因素会触发发动机自动启动：

（1）松开制动踏板。

若驾驶员松开制动踏板，则会对当前制动扭矩或驾驶员请求的制动扭矩进行评估。制动扭矩降至阈值以下时，会进行发动机自动启动。

（2）促动加速踏板。

若驾驶员促动加速踏板，则会将加速踏板的踏板值与阈值进行比较。若当前数值超出阈值，则会触发发动机自动启动。

（3）换挡杆移出位置 P。

若换挡杆从位置 P 中移出，则会触发发动机自动启动。

（4）超出车速阈值。

若记录的车速超出可编程阈值，则会触发发动机自动启动。

（5）外部系统许可撤销。

若雷达传感器控制单元（SGR）（装配增强型限距控制系统或自动智能巡航控制系统）撤销发

动机自动停机的许可，则会触发发动机自动启动，且增强型限距控制系统对车辆进行加速。若许可由自动空调（KLA）控制单元、集成式变速器（VGS）控制单元或能量管理系统撤销，则制动扭矩必须足够高（高出规定的减速扭矩），以触发发动机自动启动。

（6）打开驾驶员车门或座椅安全带锁扣（检测到驾驶员在车内）。

（7）接合挡位 R（检测到机动）。

为进行发动机自动启动，ME-SFI 控制单元对电机所需的驱动扭矩进行计算，并检查其合理性。ME-SFI 控制单元通过驾驶驱动数据链 CAN 请求电力电子控制单元促动电机，以启动发动机。一旦达到启动转速，ME-SFI 控制单元即会促动喷油器和点火线圈。根据加速踏板的位置或发动机的冷却液温度，系统进行扭矩决定型启动或转速决定型启动。通过发动机转速或（在扭矩决定型启动中）通过电机产生的驱动扭矩与总驱动扭矩之差检测启动过程的结束。注意：在启动或驻车时，启动模式由自动变速器的挡位 R 激活，启动 / 停止功能受到抑制（即使是在发动机自动停机的情况下）。

3. 发动机自动启动的功能原理图，如图 2-34 所示。

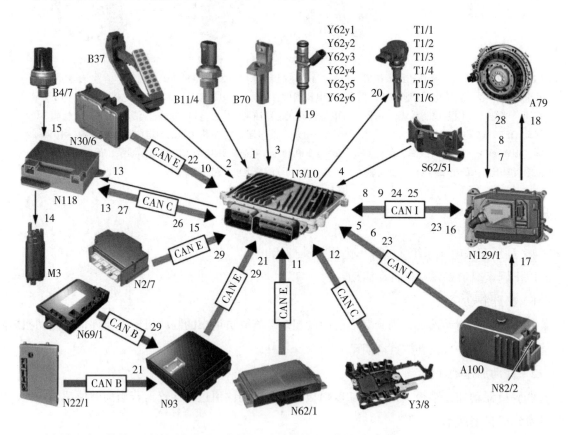

1.冷却液温度，信号　2.加速踏板位置，信号　3.发动机转速，信号　4.混合动力发动机罩接触开关，状态　5.高压蓄电池电压，信号　6.高压蓄电池温度，信号　7.电机温度，信号　8.电机转速，信号　9.电机，状态　10.车轮转速，信号　11.限距控制系统，请求　12.挡位范围，状态　13.燃油泵，请求 ON　14.燃油泵，促动　15.燃油压力，信号　16.电机的规定扭矩，请求　17.放电电流，能量流　18.电机工作的放电电流，能量流　19.喷油器，促动　20.点火线圈，促动　21.空调，状态　22.行车制动器，状态　23.允许的放电电压/电流，信号　24.电机产生的扭矩，信号　25.电机的驱动扭矩，信号　26.燃油泵促动比，信号　27.燃油压力的规定值，请求　28.电机转子的位置，信号　29.驾驶员在车内检测，状态

图 2-34（部分图注省略）

六、能量管理

ME-SFI 控制单元中的能量管理模块协调混合动力驱动系统的能量流，并根据电气变量为蓄电池管理系统（BMS）、DC/DC 转换器和电力电子控制单元提供连接。为此，该控制单元通过 CAN 与相关的控制单元交换信息，并在必要时通过传动系统局域网（LIN）促动 12 V 发电机。ME-SFI 控制单元与内部扭矩接口进行通信，从而对能量回收和能量使用进行协调。此外，能量管理系统还执行以下任务：

（1）计算并校准高压蓄电池的 SOC 值。

（2）综合考虑高压蓄电池、发动机和电机的临界情况，执行充电 / 放电策略。

（3）预测高压蓄电池的能量储备和可能的最大输出。

（4）控制高压蓄电池与 12 V 车载电气系统之间的能量交换。

七、发电机接口

若 DC/DC 转换器控制单元达到使用极限，则 ME-SFI 控制单元会促动 12 V 发电机，为 12 V 车载电气系统提供支持。12 V 发电机与 ME-SFI 控制单元之间通过 LIN 经发电机接口交换信息，以控制 12 V 发电机工作。ME-SFI 控制单元对 12 V 发电机的工作情况进行控制，例如用于降低发动机在蓄电池充足电的情况下怠速时的调节电压（充电电压），这可降低发动机负荷，进而意味着减少燃油消耗量，并改善废气排放值。ME-SFI 控制单元具有以下功能：

（1）在发动机启动后开启 12 V 发电机。

（2）根据 ME-SFI 控制单元中存储的发动机特性图调节 12 V 发电机。调节电压由 ME-SFI 控制单元指定。

（3）在 12 V 发电机的负荷频繁变化时对调节电压延迟调节，以稳定怠速转速。

（4）防止 12 V 发电机过热。

（5）向仪表报告检测到的故障，以促动相应的警告灯并显示信息。

八、减速模式

若在车辆滑行时未促动制动踏板和加速踏板，则动能被电机吸收，并转化为电能（再生）。此外，可执行发动机的减速燃油切断。若促动制动踏板，则会进行再生制动。若在车辆滑行的行驶操作期间未促动加速踏板，则 ME-SFI 控制单元根据路面倾斜度、高压蓄电池的电量和所选择的变速器模式计算一个特定的减速扭矩，利用该减速扭矩进行再生减速和减速燃油切断。在减速模式且减速燃油切断激活的情况下，发动机产生减速扭矩，该扭矩与再生减速扭矩之和可能大于规定的减速扭矩。在这种情况下，减速燃油切断不会激活且发动机产生最小的可控扭矩。由此造成的结果是，无论是否进行减速燃油切断，对驾驶员而言驱动系统的表现是相同的。

1. 再生减速。

通过产生扭矩的请求，ME-SFI（ME）控制单元将计算得到的规定减速扭矩通过驾驶驱动数据链 CAN 传送至电力电子控制单元。在发电模式下，电力电子控制单元促动电机，从而产生所需的再生减速扭矩。在发电模式下促动电机产生交流电压，电力电子控制单元将其转换为直流电压，并供至高压蓄电池。

2.减速燃油切断。

发动机的减速燃油切断根据控制单元计算的特定减速扭矩激活，以节约燃油。在减速模式下，若未促动加速踏板，则电控多端顺序燃料喷注/点火系统［ME-SFI（ME）］控制单元根据冷却液温度、接合的挡位和发动机转速切断喷油器和点火线圈。促动加速踏板时，喷油器再次打开。此外，ME-SFI（ME）控制单元通过左侧和右侧进气凸轮轴电磁阀以及左侧和右侧排气凸轮轴电磁阀将气门重叠量调节至最小值，从而确保更加迅速地达到催化转换器的最佳转换率。减速燃油切断之后，ME-SFI（ME）控制单元通过延长喷射时间来短时间加浓空燃混合物，以防止催化转换器中氧气过浓。为防止减速燃油切断后恢复燃烧时扭矩突然增大，ME-SFI（ME）控制单元短时间将点火线圈的点火正时朝向"延迟"方向调节。由于减速燃油切断期间排气中较高的氧含量可能增进一氧化碳和碳氢化合物的氧化（二次燃烧），因此当排气温度过高时，减速燃油切断会受到抑制。

3.失速保护。

延长的减速燃油切断和再生过程确实可以减少燃油消耗量，但也会增加发动机失速的风险。若存在发动机因转速过低而意外失速的可能性，则会请求进行扭矩决定型发动机启动且发动机转速恢复至急速转速。注意：进行减速燃油切断时，减速模式的能量使用效率更高。然而，若高压蓄电池电量较低且规定的减速扭矩较低，则不进行减速燃油切断的更大的再生减速度更加有利。行驶操作期间，失速保护功能不断监测发动机转速。

4.减速模式的功能原理图，如图2-35所示。

九、再生制动

电机利用再生制动过程中的部分制动扭矩或平稳制动过程中的全部制动扭矩产生能量，所产生的电能用于对高压蓄电池进行充电。根据行驶条件，再生制动系统（RBS）控制单元将驾驶员请求的总制动扭矩分为一部分再生制动扭矩（由传动系统执行）和一部分液压制动扭矩（由车轮制动器执行）。若仅通过再生方式就能产生所需的总制动扭矩，则不会通过液压方式产生制动扭矩。在这种情况下，减速仅通过产生的扭矩实现。电机在再生期间所产生的三相交流电压由电力电子控制单元转换为直流高压，并供至高压蓄电池。在以下情况下，再生制动由于点火顺序而切断：无法正确提供所需的再生制动扭矩或混合动力驱动系统发生故障。

若高压蓄电池充满电，则无法进行再生制动。在这种情况下，车辆仅通过车轮制动器制动，直至高压蓄电池再次部分放电并能吸收电能。若进行防抱死制动系统（ABS）控制干预，则此次制动会结束再生制动且制动扭矩仅由车轮制动器提供。再生制动系统的制动踏板与制动助力器推杆之间形成了一段空行程，用于执行再生制动功能。正常操作期间，驾驶员发出的制动请求（踏板行程1）由踏板角度传感器记录，并由再生制动系统（RBS）控制单元读入和处理。同时，每次促动制动器时，踏板阻力模拟器都会产生模拟的踏板阻力。若进行再生制动，则制动踏板与推杆之间的空行程会随再生制动扭矩的增大而逐渐变短。为增大车轮制动器中的液压压力，再生制动系统（RBS）控制单元促动RBS电磁阀，从而使RBS制动助力器增大车轮制动器压力。在这种情况下，空行程不会变短。再生：减速期间，通过将必须释放的动能转化为电能来进行能量回收，所产生的电能被供至高压蓄电池并储存起来。

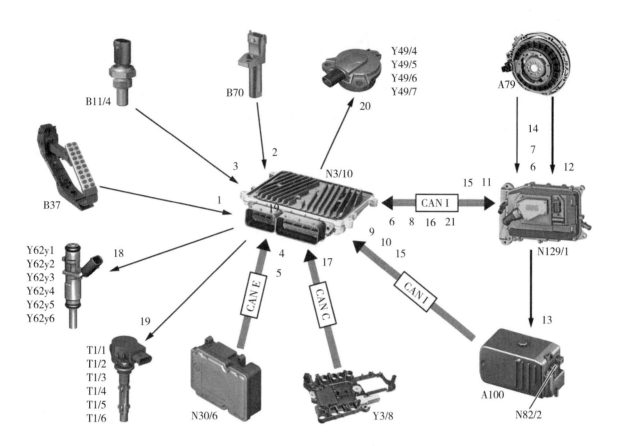

B11/4

B70

Y49/4
Y49/5
Y49/6
Y49/7

20

A79

14
7
6

12

3

2

N3/10

15 11

CAN I

B37

1

19

6 8 16 21

N129/1

Y62y1
Y62y2
Y62y3
Y62y4
Y62y5
Y62y6

18

9

10

15

CAN I

4
5

CAN E

17

CAN C

13

T1/1
T1/2
T1/3
T1/4
T1/5
T1/6

19

N30/6

Y3/8

A100

N82/2

1.加速踏板位置，信号　2.发动机转速，信号　3.冷却液温度，信号　4.行车制动器，状态　5.车轮转速，信号　6.电机转速，信号　7.电机温度，信号　8.电机，状态　9.高压蓄电池电压，信号　10.高压蓄电池温度，信号　11.电机的规定扭矩，请求　12.发电机工作的充电电流，能量流　13.充电电流，能量流　14.电机转子的位置，信号　15.允许的充电电压/电流，信号　16.充电电压和充电电流，信号　17.挡位范围，状态　18.喷油器，促动 OFF　19.点火线圈，促动 OFF　20.进气凸轮轴电磁阀，促动　21.电机产生的扭矩，信号

图 2-35（部分图注省略）

　　首次施加制动时，必须激活再生制动系统。为此，踏板阻力模拟器被停用且首次施加制动期间的踏板行程稍稍长于正常操作期间的行程。下次完全松开制动踏板时，会激活再生制动系统。

　　发生故障时，踏板阻力模拟器被停用（后备状态）且模拟的踏板阻力不再存在。与传统制动系统一样，驾驶员将踏板踩下空行程的长度，并通过其脚力产生所需的制动压力，这就意味着踏板行程会稍稍长于正常操作期间的行程。若车速低于 20 km/h，则无法进行再生制动。施加制动期间，一旦车速降至 20 km/h 以下，系统即会由再生制动切换至液压制动。示意图，如图 2-36 所示。

　　再生制动的功能原理图，如图 2-37 所示。

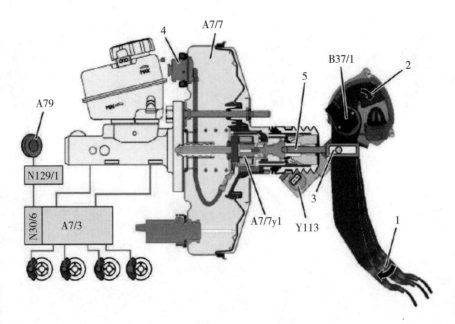

1.制动踏板的行程　2.踏板阻力模拟器的行程　3.空行程　4.RBS 电磁阀的电气连接　5.推杆
A7/3.牵引系统液压单元　A7/7.RBS 制动助力器　A7/7y1.RBS 电磁阀　A79.电机　B37/1.踏板角度
传感器　N30/6.再生制动系统（RBS）控制单元　N129/1.电力电子控制单元　Y113.踏板阻力模拟
器阀

图 2-36

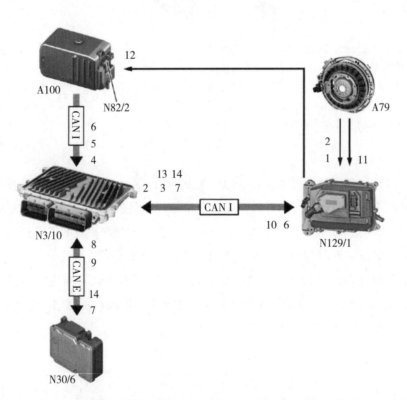

1.电机温度，信号　2.电机转速，信号　3.电机，状态　4.高压蓄电池电压，信号　5.高压蓄电池温
度，信号　6.允许的充电电压/电流，信号　7.产生的再生制动扭矩，信号　8.再生制动扭矩，请求
9.车轮转速，信号　10.电机的规定扭矩，请求　11.发电机工作的充电电流，能量流　12.充电电流，能
量流　13.充电电压和充电电流，信号　14.产生的再生制动扭矩，信号

图 2-37

106

十、点火接通 / 关闭

1. 点火接通。

点火接通时，电子点火开关（EZS）控制单元通过电路 15 继电器将车载电气系统电压的变化信号由电路 30 传送至电路 15。发动机控制系统启用时，ME–SFI 控制单元执行以下功能，以启动混合动力系统：

（1）通过底盘 CAN 和驾驶驱动数据链 CAN 将信号 "电路 15 接通" 从 EZS 控制单元传送至电力电子控制单元、蓄电池管理系统（BMS）控制单元和 DC/DC 转换器控制单元。

（2）保护开关闭合。

2. 点火关闭。

点火关闭时，发动机首先关闭，ME–SFI 控制单元中的发动机控制系统随后关闭且保护开关断开。EZS 控制单元将信号 "电路 15 断开" 通过 CAN 传送至 ME–SFI 控制单元、电力电子控制单元、蓄电池管理系统（BMS）控制单元和 DC/DC 转换器控制单元。ME–SFI 控制单元请求蓄电池管理系统（BMS）控制单元断开保护开关，从而将高压部件从高压蓄电池上断开，然后，电力电子控制单元启用中间电路放电。

十一、启动

发动机通过电机启动。ME–SFI 控制单元通过驾驶驱动数据链 CAN 与电力电子控制单元和蓄电池管理系统（BMS）控制单元通信，以确定应如何启动发动机。接收到来自 EZS 控制单元的 "电路 50 信号" 时，发动机启动（钥匙启动）。

1. 发动机启动分为以下两种：

（1）转速决定型启动。

（2）扭矩决定型启动。

2. 转速决定型启动。

该启动类型为优先采用的类型，可提供最大舒适性。只有冷却液温度低于 –10 ℃ 或高于 +48 ℃ 且高压蓄电池能够提供计算得到的输出功率以达到怠速转速时，才会进行转速决定型启动。超出最低怠速转速 0.7 s 以上时，启动过程会被终止。

3. 扭矩决定型启动。

根据加速踏板的位置或发动机的冷却液温度（介于 –10 ℃ 和 +48 ℃ 之间），冷启动和紧急启动会采用该启动类型。若不满足转速决定型启动的条件，则进行扭矩决定型启动。发动机转速达到 600 ~ 750 r/min 时，启动过程会被终止。终止启动过程所需的发动机转速由冷却液温度决定。

十二、监测 / 停用

（一）监测

为确保加速期间的道路安全性，根据驾驶员发出的请求，利用加速踏板监测并限制车辆的驱动扭矩。整个监测系统集成在 ME–SFI 控制单元和电力电子控制单元中。

1.ME-SFI 控制单元的监测有以下 3 种标准：

（1）功能标准（标准 1）。

（2）第一监测标准（标准 2）。

（3）第二监测标准（标准 3）。

2. 功能标准。

功能标准包括在 ME-SFI 控制单元中执行的混合动力驱动系统的所有功能，如扭矩协调、能量管理和传感器/促动器促动等，其他标准用于监测系统并确保车辆的功能可靠性和正常运转。

3. 第一监测标准。

此标准包括驾驶员扭矩请求（加速踏板位置）的规定/实际数值与总驱动扭矩（发动机与电机的扭矩和）的比较。在 ME-SFI 控制单元中，标准 2 通过加速踏板传感器检查产生的总驱动扭矩是否大于驾驶员请求的扭矩。若产生的扭矩大于请求的扭矩，则认为 ME-SFI 控制单元发生故障且系统切换至发动机应急运行状态（转速限制为 1500 r/min）。

在标准 2 中，电力电子控制单元中还会根据电流和转子位置的计算结果进行检查，以确定 ME-SFI 控制单元通过驾驶驱动数据链 CAN 请求的驱动扭矩是否持续大于电机所产生的驱动扭矩。若请求的扭矩大于产生的扭矩，则电力电子控制单元将集成式启动发电机切换至被动模式。

4. 第二监测标准。

该标准基于独立的硬件监测。其中包括一个监测处理器，用于检查 ME-SFI 控制单元中第一监测标准的基本功能。

（二）停用

为停用混合动力驱动系统，ME-SFI 控制单元请求蓄电池管理系统（BMS）控制单元关闭保护开关，评估其状态，通过电力电子控制单元控制中间电路的放电，并撤销系统工作许可。只有 DC/DC 转换器和电力电子控制单元停止请求输出，从而能够在断电状态下断开保护开关时，保护开关才会断开。根据当前工况，可通过以下方式停用：

（1）正常停用。

（2）延迟停用（仅在发生故障的情况下）。

（3）立即停用（仅在发生故障的情况下）。

1. 正常停用。

若未接收到开启请求，则超过可编程时限（约 1.5 s）之后，ME-SFI 控制单元通过驾驶驱动数据链 CAN 请求蓄电池管理系统（BMS）控制单元关闭保护开关。为防止保护开关在负荷下断开，该时限结束之前，ME-SFI 控制单元请求电力电子控制单元、DC/DC 转换器控制单元和自动空调（KLA）控制单元对与高压系统相连的用电设备断电。

2. 延迟停用（在发生故障的情况下）。

以下故障会触发延迟停用：

（1）互锁故障。

（2）电机的冷却要求。

（3）电机的紧急冷却要求。

（4）高压蓄电池电量较低。

若高压蓄电池电量较低且提供的蓄电池电流高于预期的最小充电电流并导致电量意外消耗（放电），则会发出故障情况下的延迟停用请求，同时，故障存储在故障码存储器中。只有点火信号（电路 15）的信号边沿上升时，延迟停用才会复位。电路 15 上升的信号边沿将电流积分初始化。

3. 立即停用（在发生故障的情况下）。

蓄电池管理系统（BMS）控制单元请求立即关闭（断开）保护开关或存在碰撞信号时会进行故障情况下的立即停用。在这种情况下，应急运行模式（如由于 CAN 故障）停用。

若满足以下条件之一，则会进行碰撞保护性关闭：

（1）通过 CAN 接收到碰撞信号。

（2）碰撞信号冗余线路缺失（电路 30 C）。

只有重新启动发动机或电路 15 的信号边沿上升时，才会重置碰撞保护性关闭的条件。

第四节　车载电气系统

一、控制单元位置

混合动力系统控制单元位置，如图 2-38 所示。

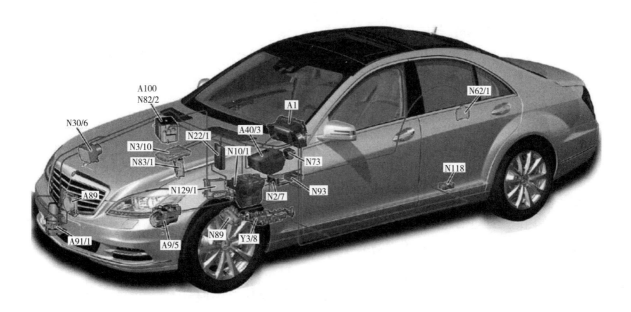

A1.仪表　A9/5.电动制冷剂压缩机　A40/3.COMAND 控制单元　A89.DTR控制单元（装配增强型限距控制系统或自动智能巡航控制系统）　A91/1.电液动力转向机构　A100.高压蓄电池模块　N2/7.防护装置控制单元　N3/10.ME-SFI（ME）控制单元　N10/1.带保险丝和继电器模块的前侧SAM控制单元　N22/1.KLA控制单元　N30/6.再生制动系统（RBS）控制单元　N62/1.雷达传感器控制单元（SGR）（装配增强型限距控制系统或自动智能巡航控制系统）　N73.EZS控制单元　N82/2.蓄电池管理系统（BMS）控制单元　N83/1.DC/DC 转换器控制单元　N89.辅助变速器油泵控制单元　N93.中央网关控制单元　N118.燃油泵控制单元　N129/1.电力电子控制单元　Y3/8.控制单元（VGS）

图 2-38

二、高压 /12V 车载电气系统的联网

除了控制高压车载电气系统中的能量流之外，ME-SFI 控制单元中的能量管理模块还对 12 V 车载电气系统的所有电压转换和能量交换进行控制。为此，ME-SFI 控制单元通过驾驶驱动数据链 CAN 与 DC/DC 转换器控制单元通信，通过传动系统局域网（LIN）与 12 V 发电机通信。为确保电能的持续供给，DC/DC 转换器设计为双向直流变压器，可实现直流高压与 12 V 直流电压的双向转换，并在高压车载电气系统和 12 V 车载电气系统之间传输直流电压。

1. 根据工况，系统在以下模式下工作：

（1）对 12 V 车载电气系统充电 / 提供支持。

（2）对高压车载电气系统提供支持。

2. 对 12 V 车载电气系统充电 / 提供支持（降压模式）。

只有满足以下条件，才能执行对 12 V 车载电气系统充电 / 提供支持的功能：

（1）发动机首先必须已经运转至少一个循环。

（2）充电状态（SOC）值大于 26 %。

与通过皮带驱动的 12 V 发电机相比，电机和 DC/DC 转换器控制单元产生电能的效率更高。因此，12 V 车载电气系统仅通过 DC/DC 转换器控制单元供电。发生故障时以及在超出 DC/DC 转换器控制单元使用能力（1.5 kW 的输出功率）的工况下，12 V 发电机开启，以便在发动机运转的情况下提供支持（最大 3 kW）。

3. 为高压车载电气系统提供支持（升压模式）。

（1）只有满足以下条件，才可执行为高压车载电气系统提供支持（升压模式）的功能。

①自上次点火接通以来尚未启动发动机。

②车载电气系统蓄电池电量大于最小值或连接了车载电气系统的外部电源。

（2）当混合动力驱动系统启动但车载电气系统蓄电池的电量非常高或连接了外部电源（12 V 充电器）时，若高压蓄电池的输出功率非常低（小于 8 kW），则能量可由 12 V 车载电气系统传输至高压车载电气系统，以启动车辆。

（3）不通过外部 12 V 充电器为高压车载电气系统提供支持（升压模式）。

若存在因高压蓄电池电量过低或温度过低而无法启动车辆的风险，则 12 V 蓄电池为高压蓄电池提供支持，具体形式为 DC/DC 转换器最多升高 1 kW。支持自点火接通开始，至发动机完成启动或点火关闭时结束。

（4）通过外部 12 V 充电器为高压车载电气系统提供支持（升压模式）。

在发动机罩打开的情况下，若连接有外部 12 V 充电器，且 DC/DC 转换器控制单元测得的电压高于 12 V 车载电气系统中的 12.8 V，则能量以最大 500 W 的输出功率通过 12 V 车载电气系统蓄电池和 DC/DC 转换器控制单元传输至高压车载电气系统，并对高压蓄电池充电（仅在点火接通的情况下）。

第五节　高压互锁电路介绍和诊断

一、互锁电路的作用

互锁电路用于保护高压车载电气系统的操作人员。互锁电路检测高压车载电气系统中断路的连接器电路。若互锁电路中断，则会导致高压蓄电池模块中的保护开关断开，高压车载电气系统关闭。由于高压部件包括电容器，因此断开保护开关时，高压车载电气系统的电压不会立即变为 0 V。高压部件具有一种主动快速放电功能，可在 2 ～ 5 s 内将高压车载电气系统的电压降至 60 V 以下。高压部件在系统断开后的电压值，如表 2-3 所示。

表 2-3

实际值		
N129/1（电力电子控制单元）	高压车载电气系统电压	13.7 V
N83/1（DC/DC 转换器控制单元）	高压车载电气系统电压	0.0 V
N82/2［蓄电池管理系统（BMS）控制单元］	高压车载电气系统电压	14.8 V
N82/2［蓄电池管理系统（BMS）控制单元］	接触器状态	OPEN

二、高压互锁原理

导通环跨接所有高压部件及其连接点。发现不导通或短路时，隔离或切断所有高压源。互锁信号设计为双极性，以区分对地短路和对电源短路。两个数字互锁信号电压与车载电气系统电压相同，即 0 V 和 $+U_{蓄电池}$。交流频率（88 Hz）较低，旨在防止 EMC 干扰。互锁电路由高压蓄电池管理系统提供和评估。其他激活的高压源，如电源电子装置和 DC/DC 转换器，单独评估互锁信号。奔驰 S400（221.195）互锁电路，如图 2-39 所示。

互锁信号（12 V/88 Hz）在蓄电池管理系统（BMS）控制单元中产生，并通过串联连接传送至以下部件：

（1）DC/DC 转换器控制单元。

（2）电力电子控制单元。

（3）电机。

（4）电动制冷剂压缩机。

（5）充电装置（插电式混合动力）。

（6）高压 PTC 加热器（插电式混合动力）。

不是所有高压部件均装有互锁信号的评估电路，车型不同，装有互锁信号评估电路的高压部件也不尽相同。

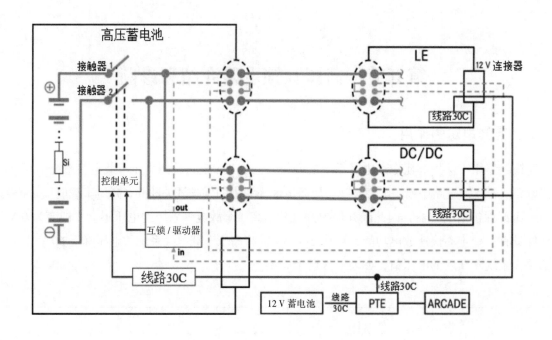

图 2-39

三、互锁电路的故障分析

高压互锁系统出现故障时，一般情况下故障码 0A0E00 会出现在相关高压电脑中，故障码状态为当前，如图 2-40 所示。根据我们对当前实例的统计，以下为造成当前状态的故障码 0A0E00 出现的几种情况：

（1）高压相关电脑升级。

（2）高压线路断开检测。

（3）控制单元没有通信"！"或控制单元损坏。

（4）高压互锁电路故障。

Code	Text	Status
0A0E00	The interlock circuit of the high-voltage on-board electrical system has a sporadic malfunction.	Current and stored

图 2-40

如图 2-41 所示，以车型 221.195 为例，我们从实际值中可以发现，互锁电路状态为故障，高压蓄电池内部接触器是打开的，高压车载电气系统的电压不正常。

112

Control unit: BMS221

No.	Name	Specified value	Actual values	Unit
048	Charge level of high-voltage battery	[28...90]	55	%
042	Voltage of high-voltage battery	[117.10...143.5-0]	128.16	V
045	Amperage of high-voltage battery	[-200.00...200.-00]	-0.06	A
041	Voltage of high-voltage on-board electrical system	[48.00...150.00]	14.88	V
040	Supply voltage of control module (Terminal 30)	[11.0...14.5]	11.4	V
044	Voltage at terminal 30c	[11.0...14.5]	12.1	V
085	Status of contactors		OPEN	
086	Y19/1 (High-voltage battery cooling system shutoff valve)		CLOSED	
038	Status of signal generator for interlock circuit	OK	OK	
039	Status of interlock circuit	NO FAULT	FAULT	
087	Isolation resistance	>= 1000	5000	kOhm
091	Remaining switching cycles of contactors	>= 1000	197400	
2000	Transport protection	TRANSPORT PROTECTION DETACHED	TRANSPORT PROTECTION DETACHED	

图 2-41

四、互锁电路的诊断测量

根据故障码引导，首先检查插头位置，如图 2-42 所示。安装时要注意重要提示，按规定扭矩拧紧螺丝。

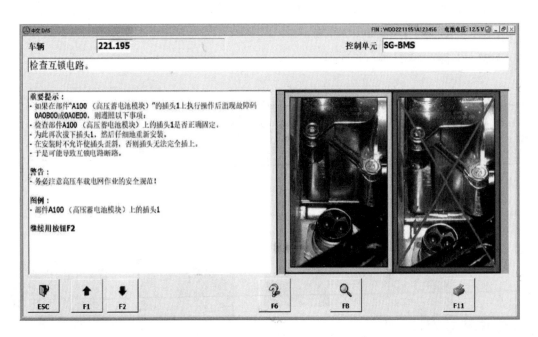

图 2-42

如果高压线连接正常，根据故障码引导进行高压电网断电后，测量高压蓄电池模块上的插头 2 的 6 针脚与 12 针脚之间的阻值，规定值为 50 ~ 70 Ω，实车测量结果为 62 Ω，如图 2-43 所示。如果测量值不在规定范围内，测量互锁电路分段阻值，最终得出结论。

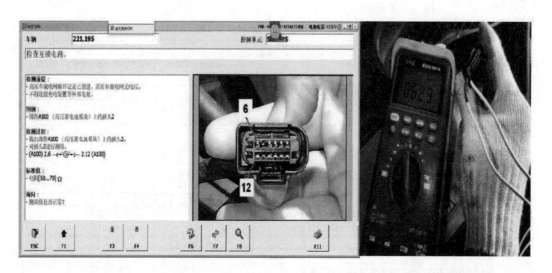

图 2-43

　　根据电路图，我们可以分析出，高压蓄电池模块上的插头 2 的 6 针脚与 12 针脚之间的阻值，实际是除了高压蓄电池之外的其他高压部件互锁电路的总阻值。为了能更好地理解，如图 2-44 所示（对应的插头针脚已标出），将互锁电路分成几大块分别测量：

（1）连接线路。

（2）高压蓄电池模块上的插头 2 的 6 针脚与 12 针脚。

（3）X26/29 的 4 针脚与 5 针脚。

（4）N129/1 插座 A 的 21 针脚与 28 针脚。

（5）N83/1 插座 2 的 3 针脚与 17 针脚。

（6）A9/5 插座 A 的 5 针脚与 6 针脚。

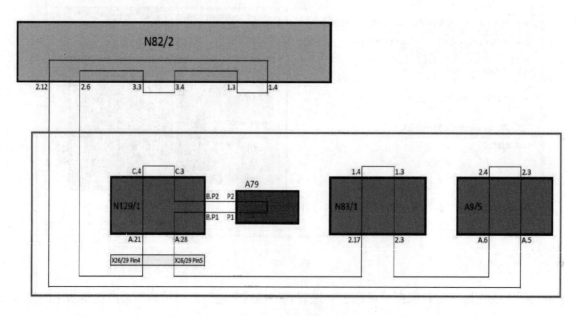

图 2-44（图注省略）

X26/29 的 4 针脚与 5 针脚之间的规定值为 25 ~ 35 Ω，实车测量值为 30.9 Ω，如图 2-45 所示。

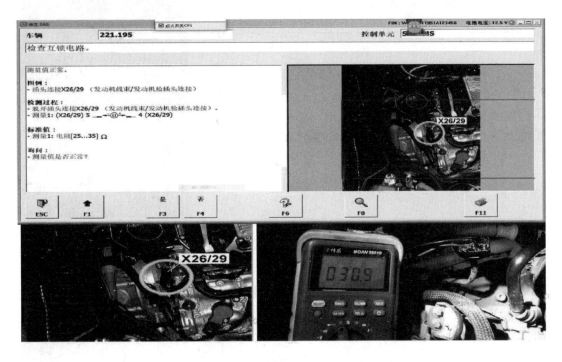

图 2-45

N129/1 插座 A 的 21 针脚与 28 针脚之间的规定值为 25 ~ 35 Ω，实车测量值为 30.8 Ω，如图 2-46 所示。

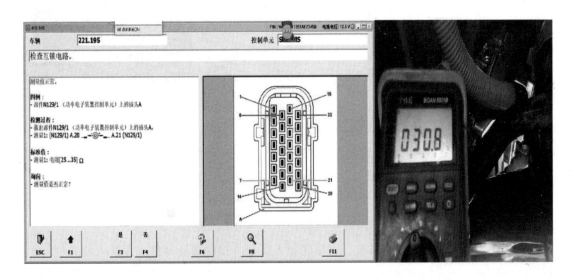

图 2-46

N83/1 插座 2 的 3 针脚与 17 针脚之间的规定值为 25 ~ 35 Ω，实车测量值为 29.6Ω，如图 2-47 所示。

A9/5 插座 A 的 5 针脚与 6 针脚之间的规定值为小于 2 Ω，实车测量值为 1.6 Ω，如图 2-48 所示。

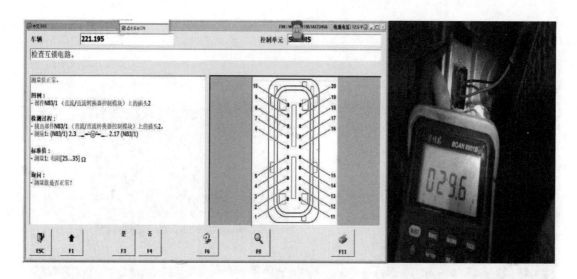

图 2-47

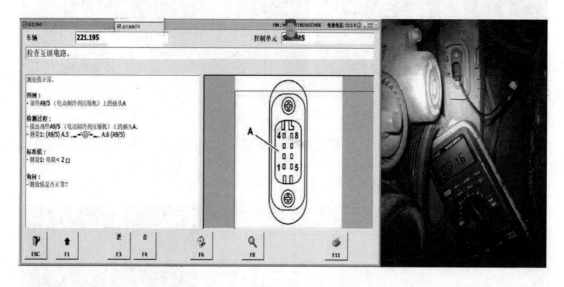

图 2-48

在故障码引导中，没有测量高压蓄电池内部互锁电路的步骤和规定值。电路图，如图 2-49 所示。

五、WIS 中互锁电路描述

通过将互锁电路分块进行测量，可以更准确快速地将故障点定位。

互锁电路作为防意外接触保护装置，可以防止人员意外接触高压部件。互锁电路类似一个预接触开关，其在断开高压连接之前会稍稍打开。通过此方式，高压部件的控制单元可以对高压中间电路适时放电。12 V/88 Hz 的互锁信号会依次通过要拆下或断开的所有高压车载电气系统部件。每个可拆卸高压连接器中都有一个电气桥接，在拆卸高压连接器的过程中，它可以中断互锁电路。另外，互锁电路还可以通过高压部件的 12 V 控制单元连接器在串联电路中进行断开。

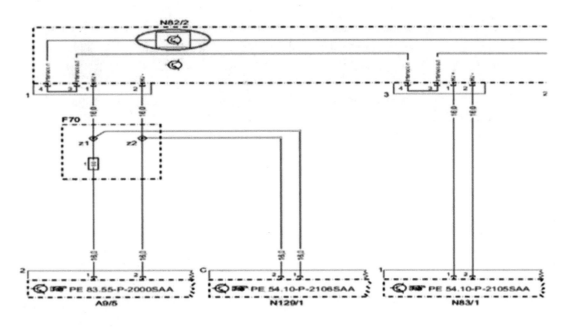

图 2-49（图注省略）

第六节　保养信息

一、高压

高压（HV）的注意事项：如果员工没有接受高压安全培训，不允许在混合动力汽车上进行操作。若员工在车辆上的工作仅限于操作或客户咨询，如启用冬季轮胎的限速或阐述驾驶室管理及数据系统（COMAND），则不必进行高压安全培训。此外，只是简单驾驶车辆时也没有必要进行高压安全培训，如洗车人员将车辆驶向洗车装置。如果员工在车辆上进行上述之外的工作，一定要进行高压安全培训。开启发动机罩，如清洗发动机或添加车窗风挡玻璃清洗液，也要求进行高压安全培训。如果不具备高压资格和高压产品资格，员工不得在高压网络上作业。不遵守相关注意事项会导致严重后果。接受过高压安全培训的非电工技术专业人员可以在高压系统外进行作业。通过附加资格认证（高压资格和高压产品资格）的汽车技师、电气技师、机械电子工程师可以在高压系统上进行作业。

二、车辆的 7 项高压安全措施

1.颜色编码和警示通知。服务中心工作人员对高压部件上的橙色高压线路和警示通知比较敏感。只带有两个符号的警示通知（第一版）可能在一些车辆上提供，如图 2-50 所示。

第一版　　　　　　　　　　第二版

图 2-50

2. 带电零件的防接触保护。

防止意外接触带电零件的措施（直接/间接）。

3. 电隔离。

高压电势与车辆接地全极绝缘。发生简单故障时，这种保护可以防止电击。

4. 绝缘电阻监测。

监测整个高压系统有无绝缘故障，如图 2-51 所示。

5. 高压互锁（HVIL）。

对整个高压系统设置一个导通环。如果导通环传送的信号中断，切断电压并对高压系统放电。

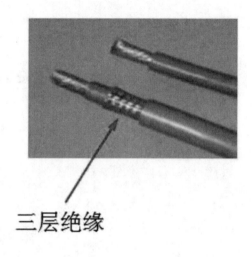

图 2-51

6. 服务断开/高压接通锁。

在合格的服务中心工作人员使用诊断辅助系统断开电压后，不仅要确保关闭整个高压系统（高压互锁打开），还要防止高压系统通过"点火开关开启"重新接通。借助高压接通锁的插入/连接，对高压系统又加了一道防止接通的保险。

7. 在碰撞时切断高压系统。

（1）通过碰撞识别触发。

（2）断开能量源/存储能量。

（3）停用发电机模式。

（4）中间电路电容器放电至允许的电压极限以下。

（5）在短路时切断高压系统。

（6）主动放电（通过对中间电路电容器放电使电压低于允许的限值，确保对剩余电压的保护）。

三、高压安全措施

1.TN 网络原理。

高压安全措施可利用 TN 网络进行说明（如住宅线路），如图 2-52 所示。TN = 接地零线（共用接地）。

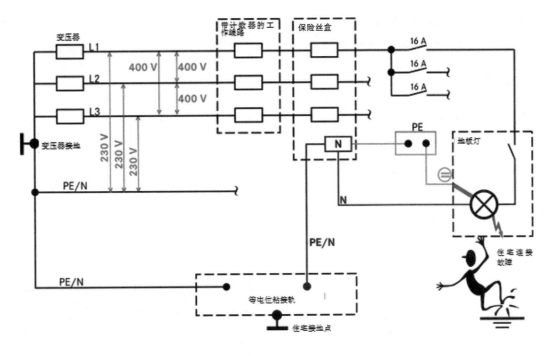

图 2-52

2. 网络原理如图 2-53 所示，在车辆中实施：

（1）直接／间接接触，保护。

（2）绝缘监测。

（3）电隔离保护。

（4）断电保护。

（5）安全检查。

（6）高压互锁。

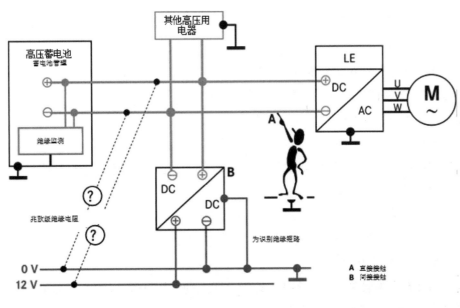

图 2-53

119

（7）IT = 独立接地（分别接地）。

高压系统不在车辆上搭铁，避免触电。

四、断电

为确保进行保养操作时不存在电击风险，必须将高压车载电气系统断电，并防止其重新激活。只有经过培训的授权服务中心工作人员（机动车辆高压车载电气系统电气技师）才可对高压车载电气系统进行作业。将高压蓄电池的正极和负极接线柱从高压车载电气系统的其余部分上断开，以将系统断电。将高压蓄电池模块的插头连接断开，并更换为高压激活锁，以防止高压车载电气系统被重新激活。安装高压激活锁后 2 min 内，高压激活锁的插头连接处将无电压。然后，可进行保养操作。安装有高压激活锁的高压蓄电池，如图 2-54 和图 2-55 所示。

图 2-54

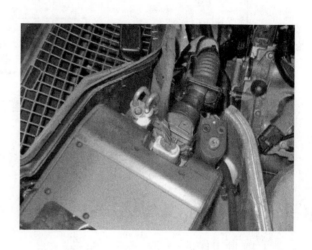

图 2-55

五、对车辆进行作业

1. 对车辆进行作业时的高压安全预防措施。发生事故时，断开高压蓄电池以及为整个高压车载电气系统放电分两级进行。

（1）第一级，触发安全带紧急拉紧器。

可通过打开或关闭点火开关来取消该关闭功能。

（2）第二级，触发安全带紧急拉紧器。

只有经过培训的人员才可取消该关闭功能。

2. 采取修理措施之前或发生碰撞之后，将高压车载电气系统断电。对高压车载电气系统断电时必须遵照诊断辅助系统（DAS）中的最新步骤。

（1）读取故障码。

（2）关闭点火开关，以关闭发动机。

（3）断开 12 V 蓄电池。

（4）断开蓄电池管理系统（BMS）控制单元上的高压互锁（HVIL）电气连接器，这会导致高压蓄电池模块中的保护开关立即断开。

（5）断开高压蓄电池与 DC/DC 转换器之间的连接器。

（6）安装和锁止高压激活锁（将钥匙放在安全的地方）。

（7）检查确认高压激活锁处于无电压状态。

（8）将停用记录文件放在车上容易看到的位置。

3. 车上的高压安全性装置。

（1）高压互锁。

①导通环贯穿整个高压车载电气系统。

②若通过导通环传送的信号中断，则高压车载电气系统断电并放电。

（2）高压激活锁。

授权服务中心人员断开蓄电池管理系统（BMS）控制单元上的高压互锁（HVIL）电气连接器时，整个高压车载电气系统关闭（HVIL 打开）。安装高压激活锁可进一步防止高压车载电气系统被重新激活。

（3）电绝缘。

高压车载电气系统与车身和 12 V 车载电气系统绝缘。因此，发生绝缘故障时，高压车载电气系统仍然是安全的且无须采取其他安全预防措施。

（4）监测绝缘电阻。

①监测整个高压车载电气系统是否有绝缘故障。

②故障可在显示系统中加以显示。

（5）对高压危险的保护。

①防止直接接触高压部件。

②通过颜色识别操作过程中的高压部件（橙色电缆）。

③高压部件的相关警告信息。

（6）发生事故时，通过触发烟火隔离器来关闭高压车载电气系统，烟火隔离器由防护装置控制单元促动（碰撞检测）。

①断开电源和存储装置的所有接头。

②停用发电机操作（电机和 DC/DC 转换器）。

③将中间电路电容器放电，以使其电压降至危险电压以下。

（7）发生短路时，关闭高压车载电气系统。

发生短路（软件和保险丝）时逐级关闭。

（8）主动放电。

使中间电路电容器放电至危险电压以下，以免受剩余电压的影响。

六、对维修人员的要求

1. 为能对混合动力车辆进行维护和修理操作，授权服务中心人员必须修完高压培训课程。此外，只有符合以下要求，授权服务中心人员才可对高压部件进行作业或拆卸。

（1）取得机动车辆高压车载电气系统电气技师资格。

（2）修完高压培训课程。

（3）修完高压产品培训课程。

2.对高压部件进行作业或拆卸之前，必须采取规定的高压安全预防措施且断电状态〔诊断辅助系统（DAS）、仪表〕必须正常。若断电状态不正常，则不可进行操作。

3.保养策略。

S400 HYBRID 的保养范围和保养项目与 S350 相同，包含特定保养项目和基本组件的选装增强型组件。保养范围、方法和工时保持不变。车上所安装的混合动力部件，如电机、高压蓄电池和安装在发动机控制单元中的主总成协调器等，均为免保养部件。

第七节 经典实例和维修提示

一、奔驰 S400 HYBRID 车辆无法启动

车型：S400 HYBRID。

发动机型号：272.974。

行驶里程：245354 km。

VIN：WDD2211951A××××××。

故障现象：车辆正常行驶后停放在车库中，3 天后车辆无法启动，仪表多功能显示器提示多个故障，停放车辆前各开关都在标准位置，大灯开关在 AUTO 位置，不存在任何不当操作，此车也没有激烈驾驶、涉水、极限越野等使用情况，停放车辆周围也没有强磁场干扰，车辆无加装改装，之前也没有与本故障相关的维修历史，故障多次出现。

故障诊断：连接诊断仪进行快速测试，发现多个模块设置了供电电压过低的故障码，如图 2-56 所示。

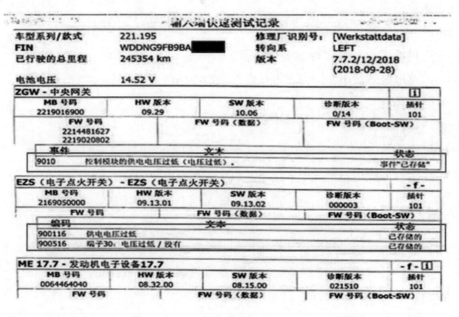

图 2-56

此车是 2012 年 166 车型上市前的车型，没有配备车载供电诊断系统，DAS 诊断软件只能提供最后 2 次的恒醒源记录和最后 5 次的放电记录。所有电气设备的能量需求根据车载电气系统蓄电池的状态确定，蓄电池传感器不断监测该状态。蓄电池传感器利用各种电压、电流和温度测量值计算用作能源管理的基础参数。发动机关闭时的能源管理可确保车载电气系统的稳定性以及发动机关闭时车辆的启动能力。此空载电流管理功能集成在前侧信号采集及促动控制模组（SAM）控制单元中，此功能还有利于延长车载电气系统蓄电池的使用寿命。当空载电流过大（> 50 mA），或车载电气系统的电压值降至特定的限值 11.8 V，或者经过 6 h 的时间后可能影响车辆的启动能力时，即会打开空载电流切断继电器，从而切断电路 30 g 上各用电设备的供电。

空载电流管理功能原理图如图 2-57 所示。

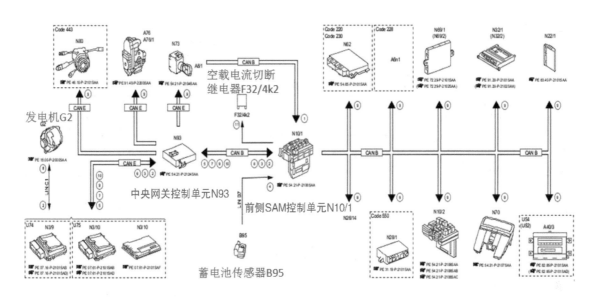

图 2-57（图注省略）

查看中央网关控制单元，没有恒醒源记录；查看前侧 SAM 实际值中最后 5 次放电记录，如图 2-58 ~ 图 2-62 所示。

数据分析说明的确出现过恒醒源，导致异常放电。

分析可能的原因有：

（1）控制单元故障导致漏电。

（2）用电器故障导致漏电。

（3）线路故障导致漏电。

启动发动机，检查发电机，电压为 14.5 V，正常；用蓄电池检测仪检测 12 V 蓄电池，结果为"good battery"，正常。用万用表测量车辆静态电流，结果为 52 ~ 196 mA，大于 50 mA，不正常；为了排除外界无线电干扰，屏蔽外界环境影响，断开 KG 控制单元与天线放大器控制单元保险丝，结果静态电流没有变化；于是决定由干到支，逐一断开电源，逐步缩小检查范围。首先查看该车型的供电电路图（如图 2-63 所示），发现此车蓄电池 G1 的 30 电通过车内预熔保险丝盒（F32/4）进行电源分配，逐级供电，通过各保险丝盒或继电器盒（F32/3、N10/1、N10/2、F1/6、F1/7）向全车各系统供电。30 电在经过车内预熔保险丝盒（F32/4）上的空载电流切断继电器（F32/4k2）后转换为 30 g 电，逐级给车上各部件或经过各保险丝 / 继电器盒给各用电器供电。示意图，如图 2-64 和图 2-65 所示。

最后 1 个数据记录

控制单元：SAMF221

编号	名称	实际值	单位
1091	出现唤醒事件时的休眠电流值	-7608	mA
1092	该状态期间的最大休眠电流值	-13379	mA
1093	该状态期间的最小休眠电流值	-117	mA
1094	出现唤醒事件时的蓄电池电压	12.2	V
1095	该状态后的蓄电池电压	12.3	V
1096	该状态的持续时间	300	min
1097	总行驶里程表里程数	245354	km
1098	总线端15C	否	
1100	激活功能'拖车识别装置'的耗电	否	
1101	由于激活"驻车加热、驻车冷风或蒸发器干燥"功能而耗电	否	
1103	激活功能'闪烁报警灯'的耗电	否	
1104	激活功能'停车灯和驻车灯'的耗电	否	
1105	激活功能'近光灯'的耗电	否	
1107	存储数据记录的原因：超过最大休眠电流值	0	数量
1108	存储数据记录的原因：低于蓄电池电压的阈值	是	
1110	存储数据记录的原因：超过延时时间	是	

图 2-58

倒数第 2 个数据记录

控制单元：SAMF221

编号	名称	实际值	单位
1071	出现唤醒事件时的休眠电流值	-11767	mA
1072	该状态期间的最大休眠电流值	-11767	mA
1073	该状态期间的最小休眠电流值	-11767	mA
1074	出现唤醒事件时的蓄电池电压	11.1	V
1075	该状态后的蓄电池电压	11.1	V
1076	该状态的持续时间	0	min
1077	总行驶里程表里程数	245354	km
1078	激活回路15C的耗电	否	
1080	激活功能'拖车识别装置'的耗电	否	
1081	由于激活"驻车加热、驻车冷风或蒸发器干燥"功能而耗电	否	
1083	激活功能'闪烁报警灯'的耗电	否	
1084	激活功能'停车灯和驻车灯'的耗电	否	
1085	激活功能'近光灯'的耗电	否	
1087	超过最大休眠电流值	0	数量
1088	故障原因：低于蓄电池电压的阈值	是	
1090	故障原因：超过延时时间	否	

图 2-59

倒数第3个数据记录

控制单元：SAMF221

编号	名称	实际值	单位
1051	出现唤醒事件时的休眠电流值	-13880	mA
1052	该状态期间的最大休眠电流值	-13880	mA
1053	该状态期间的最小休眠电流值	-13880	mA
1054	出现唤醒事件时的蓄电池电压	10.9	V
1055	该状态后的蓄电池电压	10.9	V
1056	该状态的持续时间	0	min
1057	总行驶里程表里程数	245354	km
1058	激活回路15C的耗电	否	
1060	激活功能'拖车识别装置'的耗电	否	
1061	由于激活"驻车加热、驻车冷风或蒸发器干燥"功能而耗电	否	
1063	激活功能'闪烁报警灯'的耗电	否	
1064	激活功能'停车灯和驻车灯'的耗电	否	
1065	激活功能'近光灯'的耗电	否	
1067	超过最大休眠电流值	0	数量
1068	故障原因：低于蓄电池电压的阈值	是	
1070	故障原因：超过延时时间	否	

图 2-60

倒数第4个数据记录

控制单元：SAMF221

编号	名称	实际值	单位
1031	出现唤醒事件时的休眠电流值	-142	mA
1032	该状态期间的最大休眠电流值	-15912	mA
1033	该状态期间的最小休眠电流值	-142	mA
1034	出现唤醒事件时的蓄电池电压	12.8	V
1035	该状态后的蓄电池电压	12.3	V
1036	该状态的持续时间	10	min
1037	总行驶里程表里程数	245354	km
1038	激活回路15C的耗电	否	
1040	激活功能'拖车识别装置'的耗电	否	
1041	由于激活"驻车加热、驻车冷风或蒸发器干燥"功能而耗电	否	
1043	激活功能'闪烁报警灯'的耗电	否	
1044	激活功能'停车灯和驻车灯'的耗电	否	
1045	激活功能'近光灯'的耗电	否	
1047	超过最大休眠电流值	0	数量
1048	故障原因：低于蓄电池电压的阈值	是	
1050	故障原因：超过延时时间	是	

图 2-61

倒数第5个数据记录

控制单元：SAMF221

编号	名称	实际值	单位
1011	出现唤醒事件时的休眠电流值	-653	mA
1012	该状态期间的最大休眠电流值	-4681	mA
1013	该状态期间的最小休眠电流值	-110	mA
1014	出现唤醒事件时的蓄电池电压	12.6	V
1015	该状态后的蓄电池电压	12.5	V
1016	该状态的持续时间	235	min
1017	总行驶里程表里程数	245354	km
1018	激活回路15C的耗电	否	
1020	激活功能'拖车识别装置'的耗电	否	
1021	由于激活"驻车加热、驻车冷风或蒸发器干燥"功能而耗电	否	
1023	激活功能"闪烁报警灯"的耗电	否	
1024	激活功能'停车灯和驻车灯'的耗电	否	
1025	激活功能'近光灯'的耗电	否	
1027	超过最大休眠电流值	0	数量
1028	故障原因：低于蓄电池电压的阈值	否	
1030	故障原因：超过延时时间	是	

图 2-62

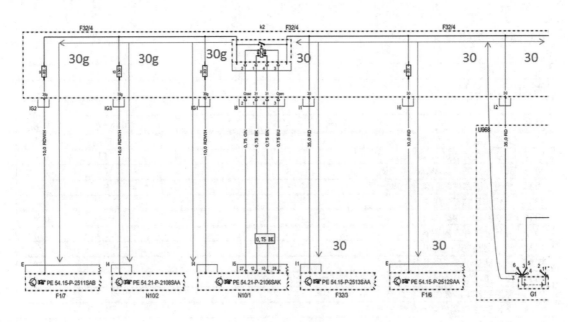

图 2-63（图注省略）

从车内预熔保险丝盒（F32/4）上逐个断开 30 g 线束 IG2、IG3、IG1，结果静态电流值仍然没有变化，说明漏电的部件不是 30 g 供电。

于是接着从车内预熔保险丝盒（F32/4）上逐个断开 30 线束，同时查看静态电流的变化，当断开 f6 线束后车辆静态电流值降为 35 mA，小于 50 mA，恢复正常；而 F32/4 f6 是 F1/6 保险丝盒的供电，F1/6 上所有的保险丝都是 30 电，逐个拔下 F1/6 保险丝查看静态电流变化，当拔下 80 号保险丝时，车辆静态电流值降为 35 mA，小于 50 mA，恢复正常，如图 2-66 和图 2-67 所示。查看电路图，80 号保险丝是给左前车门控制单元（N69/1）供电的。

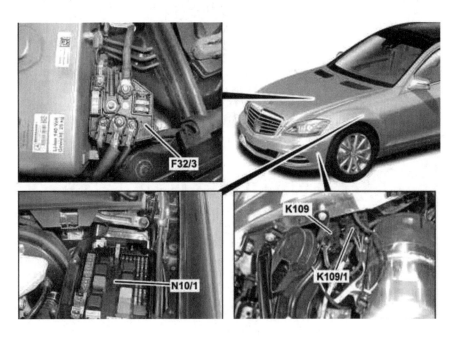

图 2-64（图注省略）

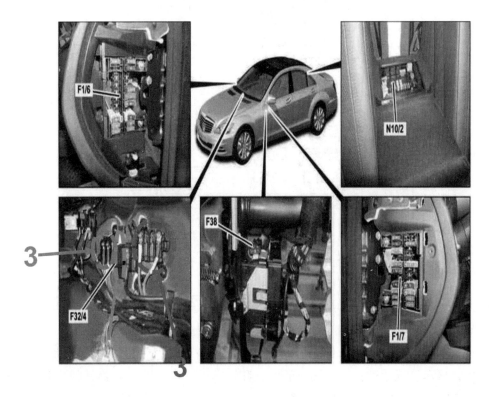

图 2-65（图注省略）

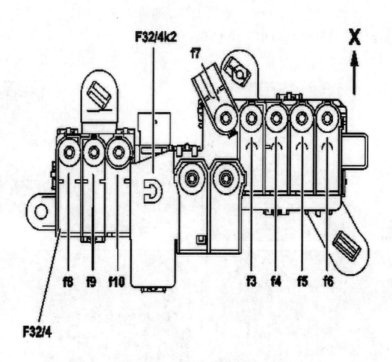

图 2-66（图注省略）

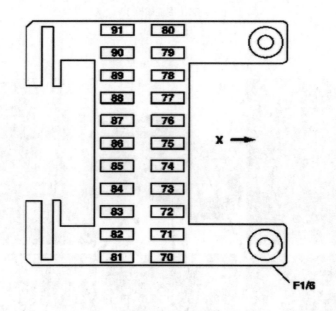

图 2-67（图注省略）

　　接着逐个断开 N69/1 插头（如图 2-68 所示），当断开 8 号插头时车辆静态电流值降为 35 mA，小于 50 mA，恢复正常。

　　查看电路图，N69/1 的 8 号插头连接两个部件，分别是驾驶员车门红外线传感器（B58）和左前门锁（A85），试车发现通过长按钥匙上的解锁和锁车键，将钥匙头对着驾驶员车门红外线传感器（B58），便捷功能（关窗和开窗）正常。断开 B58 插头，车辆静态电流值降为 35 mA，小于 50 mA，恢复正常，如图 2-69 所示。

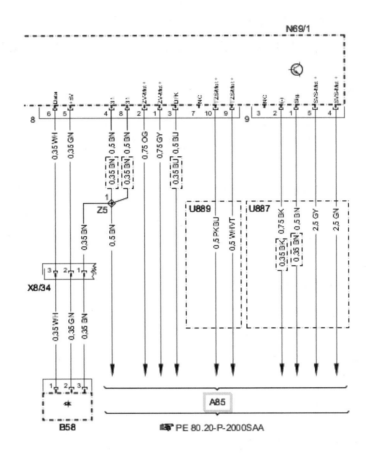

图 2-68（图注省略）

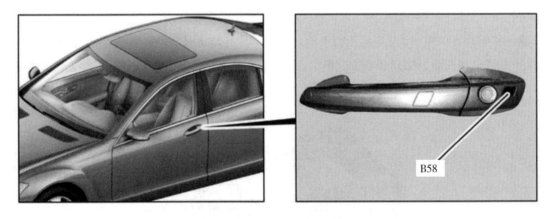

B58.驾驶员车门红外线传感器

图 2-69

判断故障原因是驾驶员车门红外线传感器电气故障，导致车辆静态电流过大，长时间停放后，蓄电池亏电，无法启动。

故障排除：更换驾驶员车门红外线传感器，试车，左前车门各功能正常。车辆停放一周，试车，故障消失。

故障总结：下面介绍检查车辆漏电问题的步骤。

（1）快速测试，确认车辆有无低压故障码。

（2）查看车辆 N73 内实际值，最后两次恒醒源记录。

（3）查看停机循环内的异常蓄电池充放电记录（请不要断开蓄电池，防止数据复位），确认放电量以及发电机是否正常。

（4）检测车辆休眠电流。

（5）蓄电池充满电后使用蓄电池检测仪检测蓄电池状态。

（6）经过以上检测确认不是蓄电池以及发电机原因，车辆有漏电记录，请查询 TIPS 文件，确认是否有模块需要升级。若无 TIPS 文件，请直接执行第（8）步。

（7）模块升级后监测休眠电流，确认车辆是否仍然漏电。

（8）如果仍然存在漏电并当前存在，可以按照传统的先干后支的顺序，采用逐一断开保险丝、断开模块的方法进行判断。这需要先查看该车型的蓄电池供电走向，由干到支，逐步缩小检查范围，可达到事半功倍的效果。

（9）锁车前准备好需要用到的工具，开启的车门上锁，关闭车内活动传感器（如配置）。

（10）操作断电之前，需要去除 KG 控制单元保险丝及天线放大器保险丝，目的是防止外界干扰。

（11）串联电流表时，必须先短接电流表正负极（防止出现过大电流烧毁万用表的保险丝）。

（12）每次断开供电线前，必须要短接电流表正负极（断电后会引起部分控制单元唤醒，电流瞬间增大）。

（13）范围逐级缩小，剩下最后两个或几个配件时，可通过调换配件的方法确定最终损坏配件。

二、车辆闲置时给高容量锂电池充电

车辆信息：车型 221.095 和 221.195（混合动力）。

参考数据：SI54.10-P-0027。

车辆闲置时每 6 周检查 / 充电高压蓄电池。如果车辆停放更长时间，高压蓄电池 SOC 值应该达到 55 %（必须启动发动机给其充电）。单给 12 V 蓄电池充足电并不能防止高压蓄电池自放电。示意图，如图 2-70 所示。

图 2-70

基本数据：

（1）最大可能充电量（经发动机）：55 % SOC 值。

（2）最小充电量（发动机自动启动）：30%SOC值。

（3）最小充电量（启动容量）：15%SOC值。

（4）每4周高压蓄电池自放电：10%SOC值。

（5）最好情形：55%SOC值到15%SOC值（启动容量）=40%SOC值，16周。

（6）最坏情形：30%SOC值到15%SOC值（启动容量）=15%SOC值，6周。

三、蓄电池单格电池过度放电

车辆信息：车型221.095和221.195（混合动力）。

故障原因：单格电池内有化学污染导致过度放电（>2mV/天）。

故障诊断：Xentry Diagnosis进入BMS控制单元→实际值→单格电池电压和故障码，如图2-71所示。

故障排除：更换高压蓄电池。

060	Voltage of battery cell 11		[3.20...4.10]	3.52	V
061	Voltage of battery cell 12		[3.20...4.10]	3.52	V
062	Voltage of battery cell 13		[3.20...4.10]	1.94	V
063	Voltage of battery cell 14		[3.20...4.10]	3.52	V

图2-71

四、高压蓄电池内的某一小电池过度放电

车辆信息：车型221.095和221.195（混合动力）。

故障现象：高压蓄电池过度放电。

故障原因：生产过程受到污染造成铁铜离子分离停留时间过长或跨过隔板而接触。

故障码：SG-BMS 0BBD00、0BBE00。

故障诊断：解决方案（厂家）。

优化生产过程中所用的材料。

增加电池在车上的测试时间。

改良分界：092011（FIN：WDD2211951A441817）。

故障排除：更换高压蓄电池。

五、发动机故障灯亮，故障码P06DA00：机油压力调节阀电子故障

车辆信息：车型221.095和221.195（混合动力）；配备发动机272.948。

故障现象：发动机故障灯亮，故障码P06DA00：机油压力调节阀电子故障。

故障原因：机油压力调节阀故障。

故障诊断：机油压力调节阀位置如图2-72和图2-73所示。

故障排除：有独立部件，应更换机油泵。

图 2-72

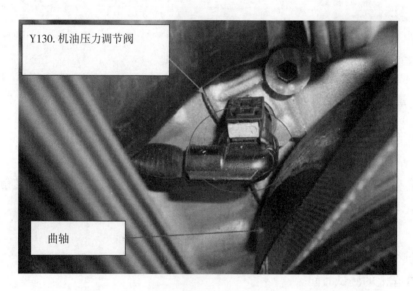

Y130.机油压力调节阀

曲轴

图 2-73

六、高压蓄电池的切换开关计数器减数值异常

车辆信息：车型 221.095 和 221.195（混合动力）。

故障原因：计数器监测高压蓄电池的切换开关因接点跳火而造成的损耗状况。当接点打开时，计数器会根据通过电流的大小而决定减数值大小，计数器减数值原厂设定为 200000。当电流正常而接点打开时，减数值为 1，如表 2-4 所示。

表2-4

电流（A）	减数值
＜2	1
8	8
30	80
100	2000
200	10000
＞200	66667

故障诊断：DAS检测仪的实际值，如图2-74所示。

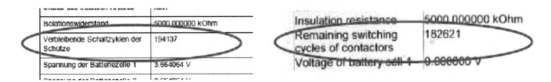

图2-74

故障排除：从计数器减数值降到150000后，DAS检测仪就会显示提示信息，车间技师看到信息以后要发TIPS报告到区域办公室，由德国总部确定必要的维修方案。

七、空调永久性故障，电力分配器内的60A保险丝故障

车辆信息：车型221.095和221.195（混合动力）；配备发动机272.948。

故障现象：空调永久性故障，无制冷输出。

故障原因：电能负荷交替形成温度的变化而导致金属疲劳，无故障码。

故障诊断：依照GI86.30-P-050078对60A保险丝进行功能测试，若保险丝已经有故障，则更换电力电子模块。

故障排除：电力分配器与电力电子模块作为整体一起更换，如图2-75所示。

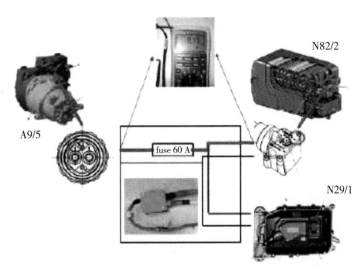

图2-75（图注省略）

八、高压蓄电池报警

车辆信息：车型 221.095 和 221.195（混合动力）。

故障现象：仪表高压蓄电池灯亮起。

故障原因：高压蓄电池报警，故障码 P0A0E00：高压互锁电路偶发断路。

故障诊断：如图 2-76 和图 2-77 所示。试车发现当加速或颠簸时高压蓄电池报警。

图 2-76

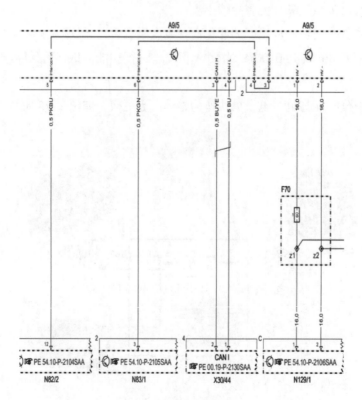

图 2-77（图注省略）

检查高压互锁电路，发现空调泵线束折断。一直未执行 SM。

故障排除：修理损坏的线束。

九、30 A 保险丝功能测试

车辆信息：车型 221.095 和 221.195（混合动力）。

故障诊断：使用 DAS 检测仪进行检测。30 A 保险丝电路如图 2-78 所示。

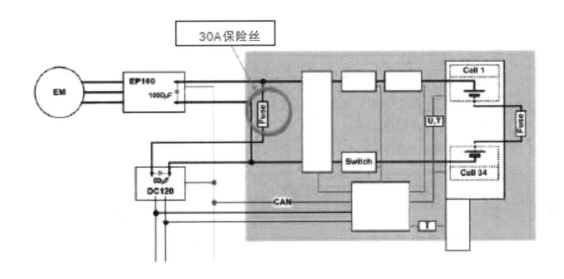

图 2-78

故障排除：该测试功能可以在 DAS 检测仪内找到。

按故障和症状进行故障排除→高压供电系统不工作→高压供电系统的直流电 DC/DC 转换器的电压值为 0 V。若是保险丝故障，则更换高压蓄电池。仅在无以下故障码时进行测量：DTC 0AA100、0AA200、0AA400、0AA500。测量针脚 1 至针脚 1 之间的电压，如图 2-79 所示。

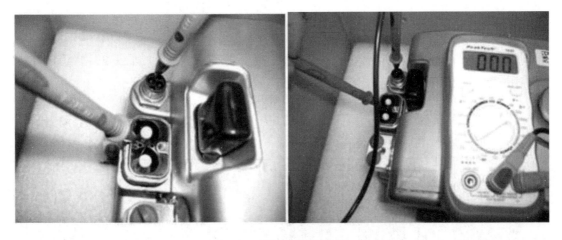

图 2-79

十、发动机自动熄火功能不起作用

车辆信息：车型 221.095 和 221.195（混合动力）；配备发动机 272.948。

参考数据：

（1）车载电气系统尚不能配合启用（12 V 蓄电池电压低，总线有问题）。

（2）发动机未预热（冷却液温度低于 38 ℃，三元催化温度低）。

（3）发动机正处于诊断模式。

（4）混合动力系统尚未启用（电机、制动动能回收、巡航控制）或之间的信息沟通中断（仪表有故障提示）。

（5）车速过低，不能启用自动熄火功能。

（6）车辆曾经在系统适合启用前有过一段倒退溜车。

（7）发动机罩正处于开启的状态。

（8）加速踏板正被踩下。

（9）变速器尚不能配合启用。

（10）高压蓄电池电量小于 27 %（诊断仪显示 35 %）。

十一、高压蓄电池报警（绝缘电阻）

车辆信息：车型 221.095 和 221.195（混合动力）。

故障现象：仪表高压蓄电池灯亮起，发动机运转正常，ECO START/STOP 不可用。

故障原因：高压蓄电池控制单元存储当前故障码 0AA61E：混合动力系统绝缘故障，电阻超出了允许范围。读取高压蓄电池控制单元实际值，绝缘电阻不正常，如图 2-80 所示。

087	Insulation resistance		>= 1000	282	kOhm

图 2-80

故障诊断：按照故障码指引测量绝缘电阻。

将高压安全断开，并打印日志，放于明显位置。断开高压蓄电池上的插头 3，测量 DC/DC 转换器及其高压导线绝缘电阻（标准值：≥ 1000 kΩ），如图 2-81 所示。

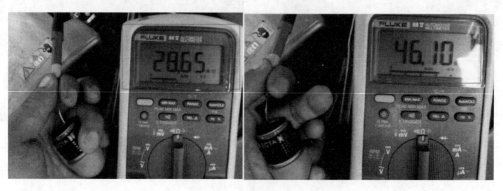

图 2-81

断开高压蓄电池插头 1，分别测量高压蓄电池、DC/DC 转换器和电动空调压缩机以及高压导线的绝缘电阻（标准值：≥ 1000 kΩ）。高压蓄电池，如图 2-82 所示。

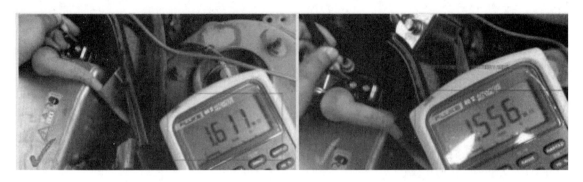

图 2-82

AC/DC 转换器，如图 2-83 所示。

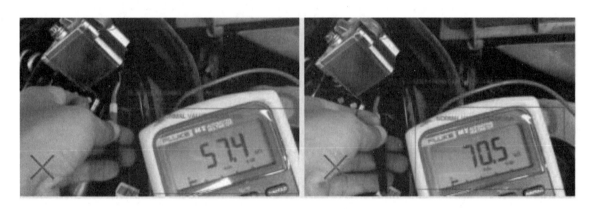

图 2-83

断开电动空调压缩机以及高压导线，绝缘电阻不变。

因电压分配器与 DC/DC 转换器作为整体提供，因此确定 DC/DC 转换器及其高压导线存在绝缘电阻故障。

故障排除：更换 DC/DC 转换器。

十二、闭锁回路测量方法

车辆信息：车型 221.095 和 221.195（混合动力）。

故障现象：存在闭锁回路故障码。

故障原因：高压元件以及高压导线存在闭锁回路故障。

故障诊断：测量闭锁回路。

禁用高压车载电气系统，如图 2-84 所示。断开 12 V 蓄电池正 / 负极导线。检查至高压蓄电池的闭锁回路。检查至线路和其他高压元件的闭锁回路。检查闭锁回路与接地和相互之间的状态，并记录相应测量值。

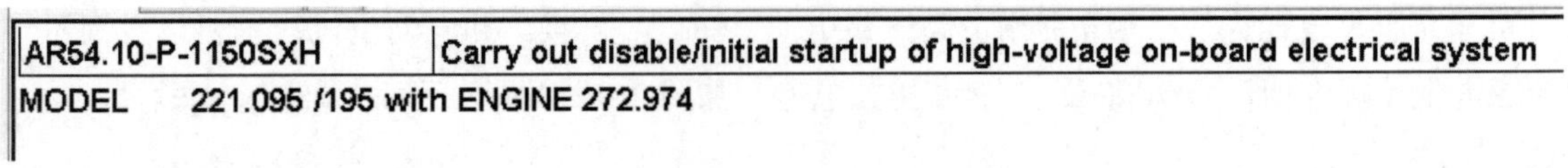

AR54.10-P-1150SXH	Carry out disable/initial startup of high-voltage on-board electrical system

MODEL 221.095 /195 with ENGINE 272.974

图 2–84

十三、空调不制冷

车辆信息：车型 221.095 和 221.195（混合动力）。

故障现象：空调不制冷，高压蓄电池控制单元中储存故障码 180500：硬件监控功能检测到控制单元故障，故障码 180C00：硬件监控功能检测到控制单元故障，故障码 0A0E00：高压车载电气系统联锁电路出现了偶发性故障。

故障原因：DC/DC 转换器内部故障，如表 2–5 所示。

表 2–5

No.	Name	Specified value	Actual values	Unit
012	Operating state	—	PASSIVE	—
021	Voltage of 12 V on–board electrical system	[11.0...14.5]	13.9	V
022	Voltage of high–voltage on–board electrical system	[48.0...150.0]	9.7	V

故障诊断：DAS 检测仪的实际值，如表 2–6 所示。

表 2–6

No.	Name	Specified value	Actual values	Unit
048	Charge level of high–voltage battery	[28...90]	53	%
042	Voltage of high–voltage battery	[117.10...143.50]	127.89	V
045	Amperage of high–voltage battery	[–200.00...200.00]	0.00	A
041	Voltage of high–voltage on–board electrical system	[48.00...150.00]	13.63	V

故障排除：更换 DC/DC 转换器。

十四、仪表 ESP 故障灯亮

车辆信息：车型 221.095 和 221.195（混合动力）。

故障现象：有故障时检查发动机控制单元的实际值，发现即使在热车的状况下，发动机冷却液温度也低于 80 ℃，但高压冷却系统的温度却高于 85 ℃。在空调关闭、发动机冷却液低于 80 ℃的状况下发动机 / 空调电子风扇也会运行。在电子启动机控制单元内有水温过高的故障码，如图 2–85 所示。

故障原因：高压单元的冷却不良造成控制单元报相关故障码，因温度过高电子风扇工作，从而使发动机冷却液温度低于正常值。

故障排除：修理损坏的线束，如图 2–86 和 2–87 所示。

Control unit: HVDCDC221				
No.	Name	Specified value	Actual values	Unit
013	Temperature of output stage for high-voltage on-board electrical system	[-40...85]	87	℃
014	Temperature of output stage for 12 V on-board electrical system	[-40...85]	82	℃
015	Temperature of transformer	[-40...85]	83	℃
016	Temperature in control module	[-40...85]	83	℃

图 2-85

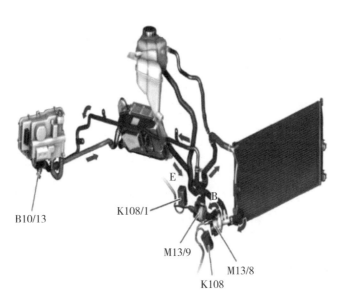

图 2-86（图注省略）

图 2-87

十五、仪表显示故障

车辆信息：车型系列 222（非 AMG），截至车辆识别号（VIN）尾号 A033167，带特殊装备（SA）代码"B03"。

故障现象：仪表显示信息"辅助蓄电池 – 去授权服务中心修理"。

故障原因：ECO 启动 / 停止系统辅助蓄电池功能电气故障。

故障排除：如果前侧 SAM 控制单元（N10/6）中存在故障码 B11C11B（辅助蓄电池出现功能故障，超过了电阻的极限值），必须更换 ECO 启动 / 停止系统的辅助蓄电池（A0009829308）。在这种特殊情况下不必进行 Midtronics 测试，因为 Midtronics 测试结果不能得出故障原因的结论。这是一个仅出现在特殊车辆上的极个别情况，仅针对该故障码的 Midtronics 测试，不适用于其他损坏情况或其他车辆。WMR/EWMR 文件号 04–02–020 仍然适用于其他损坏和其他车辆。带相应故障码的初步快速测试必须归档，形成不可随意修改的文件，而且在保修申请消息栏中标注该故障码。

提示：若是文件中限定的车辆，其当前正在使用的零件号为 A0009829308 的 ECO 启动 / 停止功能辅助蓄电池出现投诉，则 WMR/EWMR 条款 04–04–040 无条件适用，因此进行 Midtronics 测试，如表 2–7 所示。

表 2–7

零件号	名称	数量	EPC
A0039937296	多楔皮带	1	×
A0039937396	多楔皮带	1	×
N000988010016	配合垫片 DIN 988–10X 16X1 DBL8400.00	1	×
N000988010025	配合垫片 DIN 988–10X 16X0,5 DBL8451.12	1	×

十六、车辆偶尔无法启动或再也无法启动

车辆信息：车型 221.095 和 221.195（混合动力）。

故障现象：发动机偶尔无法启动。经过大约 1 h 的等待时间之后，发动机才可以重新启动。发动机再也无法启动。

自动启动 / 停止功能偶尔无法使用（仪表中 READY 指示灯的颜色为黄色）。在 SG–EM 控制单元中出现"当前存储和已存储"的故障码（见控制单元故障码）。

P0A1E00：部件 N129/1（电力电子控制单元）有故障。

P0A5D00：电机 A 的 U 相接头故障。

P0A6000：电机 A 的 V 相接头故障。

P0A6300：电机 A 的 W 相接头故障。

P0C0C00：逆变器电机 A 的高压车载电气系统电源对地短路。

P160A00：电源逆变器电容故障。

P160B00：电源逆变器电容有警告。

故障原因：电力电子装置中电容器高压中间电路的电容量减小，可能会导致混合动力功能停用（如自动启停、超加速、余热利用）。当电容器高压中间电路的电容量急剧减小（小于 950 μF）时，可能会暂时 / 偶尔或持续地禁止车辆启动。此外，这可能使高压蓄电池的 30 A 保险丝（至直流调节器的接头）断裂。

故障排除：前提条件是通过蓄电池充电器确保车辆车载电网蓄电池的供电（大于 12.5 V）。

工作说明：

（1）检查 SG-EM 控制单元内的故障存储器是否存在相位错误。

若 SG-EM 控制单元内至少存在以下故障码（FC）之一且状态为"已存储"和 / 或"当前存储和已存储"，则必须更换 SG-EM 控制单元，然后退出检测，不再执行工作步骤（2）~（5）：

P0A5D00：电机 A 的 U 相接头故障。

P0A6000：电机 A 的 V 相接头故障。

P0A6300：电机 A 的 W 相接头故障。

（2）检查或更新 SG-EM 控制单元内的软件（SW），更新：SG-BMS、SG-DDW 和 SG-EM。若 SG-EM 控制单元内的软件版本为 12.04.00，则转至工作步骤（4）。若仍是旧版软件，则要安装最新软件。

选择菜单项"控制单元 – 驱动 – 电机控制单元（SG-EM）– 控制单元匹配 – 控制单元编程"。更新软件之后，返回菜单项"控制单元组"。

（3）测定电机控制单元（SG-EM）中的总电容量。

创建 SG-EM 控制单元记录。选择菜单项"控制单元 – 驱动 – 电机控制单元（SG-EM）– 控制单元记录"，创建控制单元记录。接着读取 SG-EM 控制单元记录中的"总电容量平均值"。若显示数值为 0 μF，则继续进行步骤（2）；若显示数值大于 1 μF，则转至步骤（4）。

启动发动机后再次关闭（或端子 15）。拔出点火钥匙，保持拔出状态至少 2 min。在这段时间内，不允许操作任何电气设备，所有车门 / 尾门必须保持关闭（等待总线休眠）。DAS/XENTRY 和蓄电池充电器保持连接。将该过程重复 6 遍！接着进行"控制单元复位"（在"促动"下可找到），然后再次创建 SG-EM 控制单元记录，读取 SG-EM 控制单元记录中的"总电容量平均值"。

（4）评估 SG-EM 控制单元记录中的总电容量（总电容量平均值）。

若平均值小于 950 μF，则必须更换功率电子装置。

（5）检查高压蓄电池的 30A 保险丝的功能（通路检测）。

在 DAS/XENTRY 中该检测位于 SG-BMS 中，可通过以下路径找到："关于投诉和症状的故障查询""高压车载电网无法运行。部件 N83/1（直流调节器控制单元）上的高压车载电网的电压为 0 V"。若 30 A 保险丝损坏，则必须更换高压蓄电池。零件，如表 2-8 所示。

表 2-8

零件号	名称	数量	提示	EPC
A0009064703	变压器	1	电机控制单元（SG-EM）	×
A2213431100	锂离子蓄电池	1	高压蓄电池（SG-BMS）	×

十七、车辆因高压蓄电池 150 A 保险丝损坏而无法启动

车辆信息：车型 221.095 和 221.195（混合动力）。

故障现象：发动机无法启动。

在仪表内出现蓄电池故障信息。

在蓄电池管理系统控制单元中有"当前存储和已存储"的故障码（见控制单元故障码）。

0AA700：高压蓄电池模块绝缘电阻有电气故障。

0C7800：高压车载电气系统预充电时间过长。

0A1F04：控制单元"Battery"有内部故障。

故障原因：热敏机械负荷可能导致高压蓄电池内 150 A 保险丝功能不可用，如图 2-88 所示。在此状态下，高压蓄电池内的高压接触器会在启动尝试时禁用，无法启动车辆。

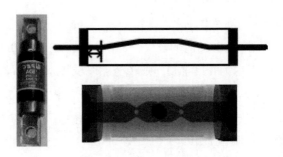

图 2-88

故障排除：更换高压蓄电池。零件，如表 2-9 所示。

表 2-9

零件号	名称	EPC
A2213430300	锂离子蓄电池	×
A2213430400	锂离子蓄电池	×
A2213430500	锂离子蓄电池	×
A2213430900	锂离子蓄电池	×
A2213431100	锂离子蓄电池	×

十八、电压过低后车辆无法再启动

车辆信息：车型 221.095 和 221.195（混合动力）。

故障现象：发动机在 12 V 车载电网蓄电池电压过低后无法再启动。

故障原因：若 12 V 车载电网蓄电池的电压低于 7 V 达 5 s 以上，则蓄电池的电池长期监控装置在高压蓄电池管理系统（BMS）控制单元中设置多个故障码，这些故障码阻碍了重新启动。

P0A1E00：部件 N129/1（电力电子控制单元）故障。

180500：硬件监控功能检测到控制单元故障。

180D00：控制单元（高压蓄电池）已完成系统关闭。

此外，电压过低也会导致 SG-EM（导线电子装置）控制单元处于内部运行状态"失败"，并因此阻碍发动机启动。

故障排除：要完整执行解决措施的所有工作步骤。

（1）连接 Star Diagnosis，然后进行登入快速测试。

（2）若登入快速测试或蓄电池传感器数据中有关于 12 V 车载电网蓄电池电量耗尽的提示，

则根据 Star Diagnosis 中的引导检测处理该提示。信息：电压过低的初级故障原因可在诊断中通过以下路径读取：控制单元→车身→ZGW（中央网关）→实际值→总线恒醒源识别的上次存储条目。

（3）创建 SG-EM 控制单元记录。

（4）检查 SG-EM 控制单元记录中的"内部运行状态"。若控制单元内部运行状态显示为"运行"，则转至步骤（7）；若内部运行状态显示为"失败"，则转至步骤（5）。

（5）在 SG-EM 控制单元中进行复位。这在诊断中通过以下路径进行：控制单元→驱动→电机控制单元（SG-EM）→促动→控制单元复位。

（6）再次创建 SG-EM 控制单元记录，检查内部运行状态。

若 SG-EM 控制单元仍然一直处于内部运行状态"失败"中，则更换电机控制单元（SG-EM）；若控制单元处于内部运行状态"运行"中，则转至步骤（7）。

（7）检查蓄电池管理系统（BMS）控制单元的软件版本（SW）。软件版本必须为 10.23.00 或更高版本。若软件版本过低，则进行软件升级。

（8）检查电机控制单元（SG-EM）的软件版本（SW）。软件版本必须为 10.06.00 或更高版本。若软件版本过低，则进行软件升级。

（9）另外，要给 12 V 车载电网蓄电池充足电，然后用 Midtronics 测试装置检测。

零件，如表 2-10 所示。

表 2-10

零件号	名称	数量	提示	EPC
A0009067600	逆变器	1	电机控制单元（SG-EM）	×

十九、发动机启动／停止功能不可用或发动机无明显原因地启动或 12 V 车载电网电压过低

车辆信息：车型 221.095 和 221.195（混合动力）。

故障现象：伴随着直流调节器控制单元中的故障码 P1C7000（从直流调节器控制单元 N83/1 至接地点 W3/9 的电气导线电阻过大），可能出现以下投诉：

（1）在发动机自动启动／停止功能下发动机无明显原因地启动，或在 20 s 后自行重新启动。

（2）车载电网蓄电池的电压多次低于 12 V，故障存储器中存储电压过低故障。

故障原因：直流调节器和车身之间的接地线接触不良。直流调节器接地线在壳体上的接触面可能氧化。有时可能出现纵梁上的接地点（右前轮罩内）被漆层覆盖。12 V 车载电网蓄电池的电量可能不足。

故障排除：连接 Star Diagnosis，检测直流调节器控制单元的软件版本，必要时运行新软件。软件版本必须为 10.20.00 或更高版本。登入直流调节器控制单元，在菜单项"促动"下执行"检测接地线电阻"项。若显示的测量值不正常，则继续进行所有后续检测步骤，然后重复测量。若达到必要的测量值，则检测过程结束。接着登入驾驶员侧信号采集及促动控制模组（SAM）控制单元，在菜单项"试运行"下进行软件校准编号（SCN）设码。通过 SCN 设码，采用一条新的 12 V 发电机

充电特征曲线，它可优化 12 V 车载电网的充电过程。零件，如表 2-11 所示。

表 2-11

零件号	名称	数量	提示	EPC
A2215402334	电气线束	1	根据部件状态更换	×

纵梁接地，如图 2-89 所示。

图 2-89

右下侧变压器，如图 2-90 所示。

图 2-90

二十、安装高压（HV）蓄电池到车上的 HV 插头螺栓折断（1）

车辆信息：车型 221.095 和 221.195（混合动力）。

故障现象：再次拧紧时，连接到 HV 蓄电池的 HV 插头螺栓被扭断。

故障原因：由于超过了 5 N·m 的紧固扭矩，因此固定螺栓折断。

故障排除：更换固定螺栓。

（1）拔除电压供应 AR54.10-P-1150SXH。

（2）拔下 HV 插头。

（3）拧开 HV 插头连接。必须松开壳体上的 6 个固定螺栓（内梅花形 T10），如图 2-91 ~ 图 2-93 所示。

图 2-91

图 2-92

（4）拆下壳体盖。

（5）取下螺栓的卡环。

注意：操作时不得损坏插头壳的密封表面！

（6）拆除已损坏的螺栓，安装新螺栓。

（7）安装新卡环（修理包中），如图 2-94 所示，检查是否正确落座。

注意：操作时不得损坏插头壳的密封表面！

（8）检查外壳下部件密封件是否正确落座，如图 2-95 所示。

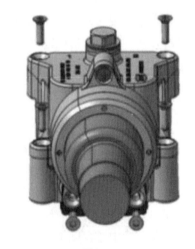

图 2-93

图 2-94

图 2-95

（9）将外壳上部件与外壳下部件拧合在一起（紧固扭矩：1 N·m）。必须使用修理包中的 6 个新螺栓。

（10）将 HV 插头连接到 HV 蓄电池上，然后拧紧。

注意：请遵守规定的 5 N·m 紧固扭矩！

（11）尝试启动发动机。零件，如表 2-12 所示。

表 2-12

零件号	名称	数量	提示	EPC
A0005423373	修理包锁止装置	1	修理包含有： 1 个固定螺栓 1 个卡环 6 个内梅花形螺栓（用于插头壳）	×

二十一、安装高压（HV）蓄电池到车上的 HV 插头螺栓折断（2）

车辆信息：发动机 272.974，车型（BR）221.095 和 BR 221.195。

故障现象：在部分负荷时，转速为 1200 ~ 2200 r/min，在冷却液温度高于 90 ℃ 时发出啪啪声。

故障原因：在曲轴轴承的某些公差范围以及在发电机皮带（双皮带驱动系统）的影响下，可能会导致燃烧过程中出现这种噪声。该噪声对发动机的机械耐久性没有任何影响。

故障排除：请先再现投诉的噪声，使冷却液温度高于 90 ℃，进行一次至少 15 min 的试驾。

在车辆静止而发动机运转时接通多个电气设备（座椅加热装置、行车灯、后窗加热装置……）。将转速迅速提高到 2500 r/min，然后迅速降低转速。必要时多次重复该过程。在 1200 ~ 2200 r/min 之间会发出一种金属质地、响亮的啪啪声。拆除发电机皮带，在这种状态下噪声不再出现。

二十二、已关闭的空调自动激活

车辆信息：车型 221.095 和 221.195（混合动力）。

故障现象：已关闭的空调（KLA）自动激活并无法再关闭。

在空调控制单元中还存储了一个故障码（963C）。

Event：Control unit N82/2（Battery management system control unit）requests cooling output for cooling component A100（High voltage battery module）.

故障原因：在蓄电池管理系统控制单元（SG-BMS）的软件版本 11.27.01 下，当高压蓄电池温度为 32 ℃时，空调被持续激活（即使空调之前已被关闭），以冷却高压蓄电池。

故障排除：安装蓄电池管理系统控制单元（SG-BMS）的最新软件版本 12.40.00。自 DVD 光盘 05/2013 起，可通过 DAS/XENTRY 获取最新 SG-BMS 软件和插件 2817。

二十三、空调不可用，同时在发动机控制单元中有故障条目

车辆信息：车型 221.095 和 221.195（混合动力）。

故障现象：空调不可用。

电动制冷剂压缩机无法工作。在 ME17.7 控制单元中存储了"当前存储和已存储"的故障码。

电动制冷剂压缩机因扭矩过大而失效（221）。

故障原因：至电动制冷剂压缩机（A9/5）的电源（高压）断路。

故障排除：修复电路，故障排除。

使用高压车载电网时请遵守安全提示。将高压插头从蓄电池管理系统控制单元（N82/2）上拔下。将高压插头从控制单元（电动制冷剂压缩机）上拔下。检查从 N82/2 的插头 1 的针脚 1 至控制单元（电动制冷剂压缩机）的插头 1 的针脚 1 的线束是否畅通，如图 2-96 所示。若出现导线断路，则更换功率电子装置控制单元，包括高压线束。

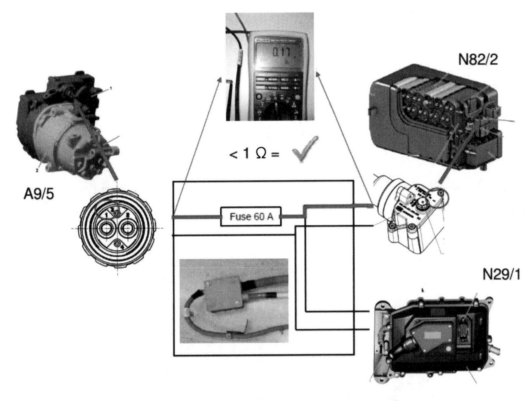

图 2-96（图注省略）

二十四、剧烈加速后空调功能不可用

车辆信息：车型 221.095 和 221.195（混合动力）。

故障现象：剧烈加速（强制降挡）后空调失灵。

故障原因：剧烈加速时，高压蓄电池中的消耗电流可能短时超过 200A 的允许最大值。基于集成在高压蓄电池中的控制单元 N82/2（蓄电池管理）的安全方案，接触器断开，从而将电路断开，这样，电动制冷压缩机（A9/5）就无法促动。此外，所有混合动力功能（急加速和制动能量回收）都不再激活，同时，组合仪表（A1）上的 READY 指示灯的颜色从绿色变成黄色。故障码 0CA700：高压蓄电池放电电流过大。

故障排除：检测蓄电池管理系统控制单元（N82/2）中的软件版本，必要时更新。软件版本必须为 10.23.00 或更高版本。

二十五、高压电机典型案例分析

1. 电力电子模块基本功能与特征。

（1）电力电子控制单元集成在电力电子模块中。

（2）电力电子控制单元根据请求在车载直流高压与驱动电机的三相交流电压之间进行相互转换。

（3）监控电机温度。

（4）执行诊断功能。

（5）为电控多端顺序燃料喷注 / 点火系统（ME-SFI）控制单元提供预测的可用扭矩。

（6）通过单独的低温冷却回路进行冷却。

（7）模块重量为 8 kg。

（8）内部设置有 1 mF 高压电容器。

2. 典型故障。

（1）至电动制冷剂压缩机（A9/5）的供电（高压）中断。

（2）无法与诊断测试仪建立正常诊断通信连接。

（3）电力电子装置中电容器高压中间电路的电容量减小，导致混合动力功能停用。

（4）更换电力电子装置后发动机无法启动。

（5）互锁电路故障。

3. 电力电子模块，如图 2-97 所示。

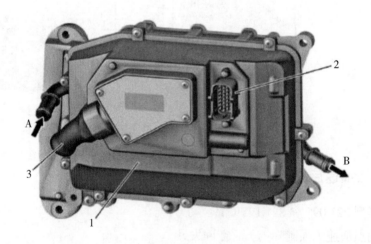

1.电力电子模块　2.电力电子控制单元的12V插头连接　3.高压蓄电池的高压
导线　A.冷却液进口　B.冷却液出口

图 2-97

4. 至电动制冷剂压缩机（A9/5）的供电（高压）中断。

故障现象：空调制冷功能失灵。

故障诊断：发动机控制单元中存储故障码 P06A064：电动制冷剂压缩机因扭矩过大而失效，P06A016：电动制冷剂压缩机因扭矩过大而失效（221）。从蓄电池管理系统控制单元（N82/2）的插头 1 的针脚 1 至控制单元（电动制冷剂压缩机）的插头 1 的针脚 1 的线束短路。

故障排除：更换 SG-EM 控制单元。

5. 无法与诊断测试仪建立正常诊断通信连接。

故障现象：车辆无法启动，高压系统故障灯亮起。

故障诊断：快速测试单显示 SG-EM 控制单元无法正常通信且多个控制单元存储有与该控制单元 CAN 通信故障，CAN L 总线关闭，如图 2-98 所示。

SG-EM - Electric motor control unit				-!-
MB number	**HW version**	**SW version**	**Diagnosis version**	**Pin** 101

ME-SFI 17.7 - Motor electronics 17.7				-F-
MB number 0064464040	**HW version** 09.37.00	**SW version** 08.15.00	**Diagnosis version** 021510	**Pin** 101
FW number 0094481540 2729021500 2729036200		**FW number (data)**		**FW number (boot SW)**

Code	Text	Status
U029A88	Hybrid CAN bus OFF fault	STORED
U011000	Communication with control unit 'Electric machine A' has a malfunction.	CURRENT
U029A81	Hybrid CAN bus OFF fault	STORED
U011081	Communication with control unit 'Electric machine A' has a malfunction. Incorrect data were received.	CURRENT
P048000	The output of electric fan 1 has an electrical fault or an open circuit.	CURRENT

图 2-98

控制单元供电、接地、线路连接及其他总线上控制单元无异常。

故障排除：更换 SG-EM 控制单元。

6. 电力电子装置中电容器高压中间电路的电容量减小，可能会导致混合动力功能停用。

故障现象：发动机偶尔无法启动。经过大约 1 h 的等待时间之后，发动机才可以重新启动。发动机再也无法启动。自动启动 / 停止功能偶尔无法使用（仪表中 READY 指示灯的颜色为黄色）。在 SG-EM 控制单元中出现"当前存储和已存储"的故障码。

故障原因：电力电子装置中电容器高压中间电路的电容量减小，可能会导致混合动力功能停用（如自动启动 / 停止、超加速、余热利用）。当电容器高压中间电路的电容量急剧减小（小于 950 μF）时，可能会暂时 / 偶尔或持续地禁止车辆启动。此外，这可能使高压蓄电池的 30A 保险丝（至直流调节器的接头）断裂。

工作说明：前提条件是通过蓄电池充电器确保车辆车载电网蓄电池的供电（大于 12.5V）。

（1）检查 SG-EM 控制单元内的故障存储器是否存在相位错误。若 SG-EM 控制单元内至少存在以下故障码（FC）之一且状态为"已存储"和 / 或"当前存储和已存储"，则必须更换 SG-EM 控制单元，然后退出检测，不再执行工作步骤（2）~（5）：

P0A5D00：电机 A 的 U 相接头故障。

P0A6000：电机 A 的 V 相接头故障。

P0A6300：电机 A 的 W 相接头故障。

（2）检查或更新 SG-EM 控制单元内的软件（SW），更新：SG-BMS、SG-DDW 和 SG-EM。

若 SG-EM 控制单元内的软件版本为 12.04.00，则转至工作步骤（4）。若仍是旧版软件，则要安装最新软件。选择菜单项"控制单元 - 驱动 - 电机控制单元（SG-EM）- 控制单元匹配 - 控制单元编程"。更新软件之后，返回菜单项"控制单元组"。

（3）测定电机控制单元（SG–EM）中的总电容量。创建SG–EM控制单元记录。选择菜单项"控制单元 – 驱动 – 电机控制单元（SG–EM）– 控制单元记录"，创建控制单元记录。接着读取SG–EM控制单元记录中的"总电容量平均值"。若显示数值为0μF，则继续进行步骤（2）；若显示数值大于1μF，则转至步骤（4）。

启动发动机后再次关闭（或端子15）。拔出点火钥匙，保持拔出状态至少2 min。在这段时间内，不允许操作任何电气设备，所有车门/尾门必须保持关闭（等待总线休眠）。DAS/XENTRY和蓄电池充电器保持连接。将该过程重复6遍！接着进行"控制单元复位"（在"促动"下可找到），然后再次创建SG–EM控制单元记录，读取SG–EM控制单元记录中的"总电容量平均值"。

（4）评估SG–EM控制单元记录中的总电容量（总电容量平均值）。若平均值小于950μF，则必须更换功率电子装置。

（5）检查高压蓄电池的30 A保险丝的功能（通路检测）。在DAS/XENTRY中该检测位于SG–BMS中，可通过以下路径找到："关于投诉和症状的故障查询""高压车载电网无法运行。部件N83/1（直流调节器控制单元）上的高压车载电网的电压为0 V"。若30A保险丝损坏，则必须更换高压蓄电池。

故障诊断：

（1）DC/DC控制单元内高压车载电网电压实际值低于标准值，如表2–13所示。

表2–13

编号	名称	标准值	实际值	单位
012	运行状态	—	被动	—
021	12 V车载电网电压	[11.0...14.5]	14.5	V
022	高压车载电网电压	[48.0...150.0]	0.0	V

（2）解除高压后测量（A100），电阻值大于2 Ω，如图2–99所示。

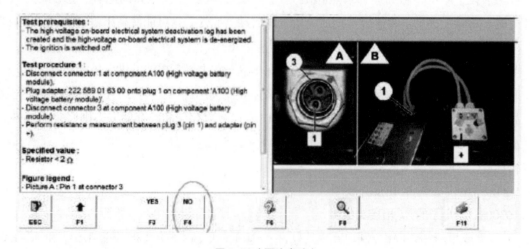

图2-99（图注省略）

故障排除：若平均值小于950μF，则必须更换功率电子装置。若30 A保险丝损坏，则必须更换高压蓄电池。

7.12V 车载电网蓄电池的电压过低，导致车辆无法启动。

故障现象：发动机在 12 V 车载电网蓄电池电压过低后无法再启动。

故障原因：若 12 V 车载电网蓄电池的电压低于 7 V 达 5 s，则蓄电池的电池长期监控装置在高压蓄电池管理系统（BMS）控制单元中设置多个故障码，这些故障码阻碍了重新启动。此外，电压过低也会导致 SG-EM（导线电子装置）控制单元处于内部运行状态"失败"，并因此阻碍发动机启动。

故障诊断：相关控制单元可能存储故障码 P0A1E00：部件 N129/1（电力电子控制单元）故障，180500：硬件监控功能检测到控制单元故障，180D00：控制单元（高压蓄电池）已完成系统关闭，控制单元内部状态"失败"。

故障排除：要完整执行解决措施的所有工作步骤。

（1）连接 Star Diagnosis，然后进行登入快速测试。

（2）若登入快速测试或蓄电池传感器数据中有关于 12 V 车载电网蓄电池电量耗尽的提示，则根据 Star Diagnosis 中的引导检测处理该提示。

信息：电压过低的初级故障原因可在诊断中通过以下路径读取：控制单元→车身→ZGW（中央网关）→实际值→总线恒醒源识别的上次存储条目。

（3）创建 SG-EM 控制单元记录。

（4）检查 SG-EM 控制单元记录中的"内部运行状态"。若控制单元内部运行状态显示为"运行"，则转至步骤（7）；若内部运行状态显示为"失败"，则转至步骤（5）。

（5）在 SG-EM 控制单元中进行复位。这在诊断中通过以下路径进行：控制单元→驱动→电机控制单元（SG-EM）→促动→控制单元复位。

（6）再次创建 SG-EM 控制单元记录，检查内部运行状态。

若 SG-EM 控制单元仍然一直处于内部运行状态"失败"中，则更换电机控制单元（SG-EM）；若控制单元处于内部运行状态"运行"中，则转至步骤（7）。

（7）检查蓄电池管理系统（BMS）控制单元的软件版本（SW）。软件版本必须为 10.23.00 或更高版本。若软件版本过低，则进行软件升级。

（8）检查电机控制单元（SG-EM）的软件版本（SW）。软件版本必须为 10.06.00 或更高版本。若软件版本过低，则进行软件升级。

（9）另外，要给 12 V 车载电网蓄电池充足电，然后用 Midtronics 测试装置检测。

8. 更换电力电子装置后发动机无法启动。

故障现象：在更换电力电子装置后，发动机不能启动了。

故障原因：高压电缆的电动制冷剂压缩机高压插头被错误（极性颠倒，正负极触点混淆）安装在电动制冷剂压缩机（A9/5）上。因此高压系统的中间电路无法加载，从而导致预加载故障。

故障诊断：在快速测试时，在蓄电池管理系统（BMS）控制单元中显示故障码 P0C7800（高压车载电气系统预加载时间过长）。

故障排除：将高压电缆的电动制冷剂压缩机高压插头旋转 180°后重新连接，如图 2-100 所示。

图 2-100（图注省略）

9.互锁电路故障。

故障现象：发动机无法启动，高压系统报警。

故障原因：互锁电路存在 SG-EM 内部故障。

故障诊断：在快速测试时，在蓄电池管理系统（BMS）控制单元中显示故障码 0A0E00（高压车载电气系统互锁电路出现了零星故障）。控制单元（N129/1）内部互锁电路针脚 21 至 B 插头针脚 P2 的电阻值超出规定范围，如图 2-101 所示。

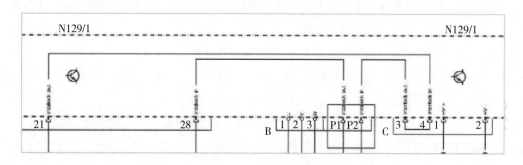

图 2-101（图注省略）

故障排除：更换电力电子装置（SG-EM）。

二十六、DC/DC 转换器典型故障分析

1.DC/DC 转换器基本功能与特征。

（1）产生直流高压和 12 V 直流电压。

（2）在高压车载电气系统与 12 V 车载电气系统之间进行能量交换。

（3）与 SG-EM 模块共用一个低温冷却系统（大约 60 ℃）。

（4）当发动机停机时为 12 V 车载电网蓄电池提供支持。

（5）可以通过 12 V 充电器或一台车辆进行跨接启动。

（6）助力模式时为高压蓄电池提供支持。

（7）模块重量为 3.2 kg。

（8）执行诊断功能。

2. 典型故障。

（1）控制单元内部（烧蚀）损坏。

（2）绝缘故障。

（3）直流调节器和车身之间的接地线接触不良。

3. DC/DC 转换器控制单元，如图 2-102 所示。

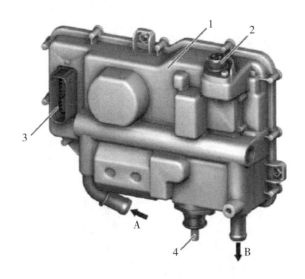

1.DC/DC转换器控制单元　2.高压插头连接（高压蓄电池）　3.DC/DC转换器控
制单元的12 V插头连接　4.电路30的螺纹连接　A.冷却液进口　B.冷却液出口

图 2-102

4. DC/DC 转换器控制单元内部（烧蚀）损坏。

故障现象：发动机无法再启动。

故障诊断：DC/DC 转换器控制单元内部可能存储故障码 P060700（控制装置有故障）、P1C6100（车载电气系统的功耗过高）、P0C7800（高压车载电气系统预充时间过长）。表面发现有黑色胶状物溢出且有焦煳气味，如图 2-103 所示。

图 2-103

故障排除：更换 DC/DC 转换器控制单元。

5.绝缘故障。

故障现象：发动机无法启动，高压系统报警。

故障诊断：BMS 控制单元内存储故障码 0AA61E（高压车载电气系统绝缘故障）。按照 WIS 相关文档步骤要求利用兆欧表对高压系统进行绝缘电阻测量，测得实际值超出规定范围，如图 2-104 所示。

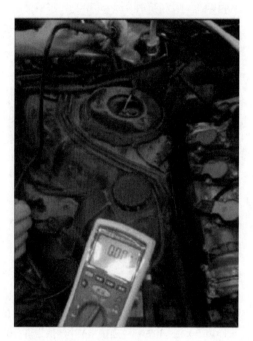

图 2-104

故障排除：更换 DC/DC 转换器控制单元。

6.直流调节器和车身之间的接地线接触不良。

故障现象：在发动机自动启动/停止功能下发动机无明显原因地启动或在 20 s 后自行重新启动。车载电网蓄电池电压多次低于 12 V，故障存储器中存储电压过低故障。

故障诊断：DC/DC 转换器控制单元存储故障码 P1C7000（从直流调节器控制单元 N83/1 至接地点 W3/9 的电气导线电阻过大）。

故障原因：直流调节器和车身之间的接地线接触不良。

（1）直流调节器接地线在壳体上的接触面可能氧化。

（2）有时可能出现纵梁上的接地点（右前轮罩内）被漆层覆盖。

（3）12 V 车载电网蓄电池的电量可能不足。

故障排除：连接 Star Diagnosis，检测直流调节器控制单元的软件版本，必要时运行新软件。软件版本必须为 10.20.00 或更高版本。登入直流调节器控制单元，在菜单项"促动"下执行"检测接地线电阻"项。若显示的测量值不正常，则继续进行所有后续检测步骤，然后重复测量。若达到必要的测量值，则检测过程结束。

接着登入驾驶员侧信号采集及促动控制模组（SAM）控制单元，在菜单项"试运行"下进行软件校准编号（SCN）设码。

通过 SCN 设码，采用一条新的 12 V 发电机充电特征曲线，它可优化 12 V 车载电网的充电过程。

二十七、电动制冷剂压缩机典型故障分析

1. 电动制冷剂压缩机基本功能与特征。

（1）确保在发动机停机时车厢内部能够进行恒温控制。

（2）确保在发动机停机时能为高压蓄电池提供压缩制冷剂。

（3）电动制冷机压缩机控制单元、电机及压缩机集成在一个模块内。

（4）双螺旋线型压缩机。

（5）在 800 ~ 9000 r/min 的转速范围内无级调节车载蓄电池。

（6）重量为 9 kg。

（7）工作参数：120 V、4.5 kW。

（8）助力模式时为高压蓄电池提供支持。

（9）直流交流逆变器。

2. 典型故障：绝缘故障。

3. 电动制冷剂压缩机，如图 2-105 所示。

1.控制单元　2.电机　3.螺旋压缩机

图 2-105

4. 绝缘故障。

故障现象：发动机无法启动，高压系统报警。

故障诊断：BMS 控制单元内存储故障码 0AA61E（高压车载电气系统绝缘故障）。按照 WIS 相关文档步骤要求利用兆欧表对高压系统进行绝缘电阻测量，测得实际值超出规定范围，如图 2-106 所示。

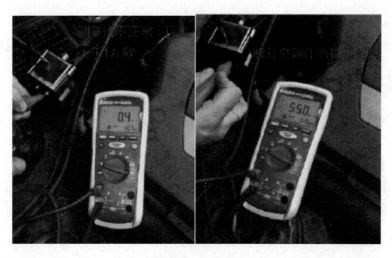

图 2-106

故障排除：更换电动制冷剂压缩机。

二十八、高压线路典型案例分析

1. 高压线路基本功能与特征。

（1）输送高压电流。

（2）橙色外皮。

（3）接触保护。

2. 典型故障：再次拧紧时，连接到高压（HV）蓄电池的 HV 插头螺栓折断，如图 2-107 所示。

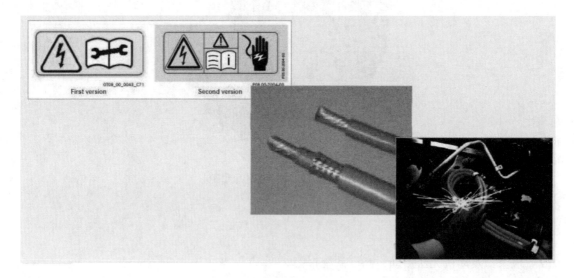

图 2-107

3. 安装高压（HV）蓄电池到车上的 HV 插头螺栓折断。

故障现象：再次拧紧时，连接到 HV 蓄电池的 HV 插头螺栓折断。

故障诊断：连接到 HV 蓄电池的 HV 插头螺栓扭紧力矩超出规定值 5 N·m。

相关插头无法正常紧固或高压蓄电池上的螺纹损坏，如图 2-108 所示。

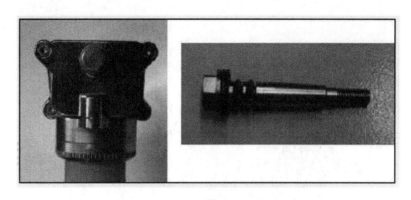

图 2-108

故障排除：更换特殊修理包，维修高压线束插头（A0005423373）。若高压蓄电池螺纹损坏，则需要更换高压蓄电池。

二十九、高压电机典型案例分析

1. 高压电机基本功能与特征。

（1）盘形电机是持续通电的同步电机。

（2）具有启动机和高压发电机功能。

（3）助力。

（4）再生制动。

（5）各种工作模式的切换由电力电子控制单元控制。

（6）即使在静止时位置传感器也会提供振幅信号。

（7）集成在定子绕组中的温度传感器检测绕组温度，超过阈值时，电力电子装置会激活相应功率限制功能，防止过热。

（8）重量为 15 kg。

2. 典型故障：绝缘故障。

3. 分解图，如图 2-109 所示。

4. 高压电机绝缘故障。

故障现象：发动机无法启动，高压系统警告灯亮起。

故障诊断：BMS 控制单元当前存储绝缘故障的故障码，如图 2-110 所示。

1.带线圈的定子　1/1.电气螺纹连接和温度传感器连接器　2.定子架　3.带
增量环和位置传感器轨的转子　4.中间壳体　B70.曲轴霍尔传感器　L20.
转子位置传感器

图 2-109

0AA61E	There is an insulation fault in the high-voltage on-board electrical system. The resistance value is outside the permissible range.	Current and stored

图 2-110

电机绝缘电阻测量结果为 0 MΩ；高压系统无法建立起高压。

故障排除：更换高压电机。

第三章 奔驰 S 级（W222）混合动力车系

第一节 奔驰 S400 HYBRID（W222）混合动力车型

一、概述

（一）介绍

随着奔驰 S 级汽车（W222/V222 车系）采用新型混合动力变速器，P2 混合动力系统首次应用在该车系中。P2 混合动力系统的基本特征是电机位于启动装置（变矩器或离合器）与变速器之间。通过这种布置，可以对电机转速与发动机转速进行控制。这是与 P1 混合动力系统相比在设计上的一个主要区别，P1 混合动力系统的电机位于发动机与启动装置之间。

除传统的行驶模式外，还可以使用以下功能和工作模式：

（1）发动机启动 / 停止。

（2）再生制动。

（3）增压（为发动机提供电力支持）。

（4）纯电动行驶模式。

新型混合动力系统的重量得到了优化，与 E 级汽车（W212 车系）相比，新款奔驰 S 级汽车的重量减轻了 10 %。车辆后方的高压和 12 V 蓄电池的切换功能又进一步改善了桥荷分配，从而增大了车辆的牵引力。

（二）P1 混合动力系统

并联式混合动力：发动机和电机共同用于驱动轮。P1 混合动力系统，如图 3-1 所示，发动机和电机直接相连。

（三）P2 混合动力系统

P2 混合动力系统，如图 3-2 所示。发动机和电机通过分离离合器相连。可以进行纯电动行驶。

使用 P2 混合动力系统，电机安装在湿式离合器和变速器之间，优点是旋转的电机可与旋转的发动机分离。通过此系统可实现不同的功能和模式：

（1）无噪声启动。

（2）加速模式，即电机辅助动力模式。

（3）能量回收功能。

（4）纯发动机驱动。

（5）纯电动行驶模式。

（6）发动机驱动充电模式。

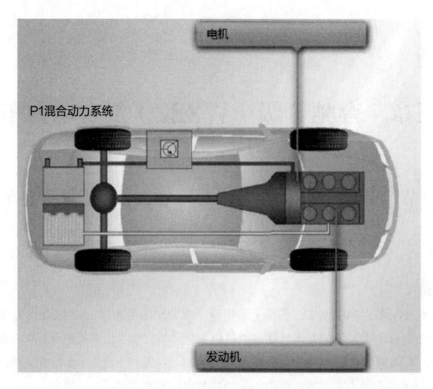

图 3-1

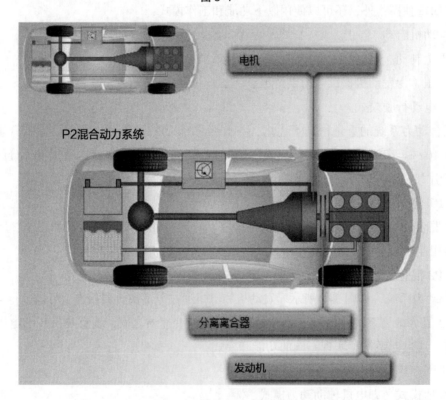

图 3-2

（7）发动机自动启动 / 停止（巡航模式）功能。

（8）减速模式。

（9）常时再生制动模式。

（10）智能混合动力。

（四）技术数据（如表3-1所示）

表3-1

混合动力／高压系统	
混合动力种类	并联式（P2）
高压蓄电池类型	锂离子
高压蓄电池容量	0.8 kWh
纯电动行驶模式下的距离	0.5 km
最大综合功率（发动机和纯电动行驶模式）	225+20 kW
符合NEDC的油耗	最低6.3 L/100 km
车辆	
驱动类型	后轮驱动
整备质量（DIN）	1995 kg
有效负荷（DIN）	700 kg
挂车负荷	不包括
行李箱	510 L（非混合动力530 L）
最高车速	250 km/h
0～100 km/h加速时间	6.8 s
发动机	
气缸数量，点火种类	6缸，火花塞点火
最大扭矩	370 N·m
变速器	
启动装置／离合器	湿式离合器
启动系统	12 V小齿轮

（五）高压定义

根据ECER100，以下电压定义为电压等级中的高压，如表3-2所示。

表3-2

直流电压	交流电压
＞60 V	＞30 V
≥1500 V	≥1000 V

奔驰S级HYBRID中高压车载电气系统的电压范围，如表3-3所示。

表 3-3

项目	电压值
最高电压	约 150 V（直流）
额定电压	约 120 V（直流）
最低电压	约 65 V（直流）

（六）车型

有 3 种混合动力车型：

（1）S400 HYBRID 搭载 M276 发动机，2013 年 7 月投入市场。

（2）S300 Blue TEC HYBRID 搭载 OM651 发动机，2014 年 3 月投入市场。

（3）插电式混合动力车型，可以纯电动行驶较长路程，安装有车载充电器，可为高压蓄电池充电，2014 年 9 月投入市场。

（七）元件位置（如图 3-3 和图 3-4 所示）

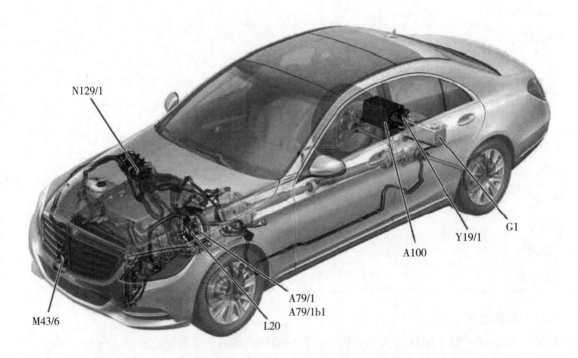

A100.高压蓄电池模块　G1.12 V蓄电池　Y19/1.高压蓄电池冷却系统关闭阀　N129/1.功率电子装置控制单元
A79/1.电机　A79/1b1.电机温度传感器　L20.电机转子位置传感器　M43/6.低温回路循环泵1

图 3-3

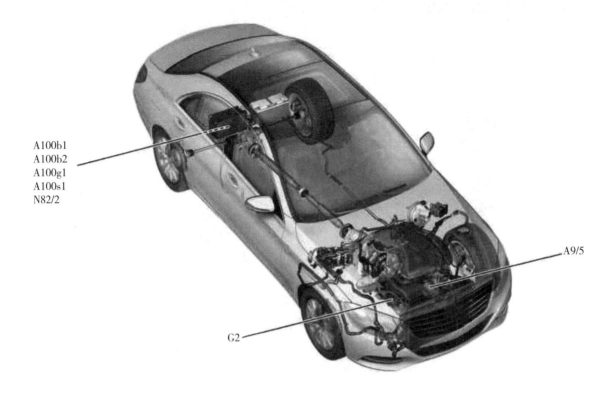

A100b1.高压蓄电池冷却液输入温度传感器　A100b2.高压蓄电池温度传感器　A100g1.高压蓄电池　A100s1.接触器　N82/2.蓄电池管理系统控制单元　A9/5.电动制冷剂压缩机　G2.发电机

图 3-4

（八）自动变速器（如图 3-5 所示）

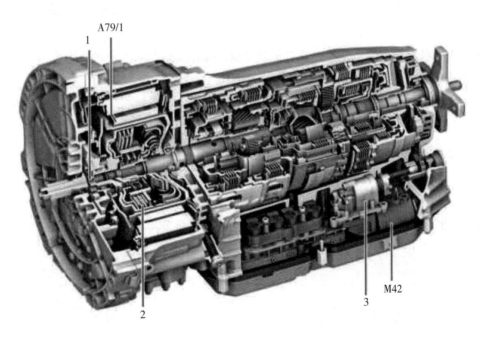

1.机油泵（初级泵）　2.湿式离合器　3.驻车止动爪　A79/1.电机　M42.电动辅助机油泵

图 3-5

（九）配件分布图（如图3-6所示）

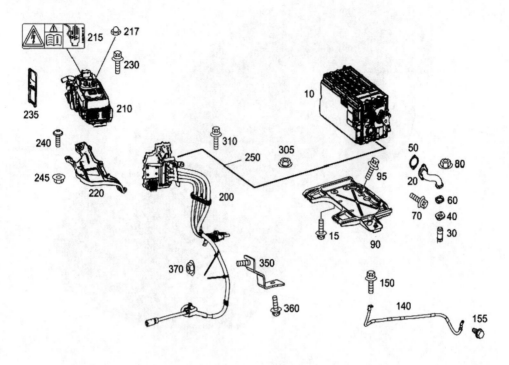

图3-6（图注省略）

二、子系统

（一）概述

（1）ME 控制单元是主控制单元：控制发动机。通过外部扭矩请求及其规定的优先级计算规定的轴扭矩。

（2）传动系统控制单元负责协调能量传输并执行操作策略的能源管理功能。

（3）功率电子装置控制单元监测和调节电机。

（4）直流/直流（DC/DC）转换器集成在功率电子装置中，在高压车载电气系统和 12 V 车载电气系统间进行能量传输。

（5）蓄电池管理系统控制单元监测高压蓄电池（A100g1）。

（6）ME 控制单元作为发动机 CAN、传动系统 CAN 和传动传感器 CAN 的网关。

（二）高压蓄电池模块

1.高压蓄电池模块的位置图，如图3-7所示。

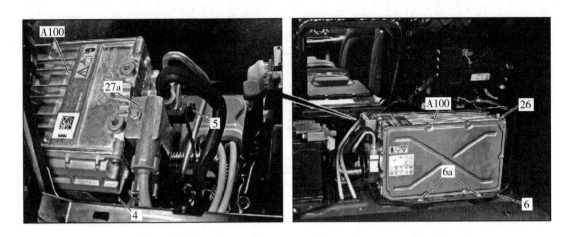

4.电气连接器　5.电气连接器　6.托架盘　6a.螺栓　26.等电位连接电线　27a.高压连接器　A100.高压蓄电池模块

图 3-7

2.高压蓄电池，如图 3-8 所示。

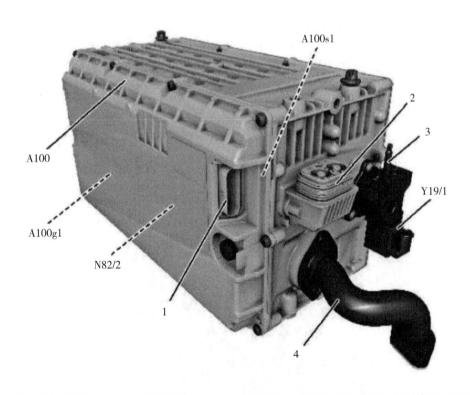

A100.高压蓄电池模块　A100g1.高压蓄电池　A100s1.接触器　N82/2.蓄电池管理系统控制单元　Y19/1.高压蓄电池冷却系统关闭阀　1.插头A　2.插头B　3.连接导线，制冷剂回路　4.通风管

图 3-8

3.插头 A，如图 3-9 所示。

4.插头 B，如图 3-10 所示。

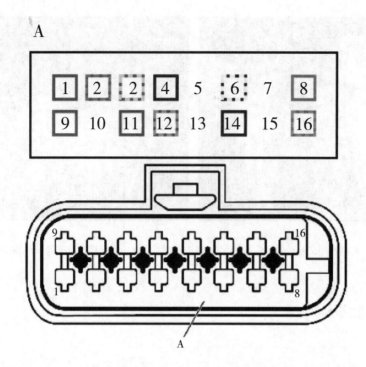

A

1.供电（端子30）　2.点火开关（接头15）　3.高压蓄电池冷却系统关闭阀（＋）　4.碰撞信号的信号线　5.空　6.CAN L（混合动力CAN）导线高　7.空　8.互锁回路的输入信号　9.接头30C［部件A100s1（接触器）的供电］　10.空　11.接地（端子31）　12.高压蓄电池冷却系统关闭阀（－）　13.空　14.CAN L（混合动力CAN）导线低　15.空　16.互锁回路的输出信号　A.插头A

图 3-9

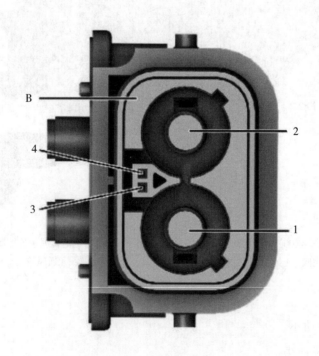

1.高压车载电网（＋）　2.高压车载电网（－）　3.互锁回路的输入信号　4.互锁回路的输出信号　B.插头B

图 3-10

5. 实际值。

（1）12V 车载电网 / 高压车载电网 / 高压蓄电池实际值，如表 3-4 所示。

表 3-4

12 V 车载电网 / 高压车载电网 / 高压蓄电池实际值					
	编号		名称	实际值	标准值
☐	355	ℹ	接头 30 电压	12.0 V	[11.0 .. 15.5] V
☐	646	ℹ	接头 30C 电压	12.0 V	[11.0 .. 15.5] V
☐	837	ℹ	信号线接头 15	关闭	—
☐	851	ℹ	控制器局域网（CAN）信号点火开关的状态	点火钥匙已拔出，点火开关已锁止	—
☐	718	ℹ	接触器状态	已打开	—
☐	123		N82/2（蓄电池管理系统控制单元）上的高压车载电网电压	120.0 V	[112.0 .. 143.5] V
☐	355		高压蓄电池的电压	120.0 V	[112.0 .. 143.5] V
☐	225		高压蓄电池的充电状态	85.0 %	[10.0 .. 100.0] %
☐	849	ℹ	高压蓄电池的电流	−1.00 A	[−200.00 .. 200.00] A

（2）蓄电池单元 1 ~ 11 的电压实际值，如表 3-5 所示。

表 3-5

蓄电池单元 1 ~ 11 的电压实际值					
	编号		名称	实际值（V）	标准值（V）
☐	814		蓄电池单元 – 最低电压	3.686	[3.200 .. 4.100]
☐	867		蓄电池单元 – 最高电压	3.705	[3.200 .. 4.100]
☐	477		蓄电池单元 – 平均电压	3.698	[3.200 .. 4.100]
☐	280		蓄电池单元 1 的电压	3.690	[3.200 .. 4.100]
☐	611		蓄电池单元 2 的电压	3.687	[3.200 .. 4.100]
☐	659		蓄电池单元 3 的电压	3.695	[3.200 .. 4.100]
☐	052		蓄电池单元 4 的电压	3.695	[3.200 .. 4.100]
☐	398		蓄电池单元 5 的电压	3.686	[3.200 .. 4.100]
☐	725		蓄电池单元 6 的电压	3.691	[3.200 .. 4.100]

	编号		名称	实际值（V）	标准值（V）
☐	621		蓄电池单元 7 的电压	3.702	[3.200 .. 4.100]
☐	382		蓄电池单元 8 的电压	3.698	[3.200 .. 4.100]
☐	268		蓄电池单元 9 的电压	3.702	[3.200 .. 4.100]
☐	054		蓄电池单元 10 的电压	3.702	[3.200 .. 4.100]
☐	619		蓄电池单元 11 的电压	3.700	[3.200 .. 4.100]

（3）冷却实际值，如表 3-6 所示。

表 3-6

冷却实际值					
	编号		名称	实际值	标准值
☐	508	ℹ	Y19/1（高压蓄电池冷却系统关闭阀）	已关闭	—
☐	957	ℹ	制冷剂温度	25.0 ℃	[−25.0 .. 65.0] ℃
☐	837	ℹ	A100（高压蓄电池模块）内部温度	25.0 ℃	[−25.0 .. 65.0] ℃
☐	274		温度传感器 1 温度	0.0 ℃	[−25.0 .. 65.0] ℃
☐	051		温度传感器 2 温度	0.0 ℃	[−25.0 .. 65.0] ℃
☐	350		温度传感器 3 温度	0.0 ℃	[−25.0 .. 65.0] ℃

（4）其他实际值，如表 3-7 所示。

表 3-7

其他实际值					
	编号		名称	实际值	标准值
☐	192	ℹ	剩下的接触器开关循环	195000	≥ 1000
☐	852	ℹ	N82/2（蓄电池管理系统控制单元）内高压元件的锁止状态	未上锁	未上锁
☐	638		N82/2（蓄电池管理系统控制单元）中原来存储的车辆识别号（FIN）	WDD2220041A111111	—
☐	160		N82/2（蓄电池管理系统控制单元）中当前存储的车辆识别号（FIN）	WDD2220041A111111	—

6. 接触器断开时的绝缘测量，如图 3-11 所示。

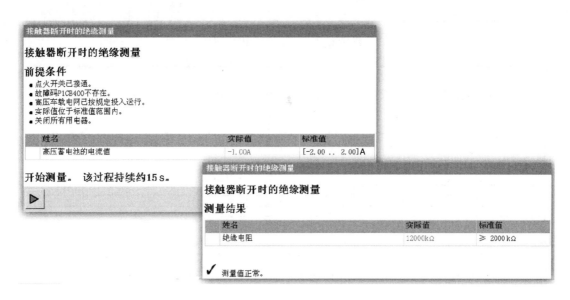

图 3-11

7. 蓄电池单元自放电测量值记录，如图 3-12 和图 3-13 所示。

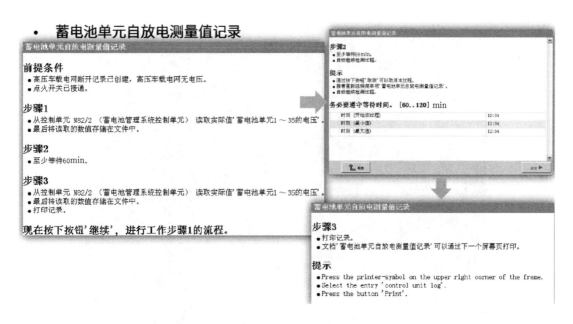

图 3-12

蓄电池单元自放电测量值记录			
所有数值都在有效范围之内。			

打印测量值报告，签名并添加到分析报告 高压蓄电池传输能力诊断表 中以及根据分析报告采取措施。

时刻 测量编号1		2014-06-20T10:04	
时刻 测量编号2		2014-06-20T12:00	
确定的时间		116min	
标准值 电压差		＜ 97mV	
部件'A100 （高压蓄电池模块）' 的序列号		7899011900A81201010002	

蓄电池单元	测量编号1	测量编号2	结果
1	3.690V	3.690V	正常
2	3.687V	3.687V	正常
3	3.695V	3.695V	正常

日期	签字

图 3-13

（三）集成式 DC/DC 转换器的功率电子装置控制单元

1. 安装位置，如图 3-14 所示；功率电子装置控制单元，如图 3-15 所示。

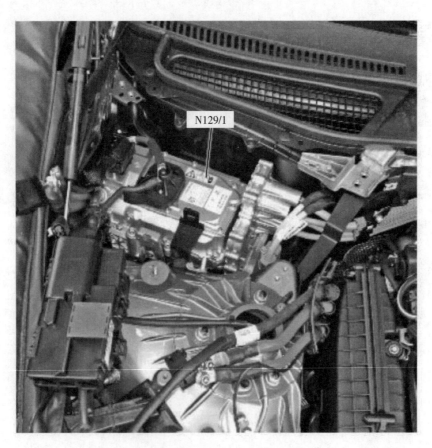

N129/1.功率电子装置控制单元

图 3-14

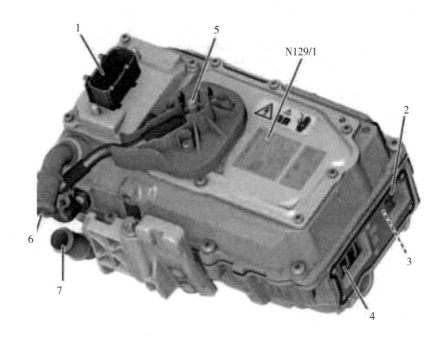

1.控制单元连接器　2.互锁接触开关　3.高压连接［高压蓄电池（A100g1）］　4.UVW高压连接［电机（A79/1）］　5.12V螺纹连接（电路30）　6.冷却液入口　7.冷却液出口　N129/1.功率电子装置控制单元

图 3−15

2. 插头布置，如图 3−16 所示。

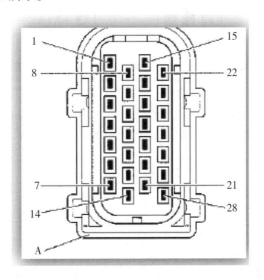

1.空　2.空　3.部件L20激励电流　4.部件L20的传感器信号　5.部件L20的传感器信号　6.端子30上的供电　7.接地（端子31）　8.混合动力CAN高　9.混合动力CAN低　10.A79/1b1激励电流　11.部件L20信号　12.部件L20的传感器信号　13.部件A79/1转速信号　14.继电器M13/8促动　15.部件A79/1b1的激活　16.部件M13/9的激活　17.部件A79/1b1的激活　18.发动机紧急启动（端子A79/1b1）　19.端子30C的供电　20.端子15的供电　21.互锁回路的输出信号　22.部件L20的屏蔽　23.部件B10/13接地端　24.部件L20接地端　25.部件L20供电电压　26.部件L20正弦信号电压　27.部件L20余弦信号电压　28.互锁回路的输入信号　A.插头A

图 3−16

3.高压接口插头布置，如图3-17所示。

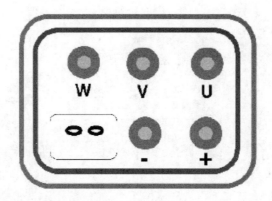

+.部件A100（高压蓄电池模块）的正极导线　−.部件A100（高压蓄电池模块）的负
极导线　U.相位U　V.相位V　W.相位W

图 3-17

4.高压电源分配器，如图3-18所示。

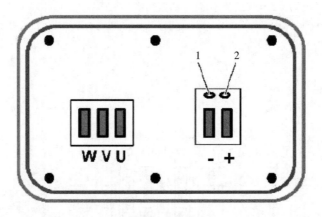

1.互锁回路的输入信号　2.互锁回路的输出信号　+.部件A100（高压蓄电池模块）的
正极导线　−.部件A100（高压蓄电池模块）的负极导线　U.相位U　V.相位V　W.相
位W

图 3-18

5.实际值。

（1）一般实际值，如表3-8所示。

表 3-8

一般实际值				
	编号		名称	实际值
☐	868	ⓘ	点火开关的状态	点火钥匙已拔出，点火开关已锁止
☐	404		车辆行驶里程	0.00 km
☐	342		当前车速	1.50 km/h

172

（2）N129/1（功率电子装置控制单元）的供电实际值，如表 3-9 所示。

表 3-9

	编号		名称	实际值
N129/1（功率电子装置控制单元）的供电实际值				
☐	420	ℹ	端子 30 的供电	关闭
☐	168	ℹ	端子 30C 的供电	关闭
☐	502	ℹ	端子 87 的供电	关闭

（3）运行状态实际值，如表 3-10 所示。

表 3-10

	编号		名称	实际值
运行状态实际值				
☐	798	ℹ	直流 / 直流转换器状态	未激活
☐	283	ℹ	N129/1（功率电子装置控制单元）的当前运行状态	待机运行
☐	646	ℹ	N129/1（功率电子装置控制单元）高压元件的锁止状态	未上锁

（4）DC/DC 转换器和功率电子装置控制单元，如表 3-11 所示。

表 3-11

DC/DC 转换器	
增压模式	能量从 12 V 车载电网传输到高压车载电网
BUCK 模式	能量从高压车载电网传输到 12 V 车载电网
被动	控制单元就绪；目前未出现能量流
已停用	控制单元未就绪
紧急运行	CAN 总线失灵或信号不可信或故障码已保存
功率电子装置控制单元	
运行就绪	车辆已做好行驶准备
系统故障	混合动力系统存在功能故障；故障码已保存
等待高压接通	混合动力系统尚未处于运行就绪状态
怠速	当发动机静止且点火开关接通时显示该运行状态 发动机启动后，切换至运行就绪状态
紧急运行	CAN 总线失灵或信号不可信；故障码已保存
待机	车辆已做好行驶准备

已锁止：不能通过功率电子装置控制单元从高压车载电网接通到高压中间电路上，在此状态下，无法从 12V 车载电网向高压中间电路进行额外的能源供应（增压模式）。

未上锁：符合规定并且做好行驶准备。

（5）车载电网电压实际值，如表 3-12 所示。

表 3-12

车载电网电压实际值					
	编号		名称	实际值（V）	标准值（V）
☐	138	ℹ	直流／直流转换器上的高压车载电网电压	120.00	[60.00 .. 150.00]
☐	999	ℹ	N129/1（功率电子装置控制单元）上的高压车载电网电压	120.00	[60.00 .. 150.00
☐	267	ℹ	直流／直流转换器上的 12 V 车载电网电压	14.99	[8.50 .. 16.50]
☐	745	ℹ	N129/1（功率电子装置控制单元）上的 12 V 车载电网电压	0.00	[8.50 .. 16.50]

（6）车载电网电流实际值，如表 3-13 所示。

表 3-13

车载电网电流实际值					
	编号		名称	实际值（A）	标准值（A）
☐	152	ℹ	12 V 车载电网的当前电流	15.00	≤ 240.00
☐	483	ℹ	高压车载电网的当前电流	15.00	≤ 30.00

（7）L20（集成式启动发电机转子位置传感器）实际值，如表 3-14 所示。

表 3-14

L20（集成式启动发电机转子位置传感器）实际值					
	编号		名称	实际值	标准值
☐	944	ℹ	L20（集成式启动发电机转子位置传感器）的供电	0.00 V	[4.80 .. 5.20] V
☐	718	ℹ	L20（集成式启动发电机转子位置传感器）的校正值	−60.00° EI	—

（8）驾驶认可实际值，如表 3-15 所示。

表 3-15

驾驶认可实际值					
	编号		名称	实际值	标准值
☐	305	ℹ	N129/1（功率电子装置控制单元）已激活	否	是
☐	386	ℹ	控制单元 "HSG???" 的启动认可已发出	否	是

（四）FBS4

1. 驾驶认证相关元件。

（1）EIS 控制单元。

（2）ME 控制单元。

（3）VGS 控制单元。

（4）功率电子装置控制单元。

2. 网络结构示意图，如图 3-19 所示。

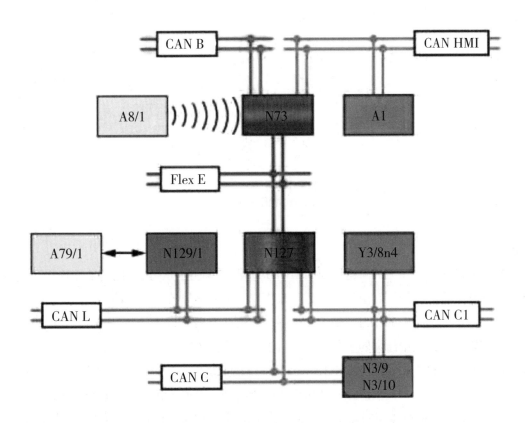

N73.电子点火开关控制单元　A1.仪表　N127.传动系统控制单元　N129/1.功率电子装置控制单元　Y3/8n4.
集成式变速器控制单元　N3/10.ME-SFI控制单元

图 3-19（部分图注省略）

（五）再生制动系统（如图 3-20 所示）

1. 概述。

驾驶员的制动命令由踏板角度传感器和集成在牵引系统液压单元中的前轴制动压力传感器检
测，并传送至电控车辆稳定行驶系统（ESP）控制单元（N30/4）。

ESP 控制单元将当前可用的再生制动扭矩、请求的再生制动扭矩和执行的再生制动扭矩通过底
盘 Flex Ray（Flex E），传送至 ME-SFI 控制单元和功率电子装置控制单元（N129/1）。

再生制动扭矩的可利用或可施加程度主要取决于行驶稳定性、电机（A79/1）的性能、功率电
子装置和高压蓄电池电量的限制。

再生制动扭矩仅通过后轴施加，前轴处的制动扭矩继续以液压方式施加。若驾驶员的制动命令

大于能够产生的全部再生制动扭矩且踏板行程和前轴制动回路（初级制动回路）中的压力因此增大，则液压制动扭矩也被施加至前轴。

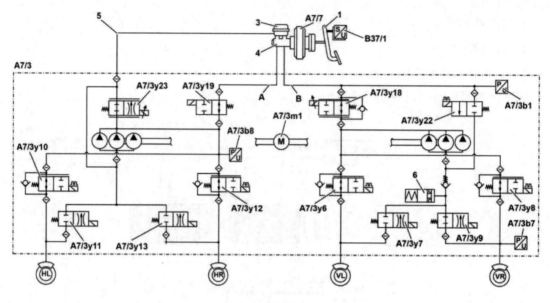

图 3-20（图注省略）

2. 再生制动模式。

对于再生制动系统，在无故障运行期间，制动总泵与后轴制动回路之间的液压连接通过后轴转换阀被阻断。在一次完整的短自由行程之后，操作制动踏板会导致位于制动总泵中的初级活塞被推动。因此，前轴制动回路中的压力不断增大，制动片由此作用于制动盘，而不会产生明显的液压制动力。随着前轴制动回路中压力的不断增大，后轴制动回路（次级回路）被阻断的压力室中产生的背压导致产生相应的制动踏板感觉。电控车辆稳定行驶系统（ESP）控制单元根据行驶条件将驾驶员请求的全部制动扭矩分为再生部分制动扭矩（由传动系统施加）和液压部分制动扭矩（通过行车制动器施加）。若请求的后轴总制动扭矩可完全再生，则无须再额外分出液压部分。在这种情况下，减速度完全由交流发电机输出功率产生。

3. 再生制动和液压制动模式。

若驾驶员的制动扭矩需求增加并导致踏板行程和前轴制动回路（初级制动回路）中的压力增大，则液压制动扭矩也被施加至前轴。此外，若行驶稳定性提高，则后轴处的再生制动扭矩被撤销，必要时会通过后轴制动回路产生液压制动扭矩。为此，牵引系统液压单元中的高压和回流泵被促动，从而产生后轴制动回路中所需的液压。从原则上讲，应用再生制动系统时制动踏板的操控感与采用传统制动系统时制动踏板的操控感会有所不同。

4. 液压制动模式。

若因电机或功率电子装置过载或因高压蓄电池电量过高而无法产生再生制动扭矩，则仅产生液压制动扭矩。在前轴处，通过传统方式，即通过制动总泵中的压力增大实现。在后轴处，液压在无故障运行期间通过牵引系统液压单元中的高压和回流泵产生。

5. 紧急制动模式。

紧急制动模式针对液压安全回路。在前轴处，与无故障运行时相同，制动压力继续由制动总泵以液压方式产生。若发生故障，则后轴转换阀（A7/3y19）不被促动，后轴制动回路（次级回路）因此与制动总泵保持液压连接。与传统制动系统相同，驾驶员利用踏板力产生后轴处所需的制动压力。与传统制动系统相同，驾驶员的踏板力由制动辅助系统（BAS）制动助力器（A7/7）提供支持。前轴和后轴的制动压力分配通过牵引系统液压单元（A7/3）中的制动压力分配实现。

6. 再生制动功能要求。

（1）混合动力驱动系统：READY。

（2）换挡杆位置：D。

（3）车速高于 0 km/h。

7. 再生制动中（如图 3-21 所示），只有部分制动或轻微制动时，全部制动扭矩才由电机产生。以下情况再生制动不可用：

（1）施加制动期间，记录的车速低于 10 km/h。

（2）混合动力驱动系统发生故障。

（3）未正确提供所请求的再生制动扭矩。

（4）车速低于 3 km/h。

（5）紧急停止（ABS、ESP 或 BAS 进行控制）。

（6）高压蓄电池电量过高。

（7）电机或功率电子装置过载。

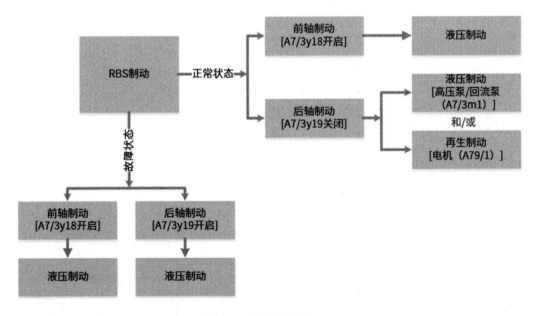

图 3-21（图注省略）

8. 真空供给。

制动辅助系统（BAS）制动助力器的真空供给由真空泵提供，如图 3-22 所示。电控车辆稳定行驶系统（ESP）控制单元对来自制动真空传感器的信号进行评估，该传感器测量制动辅助系统（BAS）

制动助力器真空室中的真空。若制动辅助系统（BAS）制动助力器中的真空过低，则电控车辆稳定行驶系统（ESP）控制单元通过制动真空泵继电器（K40/8kI）和真空泵继电器（K40/8kQ）促动真空泵，如图 3-23 所示。

1.电气插接口　2.真空接口　M56.真空泵
图 3-22

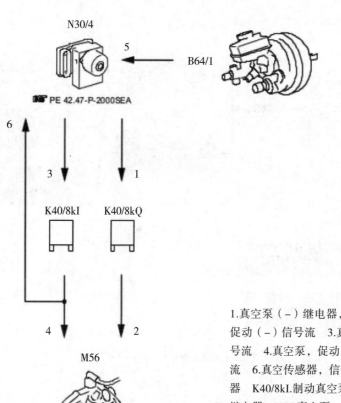

1.真空泵（-）继电器，请求信号流　2.真空泵，促动（-）信号流　3.真空泵继电器，促动请求信号流　4.真空泵，促动　5.真空泵，促动反馈信号流　6.真空传感器，信号流　B64/1.制动真空传感器　K40/8kI.制动真空泵继电器　K40/8kQ.真空泵继电器　M56.真空泵　N30/4.电控车辆稳定行驶系统控制单元

图 3-23

9. 真空供给概述（如图 3-24 所示）。

制动真空泵继电器（K40/8kI）控制真空泵正极，采用固态继电器设计，用于实现更短的响应时间和更高的开关频率，与真空泵继电器（K40/8kQ）的区别是，制动真空泵继电器不再使用机械零件。真空泵继电器（K40/8kQ）控制真空泵负极。通过唤醒功能启用 ESP 控制且点火开关打开，真空泵继电器（K40/8kQ）启用，只有 BAS 制动助力器中的真空过低时，ESP 控制单元才会启用制动真空泵继电器（K40/8kI）。ESP 控制单元利用制动真空泵继电器（K40/8kI）输出单元处的一条反馈线路监测制动真空泵继电器的功能。

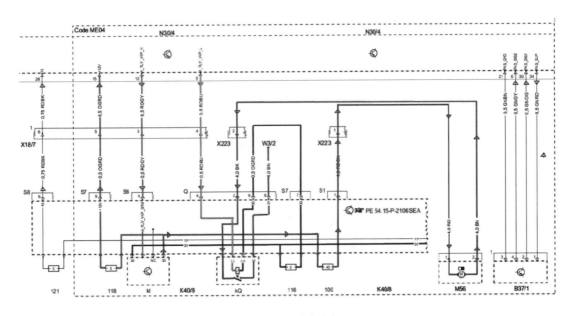

图 3-24（图注省略）

10. 原理框图如图 3-25 所示。

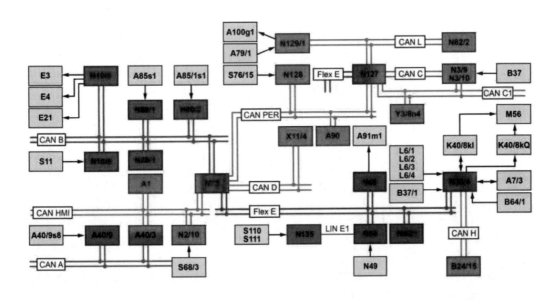

图 3-25（图注省略）

（六）高压车载电气系统冷却

1. 概述。

高压蓄电池（A100g1）的工作温度必须处于规定范围内，以确保高压蓄电池的充电能力、充电循环的次数以及期望使用寿命达到最佳。功率电子装置控制单元（N129/1）和集成式直流/直流转换器模块共用与发动机冷却回路分开的低温回路，这可防止功率电子装置控制单元因过热而损坏。

2. 高压蓄电池冷却如图 3-26 所示。

为控制高压蓄电池的冷却，传动系统控制单元（N127）读取以下信号：

（1）蓄电池管理系统控制单元（N82/2）。

（2）高压蓄电池温度。

（3）蓄电池管理系统状态。

蓄电池管理系统控制单元评估来自高压蓄电池冷却液输入温度传感器（A100b1）和高压蓄电池温度传感器（A100b2）的数据，以检测当前的高压蓄电池温度，如有必要，则通过传动系统控制单元传送冷却输出信号。为此，传动系统控制单元发出启用信号，通过 CAN 请求智能气候控制单元（N22/1）促动电动制冷剂压缩机（A9/5）。高压蓄电池冷却系统关闭阀（Y19/1）由蓄电池管理系统控制单元打开，制冷剂流过集成在高压蓄电池模块（A100）中的蒸发器。

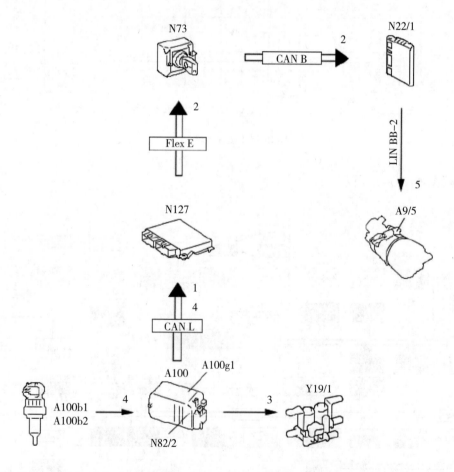

1.蓄电池管理，状态 2.电动制冷剂压缩机，请求 3.高压蓄电池冷却系统关闭阀，促动 4.高压蓄电池温度，信号 5.电动制冷剂压缩机，信号

图 3-26（部分图注省略）

冷却输出主要取决于电动制冷剂压缩机的促动水平。在空挡以及发动机自动停止期间，输出功率被限制为最大约 2 kW。若高压蓄电池的电量过低，则输出功率被调节降至 0kW。

　　3. 电动制冷剂压缩机。

　　电动制冷剂压缩机结构如图 3-27 所示，电路图如图 3-28 所示。

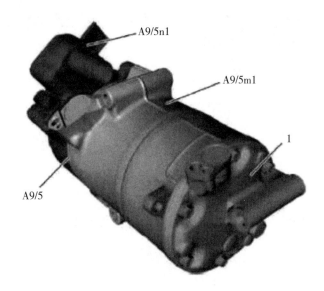

A9/5.电动制冷剂压缩机　A9/5m1.电动制冷剂压缩机电机　A9/5n1.电动制冷剂压缩机控制单元　1.螺旋压缩机

图 3-27

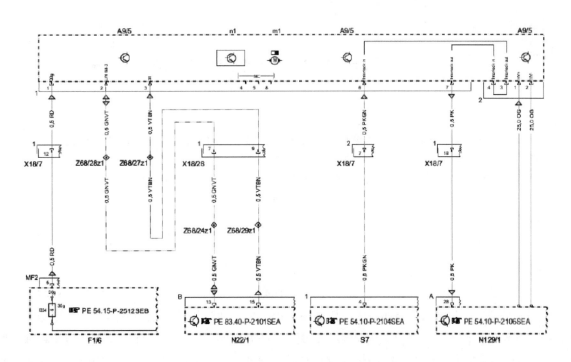

图 3-28（图注省略）

181

4. W222 车系（W222.157 除外），未装配后排空调（代码 582），如图 3-29 所示。

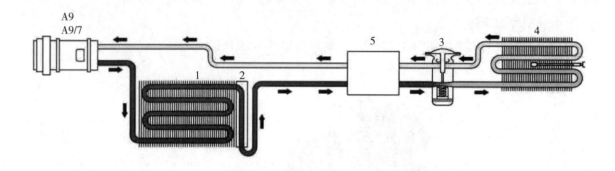

1.冷凝器　2.储存器（干燥器）　3.膨胀阀　4.蒸发器　5.内部热交换器　A9.制冷剂压缩机　A9/7.带电磁离合器的制冷剂压缩机

图 3-29

5. W222 车系（W222.157 除外），装配后排空调（代码 582），如图 3-30 所示。

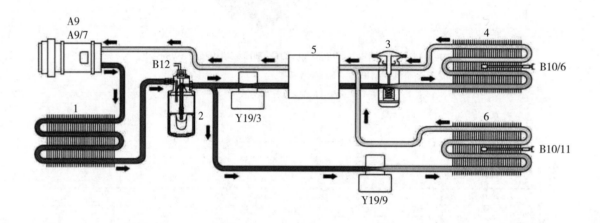

1.冷凝器　2.储存器（干燥器）　3.膨胀阀　4.蒸发器　5.内部热交换器　6.后排空调蒸发器　A9.制冷剂压缩机　A9/7.带电磁离合器的制冷剂压缩机　B10/6.蒸发器温度传感器　B10/11.后排空调蒸发器温度传感器　B12.制冷剂压力传感器　Y19/3.前排空调蒸发器切断阀　Y19/9.后排空调蒸发器切断阀

图 3-30

6. 车型 W222.157，如图 3-31 所示。

7. 功率电子装置控制单元冷却。

功率电子装置控制单元评估冷却回路的温度，如有必要，请求传动系统控制单元（N127）促动低温回路循环泵 1，低温回路循环泵 1 由传动系统控制单元通过传动系统局域网促动，冷却液流入低温冷却器，由气流冷却并流回低温回路循环泵 1。低温回路循环泵 1 通过发动机保险丝和继电器模块（K40/8）与混合动力继电器（K40/8kJ）在正极侧供电。低温回路循环泵 1 抽取冷却液并将其泵入功率电子装置控制单元冷却回路，以通过传动系统局域网进行相应的促动。冷却液流经功率电子装置控制单元，热量被输送至冷却液中。为了避免热的发动机冷却液进入功率电子装置控制单元

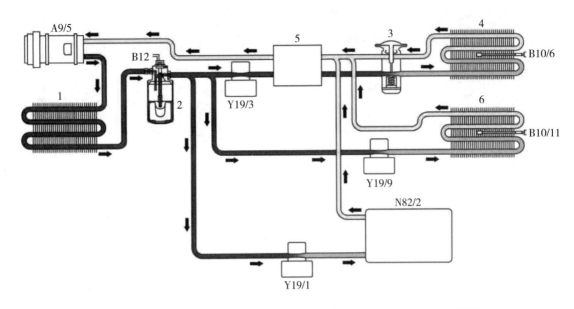

1.冷凝器　2.储存器（干燥器）　3.膨胀阀　4.蒸发器　5.内部热交换器　6.后排空调蒸发器A9/5.电动制冷剂压缩机　B10/6.蒸发器温度传感器　B10/11.后排空调蒸发器温度传感器　B12.制冷剂压力传感器　N82/2.蓄电池管理系统控制单元　Y19/1.高压蓄电池冷却系统关闭阀　Y19/3.前排空调蒸发器切断阀　Y19/9.后排空调蒸发器切断阀

图 3-31

冷却回路，一个双金属阀在发动机冷却液温度约为 60 ℃时开始关闭到共用膨胀容器的加注软管。

8. 功率电子装置控制单元冷却回路如图 3-32 所示，电路图如图 3-33 所示。

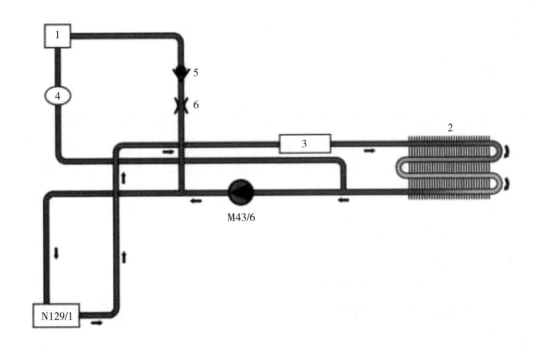

1.膨胀容器　2.低温散热器　3.变速器油热交换器　4.双金属阀（高于60℃关闭）　5.止回阀　6.节气门（2 mm）　M43/6.低温回路循环泵1　N129/1.功率电子装置控制单元

图 3-32

183

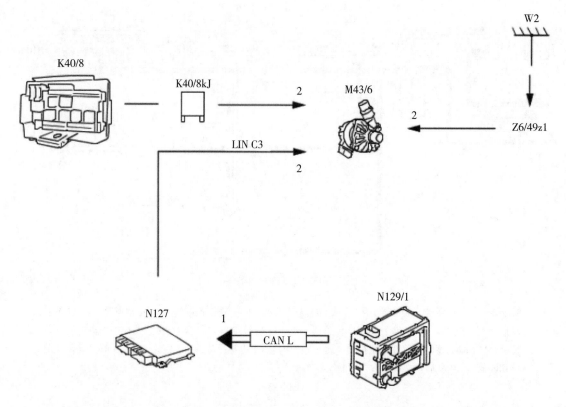

1.低温回路温度传感器，信号　2.低温回路循环泵1，促动　K40/8.发动机保险丝和继电器模块　K40/8kJ.混合动力继电器　LIN C3.传动系统局域网　M43/6.低温回路循环泵1　N127.传动系统控制单元　N129/1.功率电子装置控制单元　W2.右前部接地点（在照明灯单元上）　Z6/49z1.右前部接地点结点（在照明灯单元上）

图 3-33（部分图注省略）

（七）气候控制预调节

1. 概述。

奔驰 S400 HYBRID 首次使用气候控制预调节功能。该功能可以提高驾驶员的使用舒适性。若车内温度高于设定温度至少 4 ℃，则预制冷功能启用，冷却持续最长 120 s 或直至发动机启动。若车内温度低于设定温度至少 4 ℃，则预加热功能启用，加热持续最长 120 s 或直至发动机启动。进行气候控制预调节时使用无线电遥控或无钥匙启动通过释放中央锁止系统启动。

2. 功能要求。

（1）高压蓄电池电量超过最低限。

（2）电路 15C 关闭。

（3）气候控制预调节在 COMAND 中开启。

（4）高压蓄电池无高电压或低电压。

3. 预制冷。

（1）电动制冷剂压缩机和鼓风机电机。

（2）驾驶员座椅通风。

4. 预加热。

（1）驾驶员座椅加热。

（2）方向盘加热。

（3）扶手加热。

（4）后视镜加热（在露点温度低于车外温度2℃时开启）。

5. 改善空气品质（P21）。

（1）电离。

（2）香氛雾化。

两个措施在气候控制预调节功能启动时均会自动启用，而不可单独选择，即使既不需要预加热功能也不需要预制冷功能，也在解锁车辆时启用（时间持续60 s或直到发动机启动）。

6. 预调节功能图如图3-34所示。

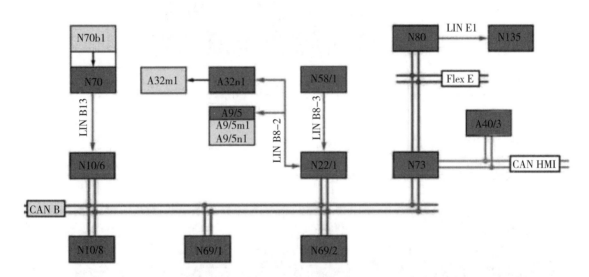

A9/5.电动制冷剂压缩机　A9/5m1.电动制冷剂压缩机电机　A9/5n1.电动制冷剂压缩机控制单元　A32m1.鼓风机电机　A32n1.鼓风机调节器　A40/3.驾驶室管理及数据系统（COMAND）控制单元　N10/6.前侧信号采集及促动控制模组（SAM）控制单元　N10/8.后侧信号采集及促动控制模组（SAM）控制单元　N22/1.智能气候控制单元　N32/1.驾驶员座椅控制单元　N58/1.前部智能气候控制系统操作单元　N69/1.左前车门控制单元　N70.车顶控制板控制单元　N70b1.带集成式风扇的车内温度传感器　N73.电子点火开关控制单元　N80.转向柱模块控制单元　N135.方向盘电子设备　CAN B.车内控制器局域网　CAN HMI.用户接口控制器局域网　Flex E.底盘Flex Ray　LIN B8-2.智能气候控制系统局域网2　LIN E1.转向系统局域网　LIN B13.车顶局域网

图3-34（部分图注省略）

（八）分开/连接蓄电池接地线

W222车系，代码ME04（柔和混合动力驱动），如图3-35所示。打开发动机罩，断开发动机罩接触开关可停用预进入气候控制预调节功能，从而确保电流不会流入12 V车载电气系统。

图 3-35

三、操作策略

（一）仪表显示概念（如图 3-36 和图 3-37 所示）

图 3-36

图 3-37

（二）COMAND 显示概念（如图 3-38 所示）

图 3-38

（三）启动混合动力驱动系统

1. 概述。

ME-SFI 控制单元的启用功能：通过功率电子装置控制单元（N129/1）促动高压中间电路预充电并请求蓄电池管理系统控制单元（N82/2）打开接触器（A100s1），评估其状态，使系统运行准备就绪。电路 15 接通时，ME-SFI 控制单元通过 CAN 向功率电子装置控制单元请求为冷凝器（高压中间电路）预充电。在预充电并进行相应反馈后，ME-SFI 控制单元通过 CAN 向蓄电池管理系统控制单元请求打开接触器。成功打开接触器后，蓄电池管理系统控制单元通过 CAN 设定接触器的状态。若状态信号无效或信息无效，则 ME-SFI 控制单元将接触器的状态设定为替代值。成功启用高压车载电气系统后，ME-SFI 控制单元将混合动力系统的状态设定为"准备就绪（READY）"并通过多功能显示屏（A1p13）显示。

2. 启用条件。

（1）电路 15 接通。

（2）该点火顺序内无碰撞信号。

（3）连接至所有高压部件的 CAN 启用且无故障。

（4）高压安全装置检查并解锁（无碰撞，无互锁错误，无绝缘电阻错误）。

（四）停用混合动力驱动系统

为停用混合动力驱动系统，ME-SFI 控制单元向蓄电池管理系统控制单元（N82/2）发出请求，以关闭接触器（A100s1）。ME-SFI 控制单元评估其状态，并通过功率电子装置控制单元（N129/1）控制高压中间电路的放电，并撤销系统就绪状态。为确保高压中间电路安全放电，功率电子装置控制单元在断开接触器后检查电压。若状态信号无效或信息无效，则 ME-SFI 控制单元将电压相应地设定为替代值。若经过最大放电时间电压仍未达到最小值，则 ME-SFI 控制单元存储一条故障码。成功关闭高压车载电气系统后，ME-SFI 控制单元撤销混合动力驱动系统的系统就绪状态。仪表关闭"准备就绪（READY）"显示。

（五）启动

（1）优先在车辆静止时通过电机（A79/1）启动（湿式离合器关闭）。

（2）在电力驱动模式下总是通过启动机（M1）启动（湿式离合器打开）。

（3）若高压蓄电池（A100g1）的电量不足，则在车辆静止的情况下，发动机也通过启动机启动（湿式离合器打开）。

（六）无噪声启动

电力驱动（发动机关闭，电机用作电动机），如图 3-39 和图 3-40 所示。转动点火钥匙至启动挡（位置 3），仪表中"READY"灯亮起且为绿色。在这种情况下发动机不启动，一旦挂上挡，汽车将采用纯电模式行驶。动力由电机传输至传动装置。高压蓄电池为电机提供电能。为此，功率电子装置控制单元将直流电（高压）转换为三相交流电。电机通过产生扭矩做出反应，后者作用到传动装置上。

如果"READY"指示灯呈黄色，电机将使发动机启动，汽车将由发动机驱动。

（七）加速模式

电机辅助动力模式（发动机运行，电机用作电动机），如图 3-41 所示。动力由发动机和电机传输至后轴，高压蓄电池为电机提供电能。为此，功率电子装置控制单元将直流电（高压）转换为三相交流电，电机通过产生扭矩做出反应，后者配合发动机的扭矩作用到传动装置上。辅助驱动最大功率为 20 kW，具体大小取决于高压蓄电池的电量情况。

图 3–39

图 3–40

图 3–41

189

（八）能量回收

再生制动（发动机运行，电机用作发电机），如图 3-42 所示。动力由后轴传输至电机。车辆动能由电机转换为电能（三相交流电压）。此电能由功率电子装置控制单元转换为直流电能（高压）并由其为高压蓄电池充电。车速低于 140 km/h 且使用再生制动模式时，都可以使用能量回收。

图 3-42

（九）纯发动机行驶模式（如图 3-43 所示）

动力由发动机传输至后轴。高压车载电气系统无动力流传输。

图 3-43

（十）纯电动行驶模式（如图3-44和图3-45所示）

动力由电机传输至传动装置，高压蓄电池为电机提供电能。车速低于35 km/h时可采用纯电动行驶模式。在E-DRIVE显示值达到最大时，启动发动机。采用纯电动行驶模式时最远可行驶500 m。

图3-44

图3-45

（十一）发动机驱动充电模式（如图3-46所示）

动力由发动机传输至后轴，发动机还将电机作为发电机进行驱动。产生的三相交流电由功率电子装置控制单元转换为直流电（高压）并将其存储在高压蓄电池中。

图 3-46

（十二）发动机自动启动 / 停止（巡航）模式

1. 发动机自动停止（巡航）模式。

若发动机自动停止对系统优化有益，并且请求的驱动扭矩可以完全以电动的方式产生，则进行启动。如果达到了所希望的行驶速度且驾驶员踩住了加速踏板，发动机将自动熄火，汽车将采用电动方式继续行驶，而且是采用使汽车保持车速所需能量行驶。发动机自动停止时，发动机由 ME-SFI 控制单元在未断开电路 15 的情况下关闭。ME-SFI 控制单元连续执行系统诊断，并评估发动机自动停止的功能要求。触发发动机停止之前，会检查电动辅助变速器油泵的状态，然后由集成式变速器控制单元立即促动或在触发发动机自动停止期间促动。混合动力车辆的发动机自动停止相当于电驱动模式驱动。若自动启动 / 停止间隔在一定时间内超出设定的次数，则发动机自动停止会抑制一段时间。

2. 发动机自动停止（巡航）模式功能要求。

（1）混合动力驱动"就绪"（绿色）。

（2）发动机运转。

（3）系统诊断完整且无故障。

（4）发动机罩关闭。

（5）在行驶循环中未发生碰撞事件。

（6）车速低于 160 km/h。

（7）变速器油温度高于 0℃。

（8）挡位范围合理。

（9）高压蓄电池电量足够高。

（10）驾驶员车门关闭。

（11）驾驶员座椅安全带锁扣已扣上。

（12）车内温度可以通过当前发动机冷却液温度进行调节。

（13）智能气候控制单元确定启用。

（14）自动变速器的供油有保障。

（15）12 V 车载电气系统正常，并且已发出解锁信号。

（16）制动助力器内有足够的真空。

（17）电控车辆稳定行驶系统（ESP）确定启用。

3. 发动机自动启动。

若车辆需要完全以电动方式无法传输的牵引力能量或系统状况要求启动发动机，则发动机自动启动。根据 ME-SFI 控制单元的总调节接口规范启动发动机：

（1）启动机（M1）（电驱动模式下）或电机（A79/1）（车辆静止时）或启动机和电机（电驱动模式下）。

（2）若车辆静止并且高压蓄电池（A100g1）的电量足够高，则可以仅通过电机启动发动机。若高压蓄电池的电量低于 30 %，则 ME-SFI 控制单元通过启动机启动发动机。

在湿式离合器断开时的电驱动模式下，发动机总是首先通过启动机启动，直至达到特定的转速。若达到此启动转速，则发动机通过湿式离合器接合进行传动进入怠速。ECO 启动 / 停止附加蓄电池（G1/13）在使用常规方法（启动机）启动发动机时起辅助作用。

4. 在以下情况下启动发动机：

（1）车速高于 160 km/h。

（2）变速器油温低于 0 ℃。

（3）制动助力器中的真空不足。

（4）ESP 撤销启用。

（5）12 V 能源管理已撤销其解锁。

（6）高压蓄电池的电量低于阈值。

（7）自动变速器的供油无法通过电动油泵得到保障。

（8）识别到驾驶员座椅未占用。

（9）车内温度无法通过发动机的当前冷却液温度进行调节。

5. 若车辆在电驱动模式下进入静止状态且驾驶员车门打开，则会提醒驾驶员继续保持驾驶就绪状态：

（1）在挡位 P 或 N 时，启动发动机，以示提醒。

（2）在挡位 D 或 R 时，仪表进行显示。

（3）发动机罩打开时，发动机自动停止 / 启动停用。

（十三）减速模式

1. 若在车辆滑行时未踩下制动踏板和加速踏板，则：

（1）动能由电机（A79/1）回收并转换为电能（减速再生）［在高压蓄电池（A100g1）电量较低的情况下］。

（2）此外，还可能进行发动机减速燃油切断。

2. 功能要求。

（1）混合动力系统"准备就绪（READY）"。

（2）加速踏板未踩下。

（3）未操作行车制动器。

（4）车辆滑行。

（5）挡位 D。

3.减速再生（再生扭矩）。

在 E 模式下且最高车速低于 160 km/h 时，湿式离合器断开，发动机关闭，动能由电机（A79/1）回收并转换为电能（减速再生），高压蓄电池电量较低（＜60％）。

4.发动机减速燃油切断（减速扭矩）。

车速高于 160 km/h 时，或在运动型（S）/手动型（M）模式下不能进行减速再生，启用发动机减速燃油切断。必要时，电机产生再生扭矩支持此减速扭矩。在启用减速燃油切断时，减速扭矩与再生扭矩结合起来会大于计算的规定增压扭矩，在此情况下，减速燃油切断不激活，发动机产生最小的促动扭矩。这种概念确保无论有没有减速燃油切断，对于驾驶员而言驱动力始终尽可能保持不变。

5.制动踏板促动时，发生再生制动（再生制动模式）。

6.稍微踩下加速踏板，若高压蓄电池电量足够高，电机支持驱动系统，以抵消正在降低的车速（加速模式）。

（十四）再生制动模式（如图 3-47 所示）

通过右侧方向盘换挡拨片激活此模式。激活该模式后，能量将降低，仅向当前能量使用装置提供能量。仪表将通过充电显示对此加以显示，也就是说绿色指示条将会下降。

图 3-47

（十五）智能混合功能（如图 3-48 和图 3-49 所示）

智能混合动力系统根据 COMAND Online 提供的导航数据对高压蓄电池的充电水平进行调节。COMAND Online 将提供道路前方 7 km 的信息，所提供的信息包括有关斜坡、速度范围或转弯可能性方面的数据，这样混合动力系统就可以知道何时把所存储的能量用于加速，并在下坡行驶时回收尽可能多的能量。

图 3-48

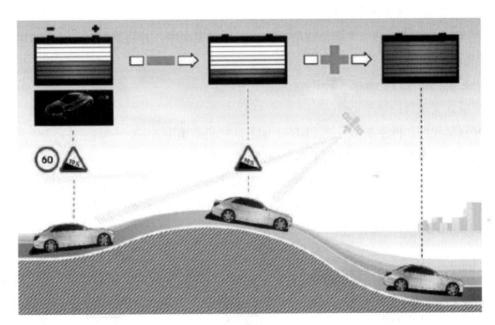

图 3-49

（十六）监测混合动力

1. 功能要点。

作为加速期间的部分驾驶措施，系统监测基于通过加速踏板位置确定的驾驶员动作，从而监测和限制车辆的驱动扭矩。整个监测概念集成在 ME 控制单元、功率电子装置控制单元以及高压蓄电池管理系统控制单元中。ME 控制单元的监测可以细分成 3 个等级。

（1）功能等级（等级 1）。

（2）初级监测等级（等级 2）。

（3）次级监测等级（等级 3）。

2. 功能等级（等级 1）。

混合动力驱动系统执行的所有功能均处于功能等级，其他等级则用于监测系统，并因此实现功能可靠性和车辆的合理运行（如 ME 控制单元执行的扭矩调节、能源管理、传感器和促动器促动）。

3. 初级监测等级（等级 2）。

初级监测等级（等级 2）：对驾驶员请求扭矩（加速踏板位置）和总驱动扭矩（发动机和电机的所有扭矩之和）进行标称 – 实际值比较。处于等级 2 时，ME 控制单元检查产生的总驱动扭矩是否大于驾驶员通过加速踏板传感器请求的扭矩。若发生这种情况，则 ME 控制单元将认为出现了一个故障，并且系统将转入发动机应急运行状态（转速限制 1500 r/min）。处于等级 2 时，功率电子装置控制单元检查 ME 控制单元通过 CAN 请求的驱动扭矩是否始终大于根据电流和转子位置计算得到的电机配合发动机产生的扭矩。若出现这种情况，则功率电子装置控制单元会将电机切换为被动模式。

4. 次级监测等级（等级 3）。

次级监测等级（等级 3）建立在内置的硬件监测的基础上。该等级由一个控制监测器执行，该监测器检查 ME 控制单元中初级监测等级的基本功能（检查器）。

（十七）混合动力驱动扭矩调节

ME 控制单元收集扭矩请求（降低或增加），区分优先次序，并协调如何产生请求的扭矩。系统要求的优先次序如下：

（1）电控车辆稳定行驶系统（ESP）。

（2）集成式变速器控制单元。

（3）来自驾驶员和再生制动系统（RBS）的发动机负荷请求。

（4）限距控制系统增强版（适用于驾驶辅助组件 / 代码 P20）。

动态扭矩干预并不仅仅通过发动机的扭矩储备来实现。ME 控制单元最初通过电机对当前驱动扭矩进行干预，若电机的扭矩干预不够，则来自发动机的扭矩也会被减小或增大（扭矩储备）。

（十八）奔驰 S400 HYBRID（W222）结构网络图（图 3-50）

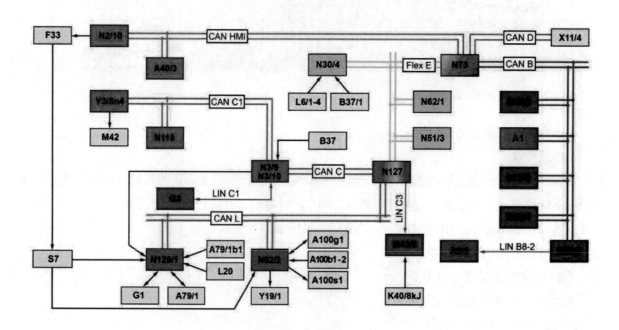

图 3-50（图注省略）

四、安全措施

（一）处理高压的5项安全规则

对基本的安全规则进行定义，以确保电气系统安全作业。常用的5项安全规则包括：

（1）断开高压系统的电源。

（2）防止再次开启。

（3）确定高压系统没有电压。

（4）接地和短路系统保护（无须对车辆进行）。

（5）对邻近的带电零件进行隔离（无须对车辆进行）。

汽车行业采用前3项安全规则。

（二）7个高压安全措施

1. 颜色编码和警告提示。

高压部件上的橙色高压管路和警告可以更好地提醒维修人员，如图3-51所示。

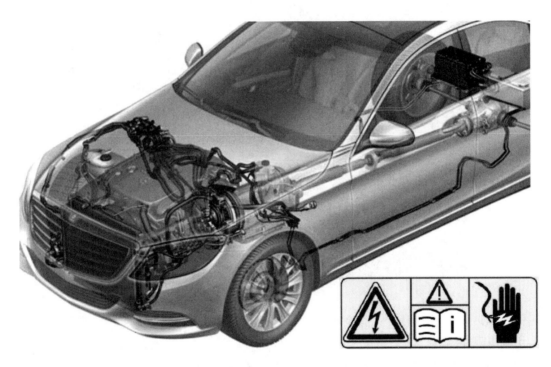

图 3-51

2. 带电零件的触点保护。

防止意外接触带电零件的措施（直接/间接），如图3-52所示。

3. 高压-低压（HV-LV）电流分离（电势分离）。

高电势通过车辆接地实现全极绝缘，如图3-53所示。

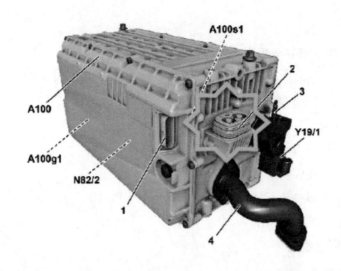

图 3-52（图注省略）

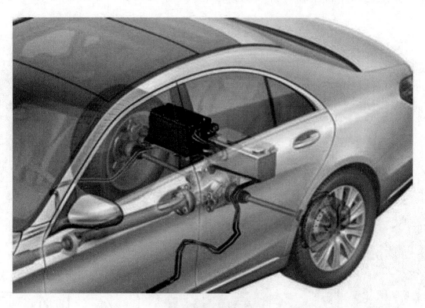

图 3-53

4. 绝缘电阻检测。

检测整个高压车载电气系统中的绝缘电阻，如表 3-16 所示。

表 3-16

绝缘电阻实际值					
	编号		名称	实际值	标准值
☐	718	ℹ	接触器状态	已打开	—
☐	311	ℹ	绝缘电阻	3000 kΩ	≥ 1000 kΩ
☐	654	ℹ	绝缘故障	无故障	无故障

198

5. 奔驰 S400 HYBRID（W222）高压互锁信号。

（1）高压互锁，如图 3-54 所示。

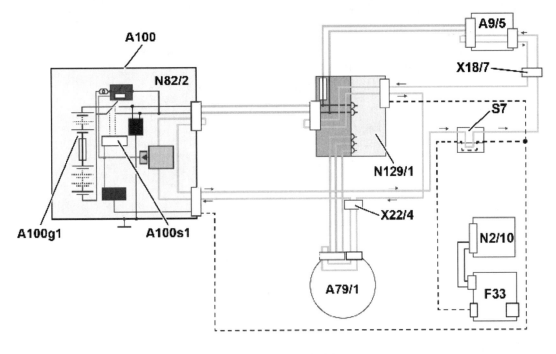

图 3-54（图注省略）

（2）互锁回路简图。

奔驰 S400 HYBRID 的内部代号为 222.157，代码 ME04，属于柔和混合动力。根据高压导线和互锁回路布置情况，可以绘制互锁回路简图，如图 3-55 所示。

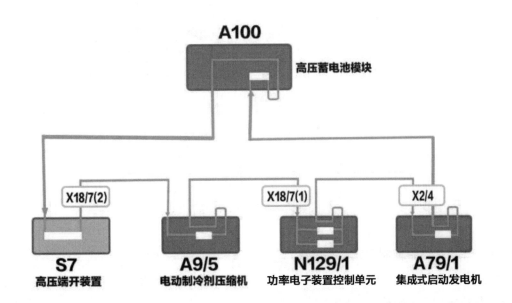

图 3-55（图注省略）

（3）高压蓄电池模块（A100）。

高压蓄电池模块（A100）测量，如图3-56所示。高压蓄电池输出互锁信号，经过互锁回路后，再次回到高压蓄电池，但信号波形出现反转。

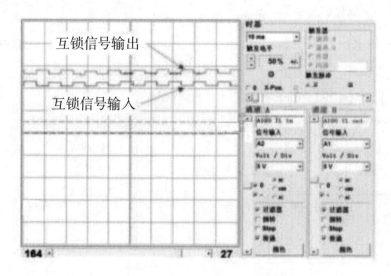

图3-56

（4）电动制冷剂压缩机（A9/5）。

电动制冷剂压缩机（A9/5）测量，如图3-57所示。波形正常，未反转。

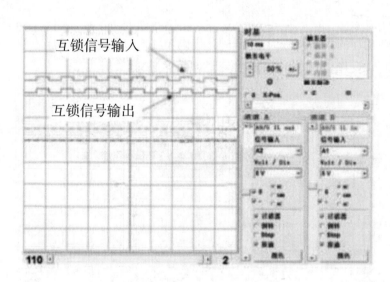

图3-57

（5）功率电子装置控制单元（N129/1）。

功率电子装置控制单元（N129/1）测量，如图3-58所示。互锁信号波形发生反转。

（6）集成式启动发电机（A79/1）。

集成式启动发电机（A79/1）测量，如图3-59所示。信号波形相同，未发生反转。

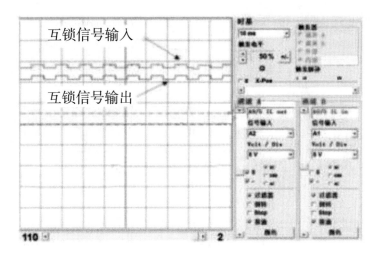

图 3-58

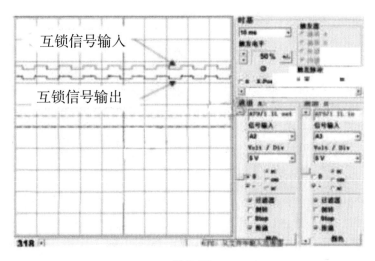

图 3-59

（7）S7 断开时。

①高压蓄电池模块（A100）测量，如图 3-60 所示。

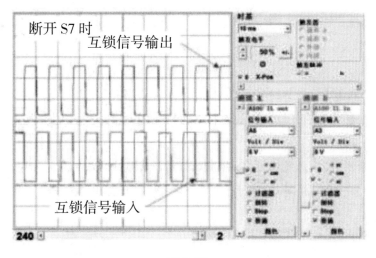

图 3-60

②高压断开装置（S7）两端测量，如图3-61所示。

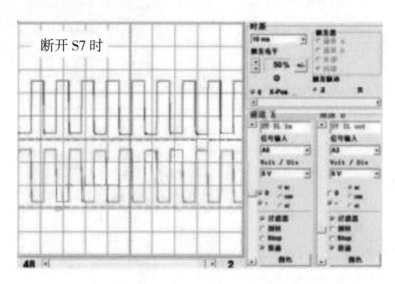

图 3-61

③电动制冷剂压缩机（A9/5）测量，如图3-62所示。

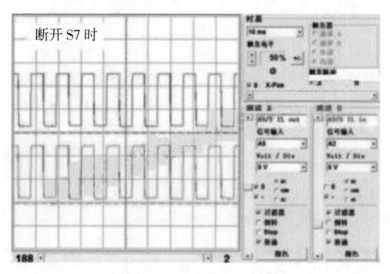

图 3-62

④功率电子装置控制单元（N129/1）测量，如图3-63所示。

⑤集成式启动发电机（A79/1）测量，如图3-64所示。

（8）S7和X22/4断开时。

①S7和X22/4断开时，高压蓄电池模块（A100）完全从互锁回路中断开。高压蓄电池模块（A100）
测量，如图3-65所示。信号相同，波形反转。

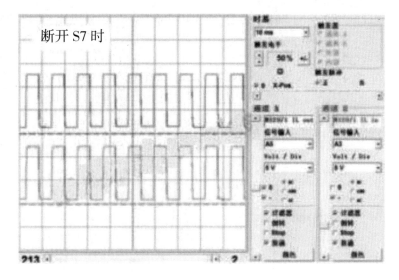

图 3-63

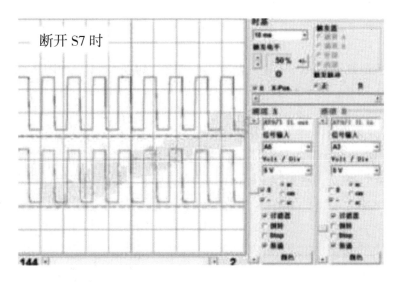

图 3-64

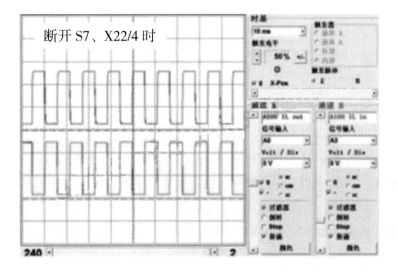

图 3-65

②功率电子装置控制单元（N129/1）测量，如图 3-66 所示。信号电压相同，为 6 V，直流。

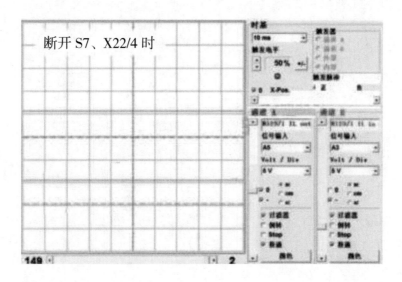

图 3-66

③集成式启动发电机（A79/1）和电动制冷剂压缩机（A9/5）测量，如图 3-67 所示。电压相同，为 0 V。

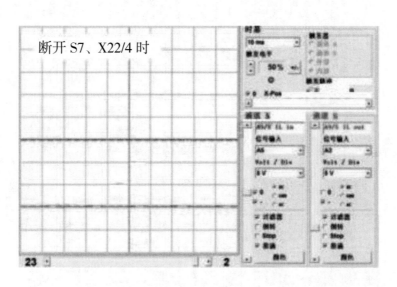

图 3-67

（9）结论。

互锁回路采用环形回路设计，高压蓄电池模块（A100）输出互锁信号，同时监测互锁信号的返回，一旦互锁回路被破坏，A100 可以立即监测到。如果互锁回路出现断路，A100 输入和输出的互锁信号为波形信号，并且波形相反。互锁回路其他元件只是传递 A100 发出的波形，因此在断路点的两边，波形会不一样，换句话说，如果在互锁回路的两个位置处测量到的信号波形不同，那么断路点就在这两个位置中间。

6.高压断开装置如图 3-68 所示。

按照 WIS 文档 AR54.10-P-1150LF 断开电源后，确保整个高压车载电气系统（互锁电路和电路 30C 断开）切断，防止"点火开关打开"后系统重新激活。还可以通过插入 / 连接高压激活锁（挂锁）防止高压车载电气系统激活。

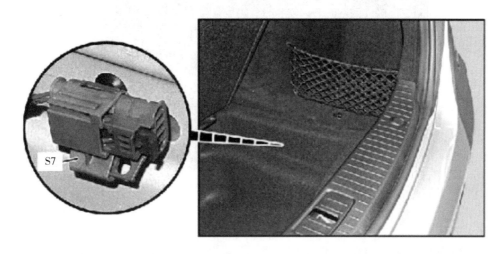

S7.高压断开装置

图 3-68

电源 30C 用于识别碰撞情况的信号线以及用作高压蓄电池的接触器的电源。

7.发生碰撞时切断高压车载电气系统。

检测到碰撞时，分离烟火隔离器（混合动力高温保险丝 F33/51、低压高温保险丝 F33/53），这通过辅助约束系统控制单元进行控制。中断所有电源和存储装置的动力，停止发电机的操作（电机和 DC/DC 转换器），对危险电压范围内的中间电路电容器进行放电。

发生事故后断开高压车载电气系统电压：

（1）发生事故时高压蓄电池的关闭及整个高压车载电气系统的放电分两个阶段进行。

（2）安全带紧急拉紧器触发时（阶段 1）。

（3）这种关闭方式可通过关闭或打开点火开关而撤销。

（4）安全带紧急拉紧器触发时（阶段 2）。

（5）这种关闭方式是无法撤销的。

（三）救援服务

救援服务中用于切断高压车载电气系统的分离点位于驾驶员左侧保险丝盒中。互锁电路和电路 30C 在该分离点处断开。救援卡是车辆的非固定零件，纸质救援卡由客户购买并存放在车辆中。此外，它并没有存放在车辆的标准位置，这样很容易丢失。因此从 2013 年 9 月起所有的奔驰车辆和智能车辆都在加油口和相对的 B 柱中配备 QR 码。对 QR 码进行解码，使用智能手机调用相关的救援卡。救援卡存储在服务器中，如图 3-69 所示。

图 3-69

五、车载电气系统

（一）奔驰 S400 HYBRID（W222）能量交换的实现

1. 在 12 V 车载电气系统的管理系统中实现。

（1）监测 12 V 蓄电池以及对高压车载电气系统的充电需求。

（2）监测充电电流是否流动。

（3）只能在行李箱盖关闭的情况下进行充电。

（4）每个静止阶段最多充电 5 次。

2. 在高压能量管理系统和热量管理系统中实现。

（1）高压蓄电池 SOC 的最小阈值为 15 %（低电压保护）。

（2）测试高压蓄电池的温度，防止电动制冷剂压缩机运转。

（3）防止进气风扇启动：在启动过程中，充电会中断。

（二）能源管理

1. 传动系统控制单元（N127）中的能源管理模块协调混合动力驱动系统的能量传输，并根据电气因素创建蓄电池管理系统控制单元（N82/2）、功率电子装置控制单元（N129/1）和电动制冷剂压缩机（A9/5）的接口。能源管理模块具有以下任务：

（1）传动系统控制单元通过带扭矩接口的 CAN 与 ME 控制单元通信，以协调能量获得和能量使用。

（2）计算和校准高压蓄电池（A100g1）SOC 值。

（3）在考虑高压蓄电池（A100g1）、发动机和电机（A79/1）的极限条件的同时，实施充电 / 放电策略。

（4）预测电容器和高压蓄电池的最大可用输出。

（5）控制高压车载电气系统与 12 V 车载电气系统之间的能量交换。

2. 计算高压蓄电池 SOC 值。

根据来自蓄电池管理系统控制单元和功率电子装置控制单元通过 CAN 传送的数据计算高压蓄电池的电量，即 SOC 值。这些数据包括：

（1）高压蓄电池电压。

（2）来自高压蓄电池和传送至高压蓄电池的电流。

（3）高压蓄电池温度。

（4）高压车载电气系统附加的用电设备的电流。

传动系统控制单元利用这些数据计算 SOC 值，然后以百分比（从 0 % 至 100 %）的形式将该值提供至集成在 CAN 的其他控制单元。SOC 值是仪表（A1）中电量指示的基础，也几乎是对所有依赖高压蓄电池电量的混合动力功能进行控制的基础。

3. 高压车载电气系统与 12 V 车载电气系统之间的能量交换。

传动系统控制单元中的能源管理模块不仅调控高压车载电气系统中的能量传输，而且还控制电压转换以及进出 12 V 车载电气系统的能量交换。为了确保始终提供电能，直流 / 直流转换器集成在功率电子装置控制单元中。其设计为一个能产生高低直流电压且该电压在高压和 12 V 车载电气系统之间转换的双向直流 / 直流变压器。根据直流 / 直流转换器的工作状况包括：

（1）给 12 V 车载电气系统充电［降压模式（Buck Mode）］。

（2）支持高压车载电气系统［增压效果模式（Boost Effect Mode）］。

4. 给 12 V 车载电气系统充电［降压模式（Buck Mode）］。

在降压模式下，12 V 车载电气系统通过功率电子装置控制单元从高压蓄电池供电。为此，存储在高压蓄电池中的能量由功率电子装置控制单元供至 12V 车载电气系统（最大约为 100 A）。若功率电子装置控制单元提供的能量无法满足现有能量要求，则发电机将开启，以提供支持。

5. 支持高压车载电气系统 [增压效果模式（Boost Effect Mode）]。

附加功能要求：

（1）连接了外部车载电源。

（2）在此点火顺序内发动机没有运转。

（3）电路 15 接通（大于 2 min）。

若在混合动力驱动系统启用时高压蓄电池的输出性能非常低（低于规定的 SOC 值，$P < 8$ kW），但车载电网蓄电池（G1）的充电量非常好，或者连接了外部电源，则从 12 V 车载电气系统高压侧转移的能量可以确保启动性能。若连接了外部充电器，以及在发动机罩打开的情况下，功率电子装置控制单元测量到 12 V 车载电气系统电压高于 13 V，则 12 V 车载电气系统最多负载 500 W。通过这种方式，能量通过车载电网蓄电池和功率电子装置控制单元转移至高压系统和高压蓄电池。

6. 车载电气系统网络结构如图 3-70 所示。

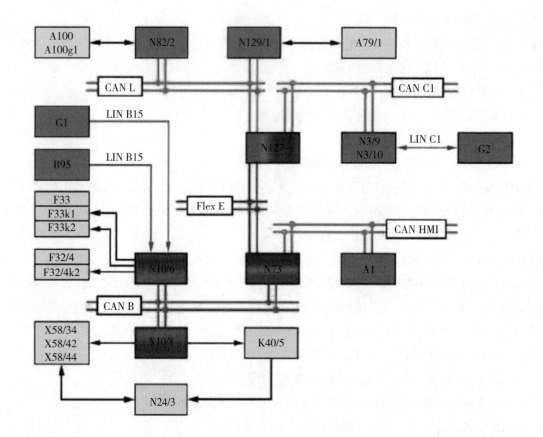

A1.仪表　A79/1.电机　A100.高压蓄电池模块　A100g1.高压蓄电池　B95.蓄电池传感器　F32/4.车内预熔保险丝盒　F32/4k2.静态电流断路继电器　F33.后部预熔保险丝盒　F33k1.退耦继电器　F33k2.ECO启动/停止功能附加蓄电池继电器　G1.车载电网蓄电池（适用于发动机157.279）　G2.发电机　K40/5.后部保险丝和继电器模块　N3/10.ME-SFI控制单元　N10/6.前侧SAM控制单元　N10/8.后侧SAM控制单元　N73.电子点火开关控制单元　N82/2.蓄电池管理系统控制单元　N127.传动系统控制单元　N129/1.功率电子装置控制单元

图 3-70（部分图注省略）

六、保养信息

（一）启动

对高压蓄电池充电：

（1）充电水平在 5％ ~ 10％ 之间时，使用诊断系统对高压蓄电池充电，为此，选择控制单元初级菜单"测试"选项卡中的"对高压蓄电池充电（Charge High-voltage Battery）"，如图 3-71 所示，执行整个步骤。

检测总列表

给高压蓄电池充电

图 3-71

（2）充电水平在 5％ ~ 10％ 之间时，如果完成了高压蓄电池模块的测试，启动发动机，关闭所有电气设备。使发动机怠速运转 15 min 或以 2000 r/min 的转速运转约 5 min，直到仪表中的充电指示灯至少指示 50％。

（3）如果中断了高压蓄电池模块的测试或充电水平低于5%，更换高压蓄电池模块。

（4）使用寿命较长时，至少每6周检查一次高压蓄电池或对其充电。

（二）执行高压车载电气系统禁用／试运行

1. 在控制单元中可进行启用工作流程。

（1）电机控制单元。

（2）集成式变速器控制单元。

（3）蓄电池管理系统控制单元。

2. 总过程（概览）。

（1）自动检测与参与该功能的控制单元之间的通信。

（2）读取故障存储器并自动分析结果。

（3）激活部件S7（高压断开装置）后读取并评估实际值。

（4）执行促动，以锁止部件N82/2（蓄电池管理系统控制单元）中的高压元件锁。

（5）激活部件S7（高压断开装置）。

（6）多功能显示屏中所显示的高压车载电网电压值的评估。

（7）执行促动，以锁止部件N129/1（功率电子装置控制单元）中的高压元件锁。

（8）创建高压车载电网停用报告前读取并分析实际值。

（9）打印高压车载电网断开记录，签名并放置在车辆中醒目的位置。

3. Xentry Diagnostics 如图3-72和3-73所示。

选择
高压车载电网断开记录
高压车载电网启用记录

图 3-72

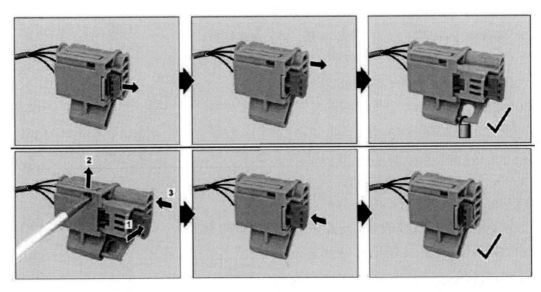

图 3-73（图注省略）

（三）手动断开高压系统的电源（技术支持）（如图 3-74 所示）

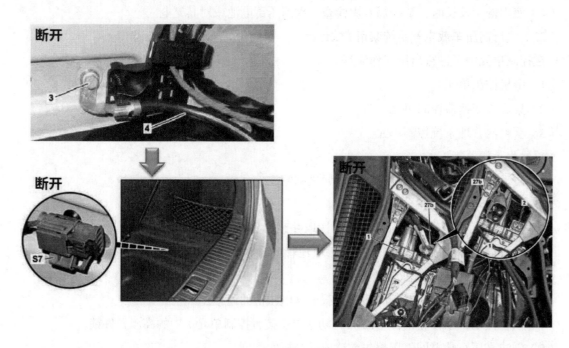

图 3-74（图注省略）

（四）高压蓄电池运输

1. 必须填写和随附以下文件。

（1）高压蓄电池可运输性分析表。

（2）诊断系统中的高压蓄电池控制单元日志。

（3）诊断系统中的蓄电池组自动放电测量日志。

2. 可以安全运输的高压蓄电池。

假设在交货时高压蓄电池要按原样安装，可以安全运输的高压蓄电池只能使用原包装运输。必须满足以下最低要求：

（1）必须防止高压蓄电池发生外部短路，如使用接线帽。

（2）高压蓄电池的所有开口必须牢固关闭，尤其是制冷剂接口。

（3）蓄电池外壳的外部不得接触危险的污染物。

（4）根据危险物品规定对包装做标记。

3. 不能安全运输的高压蓄电池。

可以使用以下标准判定高压蓄电池不能安全运输：

（1）使用 Star Diagnosis 进行测试。

①无法对高压蓄电池进行诊断。

②发生绝缘故障（明确分配到高压蓄电池，故障码的存储）。

③接触器闭合（电路 15 断开后，故障的存储）。

（2）目视检查。

①外壳破裂。

②外壳变形（按照变形规范）。

③外壳生锈。

④电解液泄漏。

⑤高压触点损坏。

对于不能安全运输的高压蓄电池，只能得到相关国家机构的许可后采用陆运或海运方式运输。

（五）不能安全运输的高压蓄电池存放和运输

1.存放。

拆卸后，高压蓄电池必须用专用容器（零件号：Q451BOX207680）存放在建筑以外的存放区域中。

2.运输。

必须在咨询负责的市场运作中心（MPC）之后才能进行运输。

（六）液压系统排气

1.更换液压单元或制动总泵时，必须使用 Xentry Diagnostics 为软管排气，如图 3-75 所示。

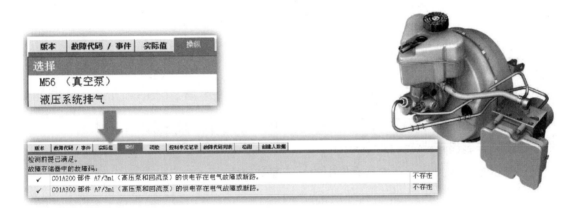

图 3-75

2.液压系统排气下一步流程，如图 3-76 和图 3-77 所示。

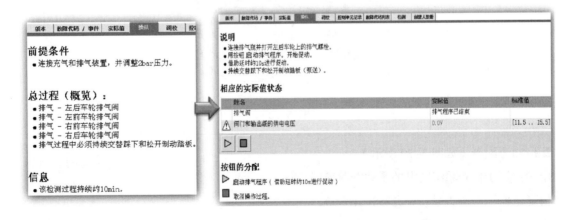

图 3-76

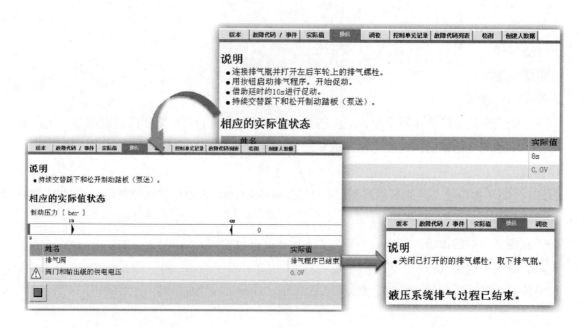

图 3-77

七、高压系统专用工具

1. 适配器组件（如图 3-78 所示）。

用途：用于冲洗后排空调系统蒸发器和高压蓄电池以及用于蒸发器的压力检测。

梅赛德斯 – 奔驰编号：W222589009100。

说明：与 W221589009100 适配器套件中的软管配套使用。

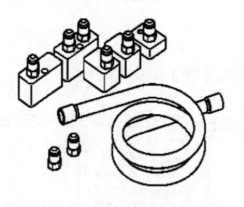

图 3-78

2. 检测适配器（如图 3-79 所示）。

用途：用于检查系统断电的手动电源禁用装备。

梅赛德斯 – 奔驰编号：W222589016300。

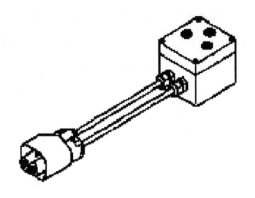

图 3-79

3. 适配器电缆（如图 3-80 所示）。

用途：用于进行确定可运输性的限制范围检查，通过 XENTRY 对可拆卸高压蓄电池进行诊断。

梅赛德斯 – 奔驰编号：W222589036300。

说明：与诊断模块 W000586009900（未记录在 WIS 文档中）和 XENTRY 配套使用。

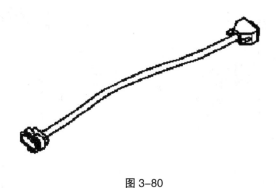

图 3-80

第二节　奔驰 S500 PLUG-IN HYBRID（W222）插电式混合动力车型

一、概述

（一）车辆概念

2014 年 9 月，编号为 W222 的新款插电式混合动力系统引入奔驰 S500 PLUG-IN HYBRID 车型中。这是奔驰 S 级第三款混合动力车型，在效率、驱动和空调舒适性方面树立起新的标杆。该插电式混合动力系统在原有混合动力系统的基础上进行了改进，首次实现通过插座对锂离子高压蓄电池充电。作为自给自足型混合动力汽车，奔驰 S400 HYBRID 和奔驰 S300 Blue TEC HYBRID 的高压蓄电池可在制动、滑行时或通过发动机由电机进行充电，而奔驰 S500 PLUG-IN HYBRID 新型高压蓄电池（容量增大了 10 倍）则可以从外部通过充电插座进行充电。由于高压蓄电池的容量更大，因此奔驰 S500 PLUG-IN HYBRID 利用电机，以电气运行模式最远行驶约 30 km。通过混合动力系统的模块化设计和对细节的深入研究，成功地开发出了一款创新的混合动力系统。它不仅在舒适性、安全性和技术方面完全符合梅赛德斯－奔驰汽车的新要求，而且在耗油量和排放方面更是树立起新的标杆。通过制冷剂压缩机电气化以及温度预调节和电子动力转向（ES），空调和转向的舒适性得到无限扩展，这些系统在发动机静止时仍能运行。

1. 效率。

在当前的认证规定条件下，S 级汽车作为插电式混合动力汽车，每千米产生 69 g 二氧化碳。S 级汽车并不需要对功率、乘员舒适性和续驶里程进行任何限制，便能达到这一最佳值，并可通过温度预调节功能提供更好的温度舒适度。

2. 驱动方案（如图 3-81 所示）。

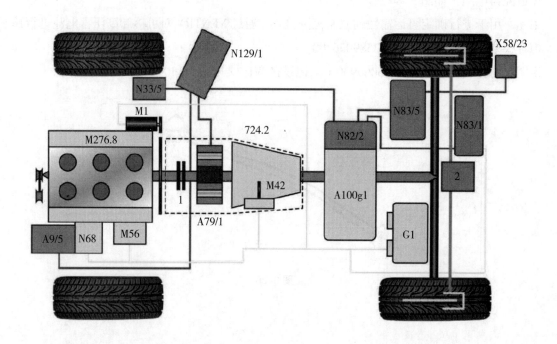

1.湿式离合器（NAK）　2.再生制动系统（RBS）　724.2.自动变速器　A9/5.电动制冷剂压缩机　A79/1.电机　A100g1.高压蓄电池　G1.车载电气系统蓄电池　M1.启动机　M276.8.发动机　M42.电动辅助机油泵（集成在变速器内）　M56.真空泵（电动）　N33/5.高压正温度系数加热器　N68.电子动力转向控制单元　N82/2.蓄电池管理系统控制单元　N83/1.直流转换器控制单元　N83/5.充电装置　N129/1.功率电子装置控制单元　X58/23.充电装置供电插座

图 3-81

（二）技术数据（如表 3-17 ~ 表 3-19 所示）

表 3-17

项目	单位	规格
车辆长度	mm	5246
车辆宽度 （后视镜翻出）	mm	2130

项目	单位	规格
车辆宽度 （后视镜折回）	mm	1930
车辆高度	mm	1491
轴距	mm	3165
前悬	mm	888
后悬	mm	1193
前轮距	mm	1624
后轮距	mm	1637
DIN 空车重量	kg	2140
允许总重量	kg	2825
DIN 最大车辆载重	kg	685
最大座位数		5
行李箱容积	L	395
转向半径	m	12.30
油箱容积	L	70
风阻系数		0.26
最高车速	km /h	250

表 3-18

项目	单位	规格
内燃机		
发动机型号		276.824
发动机代码		M276 E30 DEH LA G
气缸排列和气缸数		V6
排量	cm^3	2996
缸径	mm	88.0
行程	mm	82.10
功率	kW	245
扭矩	N · m	480
压缩比		10.5：1
燃油		ROZ 95 超级汽油
尾气排放标准		欧 6

表 3-19

项目	单位	规格
混合动力系统		
系统功率	kW	325
系统扭矩	N·m	650
锂离子高压蓄电池		
容量	kWh	8.7
重量	kg	114
额定电压	V	396
最高电压	V	432
单体电池容量	Ah	22
功率电子装置		
重量	kg	8.5
直流转换器		
重量	kg	4.8
充电装置		
功率	kW	3.6
重量	kg	5.0
电机		
功率	kW	85
扭矩	N·m	340
重量	kg	37.6

（三）网络结构图（如图 3-82 所示）

（四）显示方案

1. 仪表。

开始画面，如图 3-83 所示。

2. 加速模式（Boost 模式）（发动机运行，电机作为驱动装置工作）。

动力从发动机和电机传递到后轮，如图 3-84 所示。高压蓄电池向电机提供电能。为此，功率电子装置控制单元将直流电（高压）转换为三相交流电。然后，电机便会产生一个扭矩，用于对发动机的扭矩提供支持。

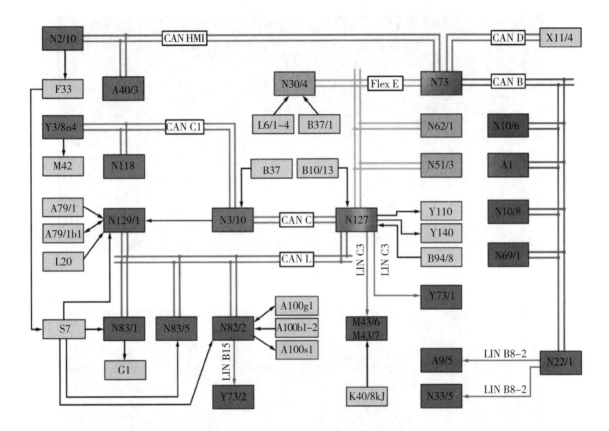

A1.仪表　A9/5.电动制冷剂压缩机　A40/3.驾驶室管理及数据系统（COMAND）控制单元　A79/1.电机　A79/1b1.
电机温度传感器　A100g1.高压蓄电池　A100b1.高压蓄电池冷却液输入温度传感器　A100b2.高压蓄电池温度传感
器　A100s1.接触器　B10/13.低温回路温度传感器　B37.加速踏板传感器　B37/1.踏板角度传感器　B94/8.电动制
冷剂压缩机温度传感器　F33.后部预熔保险丝盒　G1.车载电气系统蓄电池　K40/8kJ.混合动力继电器　L6/1.前轴
左侧转速传感器　L6/2.前轴右侧转速传感器　L6/3.后轴左侧转速传感器　L6/4.后轴右侧转速传感器　L20.电机转
子位置传感器　M42.电动辅助机油泵　M43/6.低温回路循环泵1　M43/7.低温回路循环泵2　N2/10.辅助防护装置控
制单元　N3/10.ME控制单元　N22/1.恒温控制系统控制单元　N10/6.前侧信号采集及促动控制模组（SAM）控制
单元　N10/8.后侧信号采集及促动控制模组（SAM）控制单元　N33/5.高压正温度系数加热器　N30/4.电控车辆稳
定行驶系统（ESP）控制单元　N51/3.空气悬挂系统（AIRMATIC）控制单元　N62/1.雷达测距传感器控制单元
N69/1.左前车门控制单元　N73.电子点火开关控制单元　N82/2.蓄电池管理系统控制单元　N83/1.直流转换器控制
单元　N83/5.充电装置　N118.燃油泵控制单元　N127.驱动系统控制单元　N129/1.功率电子装置控制单元　S7.高
压断开装置　Y3/8n4.集成式变速器控制单元　X11/4.诊断连接器　Y73/1.低温回路转换阀1　Y110.高压蓄电池冷
却膨胀阀　Y140.高压蓄电池冷却转换阀　CAN B.车内CAN　CAN C.发动机CAN　CAN C1.传动系统CAN　CAN
D.诊断CAN　CAN HMI.用户接口CAN　CAN L.混合动力CAN　Flex E.底盘Flex Ray　LIN B8-2.空调LIN2　LIN B15.
蓄电池传感器LIN　LIN C3.传动系统LIN

图 3-82

图 3-83

图 3-84

3. 发电机模式（发动机运行，电机作为发电机工作）。

发动机运行，并驱动作为发电机工作的电机，如图 3-85 所示。所产生的三相交流电通过功率电子装置控制单元转换为直流电（高压），并存储在高压蓄电池中。

4. 能量回收（发动机运行，电机作为发电机工作）。

动力由后轮传递至电机，如图 3-86 所示。车辆的动能被电机转换为电能（三相交流电）。该交流电被功率电子装置控制单元转换为直流电（高压），并对高压蓄电池进行充电。

5. 电气运行（发动机关闭，电机作为驱动装置工作）。

动力由电机传递至后轮，如图 3-87 所示。高压蓄电池向电机提供电能。为此，功率电子装置控制单元将直流电（高压）转换为三相交流电。这样，电机便会产生一个扭矩，并作用到后轮上。

图 3-85

图 3-86

图 3-87

6. 仅采用发动机的行驶模式。

动力由发动机传递至后轮，如图 3-88 所示。

图 3-88

7. 采用发动机的行驶模式（电机作为发电机工作）。

动力由发动机传递至后轮，如图 3-89 所示。此外，发动机还驱动作为发电机工作的电机。所产生的三相交流电通过功率电子装置控制单元被转换为直流电（高压），并存储在高压蓄电池中。

图 3-89

8. 显示耗油量。

显示耗油量，以及前 15 min 被回收到高压蓄电池中的能量，如图 3-90 所示。

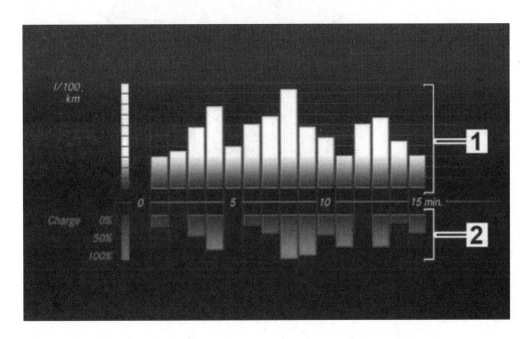

1.前15 min的耗油量　2.前15 min被回收到高压蓄电池中的能量

图 3-90

所显示的能量流将根据强度或驱动方式，以不同的颜色表示：

（1）白色能量流（来自发动机的驱动能量）。

（2）绿色能量流（能量回收，或者来自电机，或与发动机相结合所产生的驱动能量）。

（3）红色能量流（来自电机的最大驱动能量，结合来自发动机的最大驱动能量）。

二、组件

（一）发动机

M276.8 发动机（插电式混合动力），如图 3-91 所示。奔驰 S500 PLUG-IN HYBRID 采用带废气涡轮增压系统的 6 缸汽油发动机（M276.8 发动机）。通过 M276.8 发动机的废气涡轮增压系统，可成功地将功率提升到 245 kW，并将扭矩提升到 480 N·m。

（二）自动变速器 724.2（如图 3-92 所示）

奔驰 S500 PLUG-IN HYBRID 配备 7 速自动变速器（7G-TRONIC），并针对插电式混合动力驱动方案进行了调整。

变速器包括以下组件：

（1）湿式离合器，带扭转减震器。

（2）油泵，用于产生必要的机油压力以及保证换挡元件及轴承润滑。

（3）电动辅助机油泵，用于在发动机静止、混合动力运行和电气运行时产生必要的机油压力，以及保证换挡元件及轴承润滑。

1.集成了保险丝的高压配电板　A9/5.电动制冷剂压缩机　M56.真空泵（电动）　N3/10.ME控制单元

图 3-91

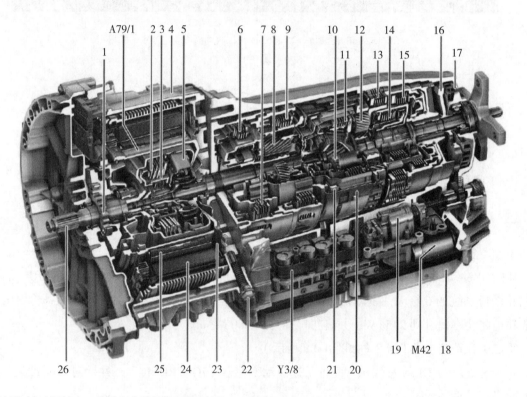

1.油泵（初级泵）　2.湿式离合器的离合器摩擦片　3.内齿板支架　4.驱动单元　5.扭转减震器　6.多片式制动器B1　7.多片式离合器K1　8.拉维娜式齿轮组　9.多片式制动器B3　10.前部单行星齿轮组　11.多片式离合器K2　12.后部单行星齿轮组　13.多片式制动器BR　14.多片式离合器K3　15.多片式制动器B2　16.驻车止动爪齿轮　17.用于记录转速的脉冲环　18.油底壳　19.电动液压式驻车止动爪操纵机构　20.用于记录转速的环形磁铁　21.用于记录转速的环形磁铁　22.机油节温器　23.机油叶轮　24.定子　25.转子　26.湿式离合器驱动轴　A79/1.电机　M42.电动辅助机油泵　Y3/8.集成式变速器控制单元

图 3-92

222

（4）机油冷却系统，用于优化短时间散热。

（5）变速器外壳，带有变速器机械部件（行星齿轮组、驻车止动爪机械机构、多片式离合器和多片式制动器）。

（6）电气控制单元（集成电动液压式驻车止动爪操纵机构）。

（7）电机。

提示：为了能在变速器内进行维修，必须按照电机的安装和拆卸步骤，用拉拔器将定子拔出。

（三）电机

电机是一款永磁激励式同步电机，安装在变速器钟形壳内，位于自动变速器和发动机之间，如图3-93所示。电机的转子通过转子支架与湿式离合器的输出端，或与自动变速器输入端配合连接，这样，电机便与自动变速器牢固连接。电机的电气促动通过功率电子装置控制单元进行。

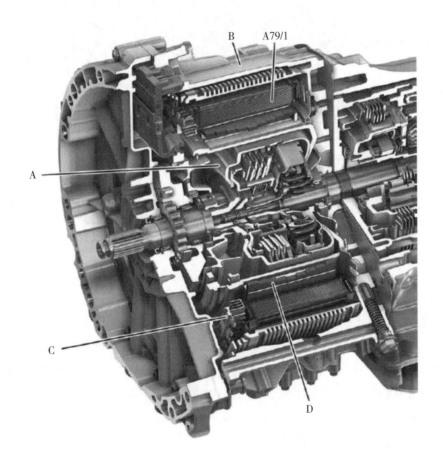

A79/1.电机　A.湿式离合器　B.变速器钟形壳　C.定子　D.转子

图3-93

变速器维修：在成功进行了变速器维修后，必须用耐压测试仪，在带标记的、被阻断的和非稳态测试位置进行绝缘检查。

提示：当电机的定子被拆下后，务必更新变速器钟形壳的密封件。

223

（四）直流转换器

直流转换器位于行李箱内、载物舱盖下方，如图3-94所示。直流转换器是一个可产生12 V直流电压的直流转换器。借助直流转换器，可通过将高压直流电压（初级电压）转换为12 V直流电压（次级电压），在高压车载电气系统和12 V车载电气系统之间进行能量交换。也就是说，直流转换器也可以称为发电机，可执行传统的机械驱动式发电机的功能。

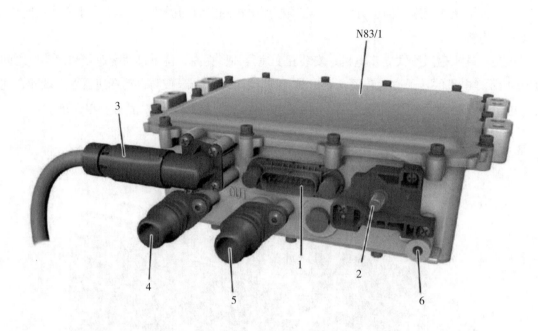

1.控制单元接口　2.端子30（B+）　3.高压接口（高压蓄电池）　4.冷却液输入管　5.冷却液输出管　6.接地
N83/1.直流转换器控制单元

图 3-94

（五）功率电子装置控制单元（如图3-95所示）

功率电子装置控制单元位于发动机舱右前方。功率电子装置控制单元内集成了一个逆变器，用于促动电机。与此前的型号相比，功率电子装置控制单元仅具有逆变器结构，而直流转换器则作为一个单独的组件位于行李箱中。功率电子装置控制单元可根据ME控制单元的请求，以三相交流电促动电机。它会监控电机转子的温度和位置，并向ME控制单元提供诊断及可用扭矩预测。功率电子装置控制单元通过高压配电板与高压车载电气系统的线束相连。

（六）高压蓄电池（如图3-96所示）

高压蓄电池集成在高压蓄电池模块中。高压蓄电池模块位于行李箱内、载物舱盖下方。高压蓄电池用于存储电能，并以最高432 V的电压向所有高压组件供电（额定电压396 V）。高压蓄电池由120个相互串联的（LiFePO4）VDA单电池（22Ah）组成。提示：高压蓄电池与以前的不同，它是通过冷却液进行液体冷却的。

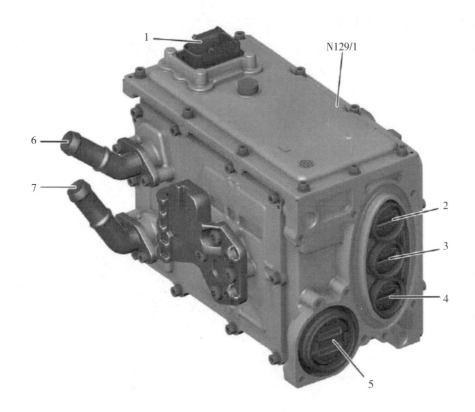

1.控制单元接口　2.高压配电板高压接口［连接电机（端子U）］　3.高压配电板高压接口
（端子V）］　4.高压配电板高压接口［连接电机（端子W）］　5.高压配电板高压接口（高压蓄电池）
6.冷却液输出管　7.冷却液输入管　N129/1.功率电子装置控制单元

图3-95

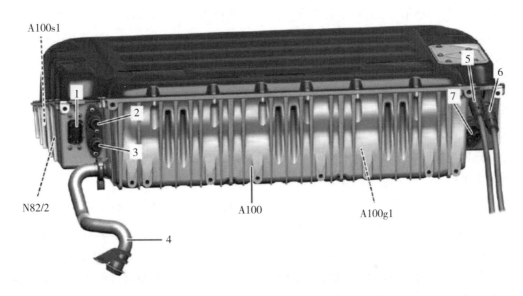

1.控制单元接口　2.冷却液输入管　3.冷却液输出管　4.排气管　5.高压接口（充电装置）　6.高压接
口（直流转换器）　7.高压接口（功率电子装置控制单元）　A100.高压蓄电池模块　A100g1.高压蓄
电池　A100s1.接触器　N82/2.蓄电池管理系统控制单元

图3-96

（七）高压蓄电池内的保险丝（如图 3-97 所示）

高压蓄电池中有 3 个可更换的保险丝。它们布置在一个可拆卸盖子下方（带有联锁装置触点），位于接触器之后的电路中。这样，保险丝在按规定断开电源时是不带电的。提示：高压蓄电池也可在拆卸状态下，利用检测盒和车辆特有的适配电缆，通过 Xentry Diagnostics 进行检测。

F3.保险丝（充电装置）　F4.保险丝（直流转换器）　F5.保险丝（功率电子装置控
　制单元上的高压配电板）

图 3-97

（八）充电装置（如图 3-98 所示）

充电装置位于行李箱内、载物舱盖下方。它用于将外部电源（例如充电站）的交流电转换为直流电，以对高压蓄电池进行充电。高压直流电用于对高压蓄电池进行充电。一旦用充电电缆连接了外部电源后，充电装置便会通过一根直接控制导线（控制先导信号）与充电电缆或充电站中的控制盒进行通信，同时还传递充电基础设施的功率数据，并对充电装置的耗电进行相应调整。只有这样，充电装置才能开始以 3.6 kW 的最大充电功率（输入侧）和 16A 的最大充电电流（输入侧）充电。在拆下安全引线（拆卸和安装充电装置所必须）后，必须进行绝缘及安全引线检测。

（九）充电电缆

1.通过家用插座进行充电的充电电缆（模式 2）如图 3-99 所示。

该单相充电电缆有两种长度可提供，符合国家特有的标准，放置在行李箱中的一个袋子内。充电电缆包含缆上控制及保护装置（IC-CPD）。为了满足 IEC61851 所规定的安全要求，在此集成了一个故障电流保护开关和一个通信装置（PWM 模块）。固定集成在充电电缆内的 IC-CPD 用于接通车辆接口和基础设施侧之间的大功率触点，并将充电电流上限通报给车辆。如发生故障或断电，充电过程便会立即中断，以保护用户和电动车辆。只有当车辆发出电压请求时，充电电缆才会接通车辆接口和安全插头之间的大功率触点，这样，未插入的插头上便没有电压。

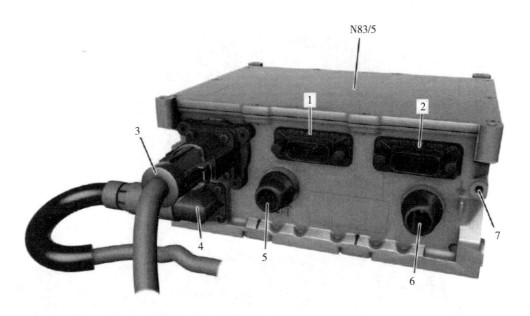

1.12 V接口（充电装置供电插座）　2.控制单元接口　3.高压接口（充电装置供电插座）　4.高压接口（至高压蓄电池）　5.冷却液输入管　6.冷却液输出管　7.安全引线　N83/5.充电装置

图 3-98

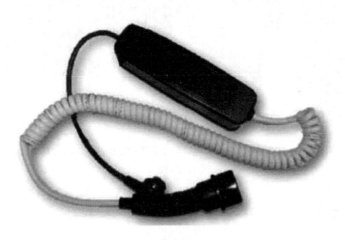

图 3-99

2. 用于公共充电站的充电电缆（模式 3）如图 3-100 所示。

该单相充电电缆符合国家特有的标准，可作为选装装备订购，有两种长度可选。充电电缆（模式 3）可在车辆和符合 IEC61851 标准的充电基础设施，即所谓的电动车辆供电设备（EVSE）之间建立连接。在 EVSE 中，集成了故障及过电流保护、切断装置以及一个专有的充电插座。充电电缆包含电缆最大载流量的电阻设码，以及位于车辆和基础设施侧的标准化插头触点。充电站在接到车辆的电压请求后，才会接通大功率触点。因此，未插上的车辆或充电站接口上是没有电压的。

（十）充电装置供电插座（如图 3-101 所示）

充电装置供电插座位于后保险杠饰板右侧的一个翻盖后方。拆下安全引线后，必须进行绝缘及安全引线检测。如果充电电缆在充电过程后无法从充电装置供电插座上拔下（存在故障），可以用应急解锁拉线对电动解锁装置的伺服电机进行解锁。

图 3-100

1.左侧LED指示灯（LED联锁指示灯）　　2.右侧LED指示灯（LED充电指示灯）

图 3-101

（十一）充电装置供电插座上的 LED 显示方案（如表 3-20 所示）

表 3-20

项目	状态	原因
LED 联锁或解锁指示灯的显示		
白色（长亮），带有图标"已开锁"	已解锁	根据充电电缆插头解锁状态进行显示 车辆已解锁（准备就绪，可插接充电电缆插头） 插上充电电缆插头后，车辆便会被解锁（准备就绪，可拔下） 如果充电电缆插头未在 10 s 内被拔下，会自动锁止
白色（长亮），带有图标"已开锁"，并结合 LED 指示灯（绿色、橙色、红色）	已解锁	插上充电电缆插头时，解锁后还会显示当前电量状态 可能的状态请参见有关 LED 指示灯的介绍
无显示	已锁止	充电电缆插头已锁止 插上充电电缆插头后，已过了 10 s
白色（高频率闪烁），带有图标"已开锁"	故障	闪烁 90 s（接着显示熄灭） 锁止装置未正确锁止 充电电缆插头未正确插上

项目	状态	原因
LED 指示灯亮起（绿色、橙色或红色）		
关闭	无活动	
橙色（闪烁）		建立连接
橙色（长亮）		连接已建立
绿色（闪烁）		高压蓄电池正在充电
绿色（长亮）		高压蓄电池完全充满电
红色（高频率闪烁）		故障

（十二）充电

参与充电过程的所有组件（例如充电装置、充电插座、充电电缆）均为标准化产品，可在未来放心使用且符合国际标准（例如 IEC62196-2），这样便能够在不同电网和充电基础设施上方便地进行充电。

1. 充电方式。

驾驶员可通过仪表自行确定出发时间和最大充电电流。有以下两种充电方式：立即充电和根据出发时间进行充电。

（1）立即充电。

高压蓄电池立即通过电网中可提供的电能进行充电。

（2）根据出发时间进行充电。

高压蓄电池同样通过电网中可提供的电能进行充电。

出发时间设定对于驻车空调的使用至关重要，该时间同时也是经过优化的充电过程的结束时间。

2. 充电过程。

整个充电过程受到监控。同时，充电装置和电源（例如充电站）通过充电电缆中的数据导线进行通信［控制先导信号（CP）］。在通过家用插座进行充电时，必要时会对充电电流进行限制，以免造成本地电网过载。因此，可通过充电电缆中的控制盒，或者通过车内的仪表设定允许的最大充电电流。仪表上保留最近一次所选的数值，直到再次对其进行改动为止。

（十三）充电时间（如图 3-102 所示）

提示：由图可知，所给出的充电时间取决于所使用的充电方式，并与所使用的充电电缆模式有关。

（十四）防溜车功能

为防止在充电过程中，或在插上充电电缆的情况下发生溜车，在识别出已插上充电电缆插头（接近 =ON/SNA）的情况下，防溜车功能会被激活，同时仪表会输出相应的警告信息。

1. 这时，防溜车功能根据车速，以两种方式实施。

（1）在行驶过程中（$v > 5$ km/h）识别出充电电缆插头被插上。

如果在行驶过程中（$v > 5$ km/h）插上充电电缆插头（接近 =ON），或因充电装置损坏而识别

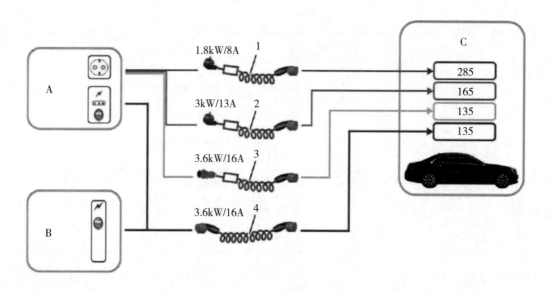

1.充电电缆模式2，1.8kW　2.充电电缆模式2，3kW　3.充电电缆模式2，3.6kW（结合CEE插头）　4.充电电缆模式3，3.6kW　A.私人充电方式　B.公共充电方式　C.充电时间，单位：min

图 3-102

出替代值（接近 =SNA），则在挂入行驶挡位 P 后才会激活防溜车功能。

（2）在静止状态下（$v < 5$ km/h）识别出充电电缆插头被插上。

如果在行驶挡位 P 下或在 $v < 5$ km/h 时识别出充电电缆插头被插上（接近 =ON），立即激活防溜车功能。若充电装置损坏，则会形成替代值（接近 =SNA）。在这种情况下，在挂入行驶挡位 P 后，才能激活防溜车功能。

2. 充电电缆接口（如图 3-103 所示）。

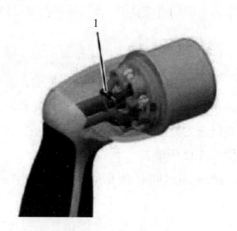

1.用于进行载流量设码的电阻

图 3-103

接近触点（PP，插头存在）有以下功能：

（1）识别出车辆或充电桩接口是否已插上。

（2）通过电阻进行充电电缆最大载流量设码。

230

（十五）充电插座应急解锁

如果充电电缆在充电过程后无法从充电插座上拔下（有故障），可以用应急解锁拉线对电动应急解锁装置的伺服电机进行解锁。应急解锁拉线位于行李箱右侧边缘。为了能成功够到应急解锁拉线，必须事先取下焊接螺栓盖板，应急解锁拉线就挂在该螺栓上。拉动机械式应急解锁装置的应急解锁拉线，可转动机械式应急解锁装置的转盘，从而将充电电缆插头解锁。充电装置供电插座，如图3-104所示。

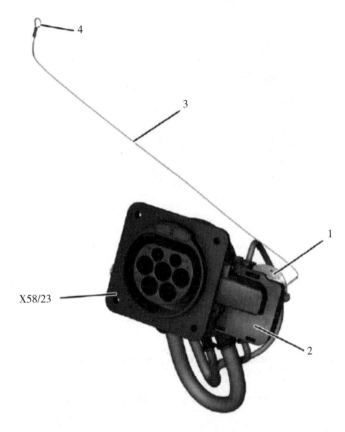

1.机械式应急解锁装置的转盘 2.电动应急解锁装置的伺服电机 3.机械式应急解锁装置的应急解锁拉线 4.机械式应急解锁装置的固定环（盖板下方，挂在右侧尾灯和行李箱密封件之间的销子上） X58/23.充电装置供电插座

图3-104

（十六）高压车载电气系统线束（如图3-105所示）

车上安装的所有高压车载电气系统线束均为橙色。

（十七）低温回路1（如图3-106所示）

传动系统控制单元对增压空气、变速器和功率电子装置冷却请求进行分析，并通过传动系统LIN相应促动低温回路循环泵1和低温回路转换阀。作为对该控制过程的支持，还对低温回路温度传感器进行分析。

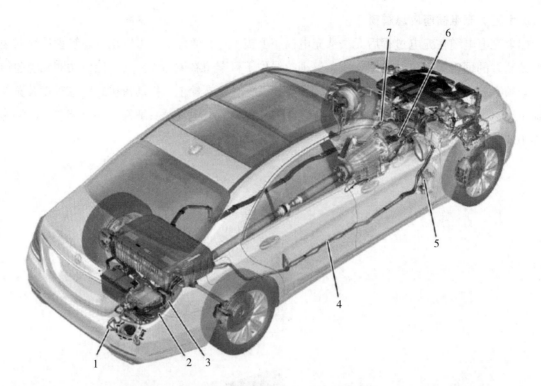

1.充电装置供电插座和充电装置之间的线束（可个别更换）　2.直流转换器和高压蓄电池之间的线束　3.充电装置和高压蓄电池之间的线束　4.高压蓄电池和功率电子装置控制单元上的高压配电板之间的线束（可个别更换）　5.功率电子装置控制单元上的高压配电板和高压正温度系数加热器之间的线束（可个别更换）
6.功率电子装置控制单元上的高压配电板和电机之间的线束（只能和线束7一同更换）　7.功率电子装置控制单元上的高压配电板和电动制冷剂压缩机之间的线束（只能和线束6一同更换）

图 3-105

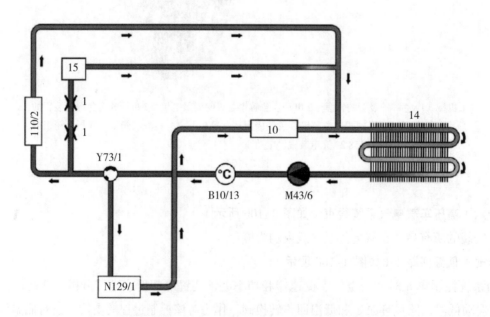

1.2 mm节流阀　10.变速器油热交换器　14.低温冷却器　15.低温回路膨胀容器　110/2.增压空气冷却器
B10/13.低温回路温度传感器　M43/6.低温回路循环泵1　N129/1.功率电子装置控制单元　Y73/1.低温回路转换阀

图 3-106

提示：即使是在车外温度很低的情况下，功率电子装置仍有最小流量的冷却液流过（取决于冷却液温度）。低温回路 1 与发动机冷却回路分离，并在发动机舱内有单独的膨胀容器。

（十八）低温回路 2（如图 3-107 所示）

高压蓄电池的工作温度必须处于特定的范围内，才能确保容量和充电循环数等指标的期望寿命得以优化。根据环境温度，可通过低温冷却器或连接在制冷剂循环回路上的热交换器，将高压蓄电池的余热排出。低温回路 2 的控制通过对高压蓄电池冷却转换阀的促动进行。高压蓄电池冷却回路的散热器可将余热直接排放到环境中。热交换器通过热交换器中所喷入或蒸发的制冷剂，对冷却液进行冷却。随后，冷却后的冷却液提供给低温回路。在通过充电装置供电插座对高压蓄电池进行充电时，低温回路转换阀 2 在中等温度下切换到直流转换器和充电装置方向，并将电子装置的余热通过低温回路 2 散热器排出。为此，风扇可根据冷却液温度分级开启。当高压蓄电池温度较低时，冷却液通过被高压蓄电池冷却膨胀阀阻断的热交换器进行输送。在这种情况下，高压蓄电池的热容量被用于冷却直流转换器和充电装置的电子系统。

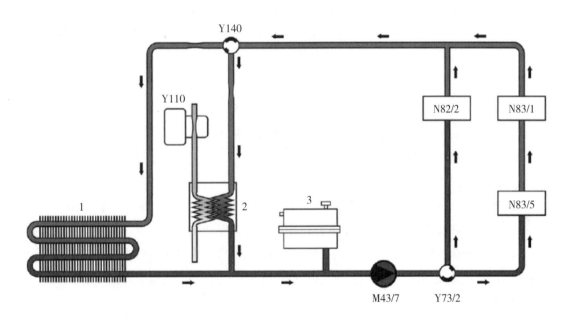

1.低温回路2散热器　2.热交换器　3.低温回路2膨胀容器　M43/7.低温回路循环泵2　N82/2.蓄电池管理系统控制单元　N83/1.直流转换器控制单元　N83/5.充电装置　Y73/2.低温回路转换阀2　Y110.高压蓄电池冷却膨胀阀　Y140.高压蓄电池冷却转换阀

图 3-107

（十九）制冷剂循环回路（如图 3-108 所示）

电动制冷剂压缩机将低温气态制冷剂从蒸发器中抽出，对其进行压缩，同时令其升温并输送到冷凝器中。压缩后的高温制冷剂在冷凝器中通过流经的或通过风扇电机所吸入的车外空气进行冷却。当达到根据制冷剂压力所确定的露点后，制冷剂便会发生冷凝，其形态由气态变为液态。随后，制冷剂流入储液罐（干燥器）。在流过储液罐时，制冷剂吸收潮气，蒸气气泡被析出，同时机械杂质会被滤除，以保护后续部件免受侵害。清洁后的制冷剂继续流向高压蓄电池冷却膨胀阀。在那里，处于高压下的液态制冷剂被喷入，或蒸发至高压蓄电池冷却系统热交换器中。

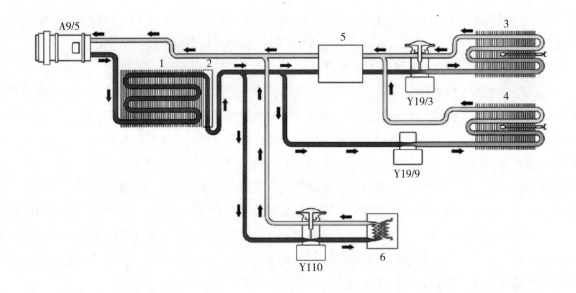

1.冷凝器　2.储液罐（干燥器）　3.蒸发器　4.后座区空调蒸发器　5.内部热交换器　6.热交换器（低温回路2）　A9/5.电动制冷剂压缩机　Y19/3.前部蒸发器关闭阀　Y19/9.后座区空调蒸发器关闭阀　Y110.高压蓄电池冷却膨胀阀

图 3-108

提示：通过高压蓄电池冷却膨胀阀的促动，高压蓄电池冷却回路被加入制冷剂循环回路中。这样，便能通过制冷剂对流经热交换器的低温回路2冷却液进行冷却。

（二十）热交换器（如图 3-109 所示）

如果低温回路2散热器的制冷功率不足，便会通过高压蓄电池冷却转换阀将低温回路2的冷却液转送至与制冷剂循环回路相连的热交换器。高压蓄电池冷却转换阀的开关通过传动系统控制单元进行。同时，安装在热交换器上的高压蓄电池冷却膨胀阀被促动并打开。处于高压下的液态制冷剂通过高压蓄电池冷却膨胀阀，被喷入或蒸发至高压蓄电池冷却系统热交换器中。通过制冷剂形态由液态变为气态，它从低温回路2冷却液中吸收热能。随后，气态制冷剂被电动制冷剂压缩机抽出，并重新进行压缩。

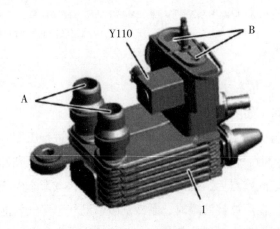

1.热交换器　A.冷却液接口（低温回路2）　B.制冷剂接口　Y110.高压蓄电池冷却膨胀阀

图 3-109

234

提示：为了防止蒸发器结冰，在低于特定的蒸发器温度时，空调控制单元对关闭阀进行相应促动。

（二十一）电动制冷剂压缩机（如图3-110所示）

电动制冷剂压缩机负责制冷剂的抽取和压缩。电动制冷剂压缩机根据蒸发器温度，在800 ~ 9000 r/min之间进行转速调节。电动制冷剂压缩机根据车外温度，并在发生事故时被关闭。当车外温度低于2℃时，电动制冷剂压缩机通常会关闭。空调控制单元通过空调LIN2促动电动制冷剂压缩机。提示：在电气运行、温度预调节或车辆静止时，可听到电动制冷剂压缩机的运行声。

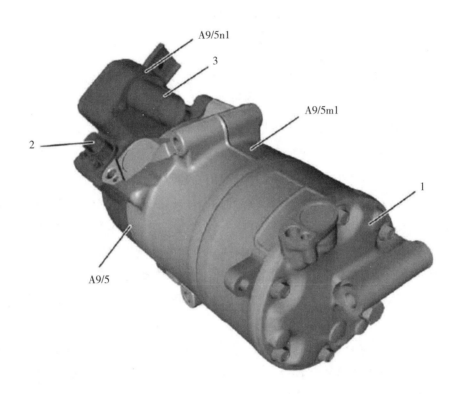

1.螺杆式压缩机　2.控制单元接口　3.高压接口　A9/5.电动制冷剂压缩机　A9/5m1.电动制冷剂压缩机电机　A9/5n1.电动制冷剂压缩机控制单元和功率电子装置

图3-110

（二十二）高压正温度系数加热器（如图3-111所示）

为了能在电动行驶模式下，在使用温度预调节功能时对车内空间进行加热，车辆安装有一个带集成式加热元件的高压正温度系数加热器，其作用是以电动方式加热冷却液。加热回路循环泵将冷却液从高压正温度系数加热器输送至热交换器，或发动机和热交换器（小冷却回路或大冷却回路），从而能够对汽车内部空间和发动机进行加热。高压正温度系数加热器转换阀控制冷却液流（小冷却回路或大冷却回路）。高压正温度系数加热器促动加热回路循环泵和高压正温度系数加热器转换阀。通过向加热元件供电，可对其进行加热。流经高压正温度系数加热器的冷却液吸收加热元件的热量，从而被加热。提示：高压正温度系数加热器通过空调LIN2，由空调控制单元根据所请求的加热功率进行促动。当冷却液温度高于90℃时，高压正温度系数加热器被关闭，以防止损坏。冷却液温度通过高压正温度系数加热器的温度传感器进行检测。

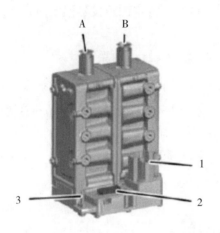

1.高压接口 2.控制单元接口 3.接地 A.冷却液输入管 B.冷却液输出管

图 3-111

（二十三）再生制动系统

再生制动系统（RBS）包括一个模块化结构的制动器及动态行驶控制系统（出现故障时，只需要将相关功能关闭）。驾驶员的制动要求通过踏板角度传感器和集成在牵引系统液压单元中的制动压力传感器进行检测，并发送至电控车辆稳定行驶系统（ESP）控制单元。该控制单元不断通过底盘 Flex Ray、传动系统控制单元和发动机 CAN，就当前可用的再生制动扭矩值与 ME 控制单元进行通信。当前可用的再生制动扭矩值取决于高压蓄电池的电量等因素。高压蓄电池的电量通过蓄电池管理系统控制单元进行分析，并通过混合动力 CAN、传动系统控制单元和发动机 CAN 发送至 ME 控制单元。电控车辆稳定行驶系统控制单元根据车辆状态向 ME 控制单元请求一定比例的再生制动扭矩。

ME 控制单元利用传动系统控制单元接口，通过发动机 CAN 和底盘 Flex Ray，将可利用的或所产生的再生制动扭矩发送至电控车辆稳定行驶系统控制单元。所要求的制动扭矩由电机产生，仅作用于后轴。在能量回收时功率电子装置控制单元将由电机产生的三相交流电转换为高压直流电，并将其提供给高压蓄电池。根据行车状态，电控车辆稳定行驶系统控制单元将驾驶员所要求的总制动扭矩分为再生（由传动系统产生）和液压（通过制动器产生）制动扭矩两部分。

1. 高级版 ESP（如图 3-112 所示）。

提示：如果发生紧急制动，或出现故障信息［传动系统故障或造成防抱死制动（ABS）停用的故障］，制动扭矩便将单纯以液压方式产生。

提示：在更换液压单元或制动主缸时，必须通过 Xentry Diagnostic 对吸入软管进行排气。

混合动力汽车中的高级版 ESP® 经过了改进，从而可令再生制动系统在无故障运行时，通过一个集成在 ESP® 中的隔离阀阻断制动主缸和后轴制动回路之间的液压连接。这就意味着，后轴可以通过电机或者液压单元进行制动。以黄色显示的辅助吸入软管用于在后轴 ESP® 自主建压时供应制动液。

2. 液压图（如图 3-113 所示）。

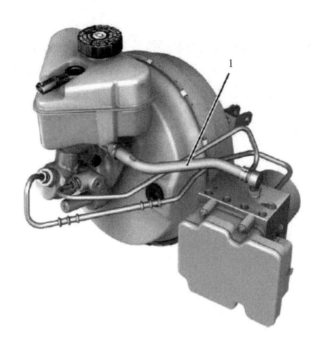

1.吸入软管

图 3-112

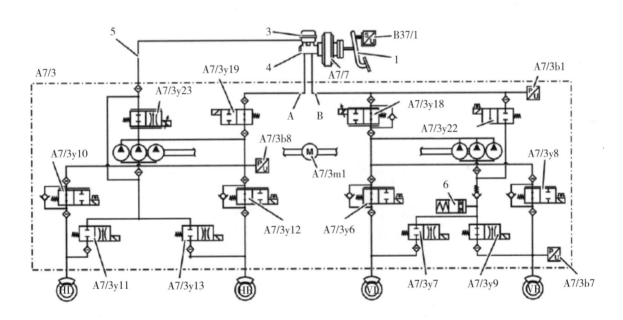

1.制动踏板　3.制动液膨胀容器　4.制动主缸　5.后轴制动回路回流管　6.蓄压器　A7/3.牵引系统液压单元　A7/3b1.前轴制动压力传感器　A7/3b7.前部压力传感器　A7/3b8.后部压力传感器　A7/3m1.高压及回油泵　A7/3y6.左前压力控制阀，保压　A7/3y7.左前压力控制阀，减压　A7/3y8.右前压力控制阀，保压　A7/3y9.右前压力控制阀，减压　A7/3y10.左后压力控制阀，保压　A7/3y11.左后压力控制阀，减压　A7/3y12.右后压力控制阀，保压　A7/3y13.右后压力控制阀，减压　A7/3y18.前轴转换阀　A7/3y19.后轴转换阀（隔离阀）　A7/3y22.前轴吸入球阀　A7/3y23.后轴吸入球阀（限压阀）　A7/7.制动助力器BAS　B37/1.踏板角度传感器　A.后轴制动回路（次级回路）　B.前轴制动回路（初级回路）　VL.前轴左侧车轮制动器　VR.前轴右侧车轮制动器　HL.后轴左侧车轮制动器　HR.后轴右侧车轮制动器

图 3-113

（二十四）电动真空泵

电动真空泵根据需要由电控车辆稳定行驶系统控制单元进行促动。其功能是在制动助力器 BAS 内建立真空，并在电气运行时保持真空。电动真空泵产生真空，并通过相应的真空管传导至制动助力器 BAS。提示：当发动机运行时，由机械式真空泵保证真空度。

（二十五）触觉加速踏板反馈

1.触觉加速踏板反馈。

触觉加速踏板可帮助驾驶员降低车辆的耗油量和废气。有两种不同的功能：

（1）在工作模式"E 模式"下的一个额外压力点。

（2）在行驶程序"E+"下的一个双脉冲。

2.触觉加速踏板上的额外压力点。

通过触觉加速踏板上可感觉的压力点，可发出最大可用电动行车功率的信号。该额外压力点可在工作模式"E 模式"下提供。当触觉加速踏板越过压力点被继续踩下时，发动机便会接通。当不再需要发动机的额外功率时，它会自动关闭，车辆便自动重新以工作模式"E 模式"运行。

3.触觉加速踏板上的双脉冲。

驾驶员可通过触觉加速踏板上感觉到的双脉冲，获得松开加速踏板的建议。这样，便能在所有工作模式下关闭发动机，并将其从传动系统中脱开（滑行状态）。双脉冲只有在行驶程序"E+"下才可用。双脉冲根据车速，以及与前方行驶车辆的车距和相对速度触发（雷达控制）。松开加速踏板后，车辆的滑行根据交通情况进行适当调整。为了避免与前方行驶车辆距离太近，必要时驾驶员必须自行进行制动。提示：加速踏板模块伺服电机（线性）的位置由加速踏板模块传感器（线性）进行检测，并由加速踏板模块控制单元读取并分析。

4.加速踏板模块（如图 3-114 所示）。

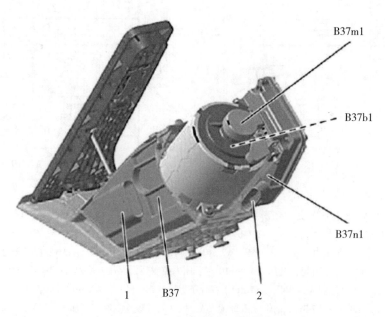

1.接口（加速踏板传感器）　2.控制单元接口（加速踏板模块）　B37.加速踏板传感器　B37b1.加速踏板模块传感器（线性）　B37m1.加速踏板模块伺服电机（线性）　B37n1.加速踏板模块控制单元

图 3-114

三、运行策略

（一）概述

混合动力系统促动如图 3-115 所示。

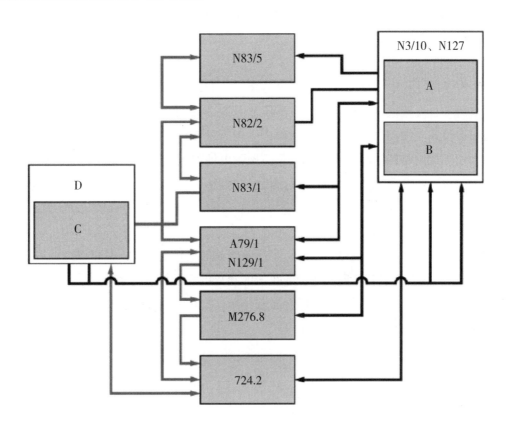

724.2.变速器　A79/1.电机　M276.8.发动机　N3/10.ME控制单元　N82/2.蓄电池管理系统控制单元
N83/1.直流转换器控制单元　N83/5.充电装置　N127.传动系统控制单元　N129/1.功率电子装置控制
单元　A.能源管理　B.扭矩协调　C.驱动机构　D.车辆

图 3-115

提示：运行策略针对可能达到的行车状态，以及扭矩产生系统与能源管理之间为实现这些状态
而需要进行的协调进行汇总显示。

（二）行车状态

运行状态包括：

混合动力运行。

电气运行。

能量回收。

超加速模式。

通过外部电源对高压蓄电池进行充电。

车辆根据功率要求、高压蓄电池电量和所选工作模式，以纯电动模式行驶。当功率要求相应提
高后，便会通过一种专为混合动力系统中的直喷汽油发动机所开发的方法启动发动机，并根据行车

状态对湿式离合器（NAK）进行促动后，将发动机快速而便捷地接入到传动系统中。其中，梅赛德斯－奔驰启动方法是将适当的启动机促动与所谓的直喷汽油发动机直接启动相结合，通过有针对性地喷射和点火，对启动过程进行优化。这一过程，再加上同时发生的湿式离合器促动，可对启动中的发动机相应产生额外的加速作用，从而令混合动力车辆的启动与传统车辆相比更为迅速。这种经过优化的启动方法能确保将电气运行产生的驱动力快速接入。

以下对各种运行状态进行说明：

1. 混合动力运行。

在混合动力运行过程中，发动机为主驱动力来源，电机处于发电机运行模式，为车辆自有的用电器（如空调和直流转换器）供电，或对高压蓄电池进行放电和充电。只有在强力加速时，电机才会以超加速模式向发动机提供支持，从而产生相当于8缸发动机水平的最大功率和扭矩。但根据驱动机构和车载用电器的功率要求，以及高压蓄电池的电量，发动机会停止运行，以返回电气运行模式。提示：在发动机关闭（例如发动机自动停止）后，自动变速器供油通过电动辅助机油泵得到保证。

2. 电气运行。

只要行驶程序或工作模式允许电气运行，高压蓄电池的电量足够高，且可以纯电动方式满足驾驶员的扭矩要求，并且没有任何诊断结果或系统故障禁止电气运行，就会一直采用该运行状态。同时，在特定的前提条件得到满足后，湿式离合器被分离，发动机也会通过 ME 控制单元被停用。

至少须满足以下所有前提条件，并发出许可：

（1）最高车速 130 km/h。

（2）变速器油温度＞0 ℃。

（3）行驶挡位可信。

（4）制动助力器内有足够的真空度。

（5）电控车辆稳定行驶系统已发出许可。

（6）发动机罩已关闭。

（7）无碰撞事件。

（8）12 V 车载电气系统状态正常，并已发出许可。

（9）高压蓄电池的电量足够。

（10）自动变速器的机油供应得到保障。

（11）驾驶员车门已关闭。

（12）驾驶员安全带已系上。

（13）车内温度可通过现有的发动机冷却液温度进行调节。

（14）空调控制单元已发出许可。

ME 控制单元通过 CAN 连接，向集成式变速器控制单元请求促动湿式离合器，以将发动机与驱动机构分离。在收到关于湿式离合器已分离的相应反馈信息后，ME 控制单元便会关闭发动机。如果在发动机自动停止过程中许可被收回，或前提条件不再满足，发动机便会自动启动且不需要驾驶员采取规定的操作。为了满足驾驶员的扭矩要求，ME 控制单元根据负荷要求，向功率电子装置控制单元请求直接由电机发出所需的扭矩。功率电子装置控制单元根据由 ME 控制单元发出的容许放电电压及容许放电电流信号，对电机进行相应促动。为此，ME 控制单元根据事先的计算结果，向功率电子装置控制单元请求电机扭矩。电机通过功率电子装置控制单元，由高压蓄电池提供电力，并作用到驱动机构上。这时，高压蓄电池向功率电子装置控制单元提供直流电，该直流电被转换为三相交流电。为了将发动机与驱动机构分离，ME 控制单元通过 CAN 连接，要求对湿式离合器进行相应促动。

3. 起步功能流程。

最初，车辆根据由 ME 控制单元读取的驾驶员发出的扭矩要求，以纯电动方式行驶。当功率要求相应提高后，发动机通过 12 V 启动机启动，并在完成转速同步后接入行驶驱动机构。在强力加速时，电机向发动机提供支持，尤其是在从低速开始加速时。若从发动机运行状态开始起步，则湿式离合器被用作启动装置。

4. 超加速模式。

在超加速模式下，电机向发动机提供支持，以尽快达到所要求的标准扭矩，或在发动机扭矩已达到最大值的情况下，进一步增强驱动扭矩。这时，超加速模式的持续时间和强度取决于高压蓄电池的电量和加速踏板的位置。如果在起步时进入超加速模式，便会通过促动湿式离合器，在发动机和电机之间进行转速调整。为此，ME 控制单元通过 CAN 连接，要求对湿式离合器进行相应促动。若在高速下进入超加速模式，则在对湿式离合器进行促动时，通过控制调节为零滑差。为了满足驾驶员的扭矩要求，ME 控制单元以与电气运行相同的方式，要求功率电子装置控制单元提供电机扭矩，并将其连同发动机扭矩一起，作用到驱动机构上。

5. 爬行。

在未踩下制动和加速踏板的情况下，通过电机或发动机以及湿式离合器的滑差，模拟采用自动变速器时典型的爬行过程。在电气运行模式下进行爬行时，以小电流向电机供电，由此所产生的扭矩则直接作用于传动系统。例如在高压蓄电池电量较低时，便会通过发动机和湿式离合器的滑差实现爬行。

6. 滑行模式。

如果在车辆惯性滑行时未踩下制动及加速踏板，发动机会在行驶程序"经济（E）"下、车速不超过 180 km/h 时，通过湿式离合器的分离，从驱动机构上脱开并关闭。当高压蓄电池电量足够高且加速踏板被稍微踩下时，电机会对驱动机构提供支持，以阻止车速下降。为此，ME 控制单元通过 CAN 连接，向功率电子装置控制单元请求驱动扭矩。后者根据要求对电机进行相应促动。

7. 发电机运行。

在发电机运行模式下，由发动机驱动的电机被用作发电机，以产生电能。为此，曲轴的旋转动能会被电机的转子接收。通过转子的旋转运动，在定子的 3 个绕组上感应产生交流电压。由此所获得的电能采用三相交流电的形式，由功率电子装置控制单元进行限制、监控并转换为高压直流电。功率电子装置控制单元利用所产生的电能为高压车载电气系统、电动制冷剂压缩机、12 V 车载电气系统及其部件供电。

8. 加载点偏移。

高压蓄电池的电量与最佳充电状态（SOC）的偏差越大，高压蓄电池接收回收能量的可能性便越小。这就意味着，如果高压蓄电池在电量很低或很高时进行充电或放电，会以热量的形式产生较高的能量损失。为了减少这种能量损失，并为潜在的回收能量提供储存空间，当超过规定的 SOC 值时，会在发动机的支持下，通过电机对高压蓄电池进行放电，这样便能令发动机的加载点发生偏移。也就是说，发动机的扭矩被 ME 控制单元撤回。其目的是将偏移后的加载点尽可能保持在能效较高的加载点区域内。此外，利用加载点偏移还可增加发动机的负荷，这样可令催化转换器更快达到工作温度。

（三）扭矩协调

ME 控制单元收集扭矩要求并按照优先级别进行排序，然后对如何产生所要求的扭矩进行协调。此外，它还会考虑发动机和电机的状态，以及高压蓄电池的电量和自动变速器的状态。再生制动系统（RBS）、电控车辆稳定行驶系统（ESP®）、电子牵引辅助系统（ETS）、定速巡航控制系统、限距控制系统等以及驾驶员，均会发出扭矩要求，并通过 CAN 连接将这些要求通报给 ME 控制单元。ME 控制单元按照优先级别对这些扭矩要求进行排序，然后据此计算出必要的驱动扭矩。各个系统要求的优先级别排序如下：

（1）电控车辆稳定行驶系统（ESP®）。

（2）集成式变速器控制单元。

（3）驾驶员和再生制动系统（RBS）的发动机负荷要求。

（4）限距控制系统或定速巡航控制系统。

动态扭矩干预并非只能通过发动机的扭矩储备实现。首先，ME 控制单元通过电机实现对当前驱动扭矩的扭矩干预。为此，它会通过 CAN 连接要求集成式变速器控制单元促动湿式离合器，并要求功率电子装置控制单元通过 CAN 连接向电机发出驱动扭矩指令，以提高扭矩。扭矩降低干预可通过发电机扭矩要求实现。功率电子装置控制单元执行该要求，并将由此所产生的扭矩，通过 CAN 连接反馈至 ME 控制单元。如果电机的扭矩干预不足，便会进一步对发动机扭矩进行降低和升高（扭矩储备）。

（四）发动机自动停止

如果发动机自动停止对于系统优化是有益的且所要求的驱动扭矩能以纯电动方式产生，便会采取发动机自动停止措施。在采取发动机自动停止措施时，发动机在不关闭端子 15 的情况下，由 ME 控制单元关闭。

读取的下列信号仅涉及外部系统的发动机自动停止许可：

（1）高压车载电气系统。

（2）12 V 车载电气系统。

（3）车辆恒温控制系统。

（4）再生制动系统。

ME 控制单元不断进行系统诊断，并对发动机自动停止的功能性前提条件进行评估。触发发动机自动停止之前会对电动辅助机油泵的状态进行检查，然后立即或在触发发动机自动停止的过程中，通过集成式变速器控制单元将其激活。电动辅助机油泵可在发动机停止状态下，确保自动变速器内液压系统的供油。当发动机内部的特定前提条件得到满足，以下所有前提条件和许可都已满足后，发动机便会由 ME 控制单元关闭：

（1）车速 < 160 km/h。

（2）变速器油温度＞0 ℃。

（3）行驶挡位可信。

（4）制动助力器内有足够的真空度。

（5）电控车辆稳定行驶系统给出许可。

（6）发动机罩已关闭。

（7）无碰撞事件。

（8）12 V 车载电气系统状态正常，并已给出许可。

（9）高压蓄电池的电量足够。

（10）自动变速器的机油供应得到保障。

（11）驾驶员车门已关闭。

（12）驾驶员安全带已系上。

（13）车内温度可通过现有的发动机冷却液温度或通过高压正温度系数加热器进行调节。

（14）空调控制单元给出许可。

ME 控制单元通过 CAN 连接，向集成式变速器控制单元请求促动湿式离合器，以将发动机与驱动机构分离。在收到关于湿式离合器已分离的相应反馈信息后，ME 控制单元便会关闭发动机。发动机自动停止过程中，如果许可被取消或前提条件不再满足，发动机便会自动启动且不需要驾驶员采取规定的操作。

（五）发动机自动启动

当纯电动方式尚不足以提供车辆所需的牵引能量或系统状态的变化要求启动发动机时，便会采取发动机自动启动措施。发动机启动由 ME 控制单元发出要求。

根据 ME 控制单元中机组协调器接口的规定，通过以下部件进行发动机启动：

（1）启动机（例如电气运行时）。

（2）电机（车辆静止时），由功率电子装置控制单元通过 CAN 连接发出要求。

（3）启动机和电机一起（电气运行时），由功率电子装置控制单元通过 CAN 连接发出要求。

只有当车辆静止且高压蓄电池的电量足够高时，才能单独通过电机启动发动机。电气运行过程中，当湿式离合器分离后，首先通过启动机启动发动机，并令其达到特定的转速。当达到该启动转速后，通过湿式离合器的接合，依靠驱动机构使发动机转速达到怠速转速。ME 控制单元不断进行系统诊断，并对是否仍满足电气运行，乃至关闭发动机的功能性前提条件进行评估。如果下列许可中有一项被取消或某一项前提条件不再满足，便会启动发动机：

（1）车速＞ 190 km/h。

（2）变速器油温度＜ –3 ℃。

（3）制动助力器内真空度不足。

（4）电控车辆稳定行驶系统取消许可。

（5）12 V 车载电气系统取消许可。

（6）高压蓄电池电量低于极限值。

（7）自动变速器的供油不能通过电动辅助机油泵得到保证。

（8）车内温度无法通过现有的发动机冷却液温度或高压正温度系数加热器进行调节。

如要在车辆静止时自动启动发动机，ME 控制单元会计算出所需的电机驱动扭矩。为了在发动机自动停止后以及在发动机罩打开时防止发动机自动启动，另外还需要由 ME 控制单元通过 CAN 连接读取发动机罩状态信号。ME 控制单元通过 CAN 连接，向集成式变速器控制单元请求促动湿式离合器，以将发动机与自动变速器连接。在收到湿式离合器已接合的相应反馈信息后，ME 控制单元通过 CAN 连接，向功率电子装置控制单元请求促动电机，以启动发动机。通过发动机转速或者在扭矩引导型启动时观察到的电机驱动扭矩与发动机扭矩之间的扭矩差，可识别出启动过程已结束。

提示：发动机自动启动可在挂入任何行驶挡位的情况下进行。如果车辆在电气运行后停下且驾驶员车门被打开，这时会提醒驾驶员车辆仍处于行驶就绪状态。在已挂入行驶挡位 P 或 N 的情况下，仪表上会出现一条相应的信息，并发出声音警告进行提醒。在已挂入行驶挡位 D 或 R 的情况下，会自动挂入行驶挡位 P。

（六）工作模式

1. 工作模式和行驶程序。

插电式混合动力系统具有纯电动车辆的以下优点：

（1）在电气运行模式下，可进行零排放电动行驶。

（2）可以廉价而环保的方式，通过充电站或家用插座进行充电。

此外，插电式混合动力系统还具有混合动力驱动机构的以下优点：

（1）耗油量低。

（2）续驶里程高。

（3）通过将电机和发动机相结合，可实现顶级水平的舒适性。

为了根据驾驶员和行车风格的需要以最佳方式使用车辆，车辆为驾驶员提供了 4 种工作模式和 3 种行驶程序，驾驶员可以手动方式进行选择。

利用行驶程序按钮，通过按压选择以下 3 个行驶程序：

（1）行驶程序"E"。

（2）行驶程序"S"。

（3）行驶程序"E+"。

"E""S"和"E+"这 3 个行驶程序基于标准程序"E"，它将插电式混合动力车辆的敏捷性与豪华轿车精致的舒适性完美地结合在了一起。选择行驶程序"S"后，传动系统的运动特性显露无遗。变速器程序倾向于较低的挡位，从而实现转向更加灵活的驱动特性。此外，该程序取消电气运行，将由此可提供的电能最大限度地应用于电动辅助超加速模式。行驶程序"S"与混合动力运行密切相关。与此相反，行驶程序"E+"结合 ECO 辅助系统，可最大限度地节约能耗。行驶程序按钮，如图 3-116 所示。

2. ECO 辅助系统。

在行驶程序"E+"下，电气运行过程中的驱动扭矩被降低到最小值，从而有助于最大限度地利用滑行模式，如表 3-21 所示。这样，车辆便可以在松开加速踏板时继续滑行一段路程。较长时间以滑行模式运行后强力制动，或者过早开始滑行模式，随后再通过发动机提供支持，都会产生不良影响。基于这个原因，梅赛德斯－奔驰将触觉加速踏板应用到了 ECO 辅助系统中。通过使用车内

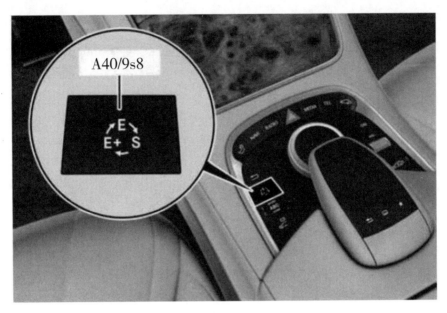

A40/9s8.行驶程序按钮

图 3-116

所安装的雷达传感器，可识别出与前方行驶车辆间的距离和速度。如果松开加速踏板的一刻，车速为降低能耗而随着前方行驶车辆而调整，便说明 ECO 辅助系统正在进行干预。驾驶员通过触觉加速踏板上感觉到的双脉冲，可获得松开加速踏板的建议。一旦踏板松开，则如果电气运行可用，便会关闭发动机，并通过湿式离合器将其从传动系统中脱开，从而令车辆切换为滑行模式。如果前方行驶车辆的速度降低，或车距由于其他影响而缩短，基于雷达的驱动力调整系统便会投入使用。通过调整电机驱动扭矩，可根据行车状况调整与前方行驶车辆的距离。

表 3-21

工作模式	驱动功率	E+	E	S
混合动力	发动机＋电机	可选	可选	可选
E-MODE	电机	可选	可选	不可选，发动机正在运行
E-SAVE	发动机	可选	可选	不可选，发动机正在运行
充电	发动机	可选	可选	不可选，发动机正在运行

3. 运行方式选择按钮。

利用运行方式选择按钮，可以按压方式选择以下 4 种工作模式：

（1）混合动力：组合式行驶。

（2）E-MODE：纯电动行驶。

（3）E-SAVE：充满电的高压蓄电池作为备用，以便之后能以纯电动方式行驶。

（4）充电：在行驶期间为高压蓄电池充电。

行驶程序主要用于设定驾驶风格，而工作模式则可对电能乃至对高压蓄电池的电量产生直接影响。运行方式选择按钮，如图 3-117 所示。

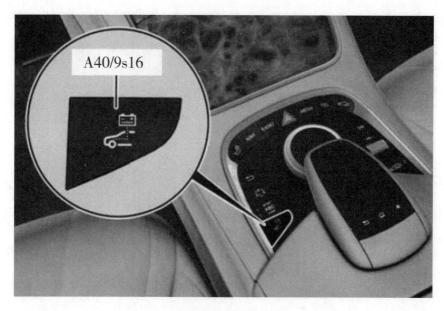

A40/9s16.运行方式选择按钮

图 3-117

仪表中显示的混合动力工作模式，如图 3-118 所示。

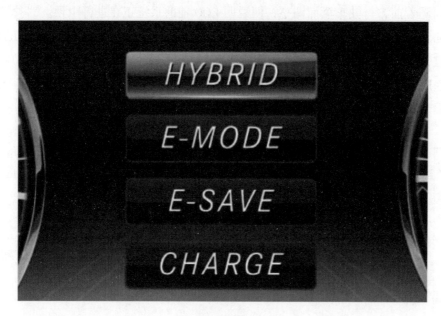

图 3-118

4. 混合动力。

该工作模式为标准模式。它能在行驶程序"E"和"E+"中提供混合动力运行功能，同时根据电量情况决定电气运行的比例，并通过为电机保留相应的功率储备，实现最大程度的启动舒适性，如图 3-119 所示。在行驶程序"S"下，车辆被赋予最高的敏捷性。除了变速器行驶挡位的选择和加速踏板特性曲线的设计有所变化之外，该行驶程序还取消了任何电气运行，并提高了助力功率。

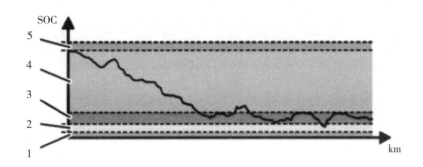

1.电量严重过低　2.电量低　3.工作区域　4.电量高　5.电量严重过高　km.行驶里程，单位km
SOC.高压蓄电池充电状态

图 3-119

5.E-MODE。

该工作模式表示最大程度采取电气运行。为了令驾驶员能舒适地保持电气运行，该模式会激活带有压力点的触觉加速踏板，如图 3-120 所示。利用该功能，可在行驶中即将发出发动机启动要求时，通过加速踏板输出一个可感觉到的压力点。只有当踩下踏板消除压力点后，才能执行行驶中启动的功能。

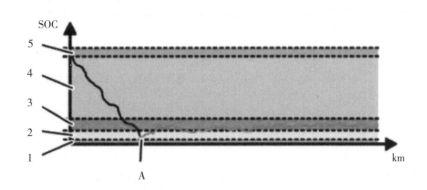

1.电量严重过低　2.电量低　3.工作区域　4.电量高　5.电量严重过高　A.自动切换到混合动力工作模式　km.行驶里程，单位km　SOC.高压蓄电池充电状态

图 3-120

6.E-SAVE。

在 E-SAVE 工作模式下，工作模式激活时所保存的高压蓄电池电量得以保持，如图 3-121 所示。允许继续进行部分电气运行，这样便仍可在静止时或滑行阶段中关闭发动机，以避免急速耗油。从高压蓄电池中获取能量不得令电量下降到设定值以下。

7. 充电。

在这种工作模式下，高压蓄电池在行驶期间，通过发动机负荷的提升适度地获得充电，如图 3-122 所示。为了能确保持续充电运行，在此取消任何电气运行和超加速模式。一旦高压蓄电池完全充满电，便会自动切换到 E-SAVE 工作模式。

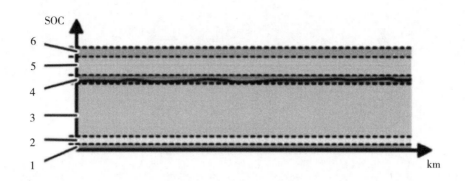

1.电量严重过低　2.电量低　3.电量正常　4.工作区域　5.电量高　6.电量严重过高　km.行驶里程，单位km　SOC.高压蓄电池充电状态

图 3-121

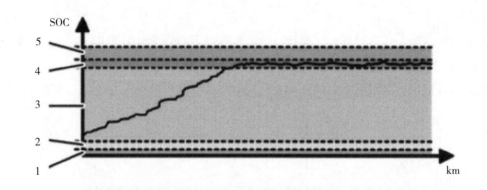

1.电量严重过低　2.电量低　3.电量高　4.工作区域　5.电量严重过高　km.行驶里程，单位km
SOC.高压蓄电池充电状态

图 3-122

（七）基于里程的运行策略

驾驶员可以手动选择各种工作模式，因为他了解自己的行驶里程，并了解自己要在哪里以电动方式行驶，以及何时需要对高压蓄电池进行放电。基于里程的运行策略可采纳这两个愿望，并将其与舒适性相结合，令驾驶员不必为如何根据里程而对工作模式进行最佳排序做出决策。

在此，工作模式的选择并不单纯地以节能为导向，而会同时考虑以下因素：

（1）使用电能时，会因里程的不同产生不同的节能作用。

（2）将电能用于市内电气运行，驾驶员会觉得十分划算。

在郊外，基于里程的运行策略可根据需要减少对电能的使用，并且还可以通过加载点偏移有意识地根据剩余里程调整充电状态。以下是进行路线能量评估，进而采取充电控制和给出功率许可时的必要基础：

（1）驾驶室管理和数据系统以及联网功能（COMAND Online）。

（2）当前车辆重量。

（3）驾驶风格（车速、制动特点）。

（4）辅助用电器负荷。

（5）转弯概率。

混合动力系统促动，如图 3-123 所示。

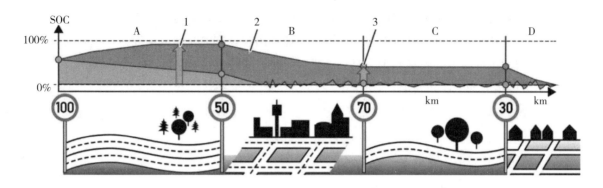

1.相对于手动运行策略，提高了高压蓄电池的电量　2.在市内采取纯电气运行　3.自动切换运行策略　A.乡间行驶　B.市内行驶　C.乡间行驶　D.到达目的地　SOC.高压蓄电池充电状态　km.行驶里程，单位km

图 3-123

（八）高压能源管理

1. 高压能源管理（HV-EMM）。

高压能源管理：通过控制高压蓄电池中的接触器以及高压车载电气系统中的其他所有电源，激活和关闭高压车载电气系统，同时对所有避免电击威胁所需的防护机制（例如绝缘测量、联锁装置回路监控、碰撞传感器）进行监控和参考。

2. 混合动力运行。

驱动系统控制单元中的高压能源管理模块用于协调混合动力系统的各种能量流，并为此使用连接蓄电池管理系统控制单元、直流转换器、功率电子装置、充电装置的接口，以及连接带有电动制冷剂压缩机和高压正温度系数加热器的空调接口。它通过 CAN 总线与所有相关的控制单元进行信息交换，并对 ME 控制单元中的能量使用及回收协调施加影响。为完成这些任务，高压能源管理模块与蓄电池管理系统控制单元有着密切的网络联系。出于获得高压蓄电池最佳使用寿命的考虑，蓄电池管理系统控制单元不断监控高压蓄电池的性能和电量等，并将这些信息和安全极限值通报给高压能源管理模块。

根据这些信息以及从其他高压组件获取的信息，高压能源管理模块会为高压车载电气系统内的每一个组件分别创建功率许可。创建功率许可的目的是要确保混合动力系统根据驾驶员要求和耗油量优化功率分配。除了功率许可之外，高压能源管理模块还向功率电子装置控制单元提供可变电流及电压极限值。通过在功率电子装置周围的传动系统控制单元对极限值进行准确监控，以确保严格遵守由蓄电池管理系统控制单元所传输的高压蓄电池极限值，这一区域既能充分利用蓄电池的最佳性能，又能达到最长的使用寿命。

3. 车辆静止时的功能。

和此前梅赛德斯 - 奔驰混合动力车型不同的是，奔驰 S500 插电式混合动力汽车在静止状态下，仍可有多种车辆功能处于激活状态。例如，车辆可以通过所集成的充电装置进行充电，并在车辆静止期间利用高压蓄电池所提供的或来自插座的能量，对车内空间进行完全恒温控制。若停放时间很长，则还可由高压蓄电池对车载电气系统蓄电池提供应急支持，从而确保发动机在超长时间停放后仍可启动。如果要求通过所集成的蓄电池充电装置对高压蓄电池进行充电，高压能源管理系统会要求所有相关的组件进入正确的工作模式。此外，高压能源管理模块还根据由蓄电池管理系统所发送的信息，持续监控所有相关的极限值和高压蓄电池的电量，以令蓄电池在充电时间、充电效率及使用寿命方面得到优化。此外，高压能源管理模块还计算出预计充电时间或出发时可达到的电量等显示值，并通过充电插座上的状态 LED，对充电过程的状态进行可视化显示：

（1）橙色（闪烁）：初始化。

（2）绿色（闪烁）：充电过程。

（3）绿色（长亮）：蓄电池已充满电。

（4）橙色（长亮）：充电暂停。

（5）红色（高频率闪烁）：故障。

如果驾驶员希望对车内空间进行恒温控制，高压能源管理模块便会主动与空调控制单元进行信息交换。后者根据规定的车内空间所需温度、当前车外温度和太阳辐射情况，向高压能源管理模块提供预计的恒温控制时间。该信息交换在所要求出发时间之前的相关时间段内重复多次，以确保所提供的能量得以经济利用，同时准确达到驾驶员所设定的温度要求。

四、舒适功能

1. 温度预调节。

根据需要，可在上车时，对汽车内部空间进行短时间预热或预通风，或通过事先编程设定的出发时间以及手动方式，通过温度预调节按钮，自动预加热或预冷却至事先输入的温度。温度预调节分为 4 种模式：

（1）温度预调节模式 1：温度预调节从车辆解锁时开始，最多持续 5 min。

（2）温度预调节模式 2：最多在出发时间之前 55 min 进行温度预调节（未插上充电电缆插头）。

（3）温度预调节模式 3：最多在出发时间之前 55 min 进行温度预调节（已插上充电电缆插头）。

（4）温度预调节模式 4：温度预调节最多持续 50 min，通过温度预调节按钮操作。

2. 通过车辆解锁进行温度预调节（模式 1）。

通过车辆解锁进行温度预调节的目的是在上车时对驾驶员座位区域进行短时间预热或预通风，并对出风口中吹出的空气进行预冷却。根据车内温度和自动空调控制单元中预设的标准温度，对汽车内部空间进行冷却或加热。无论温度有多大偏差，温度预调节都会被激活。这时，自动空调始终处于调节模式。只有当车外温度低于 12 ℃且与汽车内部空间的温度差大于 5 ℃时，座椅加热、面板加热和方向盘加热才会被激活。如果自动空调控制单元将标准温度设定为最小值"Lo"，制冷功能会始终激活。如果自动空调控制单元将标准温度设定为最大值"Hi"，加热功能会始终激活。温度预调节运行的前提条件是空调控制单元确定以下信息：

（1）头部区域的车内温度。

（2）空调控制单元的标准温度。

（3）环境温度。

（4）太阳辐射。

若车辆与供电装置连接，则会优先将高压蓄电池充电至规定的最低电量状态，然后才会激活在出发时间进行温度预调节的功能。

3. 已设定出发时间的温度预调节（模式 2 和模式 3）。

如果车辆未与供电装置连接且高压蓄电池未完全充电，温度预调节的运行时间可能会缩短。车辆启动后或超过所设定的出发时间 5 min，温度预调节便会结束。

4. 设定出发时间。

出发时间可通过仪表中的菜单进行设置、选择和激活。仪表通过用户接口 CAN、电子点火开关控制单元和车内 CAN 将已激活的出发时间发送至传动系统控制单元和空调控制单元。空调控制单元计算出所需的温度调节时间，并通过车内 CAN、电子点火开关控制单元和底盘 Flex Ray 将其发送至传动系统控制单元。到达启动时刻后，传动系统控制单元通过底盘 CAN、电子点火开关控制单元和车内 CAN 向空调控制单元发出温度预调节请求。然后，汽车内部空间被冷却或加热，直至配合所设定的出发时间，达到所需的温度为止。为此，驻车空调最多提前 55 min 被激活。如果出发延迟，车辆空调便会继续运行 5 min。当仪表上的出发时间激活，并在驾驶室管理及数据系统（COMAND）控制单元中选择了温度预调节时，温度预调节按钮上的指示灯便会亮起（黄色）。接通指示灯的请求是由传动系统控制单元通过底盘 Flex Ray、电子点火开关控制单元、车身 CAN、空调控制单元和空调 LIN2 发送至前部空调操作单元的。前部空调操作单元直接促动驻车空调按钮上的 LED。

5. 通过温度预调节按钮进行温度预调节（模式 4）。

即使是在请求的车内空间温度已达到的情况下，温度预调节也能被接通。汽车内部空间的空调（例如在行车间隙）最多可以继续运行 50 min，以便车内空间温度保持恒定。温度预调节的开启和关闭通过前部空调操作单元上的温度预调节按钮实现。前部空调操作单元通过空调 LIN2 将温度预调节按钮的状态发送至空调控制单元。通过驻车空调按钮上的指示灯显示驻车空调当前的运行状态：

（1）指示灯亮起（红色）：加热功能接通。

（2）指示灯亮起（蓝色）：制冷功能接通。

（3）指示灯亮起（黄色）：已预选出发时间。

提示：温度预调节在打开发动机罩时被断开。

提示：在出发时间点进行温度预调节时，座椅加热、方向盘加热、扶手加热和车外后视镜加热都在达到出发时间点之前最多被促动 10 min，后窗玻璃加热装置则最多被促动 13 min。

五、联网

（一）控制单元布置（如图 3-124 所示）

（二）高压车载电气系统／联锁装置回路（如图 3-125 所示）

（三）联锁装置

联锁装置回路用于防止人员无意中接触高压组件。为此，联锁装置回路的 12 V/88 Hz 信号将高压车载电气系统的所有可拆卸及可断开部件形成环路。在每个可拆卸的高压接口或用于遮盖高压触点的盖子内，都有一个电桥。拆卸高压接口或盖子时，电桥令联锁装置回路断开。另外，联锁装置回路还与高压组件的 12 V 控制单元接口串联。拔下控制单元接口后，通过联锁装置输入输出端触点，

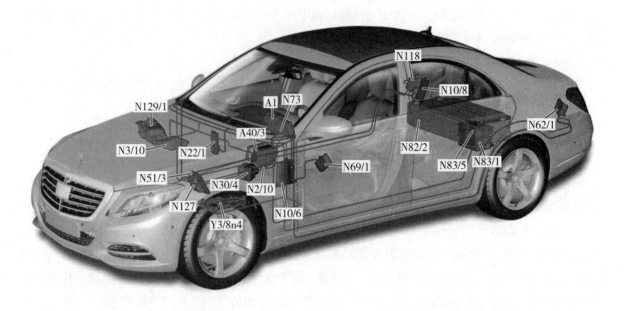

A1.仪表　A40/3.驾驶室管理及数据系统（COMAND）控制单元　N2/10.辅助防护装置控制单元　N3/10.ME控制单元　N10/6.前侧信号采集及促动控制模组（SAM）控制单元　N10/8.后侧信号采集及促动控制模组（SAM）控制单元　N22/1.恒温控制系统控制单元　N30/4.电控车辆稳定行驶系统（ESP）控制单元　N51/3.空气悬挂系统（AIRMATIC）控制单元　N62/1.雷达测距传感器控制单元　N69/1.左前车门控制单元　N73.电子点火开关控制单元　N82/2.蓄电池管理系统控制单元　N83/1.直流转换器控制单元　N83/5.充电装置　N118.燃油泵控制单元　N127.传动系统控制单元　N129/1.功率电子装置控制单元　Y3/8n4.集成式变速器控制单元

图 3-124

令联锁装置回路断开。联锁电路确保高压车载电气系统被切断或不能被激活，从而防止无意中接触到高压组件。行驶中，联锁装置回路中断不会导致高压车载电气系统被切断。只有换挡杆挂入位置 N 或 P > 3 s 后，且车速 < 5 km/h 时，高压车载电气系统才会被切断。此外，当换挡杆处于位置 D 时，发动机罩打开后，高压车载电气系统同样会被切断。若联锁装置回路出现故障，则在点火开关关闭后，车辆无法再次启动。如果联锁装置回路存在故障，车辆静止时的各种功能（点火开关"关闭"）被中断，高压车载电气系统将被停用。也就是说，任何一次进入高压车载电气系统都会导致联锁装置回路中断，从而令高压车载电气系统在上述条件下被停用，并可以防止高压车载电气系统被激活。

　　提示：蓄电池管理系统控制单元、功率电子装置控制单元、直流转换器控制单元和充电装置都有一个联锁装置信号的逻辑分析系统。

　　联锁发生器位于蓄电池管理系统控制单元中。在每个激活的高压组件（例如高压蓄电池和充电装置）中，都有一个联锁装置逻辑分析系统，可自行进行分析。通过激活的高压组件对联锁装置回路信号分析，可以确定故障状态（例如断路、短路）。联锁装置回路会在其他组件（电动制冷剂压缩机、高压正温度系数加热器）中形成环路。联锁装置回路信号在蓄电池管理系统控制单元中生成，并在一个串联电路中经过以下部件进行传输：

　　（1）功率电子装置。

　　（2）高压配电板。

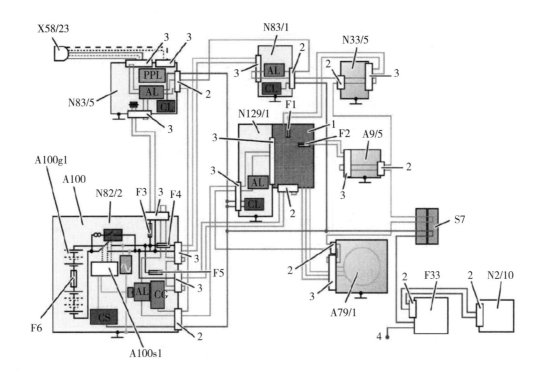

1.高压分配器　2.控制单元接口　3.高压接口　4.端子30　A100.高压蓄电池模块　A100g1.高压蓄电池　A100s1.接触器　A79/1.电机　A9/5.电动制冷剂压缩机　F1.高压正温度系数加热器保险丝（不可更换）　F2.电动制冷剂压缩机保险丝（不可更换）　F3.保险丝（充电装置，可更换）　F4.保险丝（直流转换器，可更换）　F5.保险丝（功率电子装置控制单元上的高压配电板，可更换）　F6.高压蓄电池保险丝（不可更换）　F33.后部预熔保险丝盒　N2/10.辅助防护装置控制单元　N33/5.高压正温度系数加热器　N82/2.蓄电池管理系统控制单元　N83/1.直流转换器控制单元　N83/5.充电装置　N129/1.功率电子装置控制单元　S7.高压断开装置　X58/23.充电装置供电插座　AL.联锁装置逻辑分析系统　CG.联锁发生器　CL.端子30C逻辑分析系统　CS.端子30C（供电接触器）　PPL.接近先导信号逻辑分析系统

图 3-125

（3）电机。

（4）电动制冷剂压缩机。

（5）高压蓄电池。

（6）高压正温度系数加热器。

（7）直流转换器。

（8）充电装置。

（9）救援分离点。

（10）高压断开装置。

提示：在后部预熔保险丝盒中，端子 30 变为了端子 30C。该端子用于蓄电池管理系统控制单元和功率电子装置控制单元，作为识别碰撞事件所需的信号线，以及用于为接触器供电。当辅助防护装置控制单元在发生碰撞的情况下触发后部预熔保险丝盒中的引线后，或高压断开装置被断开后，端子 30C 信号线便会断开，高压蓄电池中的接触器将高压蓄电池至高压车载电气系统的连接断开。

六、音频和通信

（一）通信服务

1. 车载智能信息服务。

驾驶员可以通过车辆特有的网站"车辆主页"，借助互联网查询车辆数据，并进行设置。尤其是可以这种方式实现不受地点限制的充电过程控制和监控。

"车辆主页"由服务提供商提供。通过"车辆主页"可以访问以下内容：

（1）高压蓄电池电量。

（2）高压蓄电池充电时间。

（3）出发时间编程（用于充电和温度预调节）。

（4）激活"通过钥匙进行温度预调节"的功能。

（5）设置/激活"在出发时间进行温度预调节"的功能。

（6）电动续驶里程和总续驶里程。

（7）上次行车的 ECO 得分（行车风格）。

（8）续驶里程图形预告。

（9）充电桩查找器。

（10）信息发送（例如通过 E-Mail）。

此外，还可利用支持"智能充电通信"的基础设施，便捷且没有财务风险地完成充电过程。

2. 车辆和"车辆主页"之间的通信通过服务提供商实现。

一旦用户成功调出"车辆主页"，便能够通过服务提供商所提供的可靠的移动电话连接，与车辆进行数据交换（例如查询信息和进行设置）。

提示：后续计划逐步扩展功能范围。

（二）Mercedes Connect Me

紧急呼叫系统的车载智能信息服务通过与服务中心的移动电话连接实现。车载智能信息服务通信模块通过左侧紧急呼叫系统天线（或通过右侧紧急呼叫系统天线）发送和接收移动电话信号。

除了紧急呼叫以外，还可提供以下服务：

（1）拖车服务（事故管理）。

（2）故障停车服务（抛锚管理）。

（3）保养和维护（维护和远程守护）。

（4）App 服务（在线和远程）。

进行所有服务时，都要将车辆数据传输到服务中心。当驾驶员通过音频设备选择了电话簿条目"MB Contact"后，才能使用拖车服务、故障停车服务以及保养和维护服务中的某些功能。对于保养和维护服务而言，若客户未签署保养和维护协议，则会于计算出的保养日期前 5 天，在车辆中的音频 /COMAND 显示屏上显示一个弹出窗口，以询问是否希望与客户中心建立连接。如果驾驶员选择"现在呼叫"，便会与服务中心建立语音连接。如果驾驶员选择"稍后呼叫"，该弹出窗口便会在之后的某个时刻再次显示。如果驾驶员选择"不，谢谢"，有关即将到期的保养日期弹出窗口便不会再显示。

提示：App 服务包括传输车辆位置（车辆查找器），当车辆到达或离开某个特定地区后通报车辆位置（车辆跟踪器 / 地理围栏），车辆远程解锁和联锁（远程上锁 / 解锁），显示车辆状态（远程状态）等。

七、高压安全性

（一）断开电源

1. 高压断开装置。

车辆配备有一个高压断开装置，如图 3-126 所示。若该装置在进行基于诊断的电源切断作业过程中被停用，则高压断开装置会对端子 30C 和联锁装置回路进行物理隔离。在这种情况下，故障存储器中记录一个指定的故障码。该故障码在高压车载电气系统投入运行时被删除。

S7.高压断开装置

图 3-126

注意：进行手动断电前，务必先执行基于诊断的切断操作。

提示：穿戴个人防护装备进行手动断电以及随后的重新投入运行、高压车载电气系统的绝缘性检查和击穿试验，都只能由负责对安全型高压量产车辆进行作业且参加过专门高压培训"手动切断高压车载电气系统"的专业人员执行并记录。

提示：当高压车载电气系统电源已切断时，只允许进行那些需要切断电源的保养和维护工作。

所有与高压有关的保养和维护工作都应作为独立流程进行，这样可以防止在高压车载电气系统重新投入运行时出现可能的干扰，从而必须"重复处理"。

提示：所有需要切断电源才能进行的作业，在 WIS 文档中均有说明。

2.断开高压断开装置。

为了在进行维修和保养作业时避免出现电击危险，必须切断高压车载电气系统的电源并采取保险措施，以防止其重新接通。切断电源以及重新投入运行的操作都必须记录在高压车载电气系统电源切断记录或高压车载电气系统投入运行纪录中。这些记录应连同车辆维修文档一起保存。高压车载电气系统的电源断开过程应通过引导式车辆诊断进行。拔出高压断开装置后，高压蓄电池接触器（促动）以物理方式被中断，如图 3-127 所示。在拔出高压断开装置时见到的圆环上加上挂锁，可防止其重新插入。

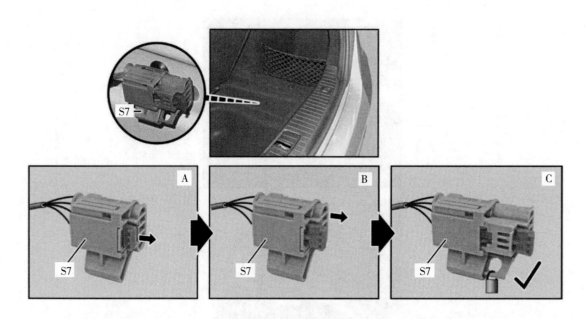

S7.高压断开装置　A.松开联锁　B.断开高压断开装置　C.用挂锁在圆环处上保险

图 3-127

（二）供救援人员使用的二维码

梅赛德斯 – 奔驰是第一家利用二维码对车辆专有的救援卡提供数字化访问的汽车制造商。发生事故时，相关的车辆信息可在全球范围内方便而快速地调取。只需要一个带有照相功能的智能手机 / 平板电脑（无论采用哪种操作系统平台）和二维码读取 App（可免费获取）即可实现该功能。通过二维码贴签调取数字化救援卡的方式，尤其在那些未配备救援人员信息系统（例如德国 / 荷兰的车牌查询）的国家，可大幅度提高安全性并赢得宝贵的时间。二维码贴签位于两个位置：

（1）油箱盖内侧。油箱盖上的二维码，如图 3-128 所示。

（2）驾驶员侧 B 柱。驾驶员侧 B 柱上的二维码，如图 3-129 所示。

1.二维码

图 3-128

2.二维码

图 3-129

八、保养

1. 保养策略。

当前的梅赛德斯－奔驰保养策略同样适用于奔驰 S500 PLUG-IN HYBRID。因此，该款车完全集成在根据扩展后的保养策略建立的保养系统 ASSYST PLUS 中。它规定的固定保养周期为每 25000 km/12 个月（ECE），如所在国有不同的里程周期规定，则以国家规定为准。另外，保养 A 和保养 B 依然交替进行，并仍可由驾驶员自由选择"PLUS Paket"。

2. 费用可靠且有计划性：梅赛德斯－奔驰服务合约。

哪款合约最适合我？乘用车客户利用车辆特有的梅赛德斯－奔驰服务合约，可得到个性化保障，并从不同的产品类别中选择最适合自己的合约。作为入门级产品的可购买延保服务，主要针对重视安全且对价格敏感的客户。即使是在过了制造商保修期之后，客户仍可以长期获得保障，以避免产生突如其来的高昂维修费用。保养合同的核心是费用透明度和可计划性。所有保养费用均包含在其中，行驶时间以约定为准。

3. 新技术特性。

混合动力变速器 724.2（NAG2P2）的自动变速器油及滤清器的更换周期为每 100000 km/5 年，由此可保证插电式混合动力系统中的 M276.8 发动机在整个期望寿命周期内，都能获得最高的组件效益。此外，在保养 A 和保养 B 中，还分别需要检查充电电缆和车辆插座是否存在机械损坏。其他保养间隔与基本车型一样保持不变。全面服务合约作为高端产品，除了上述保养和维修工作外，同时兼顾了所有针对磨损件的工作。通过这种全面无忧的保护，客户便能够确信他的梅赛德斯－奔驰汽车可长久保持最佳状态。具体的梅赛德斯－奔驰服务合约以及产品名称结合各国实际情况分别确定。

九、服务信息

（一）诊断

奔驰 S500 PLUG-IN HYBRID 的诊断和往常一样，通过 Xentry Diagnostics 进行，这样可以识别车辆的全部装备特征，以及进行准确的故障分析、故障排除，并对车辆特有的数值和参数进行分析。为对高压车辆及其高压组件进行诊断，需要采取特殊的资格审查措施。传动系统的结构经常要求使用新软件进行全面编程。和往常一样，控制单元的编程保存在 ME 控制单元的选项卡"调整"下。

提示：进行高压蓄电池容量检查时，必须在使用寿命之内对该蓄电池进行一次完全放电，然后重新充满电。

提示：只有经过培训的修理厂人员（负责对安全型高压量产汽车 - 车型系列 S 级插电式混合动力汽车进行作业的专业人员）才能进行基于诊断的电源断开操作，并针对高压车载电气系统进行作业。

（二）对车辆进行作业

1. 在发生事故和短路时切断高压车载电气系统。

在发生事故时的高压车载电气系统切断过程，是通过触发燃爆式分离元件实现的。分离元件在识别到碰撞时，由辅助防护装置控制单元进行促动。这会导致电源全相位断开，从而令电机的发电机停止运行，并令中间电路电容器放电，直到其电压值低于危险范围。发生短路时，通过软件和保险丝令高压车载电气系统分级切断。

2. 保护措施。

车辆采取了大量措施，以防止与高压车载电气系统的高压电发生接触。通过壳体、绝缘层和盖罩对整个系统进行了防接触保护。高压车载电气系统的组件通过高压电气导线进行连接。无论是高压车载电气系统的正极还是负极，均不与车辆接地相连。

3. 结构性安全措施。

（1）防接触保护。

①壳体。

②盖罩。

③绝缘层。

④插接器。

电位平衡通过连接底盘（车辆接地）的导线实现。

（2）特有组件要求。

①电位隔离。

②绝缘电阻。

③耐电压强度。

（3）特有系统要求。

①总电阻。

②封装规定。

4. 警告牌（如图 3-130 所示）。

图 3-130

（三）服务人员要求和资质（如表 3-22 所示）

表 3-22

工作	专门针对高压的安全培训	高压意识培训（基础）	高压资质，不含产品培训（第 1 阶段）	高压资质，含产品培训（第 2 阶段）	高压培训，手动切断
高压车载电气系统之外的"简单"工作：操作、设备检查、跨接启动	具有资质	具有资质	具有资质	具有资质	具有资质
对高压车辆的一般维修，对已切断高压车载电气系统的作业（基于诊断／手动）	不具有资质	具有资质	具有资质	具有资质	具有资质
无工作：中间阶段－产品培训前提条件	不具有资质	不具有资质	具有资质	具有资质	具有资质
基于诊断的高压车辆切断操作	不具有资质	不具有资质	不具有资质	具有资质	具有资质（如果存在针对特定车辆的产品培训，基于诊断的切断尝试务必先于手动切断进行）
手动切断绝缘电阻，检测耐电压强度	不具有资质	不具有资质	不具有资质	不具有资质	具有资质［允许（按照 WIS 规定）针对车型进行手动切断］

十、专用工具

1. 高压蓄电池诊断单元（如图 3-131 所示）。

用途：通过 Xentry Diagnostic（跨车型系列）诊断拆下的高压蓄电池。

梅赛德斯－奔驰货号：W000586009900。

适用范围：跨车型系列。

图 3-131

2. 升降工装（如图 3-132 所示）。

用途：用于拆卸行李箱中约 110 kg 重的高压蓄电池（可用于不同的型号系列）。

梅赛德斯 – 奔驰货号：W222589006200。

类别：梅赛德斯 – 奔驰乘用车专用操作。

适用范围：T222163P。

图 3-132

3. 检测适配器（如图 3-133 所示）。

用途：BR222 手动切断，检查高压蓄电池是否无电压（高压配电板线束接口）。

梅赛德斯 – 奔驰货号：W222589026300。

类别：梅赛德斯 – 奔驰乘用车专用操作。

适用范围：T222163P。

图 3-133

4. 适配电缆（如图 3-134 所示）。

用途：利用 Xentry Diagnostic 对已拆下的高压蓄电池进行诊断所需的车辆专有适配电缆（只能配合高压蓄电池诊断单元 W000586009900 使用）。

梅赛德斯 – 奔驰货号：W222589046300。

类别：梅赛德斯 – 奔驰乘用车专用操作。

适用范围：T222163P。

图 3-134

5. 检测适配器（如图 3-135 所示）。

用途：BR222 手动切断，检查高压蓄电池是否无电压（充电装置或直流转换器线束接口）。

梅赛德斯 – 奔驰货号：W222589056300。

类别：梅赛德斯 – 奔驰乘用车专用操作。

适用范围：T222163P。

6. 检测适配器（如图 3-136 所示）。

用途：用于检测联锁装置回路导线是否短路，以及用于测量绝缘电阻。

梅赛德斯 – 奔驰货号：W724589046300。

类别：梅赛德斯 – 奔驰乘用车专用操作。

适用范围：G7242_P。

图 3-135

图 3-136

7. 适配器（如图 3-137 所示）。

用途：机油油位检查适配器。

梅赛德斯 - 奔驰货号：W724589002100。

类别：梅赛德斯 - 奔驰乘用车基本操作 / 要求必须使用，无例外规定。

适用范围：G7242_P。

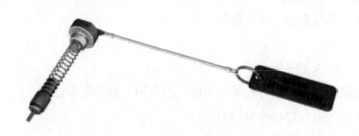

图 3-137

8.芯棒（如图 3-138 所示）。

用途：用于将径向轴密封环安装到驱动轴的中间壳体内。

梅赛德斯 – 奔驰货号：W724589021500。

类别：梅赛德斯 – 奔驰乘用车专用操作。

适用范围：G7242_P。

图 3-138

9.升降工具（如图 3-139 所示）。

用途：用于提升和运输变速器。

梅赛德斯 – 奔驰货号：W724589026300。

类别：梅赛德斯 – 奔驰乘用车基本操作推荐 / 备选。

适用范围：G7242_P。

图 3-139

10.装配工具（如图 3-140 所示）。

用途：用于安装和拆卸电机转子。

梅赛德斯 – 奔驰货号：W724589033100。

类别：梅赛德斯 – 奔驰乘用车专用操作。

适用范围：G7242_P。

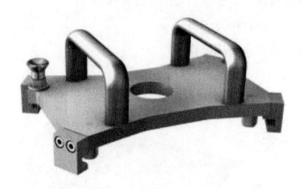

图 3-140

11. 装配工具（如图 3-141 所示）。
用途：用于在装配作业时固定变速器。
梅赛德斯 – 奔驰货号：W724589044000。
类别：梅赛德斯 – 奔驰乘用车专用操作。
适用范围：G7242_P。

图 3-141

12. 拆卸及安装工具（如图 3-142 所示）。
用途：用于安装和拆卸电机定子。
梅赛德斯 – 奔驰货号：W724589036300。
类别：梅赛德斯 – 奔驰乘用车专用操作。
适用范围：G7242_P。

图 3-142

13. 导向销（如图 3-143 所示）。

用途：用于将中间壳体安装到离合器外壳上。

梅赛德斯 – 奔驰货号：W724589041500。

类别：梅赛德斯 – 奔驰乘用车专用操作。

适用范围：G7242_P。

图 3-143

第三节　奔驰 S560e（W222.173）混合动力车型

一、概述

除传统驱动外，新款 S 级轿车采用加长轴距且在奔驰 S560e 中配备新一代混合动力驱动系统。已从根本上对成功应用在奔驰 S500e 中的第 2 代混合动力驱动系统进行了改进，并在第 3 代中进一步优化。与仅装配发动机的车辆相比，该车型可以增强驾驶乐趣并提高驾乘舒适性，同时尽可能减少油耗和排放，甚至零排放。纯电动模式下车速可达 130 km/h，续驶里程可达 50 km，其外观如图 3-144 和图 3-145 所示。

混合动力驱动特征：

（1）增压模式（E-BOOST）。

（2）再生制动。

（3）ECO 启动 / 停止功能。

（4）高压蓄电池的外部充电。

（5）车内的辅助智能气候控制。

（6）触觉加速踏板。

（7）智能混合动力。

图 3-144

图 3-145

二、混合动力驱动

混合动力驱动系统由 6 缸火花点火式 M276 DEH LA 发动机（2996 cm³ 的排量，270 kW 的输出功率和 520 N·m 的最大扭矩）以及电传动装置组成，其永磁体电机额定功率为 90 kW，可产生 440 N·m 的最大扭矩。从外观上看，混合动力车辆可通过行李箱盖上的名称 S560e 和后保险杠中的车辆插座盖进行识别。

1. 混合动力驱动模块。

（1）发动机。

（2）电机。

（3）9G-TRONIC 自动变速器。

（4）功率电子装置（带集成式直流/直流转换器的交直流转换器）。

（5）高压蓄电池。

（6）充电部件（充电器、汽车插座和充电电缆）。

2. 混合动力车辆配备。

（1）用于智能气候控制的电力驱动高压制冷剂压缩机。

（2）触觉加速踏板。

（3）车外温度低时，用于确保热舒适性的电动高压正温度系数（PTC）加热器。

（4）用于制动力增压的电动真空泵。

（5）机电动力转向。

（6）专门开发用于混合动力车辆的制动系统，以进行有效能量回收（RBS）。

3. 第 3 代插电式混合动力车辆采用久经测试的元件以及优化的混合动力部件。

（1）装配集成式直流/直流转换器的功率电子装置。

（2）高压性能组件，包括带可切换保险丝的高压分配板。

（3）高压蓄电池。

（4）高压蓄电池能量含量约 50% 以上。

（5）9G-TRONIC 自动变速器搭载经调节适用于混合动力模式的变矩器。

（6）充电容量为 7.2 kW 的充电器。

（7）额定功率为 90 kW 的电机。

（8）新的充电电缆。

三、电机

由于电机在低转速下也可提供大扭矩，可有效支持发动机，因此可比传统驱动更快地达到驾驶员要求的扭矩，也可提供较高的响应性。集成在变速器牵引头中的电机是采用内转子设计的永久激活同步电机，其位于发动机和自动变速器之间的中心位置，包括一个电机转子位置传感器和用于记录线圈温度的电机温度传感器。要在高压直流电压系统下操作电机，需要功率电子装置（功率转换器）。功率电子装置控制单元、电机的功率转换器以及直流/直流转换器（用于为 12 V 车载电气系统供电）集成在功率电子部件中。功率转换器用三相交流电压通过功率电子装置控制单元的请求控制电机。功率电子装置控制单元操控电机的温度和位置，进行故障诊断和功率预测。功率电子装置控制单元与传动系统控制单元通信。来自电机和直流／直流转换器的数据提供至功率电子装置并执行传动系统控制单元对于扭矩、电压和电流的请求。功率电子部件通过高压分配板连接到电机上。其中一个便捷功能就是电机可主动减弱传动系统中的扭转振动，从而提高驾乘舒适性。电机用于显示启动／停止和发电机模式功能，以及增压效果和能量回收功能。变速器钟状外壳的剖面图，如图3-146所示。

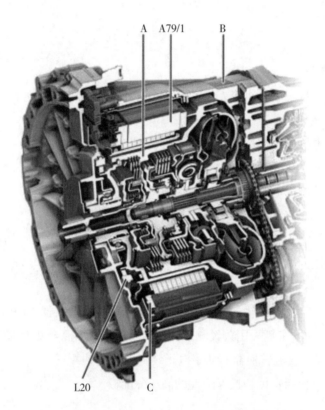

A79/1.电机　L20.电机转子位置传感器　A.离合器　B.变速器钟状外壳　C.定子（集成式绕组温度传感器）

图 3-146

与第2代相比，变矩器作为启动装置安装。变矩器与变矩器锁止离合器、发动机分离器离合器以及集成式减震器一起构成一个重量优化、集成良好的总成。牵引头（包括电机、变矩器、发动机分离器离合器、变矩器锁止离合器和变矩器壳体）可作为一个模块装置单独进行安装。其通过适配器板连接至主变速器。这样的传动系统结构可提供以下重要功能：

发动机分离器离合器在发动机退耦的情况下减少所有操作模式下传动系统的功率损耗。变矩器和变矩器锁止离合器位于电机和变速器输入装置之间，可通过发动机分离器离合器使用电机启动发动机，从而发挥在噪声、震动和不平顺性（NVH）方面的优势。由于启动装置由湿式离合器换成变矩器和发动机分离器离合器，爬行不再是难题。即使处于电动模式，也可通过机油泵（初级泵）确保变速器油的供给。因此，变速器油供给不仅仅取决于集成式电动辅助机油泵的性能。在可实现电动模式的情况下可扩展变速器油温度窗口。由于提高了高压蓄电池的输出功率和容量，因此提高了驾驶模式下的电气性能，尤其是电气范围和增压性能。此外，根据车辆的不同，性能增强可使自适应驾驶计算更灵活，这意味着可减少污染物排放。

特殊功能：

（1）变矩器和发动机分离器离合器取代湿式离合器。

（2）9个前进挡。

（3）可更换电机转子位置传感器。

（4）电机集成在混合动力牵引头中。

（5）牵引头可作为整套进行更换，这就是更换后一般不进行电压验证测试（电气绝热效率测试）的原因。

四、功率电子装置

功率电子系统有一个交直流转换器和一个直流 / 直流转换器。安装了高压分配板，其中包括向电机供电的三相接头以及电动制冷剂压缩机的接头和高压正温度系数（PTC）加热器。安装在辅助用电设备高压分配板中的两个 60 A 保险丝可单独更换。功率电子装置位于风挡玻璃下方发动机舱内右侧（沿行驶方向）。图 3-147 所示为功率电子装置控制单元。

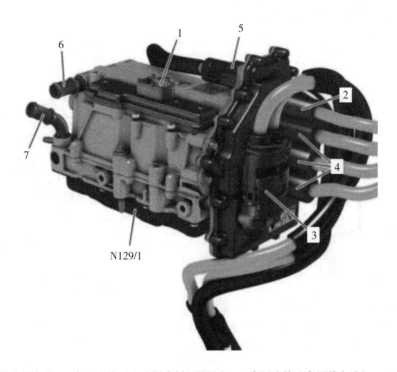

1.控制单元连接器　2.高压连接（电动制冷剂压缩机）　3.高压连接（高压蓄电池）　4.UVW高压连接器（电机）　5.高压连接（高压正温度系数加热器）　6.冷却液输入　7.冷却液输出
N129/1.功率电子装置控制单元

图 3-147

五、交直流转换器

功率电子装置（又称之为电子管）包括一个交直流转换器，可将高压蓄电池电压（直流）转换为三相交流电压（交流），以操作电机。

六、直流／直流转换器

直流／直流转换器支持高压车载电气系统和 12 V 车载电气系统（降压模式）之间的能量传输。

七、高压蓄电池

锂离子高压蓄电池用于存储通过能量回收或电气充电部件产生的电能。蓄电池系统的紧凑型设计和高能量密度优势尤为突出。高压蓄电池位于车辆后端。

蓄电池系统具有以下特性：

（1）带独立锂离子电池的单元块并对其进行监测。

（2）蓄电池管理系统（BMS）控制单元。

（3）带冷却液连接的散热片板。

（4）高压触点。

（5）非交换型保险丝。

（6）高强度外壳。

图 3-148 所示为高压蓄电池模块。

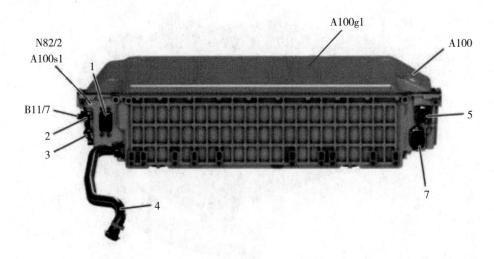

1.控制单元连接器　2.冷却液输入　3.冷却液输出　4.除气管　5.充电器高压连接　7.功率电子装置控制单元高压连接　A100.高压蓄电池模块　A100g1.高压蓄电池　A100s1.触点　B11/7.低温回路2温度传感器　N82/2.蓄电池管理系统控制单元

图 3-148

八、专用混合动力冷却系统

功率电子装置和高压蓄电池（带充电系统）产生的热量通过两个独立的低温回路放出。

九、电动制冷剂压缩机

通过使用电动制冷剂压缩机提高舒适度。在电动模式和辅助智能气候控制期间，无论发动机模式为何，车辆都会供给所需冷却输出。因此，发动机不工作时仍可保持气候的舒适性，并通过辅助智能气候控制进一步改善（预置空调和保持空调）。

十、9G-TRONIC 自动变速器

发动机和电机生成的扭矩通过带混合动力牵引头的 9G-TRONIC 自动变速器传输。特此开发了该款型号的变速器应用于混合动力汽车上。主变速器上的调节装置有变矩器壳体、变速器控制软件和带阀体总成的电动辅助机油泵。混合动力牵引头包括用于润滑所有换挡元件和支承点的初级泵。电动辅助机油泵用于在电机停止时保持工作压力。电机集成在牵引头中，与发动机分离器离合器和专用混合动力变矩器配套使用。

十一、操作模式和变速器模式

（一）操作模式

驾驶员可从 4 种操作模式中进行选择。

1. 混合动力模式（默认设置）。

（1）自动选择驱动模式。

（2）电动模式可用。

（3）优化使用发动机和电机组合驱动模式。

2. 电动模式。

（1）电动模式可用。

（2）通过触觉加速踏板进行电动输出。

（3）发动机仅通过触觉压力点上的过压启动。

3. 省电模式。

（1）保持高压蓄电池电量，例如可用于在电动模式下驾驶。

（2）电动模式可用（部分能量通过能量回收获得）。

4. 充电模式。

（1）高压蓄电池在驾驶模式下以及车辆静止时充电。

（2）电动模式不可用。

（二）变速器模式

混合动力驱动的特性补充了传统驱动的特性，提供舒适型（Comfort）、经济型（Eco）和运动型（Sport）驾驶模式。给驾驶员提供一种动感、舒适或油耗优化的驾驶模式。

（1）舒适型（默认设置）。

①舒适的驾驶模式提供最佳燃油消耗（加速踏板的特殊特性和变速器换挡特性）。

②电动模式可用。

（2）经济型（Eco）。

①电动模式下的驾驶模式尤其可节约油耗。

②混合动力驱动系统的经济性设计。

③电动模式可用。

④ ECO 辅助功能。

（3）运动型（Sport）。

①通过增强的增压模式（E-BOOST）体验动感的驾驶模式。

②发动机必须保持运行。

③混合动力驱动系统的动感设计（改进的加速踏板特性和变速器换挡特性）。

（4）自定义（Individual）。

根据驾驶员的偏好进行自定义设置。

十二、混合动力功能

1.电气驱动。

在电动模式或组合模式下装备部分负荷起步和驾驶。高压蓄电池和 90 kW 强力驱动单元可在电动模式下行驶超过 50 km 的距离。若电机的输出功率不足，则在更高车速或陡坡上驾驶时，火花点火式发动机自动启动并连接至传动系统。关闭电机和发动机之间的联轴器，在关闭前转速是同步的。车载电子装置调节内驱动单元的发动机和电机的转速。此功能可使驾驶员以舒适且难以察觉的方式启动发动机。

2.E-BOOST。

在所谓的"增压模式"下，电机支持发动机，以尽快达到所需的规定扭矩，尤其是在低转速时。此外，增压模式的持续时间和强度取决于高压蓄电池的电量。发动机配备了优化的传动启动机，无须使用车辆的动能进行牵引启动，这极大地提高了响应性。

3.能量回收或制动。

在超速运转模式下和制动阶段，能量回收在减少油耗方面起着重要作用。在超速运转模式下，发动机关闭并通过电机在再生模式下产生的负载扭矩代替制动力。

在混合动力车辆减速期间，有 3 种可能的操作状态：

（1）若仅在减速情况下运转时已进行能量回收，则电机作为发电机进行工作，并将再次获得的能量传送至高压蓄电池。

（2）若驾驶员仅轻轻踩下制动踏板，则车辆通过电机进一步减速，电机会向高压蓄电池输送更多能量。

（3）若驾驶员用力踩下制动踏板，则也会采用强力制动来使车辆减速。两个系统在这些行驶条件下共同工作。

4.超速运转模式和智能能量回收。

若驾驶员在舒适型或经济型驾驶模式下松开加速踏板，则车辆启用航行模式，发动机退耦并关闭。电机通过能量回收产生减速扭矩。在舒适型驾驶模式下，车辆像传统车辆一样滑行并减速，以调节超速扭矩（与超速运转模式下的发动机比较），将获得的能量传送至高压蓄电池。在经济型驾驶模式下，能量生成降至最小（增强版超速运转模式），有利于智能能量回收。在此过程中，发动机保持关闭。在该运行状态下，能量直接转换为更高的滑行速度和 / 或更长的滑行距离，这对于在较长的下坡路或预见要接近交通信号灯和十字路口时具有优势。在这种情况下，相比其他传统车辆，本车滑行更自由，减速也没那么猛烈。此外，当接近通过雷达传感器系统检测到的前方行驶车辆时，可智能设置减速扭矩。

5. 静默启动。

混合动力车辆可在已促动启动按钮时启用电动模式。静默启动的可用性取决于车外温度、变速器油的温度以及高压蓄电池的电量。混合动力驱动操作准备就绪通过仪表上的绿色指示灯"READY"指示。

十三、在混合动力驱动模式下驾驶

1. 城市道路驾驶。

混合动力车辆的优势在频繁怠速和减速的城市交通里体现得尤其明显：

一方面，车辆暂停时发动机停止，车辆频繁减速时会进行能量回收；另一方面，通过电动模式，而非使用发动机在主要道路上驾驶时，电动模式阶段、增压阶段、恒速阶段和能量回收阶段交替进行。根据路线纵断面的不同，可产生大量的回收能量，与传动驱动概念相比，在油耗和排放方面更具优势。

2. 高速公路驾驶。

在高速公路上驾驶时，发动机的负载点转移可有效解决油耗和排放的问题。

十四、智能发动机管理

混合动力车辆的智能驾驶管理系统将行驶路线和交通状况提前考虑在内，因此可在驾驶过程中以最佳方式更有效地消耗高压蓄电池的能量。对于可预见功能，使用来自雷达传感器系统、多功能摄像头与驾驶室管理和数据系统以及联网功能（COMAND Online）导航系统的信息。由于在各种驾驶状况下提供支持，智能驾驶管理系统降低车辆的油耗，增加电气范围，并为驾驶员提供更舒适的体验。

1. 智能驾驶管理的功能。

（1）智能能量回收。

（2）智能换挡策略。

（3）基于路线的操作策略。

（4）ECO 辅助系统。

2. 智能能量回收。

根据驾驶状况使用电机，可将再生制动系统作为发电机进行能量回收。根据当前和未来交通状况，灵活调节能量回收。为此，除了来自雷达的数据外，车辆还评估来自交通标志辅助系统的信息，如地图和摄像头数据。根据状况的不同，再次获得的能量可有效存储为动能或电能，以此增加能量范围。该功能通过有效的能量存储增加能量范围：

（1）在超速运转模式可行的情况下存储为动能。

（2）在通过能量回收减速可行的情况下存储为电能。

在雷达数据、摄像头数据和地图数据的帮助下，使用周围环境的信息（传感器融合）对驾驶状况进行评估。可通过能量回收从自由加速到预定义减速对再生扭矩进行无级调节。有关距离和速度差的信息通过雷达传感器系统提供。距离控制系统根据交通状况计算理想的加速度或减速度。此外，会评估通过多功能摄像头记录的限速并应用到能量回收。提前评估来自地图数据的限速并通过滑行模拟应用到能量回收。通过触觉加速踏板的双脉冲，驾驶员会获得切换至超速运转模式的最佳时间点。驾驶员可通过仪表的能量流图看到能量回收的变化，电流回收性能显示在电量供应显示中。

3. 智能换挡策略。

对于智能换挡策略，阻止车辆前行时，触发升挡干预，松开加速踏板时，进行升挡干预。例如，若允许超过速度较快的车辆，则该策略可允许车辆立即换到最佳（较低）挡位进行加速。松开加速踏板时的升挡和操作加速踏板时的减挡均受到干预。如果不能超车，通过发动机制动扭矩获得更高的车辆减速度，驾驶员须将制动减小，避免接近前车。干预换挡策略在于提高驾驶的舒适型和车辆的反应能力。在所有变速器模式下都会启用该功能，但是设计不同，即每个转速阈值会在各个驾驶模式下进行相应调节。

4. 基于路线的操作策略。

例如，驾驶员熟悉路线并且了解何时需要使用电动模式以及何时进行蓄电池放电，可以手动选择多种混合动力操作模式。基于路线的操作策略接收以上两个请求，并将其和驾驶员的意愿（此操作模式下应采取哪种路线顺序）相联系。操作模式的选择不仅仅是事件导向的，而要同时考虑以下两点：

（1）由于驱动路线不同，电能的使用在节能效果方面存在差异。

（2）在城市交通中使用电气驱动模式的电能也会给驾驶员带来较好的体验。

在高速公路上行驶时，可以通过基于路线的策略根据需求减少使用电能，蓄电池的电量也可以有针对性地通过负载点转移设置为其余水平。通过 ADAS（高级驾驶员辅助系统）获得的来自驾驶室管理和数据系统以及联网功能（COMAND Online）的关于线束和前方道路斜坡的数据（以 128 m 为准，最远可达 1024 km）构成路线能量评估的基础，并用于充电控制和释放输出功率。启用导航系统中的路线向导，选择混合动力模式且处于经济型驾驶模式时，也会启用基于路线的操作策略。

5.ECO 辅助系统。

ECO 辅助系统有助于给驾驶员提供更经济舒适的驾驶模式。驾驶员可使用以下功能：

（1）触觉加速踏板中的附加变量偏心预负荷（E-MODE）。

明显感觉到触觉加速踏板的偏心预负荷时，表示当时可提供最大电气行驶功率。若感觉触觉加速踏板踩下的量超过偏心预负荷，则发动机开启。

（2）触觉加速踏板中的双脉冲（经济型驾驶模式）。

根据触觉加速踏板中的显著双脉冲，建议驾驶员松开加速踏板。因此，发动机关闭并从传动系统退耦。车辆可切换至航行模式或智能能量回收模式。根据车速和距离前方行驶车辆的距离和速度差触发双脉冲。

十五、控制和显示概念

配备全新一代混合动力驱动系统的奔驰 S 级轿车可用的附加控制和显示元素有：

（1）电动模式下仪表中的电量供应显示。

（2）仪表中的回收和能量显示。

（3）主机和仪表中的能量流显示。

（4）主机中的燃油消耗和能量回收柱状图。

（5）仪表中的"READY"显示。

十六、智能气候控制

在车辆使用遥控钥匙或编程启动前，智能气候控制会在车内提供高水平的节能型热舒适性，与传统固定加热器一样。此外，可使用智能手机应用程序（Mercedes Connect Me）进行激活和编程。若客户在启动驱动前激活气候控制，则即使在充电完成后，蓄电池容量也会显示小于100%。

十七、充电器

具有3.6 kW（1相）和7.2 kW（2相）充电容量的优化充电器安装在行李箱凹槽的后部区域。其控制充电过程，并防止短路、反极性和过压。图3-149所示为充电器。

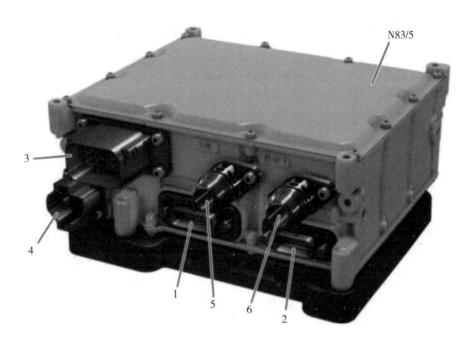

1.控制单元连接器（车辆插座） 2.控制单元连接器（车辆） 3.交流高压连接器 4.直流高压连接器 5.冷却液输出 6.冷却液输入 N83/5.充电器

图3-149

十八、高压蓄电池因素分析

高压蓄电池可通过集成在后保险杠中的车辆插座连接充电站和电源插座充电。通过1.8 kW充电容量（1相，230 V，8 A）的市售供电插座进行标准充电（从20%到100%），车外温度约为20℃时需要约5 h。通过公共充电站或车库安装的壁式充电箱进行充电（电量从20%至100%），在室外温度约为20℃时充电时间可减少至约1.4 h（壁式充电箱或公共充电站的充电容量为7.2 kW，2相，400 V，32 A）。充电系统监测电压、电量、充电时间以及相关部件温度，以保护高压蓄电池。此外，在充电模式下行驶时，高压蓄电池可通过驱动单元进行充电（以燃油消耗为代价）。

带充电电流设置的充电电缆（根据国家版本限制充电电流）：公共充电站使用一般充电电缆（模式3），电源插座采用一种新的充电电缆（模式2）。充电电缆（模式2），如图3-150所示。

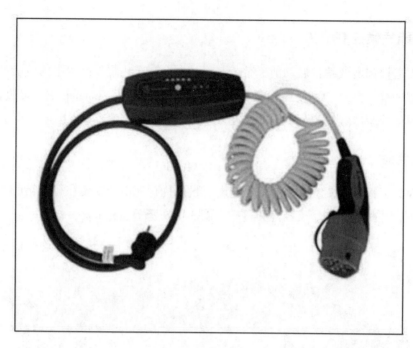

图 3-150

十九、安全性概念

　　丰富的高压区驾驶经验造就了多阶段安全性概念的发展。除了高压车载电气系统自动切断，所有混合动力装置还装配有救援队分离点，该分离点可关闭高压车载电气系统。高压断开装置能够满足主流救援组织与协会的最新要求。高压断开装置是防篡改的，安装在行李箱右后载物舱盖板的下方（沿行驶方向）。此外，分离点以带标记的切割材料形式位于左侧仪表板下方的保险丝和继电器模块中，如表 3-23 所示。当难以接触后部区域时，便可利用该分离点。

表 3-23

车型	发动机	额定功率	变速器（标配）
S560e	276.825	系统：420 kW 发动机：330 kW	725.017
充电时间	单位	数值	备注
	h	6.5	20 % ~ 100 % SOC（可用电量），1 相（230 V，8 A）
	h	1.4	20 % ~ 100% SOC（可用电量），3 相（400 V，32 A）
混合动力部件	单位	数值	备注
高压蓄电池			
容量	Ah	95	—
电能容量	kWh	10	可用

充电器			
1 相输出	kW	3.6	最大 1 相充电容量（230 V，8 A）
3 相输出	kW	7.2	最大 3 相充电容量（400 V，32 A）
电机			
输出功率	kW	90	—
扭矩	N·m	440	—

第四节　奔驰 S 级（W222）混合动力汽车典型故障与维修提示

一、奔驰 S400 HYBRID（W222.157）车辆不能启动，启动机不工作，仪表上蓄电池故障灯点亮

故障现象：车辆不能启动，启动机不工作，仪表上蓄电池故障灯点亮，如图 3-151 所示。

图 3-151

故障诊断：

（1）N129/1 和 N82/2 都报故障码 P0A0E00：高压车载电网的互锁回路存在偶发的功能故障。

（2）高压蓄电池的实际值中互锁回路状态显示为"故障"。

（3）根据故障码进行引导测试，仔细检查了 X18/7，无异常，如图 3-152 所示。

（4）根据故障码进行引导测试，仔细检查了 X22/4，无异常，如图 3-153 所示。

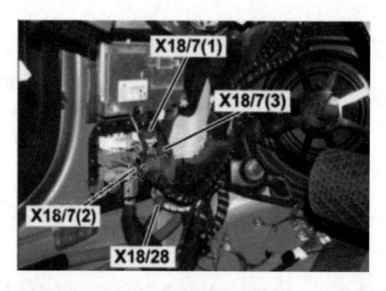

图 3-152（图注省略）

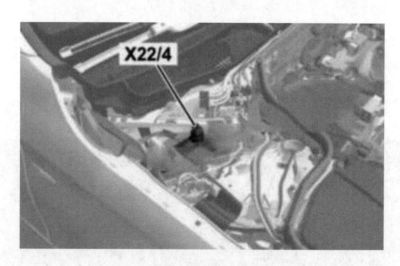

图 3-153（图注省略）

故障排除：车辆断电，断开高压蓄电池互锁线路插头，沿着线束方向测量互锁回路电阻为 35 Ω，线束这边电阻正常，断路点不在线束上。使用示波器同时测量高压蓄电池输入和输出端信号：互锁波形相同，说明 A100 的互锁输入和输出端中一定有一个没有输出信号，如图 3-154 所示。

仔细检查互锁回路输出和输入端针孔松动虚接情况，发现输出端针孔松动，如图 3-155 所示。

二、奔驰 S400 HYBRID 车辆急加速时 2-3 挡有明显的顿挫感

车型：W222.157。

故障现象：奔驰 S400 HYBRID 车辆急加速时 2-3 挡有明显的顿挫感。

故障诊断：行驶时 2-3 挡冲击感很严重，6-7 挡也有类似现象。同客户路试车辆急加速时 2-3 挡或 3-4 挡有明显的顿挫感，缓慢加速时 2-3 挡或 3-4 挡无顿挫感。车辆路试的过程中，出现过几次自动熄火的故障现象，人坐在车内发动机存在抖动的故障现象。仪表无相关故障警示信息。2-3 挡或 3-4 挡有顿挫感的故障现象是间歇性出现的，10 次里面可以出现 5 次。车辆为公司用车，未

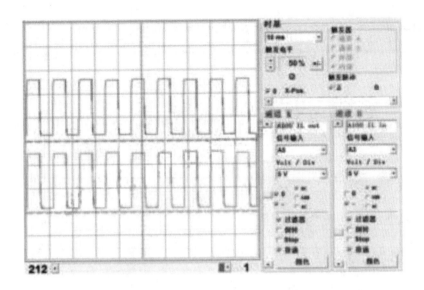

图 3-154

图 3-155

在特殊条件下使用过。驾驶员为专业司机，驾驶风格及习惯良好。2016年9月4日因变速器换挡发冲更换过变速器控制单元，2021年6月19日客户反映，4-5挡换挡顿挫，有时3挡无法升挡，维修车间对变速器和发动机控制单元执行软件升级，并匹配挡位后试车正常，建议客户使用观察。车辆无相关加装及改装的设备存在。路试过程中急加速时2-3挡或3-4挡有明显的顿挫感，故障现象可以被重现。车辆行驶过程中急加速时2-3挡或3-4挡有明显的顿挫感，影响到了车辆行驶的舒适性。快速测试，Y3/8n4无相关故障码，N3/10报有故障码P033500：曲轴位置传感器1存在电气故障，P033904：曲轴位置传感器1存在偶发性故障，存在一个内部故障，如图3-156所示。

可能的故障原因：

（1）变速器控制单元的软件故障。

（2）2-3挡或3-4挡需要重新调校匹配。

N3/10 - Motor electronics 'MED177' for combustion engine 'M276' (ME)

Model	Part number	Supplier	Version
Hardware	276 901 39 00	Bosch	11/25 000
Software	276 902 16 01	Bosch	17/37 000
Software	276 903 21 03	Bosch	17/37 000
Boot software	000 904 06 00	Bosch	12/07 000

Diagnosis identifier	023440	Control unit variant	MED177_M276_VC12

Fault	Text		Status
P033500	Position sensor 1 for the crankshaft has an electrical fault.		S

Name	First occurrence	Last occurrence
Number of injections per power stroke (anzesrk)	1.00	1.00
Operating mode (bdemod)	1.00	1.00
Development data ((combust1_u))	48.00	48.00
Development data ((combust2_u))	3.00	3.00

P033904	Position sensor 1 for the crankshaft has a sporadic malfunction. There is an internal fault.		S

Name	First occurrence	Last occurrence
Number of injections per power stroke (anzesrk)	1.00	1.00
Operating mode (bdemod)	1.00	1.00
Development data ((combust1_u))	48.00	48.00
Development data ((combust2_u))	3.00	3.00
Development data ((enhdtcinfo))	2.00	2.00
Lambda control upstream of left catalytic converter (frm2_u)	1.02	1.02
Lambda control upstream of right catalytic converter (frm_u)	1.02	1.02
Actual gear (gangi)	Gear 2	Gear 2
Position of left exhaust gas recirculation valve (high_byte_of_agrvp2_w)	0.00%	0.00%
Position of left exhaust gas recirculation valve (high_byte_of_agrvps2_w)	0.00%	0.00%
Position of right exhaust gas recirculation valve (high_byte_of_agrvps_w)	0.00%	0.00%
Position of right exhaust gas recirculation valve (high_byte_of_agrvp_w)	0.00%	0.00%

图 3-156

（3）变速器油不足或太脏。

（4）变速器阀体故障。

（5）曲轴位置传感器有故障，导致变速器换挡有冲击。

检查变速器控制单元，无新的升级软件。检查变速器油位，正常。检查变速器油底壳，没有金属铁屑，变速器油干净，正常。为此让客户更换了一个新的变速器阀体，更换阀体后再次路试车辆，行驶过程中急加速时2-3挡或3-4挡依然存在强烈的顿挫感，不正常。更换阀体后现象无实质性变化。使用E或S模式行驶，只要急加速，2-3挡或3-4挡均会有明显的冲击感。改变换挡程序，变速器的冲击感没有多少改变，不正常。使用S模式对变速器2-3挡、3-4挡重新进行5次换挡调校，依然存在顿挫感，没有改善，不正常。

当换挡出现顿挫时，检查发动机转速，正常，由此认为换挡顿挫与曲轴位置传感器不相关。重新调整检查，拆下曲轴位置传感器，发现曲轴位置传感器表面有金属粉末存在，不正常。转动曲轴皮带轮同时使用镜子检查飞轮齿，发现有两个飞轮齿弯曲变形，不正常。拆下变速器，发现变速器和双质量飞轮表面存在大量粉末（如图3-157所示），不正常。

检查飞轮齿，发现有两个齿弯曲变形，不正常，双质量飞轮表面严重烧蚀，转动飞轮，内部松动，如图3-158和图3-159所示。

图 3-157

图 3-158

281

飞轮齿弯曲变形，不正常

图 3-159

双质量飞轮齿弯曲变形导致曲轴位置传感器报故障和双质量飞轮内部松动及表面严重烧蚀，导致变速器换挡顿挫严重。

故障排除：更换双质量飞轮，路试车辆反复急加速，变速器换挡平顺，发动机也未出现过自动熄火的现象，坐在车内之前的发动机抖动现象也已消除。

三、奔驰 S400 混合动力纯电动模式不能使用

车型：奔驰 S400（W222.157），配置 M276.9 自然吸气缸内直喷发动机和 7 速变速器（722.9）。

行驶里程：100031 km。

故障现象：客户投诉车辆行驶过程中，纯电动模式不能使用。

故障诊断：接车后，路试车辆，确实如客户所说的一样，车辆不能使用纯电动模式。仪表没有其他的报警，车辆的其他功能正常，高压蓄电池也能正常充电，制动系统也能进行制动能量回收。连接诊断仪对电控系统进行快速测试，遗憾的是高压系统的控制单元并没有相关故障码，如图 3-160 所示。

在对故障进行进一步诊断前，很有必要介绍一下奔驰 S400 混合动力系统的结构原理。奔驰 S400 混合动力系统与老款 W221 车系 S400 的最大不同点是应用了最新的 P2 系统，P2 系统的基本特征是电机位于变矩器与变速器之间。通过这种布置，可以对电机的转速与发动机的转速分别进行控制，这样就能实现车辆纯电动行驶，并且当电机出现问题时，车辆一样能启动，发动机有自己的电机，而老款 W221 车系 S400 电机位于发动机和变速器之间，这样就不能实现纯电动行驶，并且

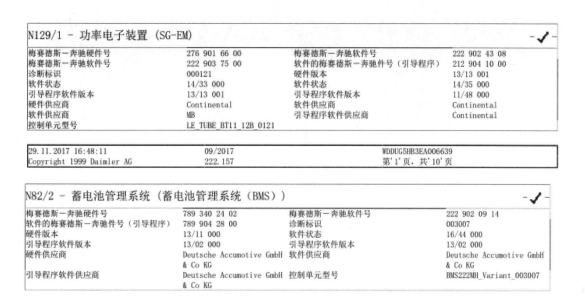

N129/1 - 功率电子装置（SG-EM）			✓
梅赛德斯—奔驰硬件号	276 901 66 00	梅赛德斯—奔驰软件号	222 902 43 08
梅赛德斯—奔驰软件号	222 903 75 00	软件的梅赛德斯—奔驰件号（引导程序）	212 904 10 00
诊断标识	000121	硬件版本	13/13 001
软件状态	14/33 000	软件状态	14/35 000
引导程序软件版本	13/13 001	引导程序软件版本	11/48 000
硬件供应商	Continental	软件供应商	Continental
软件供应商	MB	引导程序软件供应商	Continental
控制单元型号	LE_TUBE_BT11_12B_0121		

29.11.2017 16:48:11	09/2017	WDDUG5HB3EA006639
Copyright 1999 Daimler AG	222.157	第'1'页，共'10'页

N82/2 - 蓄电池管理系统（蓄电池管理系统（BMS））			✓
梅赛德斯—奔驰硬件号	789 340 24 02	梅赛德斯—奔驰软件号	222 902 09 14
软件的梅赛德斯—奔驰件号（引导程序）	789 904 28 00	诊断标识	003007
硬件版本	13/11 000	软件状态	16/44 000
引导程序软件版本	13/02 000	引导程序软件版本	13/02 000
硬件供应商	Deutsche Accumotive GmbH & Co KG	软件供应商	Deutsche Accumotive GmbH & Co KG
引导程序软件供应商	Deutsche Accumotive GmbH & Co KG	控制单元型号	BMS222MH_Variant_003007

图 3-160

在电机出现问题时，车辆不能正常启动和行驶，也不能实现纯电动行驶。奔驰 S400 还有一个特点就是它的 AC/DC 和 DC/DC 整合在了一起，位置也发生了变化，位于发动机舱的右前侧，高压蓄电池位于后备箱处。

对混合动力系统的大致结构和原理有了了解后，再进行诊断就有的放矢了。没有故障码，那就看实际值，按照以往诊断混合动力故障经验，一般从高压蓄电池的实际值、互锁回路和绝缘电阻入手，出现故障时的相关实际值，如图 3-161 ~ 图 3-163 所示。

图 3-161

图 3-162

283

蓄电池单元1 - 35的电压			
实际值			
编号	姓名	实际值	标准值
814	蓄电池单元 - 最低电压	3.588V	[3.200 .. 4.100] V
867	蓄电池单元 - 最高电压	3.609V	[3.200 .. 4.100] V
477	蓄电池单元 - 平均电压	3.596V	[3.200 .. 4.100] V
280	蓄电池单元1的电压	3.595V	[3.200 .. 4.100] V
611	蓄电池单元2的电压	3.596V	[3.200 .. 4.100] V
659	蓄电池单元3的电压	3.599V	[3.200 .. 4.100] V
052	蓄电池单元4的电压	3.599V	[3.200 .. 4.100] V
398	蓄电池单元5的电压	3.599V	[3.200 .. 4.100] V
725	蓄电池单元6的电压	3.594V	[3.200 .. 4.100] V
621	蓄电池单元7的电压	3.592V	[3.200 .. 4.100] V
392	蓄电池单元8的电压	3.600V	[3.200 .. 4.100] V
268	蓄电池单元9的电压	3.597V	[3.200 .. 4.100] V
054	蓄电池单元10的电压	3.597V	[3.200 .. 4.100] V
619	蓄电池单元11的电压	3.602V	[3.200 .. 4.100] V
871	蓄电池单元12的电压	3.599V	[3.200 .. 4.100] V
761	蓄电池单元13的电压	3.595V	[3.200 .. 4.100] V
351	蓄电池单元14的电压	3.609V	[3.200 .. 4.100] V
032	蓄电池单元15的电压	3.604V	[3.200 .. 4.100] V
917	蓄电池单元16的电压	3.601V	[3.200 .. 4.100] V
294	蓄电池单元17的电压	3.598V	[3.200 .. 4.100] V
433	蓄电池单元18的电压	3.602V	[3.200 .. 4.100] V
213	蓄电池单元19的电压	3.599V	[3.200 .. 4.100] V
163	蓄电池单元20的电压	3.591V	[3.200 .. 4.100] V
718	蓄电池单元21的电压	3.603V	[3.200 .. 4.100] V
405	蓄电池单元22的电压	3.602V	[3.200 .. 4.100] V
062	蓄电池单元23的电压	3.599V	[3.200 .. 4.100] V
441	蓄电池单元24的电压	3.603V	[3.200 .. 4.100] V
309	蓄电池单元25的电压	3.602V	[3.200 .. 4.100] V
573	蓄电池单元26的电压	3.597V	[3.200 .. 4.100] V
929	蓄电池单元27的电压	3.592V	[3.200 .. 4.100] V
085	蓄电池单元28的电压	3.591V	[3.200 .. 4.100] V
830	蓄电池单元29的电压	3.596V	[3.200 .. 4.100] V
655	蓄电池单元30的电压	3.597V	[3.200 .. 4.100] V
406	蓄电池单元31的电压	3.596V	[3.200 .. 4.100] V
146	蓄电池单元32的电压	3.600V	[3.200 .. 4.100] V
778	蓄电池单元33的电压	3.599V	[3.200 .. 4.100] V
344	蓄电池单元34的电压	3.590V	[3.200 .. 4.100] V
137	蓄电池单元35的电压	3.596V	[3.200 .. 4.100] V

图 3-163

　　从上面的实际值来看，均正常，高压互锁回路和绝缘电阻都是正常的，高压蓄电池里面的小蓄电池也是正常的，看来这个故障是相当隐蔽的。查阅相关的技术文件，没有直接的指引，对蓄电池管理系统控制单元和 AC/DC 控制单元进行了升级，对发动机和传动系统控制单元也进行了升级，故障依旧。

　　由图 3-164 分析混合动力是准备好了的，但是纯电动模式不能使用。在奔驰的技术资料中并没有专门讲纯电动行驶需要什么样的条件，只是说高压蓄电池的电量和选择的操作模式决定是否以纯电动模式行驶。在 S 模式时纯电动功能是不能使用的，并没有具体说明高压蓄电池要有一个什么样的电量。没有故障码，高压系统实际值正常，看来这个问题有点隐蔽性。

图 3-164

进一步整理诊断思路，在试车的过程中，想到一个问题，此车的 ECO 功能不能正常使用，应该是完全不能使用才对，转念一想，他们之间会不会有什么内在的联系呢？诊断思路又转移到 ECO 功能不能使用上来。ECO 不能使用往往也是没有故障码的，只能看相关实际值，前侧 SAM 是整车低压电网的控制单元，里面有相关的 ECO 实际值，进去一看，果然有了发现，相关实际值如图 3-165 所示。

ECO启动/停止功能			
实际值			
	编号	姓名	实际值
	869	部件'F33k2 （ECO 启动/停止功能附加蓄电池继电器）'状态	接通
	142	部件'F33k1 （退耦继电器）'状态	关闭
	344	输入信号的状态'S62/42 （右侧发动机罩接触开关）'	发动机罩已关闭
	238	部件'通过ECO启动/停止功能请求发动机启动'状态	关闭
	295	发动机停止预防：诊断	未激活
	426	发动机停止预防：车载电网	未激活
✓	206	发动机停止预防：蓄电池	已激活
	305	发动机停止预防：环境条件	未激活
	598	发动机停止预防：局域互联网（LIN）故障	未激活
信息			

图 3-165

通过上面的实际值可以看出，发动机不能使用 ECO 功能的一个条件就是车载电网已经激活，这样导致了 ECO 功能不能使用，这说明车载电网是有问题的。按照以往的诊断经验分析，车载电网有问题一般指向的是低压蓄电池。用奔驰专用的蓄电池检测仪检测低压蓄电池，提示更换。果断更换低压蓄电池。低压蓄电池和高压蓄电池实际位置，如图 3-166 所示。

左边的一个是低压蓄电池，右边的一个是高压蓄电池。更换低压蓄电池后试车，奇迹出现了，车辆的 ECO 功能可以使用了，并且车辆的纯电动模式也可以使用了，相关实际值如图 3-167 所示。

图 3-166

图 3-167

看来他们二者之间是有必然联系的，整理二者的共同点，纯电动功能就是发动机不运转，只是靠电机运行，而 ECO 功能有个特点就是，发动机也要停止运作，ECO 才能使用。

故障总结：遇到一个隐蔽的故障时，诊断思路一定要发散，一个故障点往往迁出了很多的故障现象，而多个故障现象之间是有必然联系的。

四、奔驰 S500e 后视摄像头黑屏

车型：W222.163。

故障现象：后视摄像头黑屏。

故障诊断：挂入倒挡，后视摄像头短暂打开后马上关闭（黑屏），打开时是有后部画面的。360° 系统其他摄像头工作正常。快速测试，360° 系统报故障码"与主机控制单元的通信存在功能故障，存在一个错误信号。存储，频率 5 次"。N42 控制单元摄像头护罩无故障码。查看实际值，无异常。促动后视摄像头盖板，也是打开后马上关闭。升级 360° 系统及后视摄像头盖板控制单元

后，故障依旧。检查后视摄像头盖板控制单元到后盖板的线路，1 号脚棕绿色开关线路断路，其他线路正常，如图 3-168 和图 3-169 所示。修理线路并合理布线，故障排除。

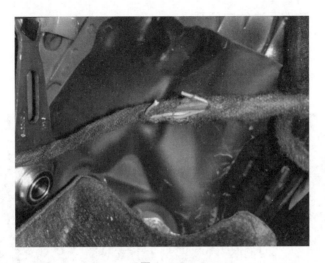

图 3-168

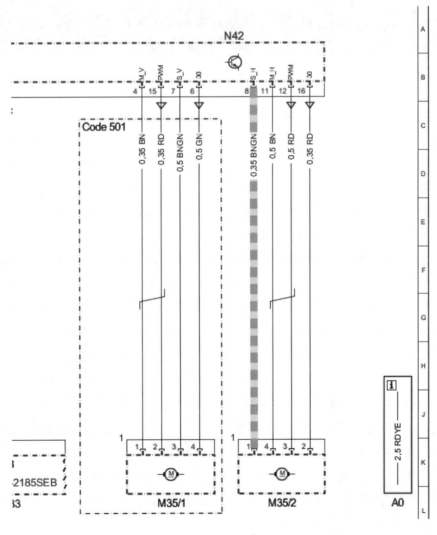

图 3-169（图注省略）

故障原因：后视摄像头盖板的 1 号开关线路断路。分析此处线路断路应该是开闭尾箱盖时拉扯线束造成的。

五、奔驰 S550e 车辆无法纯电行驶

车型：W222.163。

故障现象：奔驰 S550e 车辆无法纯电行驶，如图 3-170 所示。

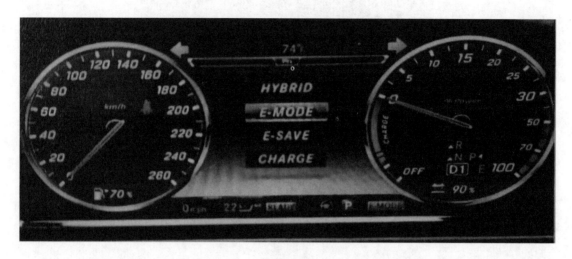

图 3-170

故障诊断：与客户进行试车，车辆确实无法进行纯电行驶，仪表 READY 指示灯为黄色，高压蓄电池电量为 18 %，客户车辆停放 3 个月未使用。用诊断仪快速测试，在 SAM 和 N127 中存储有故障：辅助蓄电池故障，超出电阻最高值。电量管理系统中报高压蓄电池内部运行时间存在一个不可信数据。根据电量管理系统故障码进行引导型检测，结果为高压蓄电池故障，需要更换。让高压蓄电池行驶中充电，发现行驶 20 km 后电量显示为 18 %，仪表 READY 指示灯仍为黄色，ECO 不正常工作。与客户沟通说要更换高压蓄电池，客户接受不了，后来告诉客户买个美标转国标的充电转接头或转接线到家里或充电柱充电试一下。客户接受此方案，说回去试一下。客户第二次到店检查，说通过上次的方法已经把高压蓄电池充电到 100 % 了。着车观看仪表，高压蓄电池电量实际值为 95 % 且 READY 指示灯为绿色，但是试车仍无法纯电行驶，无法选择纯电行驶模式且 ME 故障灯亮起。接上诊断仪检测 N127，报辅助蓄电池故障码，这个故障码是引起 ME 故障灯亮的原因。电量管理系统还是报上次运行时间的故障码，进入控制单元查看高压蓄电池的实际值都是正常的，说明高压蓄电池现在是好的。于是对电量管理系统进行了控制单元编程，编程成功后发现故障码消失，但是试车仍然无法纯电行驶。查阅 WIS 看混合动力的功能介绍，感觉 G1/13 不会对纯电行驶造成影响，也就没往这方面想这个问题。后来把发动机、变速器、传动、SAM 和高压系统控制单元都进行了升级后也没有把故障排除。最后告诉客户先把辅助蓄电池换了再试车吧。客户同意后更换完试车，车辆恢复正常，可以纯电行驶。看来混合动力行驶控制单元会参考 N127 的数据，根据此经验，在之后又一次遇到同样的故障时，同样升级多个控制单元后测试，故障排除。

六、2019 年奔驰 S320L 混动汽车停放一周后车辆全车无电，无法启动

车型：S320L。

发动机型号：M264.920。

行驶里程：13674 km

年款：2019 年（CODE 809）。

VIN/FIN：WDD2221501A××××××。

故障现象：停放一周后车辆全车无电，无法启动。

故障诊断：拖车到店后，连接充电机进行充电，充电大约 4 h 后，尝试进行启动，仪表上出现红色蓄电池图标和文字提示"停车 参见用户手册"，如图 3-171 所示。

图 3-171

此车装配 48 V 电气化直列 4 缸发动机，型号为 M264，采用 P0 结构 48 V 轻混车载电气系统，系统由一个通过皮带和皮带轮与曲轴连接的启动发电机驱动曲轴或被曲轴驱动，英文缩写为 BSG（Belt driven Starter Generator），德语缩写为 RSG，如图 3-172 所示。

皮带驱动式启动发电机（RSG）部件及网络连接示意图，如图 3-173 所示。

新型 4 缸火花点火式 M264 发动机采用皮带驱动式启动发电机（BSG），取消了 12 V 发电机和启动机。除了发电机功能，其也可使用来自 48 V 车载电网蓄电池的能量生成扭矩，以辅助发动机。在低发动机转速甚至减少发动机排量的情况下，传动系统通过额外的电磁扭矩也可以产生较大扭矩。直流/直流转换器控制单元（N83/1）在 48 V 车载电气系统中是能源管理的主控制单元，如图 3-174 所示。48 V 车载电气系统中的能源管理系统计算集成式启动机 – 发电机输出电流和电压值，以实现 48 V 车载电网蓄电池的电荷平衡并稳固启动性能。传动系统控制单元（N127）在 48 V 车载电气系统中是牵引力管理的主控制单元。牵引力管理系统确定集成式启动机 – 发电机是否能为发动机生成额外的驱动扭矩或是否能在发电机模式下工作。发动机与 48 V 车载电气系统的相互作用使车辆产

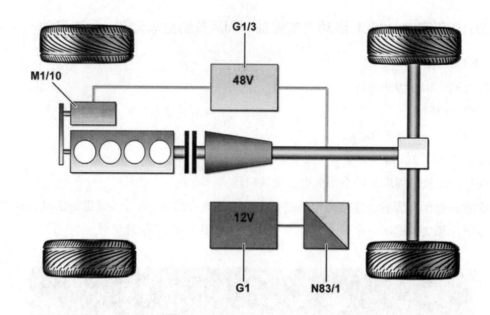

图 3-172（图注省略）

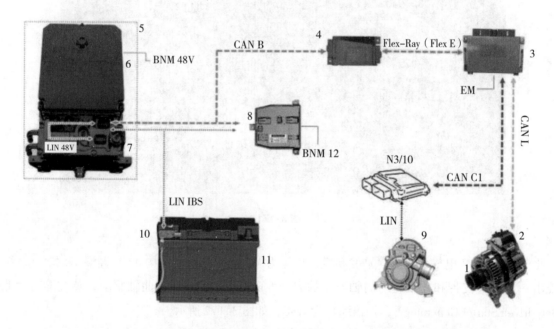

1.RSG（皮带驱动式启动发电机）M1/10　2.功率电子装置控制单元N129　3.传动系统控制单元 N127
4.电子点火开关 （EZS）控制单元N73　5.动力单元（由直流/直流转换器和48 V蓄电池组成）　6.直
流/直流转换器控制单元 N83/1　7.48 V蓄电池 G1/3　8.前侧信号采集及促动控制模组（SAM）控制单元
N10/6　9.48 V水泵 M75/11　10.12 V蓄电池传感器B95　11.12 V蓄电池G1　N3/10.发动机控制单元

图 3-173（部分图注省略）

生更好的响应性，使发动机启动更快更平顺并减少油耗。

　　如图 3-175 和图 3-176 所示，48 V 车载电气系统并未替代之前的 12 V 车载电气系统，而是在
其基础上进行了延伸。12 V 车载电气系统实际上保持不变，仅由直流 / 直流转换器供电，而非 12 V
发电机。直流 / 直流转换器向 12 V 车载电气系统供电，因为采用了 48 V 车载电气系统，无须改装

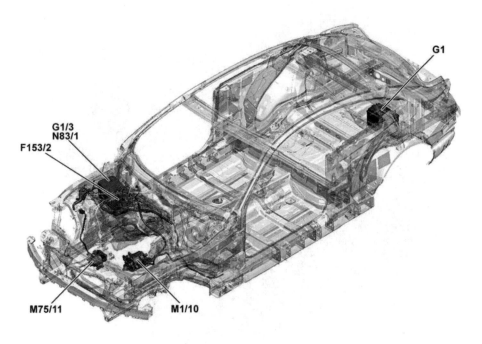

图 3-174（图注省略）

12 V 用电设备。与未装配 48 V 车载电气系统车辆中的 12 V 用电设备没有差别，直流 / 直流转换器也可向另一方向传送能量，即从 12 V 到 48 V，例如可通过用于 12 V 蓄电池的充电器或来自供电车辆的充电器对 48 V 蓄电池进行再充电。

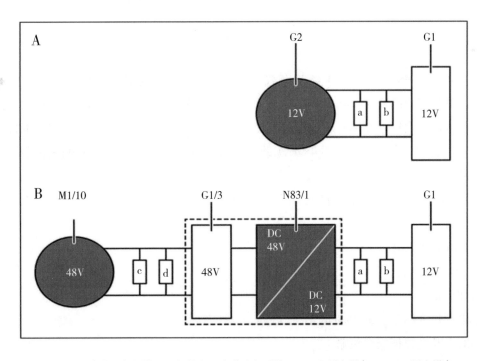

A.之前的12 V车载电气系统　B.新的48 V车载电气系统　a.12 V用电设备　b.12 V用电设备　c.48 V用电设备　d.48 V用电设备　G1.车载电网蓄电池　G1/3.48 V车载电网蓄电池　G2.发电机　M1/10.皮带驱动式启动发电机（BSG）　N83/1.直流/直流转换器控制单元

图 3-175

1.直流/直流转换器　2.直流/直流转换器电子装置接口（LIN 48 V、LIN IBS、车身 CAN、端子 30C）　3.蓄电池电子装置接口（LIN 48 V、端子30C）　4.48 V接口（端子40）　5. 接地连接（端子41）　6.48 V蓄电池　7.排气接口　8.冷却液接口（输出）　9.冷却液接口（输入）　10.导热硅脂　11.直流/直流转换器 12 V 接口（端子30）　12.直流/直流转换器接地连接（端子31）　13.直流/直流转换器48V蓄电池内部接口

图 3-176

注意：不可使用 48 V 充电器对 48 V 车载电网蓄电池进行直接充电，否则可能损坏 48 V 车载电网蓄电池。处于静止阶段时，48 V 车载电气系统关闭。驾驶员一旦启用车辆中的点火开关，48 V 车载电气系统也随之启用。发动机通过皮带驱动式启动发电机（BSG）启动，行程结束且发动机关闭后，某些功能，比如空调，仍需要 48 V 车载电气系统继续运行。这些后续事件完成后，关闭 48 V 车载电气系统。

M264 发动机动力单元由直流 / 直流转换器控制单元（N83/1）和 48 V 车载电网蓄电池（G1/3）组成，有以下特点：

1.48 V 车载电网蓄电池（G1/3）。

由 12 个单元格组成。

容量为 20 Ah。

单元格电压达 3.68 V（50 % SOC 值）。

端子 30C 分析（碰撞安全策略）。

重量约为 12.6 kg。

2. 直流 / 直流转换器控制单元（N83/1）。

包含 48 V 车载电气系统管理。

降压模式（48 V → 12 V），带约 3000 W 功率（效率：97 %）。

助力模式（12 V → 48 V），带约 1000 W 功率（效率：92 %）。

端子 30C 分析用作安全策略。

重量约为 2.5 kg。

充电前后连接诊断电脑进行快速测试，有以下控制单元设置了故障码（如图 3-177 和图 3-178 所示）：

启动发电机（M1/10）：P0AFA68（高压车载电网供电过低。存在不完整的信息。A+S）。

直流 / 直流转换器控制单元（N83/1）：B183301（48 V 车载电气系统的蓄电池存在功能故障。存在一个一般电气故障。S）、B183387（48 V 车载电气系统的蓄电池存在功能故障。信息缺失。A+S）。

M1/10 - Control unit 'Belt-driven starter alternator' (BSA) —F—

Model	Part number	Supplier	Version
Hardware	264 901 14 00	Bosch	18/24 000
Software	264 902 33 00	Bosch	18/40 001
Software	264 903 66 00	Bosch	18/40 001
Boot software	---	---	16/31 001
Diagnosis identifier	008581	Control unit variant	RSG48V1_R18B2

Fault	Text	Status
P0AFA68	The power supply of the high-voltage on-board electrical system is too low. There is incomplete information.	A+S ☼

N83/1 - DC/DC converter (DDW) —F—

Model	Part number	Supplier	Version
Hardware	000 901 53 06	Hella	16/28 000
Software	000 902 49 48	Hella	18/16 000
Boot software	---	---	16/42 000
Diagnosis identifier	000009	Control unit variant	DCDC48_222_Variante_0000 09_D1_4

Fault	Text	Status
B183301	The battery for the 48V on-board electrical system has a malfunction. There is a general electrical fault.	S

图 3-177

LIN: G1/3 - 48-V on-board electrical system battery (48 V LIB) —f—

Model	Part number	Supplier	Version
Hardware	000 901 11 08	Deutsche Accumotive GmbH & Co KG	16/33 000
Software	000 902 50 48	Deutsche Accumotive GmbH & Co KG	18/16 006
Boot software	---	---	17/20 000
Diagnosis identifier	00000A	Control unit variant	LIB48_222_Variante_000010

Fault	Text	Status
B183371	The battery for the 48V on-board electrical system has a malfunction. The actuator is blocked.	S
B183384	The battery for the 48V on-board electrical system has a malfunction. There is a signal below the permissible limit value.	S

N127 - Control unit 'Powertrain' (PTCU) —F—

Model	Part number	Supplier	Version
Hardware	000 901 04 03	Continental	14/47 000
Software	000 902 31 46	Continental	18/17 000
Software	000 903 47 23	Continental	18/17 000
Boot software	000 904 92 00	Continental	17/28 000
Diagnosis identifier	023E17	Boot software version	17/28 000
Control unit variant	CPC_NG_R17B		

Fault	Text	Status
U029987	Communication with control unit "DC/DC converter for 48V on-board electrical system" has a malfunction. The message is missing.	A
U029900	Communication with control unit "DC/DC converter for 48V on-board electrical system" has a malfunction.	A

图 3-178

48 V 车载电网蓄电池（G1/3）：B183371（48 V 车载电气系统的蓄电池存在功能故障。促动器已抱死。S）、B183384（48 V 车载电气系统的蓄电池存在功能故障。有一个信号值低于允许的极限值。S）。

传动系统控制单元（N127）：U029987（与 48 V 车载电气系统 DC/DC 转换器控制单元的通信存在功能故障。信息缺失。A）、U029900（与 48 V 车载电气系统 DC/DC 转换器控制单元的通信存在功能故障。A）。

根据系统的工作原理和故障码分析，可能的故障原因如下：

（1）48 V 蓄电池损坏。

（2）12 V 蓄电池损坏。

（3）M1/10 内部电气故障。

充电大约 4 h 后，用蓄电池检测仪检查 12 V 蓄电池，结果为 GOOD BATTERY；查看 N83/1 的实际值，端子 40 的当前电压为 0.80 V，不正常，正常范围为 36 ~ 54 V，如图 3-179 所示。

编号		姓名	实际值	标准值
784	ⓘ	能量流 - 部件'N83/1 （DC/DC转换器控制单元）'的模式	关闭	
985		部件'温度传感器'1''的测量值	24° C	
499		部件'温度传感器'2''的测量值	24° C	
755		端子30上的当前电流值	0.00A	[-225.00 .. 80.00]A
395		端子30的当前电压值	12.90V	[11.00 .. 15.50]V
014		端子40上的当前电流值	0.00A	[-25.00 .. 75.00]A
153	ⓘ	端子40的当前电压值	0.80V	[36.00 .. 54.00]V

图 3-179

尝试进行软件升级，结果 N83/1、N127、N3/10、M1/10、Y3/8n4 无新软件；尝试查看 G1/3 实际值，结果无法进行通信，如图 3-180 所示。

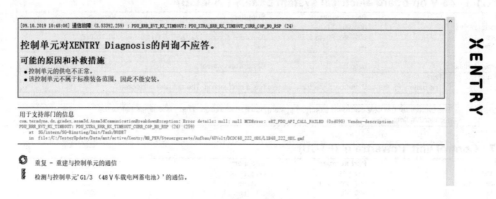

图 3-180

查看前侧 SAM 控制单元（N10/6）实际值→电载电网→48 V 蓄电池停机循环和 12 蓄电池停机循环的报告，其中 48 V 蓄电池停机循环异常数据中有 3 个有"已经禁止对 12 V 蓄电池进行再充电"的文字；12 V 蓄电池停机循环异常数据中有 2 个车门不关 15 min 以上的记录，如图 3-181 和图 3-182 所示。

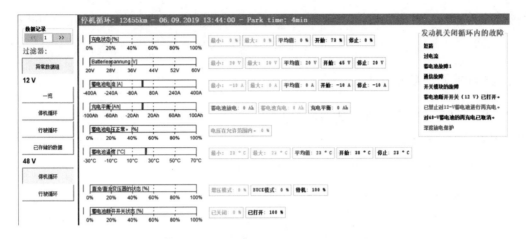

图 3-181

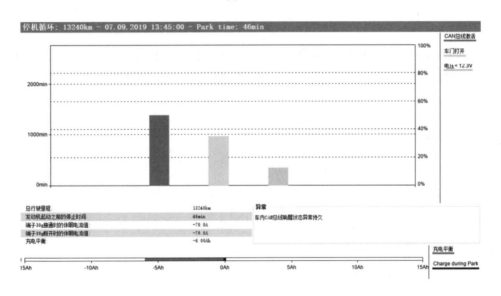

图 3-182

在正常的操作下，48 V 蓄电池会向 12 V 蓄电池充电，保证 12 V 蓄电池的 SOC 值高于 70 %。当关闭发动机后，发电机不再对 48 V 蓄电池充电，这时如果 48 V 蓄电池的 SOC 值低于 25 %，会启动自我保护功能，不再对 12 V 蓄电池充电。因此当车辆长期停放，或者误操作造成车辆长期处于唤醒状态时，会造成 48 V 蓄电池启动自我保护功能。从上面的实际值可以看到内部有"已经禁止对 12 V 蓄电池进行再充电"，这说明 48 V 蓄电池已经达到了自我保护极限值（SOC 值低于 25 %）。综合分析此车故障原因可能是车辆长时间停放，而车辆的自我保护功能又失灵，导致 48 V 蓄电池异常放电，彻底损坏。

故障排除：更换 48 V 车载电网蓄电池（G1/3）后故障排除。

故障总结：（1）更换 48 V 车载电网蓄电池（G1/3）时需要在蓄电池和直流 / 直流转换器控制单元（N83/1）之间重新填充导热膏，因为 N83/1 没有单独的低温冷却回路，是依靠下面的 G1/3 进行散热的。

（2）旧 G1/3 无法通信，查看安全运输分析表 C1 的要求，这种情况"无法进行安全运输，并且必须进行相应的存放"，也就是说，必须从主机厂借用专门的橙色箱子存放，并且需要从主机厂借用特殊的银色箱子，才可以运输。经过与主机厂相关部门邮件确认，才被允许用原包装进行旧件回运。

七、发动机无法启动（1）

车型：W222.057 和 W222.157（混合动力）。

故障现象：发动机无法启动。

故障诊断：快速测试，有故障码，如图 3-183 所示。

BMS – Battery management system (N82/2)

Fault	Text	Status
P1CA100	There is an insulation fault in the high-voltage on-board electrical system with open contactors	A+S

图 3-183

故障原因：高压电网中的阻抗太低。电网中某一组件对地短路：功率电子装置控制单元（N129/1）、空调压缩机（A9/5）、高压蓄电池（A100g1）、电机（A79/1）。

故障排除：更换高压蓄电池。

八、发动机无法启动（2）

车型：W222.057 和 W222.157（混合动力）。

故障现象：发动机无法启动。

故障诊断：快速测试，有故障码，如图 3-184 所示。实际值如图 3-185 所示。

故障原因：高压蓄电池内部故障。

故障排除：更换高压蓄电池。

Fault	Text	Status
P10131E	Power electronics has prevent a start	A+S
P0AD9FB	HV Battery positive terminal is a jammed closed	S

图 3-184

12 V on-board electrical system / High-voltage on-board electrical system / High-voltage battery
Actual values

	No.		Name	Actual value	Specified value
□	646	ℹ	Voltage at circuit 30c	12.1V	[11.0 .. 15.5]
□	837	ℹ	Signal line 'Circuit 15'	ON	
□	851	ℹ	CAN signal 'Ignition status'	Circuit 15	
□	718	ℹ	Status of contactors	CLOSED	
□	123		Voltage of high-voltage on-board electrical system at component 'N82/2 (Battery management system control unit)'	Fault: 57362/57661	
□	355		Voltage of high-voltage battery	124.6V	[112.0 .. 143.5]
□	225		Charge level of high-voltage battery	31.9%	[10.0 .. 100.0]
□	849	ℹ	Current value of high-voltage battery	-0.03A	[-200.00 .. 200.00]

图 3-185

九、发动机无法启动（3）

车型：W222.057 和 W222.157（混合动力）。

故障现象：仪表显示高压为 0 V。高压总线接线板电压不到 0 V。

故障诊断：电力电子控制模块 SG-EM（N129/1）在快速诊断总表上没有显示，这也使得其他模块有通信故障码。

故障原因：高压电网中的阻抗太低。电网中某一组件对地短路。电力电子控制模块 SG-EM（N129/1）内部故障。

故障排除：更换电力电子控制模块 SG-EM（N129/1）。

钥匙打开时的仪表显示，如图 3-186 所示。钥匙关闭时的仪表显示，如图 3-187 所示。

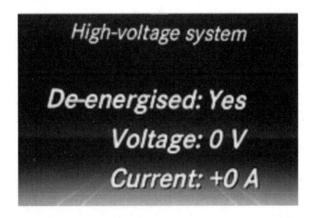

图 3-186

图 3-187

十、仪表显示信息"辅助蓄电池 – 去授权服务中心修理"

车型：W222（非 AMG），截至车辆识别号（VIN）尾号 A033167，带特殊装备（SA）。

故障现象：仪表显示信息"辅助蓄电池 – 去授权服务中心修理"。

故障原因：ECO 启动 / 停止系统辅助蓄电池电气故障。

故障排除：如果前侧 SAM 控制单元（N10/6）中存在故障码 B11C11B（辅助蓄电池出现功能故障。超过了电阻的极限值），必须更换 ECO 启动 / 停止系统的备用蓄电池（A0009829308）。在这种特殊情况下不必进行 Midtronics 测试，因为根据 Midtronics 测试结果不能得出故障原因的结论。这是一个仅出现在特殊车辆上的极个别情况，仅针对该故障码的 Midtronics 测试，不适用于其他损坏情况或其他车辆。WMR/EWMR 文件 04–02–020 仍然适用于其他损坏和其他车辆。带相应故障码的初步快速测试必须归档，形成不可随意修改的文件，而且已在保修申请消息栏中标注该故障码。

提示：若该文件中限定的车辆当前正在使用的零件号为 A0009829308 的 ECO 启动 / 停止功能辅助蓄电池出现投诉，则 WMR/EWMR 文件 04–04–040 无条件适用，因此进行 Midtronics 测试。

零件号如表 3–24 所示。

表 3–24

零件号	名称	数量	EPC
A0039937296	多楔皮带	1	×
A0039937396	多楔皮带	1	×
N000988010016	配合垫片 DIN 988–10X16X1 DBL8400.00	1	×
N000988010025	配合垫片 DIN 988–10X16X0.5 DBL8451.12	1	×

十一、高压蓄电池无法充电或仪表上出现高压蓄电池故障信息（1）

车型：W222.004/057/104/157（混合动力）。

故障现象：高压蓄电池无法充电。

（1）自动启动 / 停止功能无法使用（仪表中 READY 指示灯的颜色为黄色）。

（2）混合动力功能未激活，例如再生制动、加速等。

（3）主机上充电 / 放电未显示激活。

（4）空调显示"AC off"并且除湿未激活。

故障原因：一个或多个单格电池过度放电并无法进行充电。

故障排除：（1）在 XENTRY 中读取高压蓄电池的单格电池电压（蓄电池管理系统控制单元的实际值）。结果 1：如果一个或多个单格电池电压超过允许的范围，必须更换高压蓄电池。解决措施结束。结果 2：如果所有单格电池电压都在允许范围内，转至步骤（2）。

（2）对蓄电池单元老化状况进行评估。选择 XENTRY 菜单项"控制单元视图 – 车身 –BMS 蓄电池管理系统（N82/2）– 检测 – 评估蓄电池单元老化状况"并执行检测。结果：若蓄电池中的一个单格电池被评估为"不正常"，则必须更换高压蓄电池。

零件号如表 3–25 所示。

表 3-25

零件号	名称	数量	EPC
A7893405402	锂离子蓄电池	1	×

十二、高压蓄电池无法充电或仪表上出现高压蓄电池故障信息（2）

车辆信息：车型 W212.095/195，带 M276.9 发动机（E400 HYBRID）；车型 W212.098/298，带 M651.9 发动机（E300 HYBRID）；车型 W222.057/157，带 M276.9 发动机（S400 HYBRID）；车型 W222.004/104，带 M651.9 发动机（S300 HYBRID）。

故障现象：多功能显示屏的 READY 指示灯持续亮起（黄色），不换至绿色。

多功能显示屏中显示信息"混合动力系统有故障"。

无法使用所有混合动力功能（比如超加速、再生制动以及电动驾驶）。

以下故障码可能存储在电力电子控制模块 SG-EM（N129/1）中：

P0AFB00：高压车载电气系统供电过高。

P1B9000：车载电气系统耗电或车载电气系统中的电流输出过高。

P0A9400：DC/DC 转换器控制单元功能故障。

P0A4600：电机 B 位置传感器功能故障。

P160600：由于冗余监控导致控制单元出现功能故障。

P0A3D00：电机 B 变压器温度过高。

P0C7300：低温回路循环泵 1 功能故障。

P0C7400：低温回路循环泵 2 功能故障。

故障原因：电力电子装置的软件可能会在某些驾驶状态下触发上述故障码，无须更换组件。

故障排除：

（1）创建带故障停帧数据的快速测试（通过打印，输出到文件）。

（2）创建电力电子控制模块 SG-EM（N129/1）记录（通过打印，输出到文件）。

（3）删除故障记忆。

（4）进行路试。

（5）读取故障，若无存储故障，才可将车辆转交给顾客。

（6）若再次存储故障，则创建带故障停帧数据的快速测试以及电力电子控制模块 SG-EM（N129/1）记录。

十三、高压车载电气系统内存在绝缘故障

车辆信息：车型 W212.095/195，带 M276.9 发动机（E400 混合动力）；车型 W212.098/298，带 M651.9 发动机（E300 混合动力）；车型 W222.057/157，带 M276.9 发动机（S400 混合动力）。

故障现象：车辆无法启动或仪表中出现信息"故障，请去授权服务中心"。

故障原因：高压车载电气系统内存在绝缘故障，同时蓄电池管理系统控制单元（N82/2）内存储了以下一个或多个故障码：

P1CA100：高压车载电气系统内的接触器打开时存在绝缘故障。

P1CA200：高压车载电气系统内的接触器闭合时存在绝缘故障。

P1CA300：高压车载电气系统内的接触器打开时存在绝缘警告。

P1CA400：高压车载电气系统内的接触器闭合时存在绝缘警告。

P1CF500：存在高压车载电气系统绝缘警告。

故障原因：高压车载电气系统的一个或多个高压组件绝缘电阻降低。

故障排除：以"高压车载电气系统绝缘故障"为主题创建 TIPS case。

其他措施，例如对导致故障产生的高压元件进行绝缘故障判定，将由主管市场支持部门与 GSP 协商确定。编辑主题时需要在投诉案例中提供以下材料，材料须为德语或英语版本的可编辑 PDF 文件（非扫描件）：

高压车载电网中所有控制单元记录的故障报告。

高压车载电网中所有控制单元记录的故障停帧数据。

注意：如果由于功率电子装置失灵导致其他部件（例如高压蓄电池）损坏，必须针对功率电子装置（造成损坏的部件）的损坏代码（SSL）进行编码。

零件号如表 3-26 所示。

表 3-26

零件号	名称	数量	提示	EPC
A2769000501	功率电子装置控制单元	1	车型 212.095/195 E400 混合动力，车型改款前，代码 803	×
A6519008602	功率电子装置控制单元	1	车型 212.098/298 E300 混合动力，车型改款前，代码 803	×
A2769001601	功率电子装置控制单元	1	车型 212.095/195 E400 混合动力，车型改款前，代码 804	×
A6519008702	功率电子装置控制单元	1	车型 212.098/298 E300 混合动力，车型改款前，代码 804	×
A2769001701	功率电子装置控制单元	1	车型 222.057/157 S400 混合动力，左侧驾驶	×
A2769001801	功率电子装置控制单元	1	车型 222.057/157 S400 混合动力，右侧驾驶	×

十四、奔驰 S400 HYBRID 仪表报"交通标志辅助功能停止运作"

车型：WDB222157。

故障现象：客户反映，车辆仪表上有"交通标志辅助功能停止运作"报警，如图 3-188 所示。

故障诊断：技师接车后，看到仪表有客户反映的报警，确认故障。然后技师连接奔驰专用诊断仪，读取相关的故障码，发现车辆多功能摄像头存储故障码：B228600（控制单元校准丢失或未进行）、B23A813（车窗加热装置输出端存在故障，存在断路），如图 3-189 所示。

根据故障码和电路图（如图 3-190 所示）分析可能的原因如下：

（1）加热丝线路故障。

（2）摄像头故障。

（3）风挡玻璃材质缺陷。

图 3-188

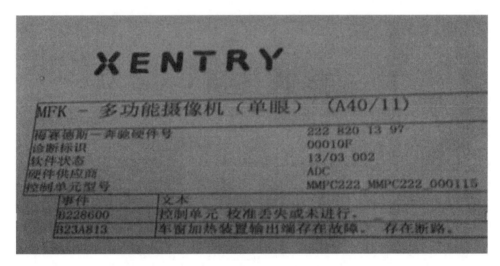

图 3-189

接着根据可能原因进行逐步检测：

（1）当技师拆下多功能摄像头盖板时，发现加热丝接头脱落（如图 3-191 所示），重新焊接后，故障码 B23A813（车窗加热装置输出端存在故障，存在断路）消失。但是故障码 B228600（控制单元校准丢失或未进行）无法消除，一直是当前故障。

（2）根据奔驰专检故障码的引导，进行控制单元校准，经多次校准，仍无法完成，显示角度偏离调节范围，校准无法完成。

（3）给多功能摄像头升级，无法完成。现在要重新整理思路了，风挡玻璃上焊点脱落，而且风挡玻璃上插头固定卡子有错位，根据这些信息不难推测，之前应该维修过风挡玻璃。跟客户沟通后得知在风挡玻璃更换后出现这种故障现象。

故障排除：更换新的风挡玻璃，重新校准摄像头控制单元，故障排除。

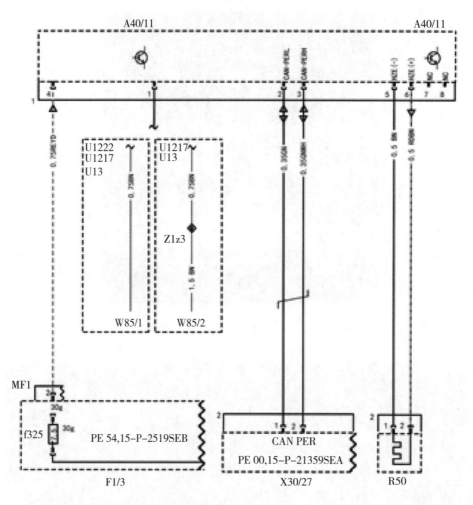

A40/11.Mono多功能摄像头　CAN PER.外围设备控制器局域网（CAN）　F1/3.前排乘客A柱保险丝盒　f325.保险丝325　R50.辅助加热器加热元件　U1217.适用于W217车系　U1222.适用于W222车系　U13.适用于右侧驾驶型车辆　W85/1.驾驶员脚坑车架地板总成接地点　W85/2.前排乘客脚坑车架地板总成接地点　X30/27.外围设备控制器局域网（CAN PER）电位分配器电气连接器　Z1z3.端子31节点

图3-190（部分图注省略）

图3-191

第四章 奔驰 C 级（W205）混合动力车系

第一节 奔驰 C 级（W205）混合动力结构

一、概述

1. 奔驰 C 级（W205）插电式混合动力（PLUG-IN HYBRID）汽车，如图 4-1 所示。

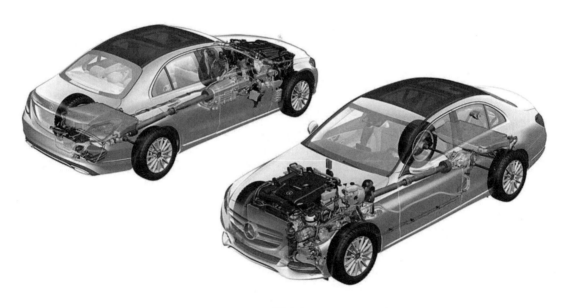

图 4-1

奔驰 C350 插电式混合动力（PLUG-IN HYBRID）汽车可显著降低新欧洲行驶循环（NEDC）耗油量和二氧化碳值并由此凸显其"绿色领导者"的系列定位。另外，新款插电式混合动力（PLUG-IN HYBRID）设计还提高了竞争力并改善了 C 级车的形象。这是对 C 级混合动力的进一步开发，显示了梅赛德斯 - 奔驰品牌的技术能力。该系列混合动力驱动系统作为 P2 混合动力系统设计，意味着电机被安置在启动装置（湿式启动离合器 NAK）后面且由此可与发动机脱离，这样可产生新的功能和运行模式：

（1）发动机启动 / 停止。

（2）能量回收。

（3）助力（在极度加速过程中提供电支持）。

（4）纯电动运行。

2. 混合动力系统技术数据，如表 4-1 所示。

表 4-1

混合动力方案	并联（P2）
高压蓄电池种类	锂离子蓄电池（88 个单元）
高压蓄电池容量	6.2 kWh
高压蓄电池额定电压	290 V
最大输出功率	约 60 kW，持续 10 s；50 kW，恒定
电机扭矩	340 N·m
电动行驶时最高车速	130 km/h（在航行模式下为 160 km/h）
纯电动行驶距离	约 30 km

3. 车辆概述，如表 4-2 所示。

表 4-2

驱动方式	后轮驱动
行李箱容积	W205：335 L，S205：350 L
燃油箱容积	50 L
新欧洲行驶循环（NEDC）耗油量	2.1 L
二氧化碳排放	49 g/km
0 ~ 100 km/h 加速时间	W205：6 s，S205：6.5 s
最大扭矩（总计）	600 N·m
最大功率（总计）	205 kW
最高车速	250 km/h
发动机型号	M274（4 缸）
发动机最大扭矩	350 N·m
发动机最大功率	155 kW
变速器类型	7 速自动变速器
启动装置	湿式启动离合器 NAK

纯计算的扭矩（690 N·m）可能因各种部件的最大扭矩负荷而无法调用。

4. S205 插电式混合动力（PLUG-IN HYBRID）汽车，如图 4-2 所示。

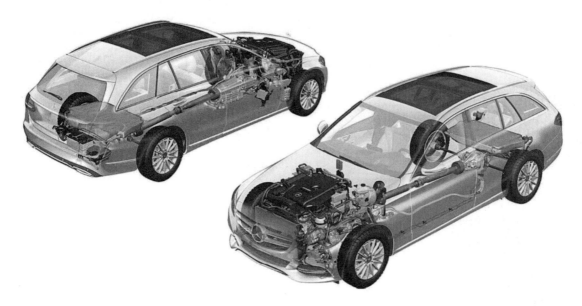

图 4-2

5.C 级插电式混合动力（PLUG–IN HYBRID）装备概述，如表 4-3 所示。

表 4-3

标准配置	名称	选装	C 级插电式混合动力（PLUG–IN HYBRID）上不可用
	时尚型（SA 代码：P15）	尊贵型（SA 代码：P23）	AMG 系列（SA 代码：P31）
	7 速自动变速器增强版（7G–TRONIC PLUS）（SA 代码：427）	—	其他变速器规格
	空气悬挂系统（AIRMATIC）（SA 代码：483+489）	—	其他底盘款式（SA 代码：677、482、485、486）
	双杯座（SA 代码：309）	—	其他型号（SA 代码：30P）

标准配置	名称	选装	C 级插电式混合动力（PLUG-IN HYBRID）上不可用
	双区自动空调（THERMATIC）（SA 代码：580）	三区智能空调（THERMOTRONIC）（SA 代码：581）	—
	气候预调节	—	驻车加热器（SA 代码：228）
	加速踏板触觉反馈	—	

二、显示、操作和运行策略

（一）仪表中的混合动力专有显示

W/S205 插电式混合动力（PLUG-IN HYBRID）仪表，如图 4-3 所示。

1.显示电机目前的输出功率，若最后的块状指示条填满，则发动机启动　2.在此显示再生制动系统的充电电能，若最后的块状指示条填满，则电机的制动力不足，将操纵液压制动系统　3.在此显示当前选择的运行模式　4.若所有条件（车外温度、蓄电池电量）满足，READY（就绪）指示灯亮起，则在此显示混合动力系统准备就绪　5.在此显示电量、可行驶距离（取决于驾驶方式、蓄电池电量）　6.再生制动系统指示灯

图 4-3

（二）能量流

1. 发动机运转且电机由发电机驱动，后轴上不发生动力传递（怠速运行中的车辆），如图 4-4 所示。发动机生成的动能将由电机转化为电能。功率电子装置将三相交流电转换成直流电，以便为高压蓄电池充电。READY（就绪）指示灯表明混合动力系统已准备就绪。

图 4-4

2. 车辆处于移动中，由发动机生成的功率仅传输到后轴上。高压蓄电池不充电（如在剧烈加速时，以便前行驱动机构有充足的功率可用），如图 4-5 所示。

图 4-5

3. 车辆处于采用发动机驾驶模式，同时电机作为发电机运行，以便为高压蓄电池充电，如图 4-6 所示。

4. 助力模式（加速模式）——驾驶员提出极高的功率需求，如图 4-7 所示。在此，将在蓄电池相应充好电的情况下对电机进行驱动，以便提供尽可能大的功率 / 扭矩。这样，除了发动机的 350 N·m，还可调用最多 250 N·m。

5. 能量回收——车辆动能（如下坡行驶路段和轻微踩踏制动踏板），如图 4-8 所示，将由电机转化为电能，以便为高压蓄电池充电。动力从后轴传输到电机、功率电子装置，然后传输到高压蓄电池。此时，电机生成制动扭矩。如该制动扭矩不足，则 ESP 将采用液压制动器。

图 4-6

图 4-7

图 4-8

6.电动行驶——在该模式下，高压蓄电池中的能量经由功率电子装置转化为三相交流电，以驱动电机。生成的扭矩将传递到后轴，在此状态下发动机关闭，如图 4-9 所示。

7.耗油量和电能如图 4-10 所示。

（三）驾驶模式

当改变驾驶模式时，不仅驱动机构（发动机 / 变速器）、底盘、转向系统改变，而且混合动力系统也改变。可用敏捷选择（AGILITY SELECT）开关选择相应的驾驶模式。

图 4-9

1.最后15 min的耗油量　2.最后 15 min生成的电能

图 4-10

1. 敏捷选择（AGILITY SELECT）开关，如图 4-11 所示。

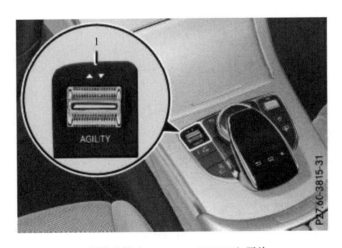

1.敏捷选择（AGILITY　SELECT）开关

图 4-11

2. 行驶程序。

（1）S+（运动增强）。

①极致运动型驾驶模式。

②频繁使用助力模式。

③不可以纯电动运行。

（2）S（运动）。

①运动型驾驶模式。

②经常使用助力模式。

③不可以纯电动运行。

（3）C（舒适）。

①舒适且节能的驾驶模式。

②可以纯电动运行。

（4）E（经济）。

①特别节能的驾驶模式。

②尽可能多地采用纯电动运行。

③通过双脉冲来松开已激活的加速踏板（利用安装在车辆上的雷达传感器来确定与前方行驶车辆的间距和速度，并通过加速踏板上的双脉冲向驾驶员发出现在可开始"航行"且驾驶员可松开加速踏板的信号）。

④滑动性能与前方行驶的车辆相匹配。

（四）运行模式

1.HYBRID。

（1）显示标准模式。

（2）除了混合动力运行模式，还提供取决于充电状态的电动运行模式。

（3）在驾驶模式S下注重最大的灵活性，由此可不使用电动运行模式，以提高助力模式的份额。

2.E-MODE。

（1）最大电动运行。

（2）用额外压力点激活触觉加速踏板。

（3）在发动机启动前不久激活压力点，直至出现正压后，才启动发动机。

3.E-SAVE。

（1）E-SAVE模式激活时，将保存高压蓄电池的充电状态。

（2）停车时（如等红绿灯）或减速运转阶段，发动机关闭，以便降低怠速消耗。

（3）仅从高压蓄电池中获取一定的能量，使电量不低于已保存的数值。

4.CHARGE。

（1）在该模式下，将通过适当增加发动机负荷为高压蓄电池充电。

（2）为确保充电，将放弃电动运行模式和助力模式。

（3）在蓄电池充满电时，系统将自动切换到E-SAVE模式。

在以驾驶模式调整驾驶方式期间，可以利用运行模式对能量分配，即高压蓄电池的充电状态和电能的使用情况施加影响。

5.运行模式选择开关如图4-12所示。

6.基于路线的能源管理。

基于路线的能源管理将考虑多个因素，以便对高压蓄电池的能量分配进行干预，根据地图数据，使高压蓄电池的充电尽可能有意义。路线的能效评估将考虑以下因素：

图 4-12

（1）驾驶室管理和数据系统以及联网功能（COMAND Online）（地图数据连同路线高度分布图），如图 4-13 所示。

（2）当前车辆重量。

（3）驾驶员的驾驶方式（制动方式、加速方式以及速度）。

（4）辅助用电器负荷（空调、加热器、照明）。

（5）转弯的可能性。

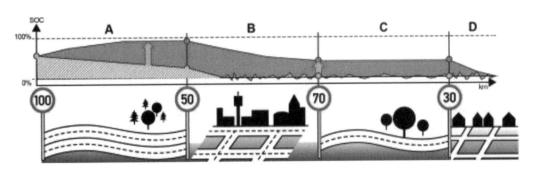

图 4-13（图注省略）

在路段 A 中，蓄电池电量略微上升（城市远郊路段）。路段 A 中的阴影面积显示电量在没有做该考虑的情况下会如何变化。电量早在城市远郊路段就已降低。由此产生的结果是在耗油量较大的城市交通中电能不足，无法用电能或较大比例的电能驾驶。当车辆处于城市交通（路段 B）时，之前形成的电量将逐渐降低并在某一水平上保持恒定。若驾驶员现在重新驾驶到城市远郊路段，则系统将保持尽可能稳定的水平，因为目的地已处于路段 D 中，且不需要其他能量，甚至可以进行插入式充电。

三、充电

（一）高压蓄电池可以各种方式进行充电

1. 行驶期间进行能量回收（通过电机进行能量回收）。

2. 在充电运行模式下的行驶期间。

3.固定在一个电源插座、壁挂式充电盒或充电站上（模式 2 或模式 3 ）。

注意：仅使用许可的充电电缆进行充电。不要使用加长电缆、电缆卷筒、复式插座、插座适配器和已损坏的充电电缆。

（二）固定式充电

对高压蓄电池进行充电时变速器必须挂入挡位 P，并关闭点火开关。充电插座上方左右侧指示灯可告知充电状态，如图 4-14 所示。

图 4-14

1.长时间呈白色亮起。

（1）可插入或拔出充电电缆，如图 4-15 所示。

（2）车辆已解锁。

2.高频闪烁。

（1）闪烁 90 s 后熄灭。

（2）锁止装置未正确锁住。

（3）充电电缆未正确插入。

3.无显示。

（1）充电电缆插头已锁止。

（2）插入充电电缆插头后已过去 10 s。

4.橙色（闪烁）：正在建立连接，如图 4-16 所示。

5.橙色（持续亮起）：已建立连接。

图 4-15

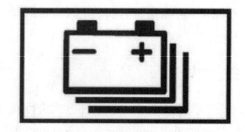

图 4-16

6. 绿色（闪烁）：高压蓄电池正在充电。

7. 绿色（持续亮起）：高压蓄电池已充满电。

8. 红色（高频闪烁）：故障。

9. 立刻充电。

若在仪表中选择"立刻充电"，则可以马上开始充电过程。

10. 按出发时间充电。

按出发时间充电时将对能量输入进行优化，以便在出发时间前对高压蓄电池进行充电，同时针对驻车智能气候控制考虑出发时间。

（三）充电电缆

1. 模式2（充电电缆），如图4-17所示。

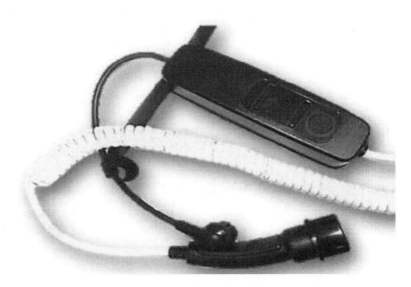

图 4-17

（1）使用普通的插座。

（2）用于调节充电电流的内联盒（包括状态 LED 和电流强度显示屏）。

（3）车辆插头已标准化。

（4）充电电缆插头根据各国情况采用不同规格。

2. 模式3（充电电缆），如图4-18所示。

图 4-18

（1）在壁挂式充电盒或公共充电站上使用。

（2）通过联网（电力线通信或 Control Pilot）提供"智能充电"的优势。

（四）智能充电

若有联网的壁挂式充电盒或联网的公共充电站可用以及支持通信标准，则采用模式 3 充电可以提供许多优点。根据设置的出发时间来计算充电曲线：

1.充电将在蓄电池优化（缓慢）和价格优化（如根据时间而定的价格）的条件下进行。

2.可识别充电电流限制，这样接口不会过载。

3.可在公共充电站上进行自动结算。

4.经由通信模块传输充电相关数据。

（五）充电时间

在模式 2 下，可限制高压蓄电池的充电电流，以免房屋电气接口过载。有 4 个电流强度：8 A（默认设置）、10 A、13 A 和 16 A（最大），充电时间相应延长，如图 4-19 所示。

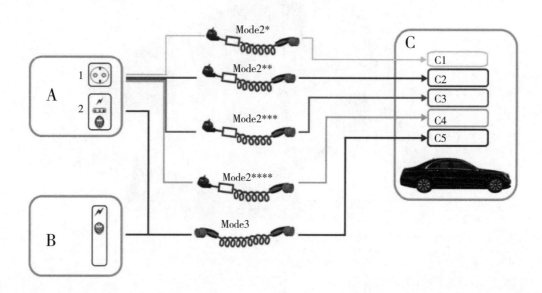

1.普通插座　2.壁挂式充电盒　A.私人充电方式　B.公共充电站　C.充电时间　C1.大约3 h30 min　C2.大约 2 h45 min　C3.大约2 h　C4.大约1 h45 min　C5.大约1 h45 min　Mode2*.模式2电流强度为 8 A的充电电缆 Mode2**.模式2电流强度为10 A的充电电缆　Mode2***.模式2电流强度为13 A的充电电缆　Mode2****.模式2 电流强度为16 A的充电电缆　Mode3.模式3充电电缆

图 4-19

四、插电式混合动力（PLUG-IN HYBRID）结构和功能

1.高压组件的安装位置，如图 4-20 和图 4-21 所示。

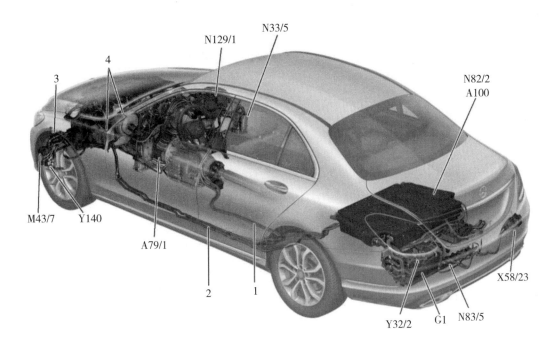

1.高压电缆　2.冷却液管路　3.热交换器　4.再生制动系统［制动助力器和电控车辆稳定行驶系统（ESP）控制单元］　A79/1.电机　X58/23.充电装置供电插座　A100.高压蓄电池模块（蓄电池、接触器、冷却液入口温度传感器、高压蓄电池单元温度传感器）　G1.车载电网蓄电池　M43/7.低温回路循环泵 2　N33/5.高压正温度系数（PTC）加热器　N82/2.蓄电池管理系统控制单元　N129/1.功率电子装置控制单元　Y32/2.低温回路转换阀 2　Y140.高压蓄电池冷却转换阀　N83/5.充电装置（车载充电装置）

图 4-20

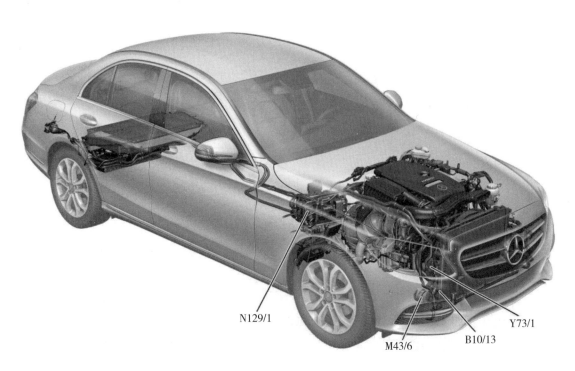

B10/13.低温回路温度传感器　M43/6.低温回路循环泵1　Y73/1.低温回路转换阀1　N129/1.功率电子装置控制单元

图 4-21

2. 充电装置（如图 4-22 所示）。

图 4-22

（1）充电装置功能。

①将 AC 输入电压转换为 DC 输出电压，以便为高压蓄电池充电。

②控制与车辆插座的通信（状态 LED 和联锁电机）。

③充电插头识别（防止带着充电电缆插头起步）。

④控制与公共充电站的通信（费用结算或智能充电）。

⑤通过引导控制监控充电过程。

（2）特征。

功率为 3.3 kW。

3. 高压蓄电池（如图 4-23 所示）。

图 4-23

（1）高压蓄电池功能。

作为蓄能器并为高压组件提供所需的电能。

（2）特征。

①重量约为 90 kg。

②电压范围（直流电压）为 176 ~ 317 V。

③容量约为 6.2 kWh。

4. 集成式电力电子装置。

集成式电力电子装置由一个 DC/DC 转换器和一个整流器组成，如图 4-24 所示。

图 4-24

（1）DC/DC 转换器功能。

① DC/DC 转换器为车辆提供低电压（12 V 车载电气系统），也被称为降压模式。

②替换普通的 12 V 发电机。

（2）DC/DC 转换器属性。

持续提供 210 A 电流并在短时间内提供最大 240 A 的电流。

（3）整流器功能。

①将高压蓄电池的直流电转化为电机所需的三相交流电。

②根据规定调节电机转速（发动机控制单元和位置传感器）。

③促动低温回路泵。

5. 电机（如图 4-25 所示）。

图 4-25

（1）电机功能。

①电机将电能转换为动能。

②可实现以下功能：

通过电机的制动扭矩实现能量回收。

电动起步、电动运行、航行。

助力（在极端加速要求时为发动机提供额外的电动扭矩）。

发电机模式（降低一定的发动机扭矩，用于发电）。

（2）电机属性。

①三相电机为永磁同步电机。

②最大功率为 60 kW 且持续功率为 50 kW。

③最大扭矩为 340 N·m。

④集成式转子位置传感器。

⑤集成式温度传感器。

⑥集成在 NAG2 变速器内。

6. 高压空调压缩机（如图 4-26 所示）。

图 4-26

（1）功能。

①高压空调压缩机连同集成式控制单元根据空调控制单元的规定为空调提供相应的制冷剂压力。

②建立高压蓄电池冷却装置的制冷剂压力。

③建立预调节装置的制冷剂压力。

（2）属性。

①螺旋压缩机连接电机和相应电力电子装置。

②耗电可达 60 A（在最大功率时）。

③促动取决于许多因素（蓄电池电量、驾驶员空调冷却要求）。

7. 高压正温度系数（PTC）加热器（如图 4-27 所示）。

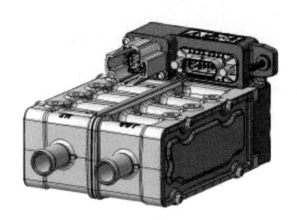

图 4-27

（1）高压正温度系数（PTC）加热器功能。

加热冷却液，以便更快达到标准温度。

（2）高压正温度系数（PTC）加热器属性。

①进流温度为 –20 ℃时，额定功率为 7 kW。

②耗电可达 30 A（短时间）。

五、断开电源

1. 一般说明。

为了能够不遭受电击危害地进行各项操作，必须断开电源，并采取安全措施，防止高压车载电气系统重新接通。只允许经过专门培训的授权服务中心员工断开电源。通过将高压蓄电池的正负极与其他高压车载电气系统断开来切断电源。为此，断开备胎坑中的高压断开装置并用接通锁锁上，从而防止在打开点火开关时，高压车载电气系统重新启动。

2. 要求断开电源的操作。

在进行需要断开高压的操作时，参阅 WIS 中当前有效的文档（高压车载电气系统的断开和调试）。该文档描述了断开和调试工作的过程。在混合动力车辆上操作时请始终注意 XENTRY 和 WIS 中的说明。它们给出了相关的信息，告知在哪些操作时必须断开高压。在操作高压车载电气系统时请务必遵守安全规定。

3. 接通锁。

在断开高压断开装置后确保整个高压车载电气系统关闭。联锁装置回路和端子 30C 断开。另外，必须锁上高压车载电气系统，以防止重新接通，这通过在高压断开装置中装入接通锁（挂锁）实现。高压断开装置已打开，如图 4-28 所示。

4. 进行维修前或发生事故后断开高压车载电气系统电源。

应遵照 Xentry Diagnostics 的最新流程，断开高压车载电气系统的电源。

（1）读取故障记忆。

（2）执行 Xentry Diagnostics 中所列的工作步骤。

图 4-28

（3）断开高压断开装置。

（4）安装并锁上接通锁（妥善保管钥匙）。

（5）将断开记录放在车内显眼处。

六、安全性

高压在发生故障或触摸时会导致生命危险，梅赛德斯－奔驰遵守涉及高压车辆安全的所有要求和规定，如表 4-4 所示。

表 4-4

直接触摸保护（ECE-R100）	壳体、盖板、防护板、高压导线绝缘 确保可在运行中访问带电部件的盖板和壳体仅能通过复杂的拆卸去除
间接接触保护	高压电网中的所有装置通过导电的壳体、盖板与底盘连接 （最大接触电阻 10 MΩ）
标识	用高压警示标签对所有高压组件进行标识 用"橙色"来标记高压电缆和护套
电位隔离	高压电网已与底盘（接地）和 12 V 车载电气系统的正极绝缘（全极隔离）
联锁装置	联锁装置可确保切断高压车载电气系统的电源或在访问高压车载电气系统时，高压车载电气系统不激活
绝缘监控	高压电网和底盘（接地）以及 12 V 车载电气系统之间绝缘监控和在识别到绝缘故障时，关闭高压车载电气系统，直至车辆停止（仪表警告和启动阻碍）
过载电流保护装置	出现过载电流时，必须保护高压电缆，以免损坏。用最短的时间识别该危险并采取必要措施（保护性切断、保险丝）
碰撞识别	识别到某种程度的碰撞（即便是在停车和发动机关闭的状态下），然后高压车载电气系统关闭并切断充电装置
高压断开装置	电源断开后，必须根据当前有效的 WIS 文档确定高压车载电气系统已锁上，以防止重新接通（接通点火开关），另外，高压断开装置已打开且用接通锁（挂锁）锁上。

联锁装置回路用于人员的接触防护，以免无意间接触到高压组件。为此，一个 12 V/88 Hz 的信号将通过可拆卸／要断开的高压部件（串联电路）。拔下时，高压车载电气系统将识别到断路，随后高压车载电气系统停用，同时电容器中间电路放电。示意图，如图 4-29 所示。

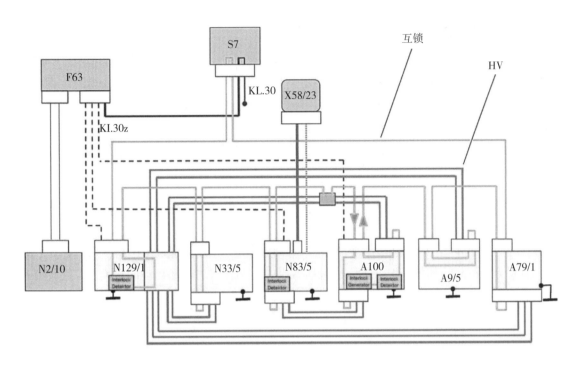

A9/5.电动制冷剂压缩机　A79/1.电机　A100.高压蓄电池模块　F63.燃爆保险丝　N2/10.辅助防护系统（SRS）控制单元　N33/5.高压正温度系数（PTC）加热器　N83/5.充电装置　N129/1.功率电子装置控制单元　S7.高压断开装置　X58/23.充电装置供电插座

图 4-29（部分图注省略）

七、 Mercedes me–Mercedes connect me

在第 84 届日内瓦国际车展上，梅赛德斯－奔驰展示了其新服务品牌 Mercedes me。梅赛德斯－奔驰将所有现在和将来的服务产品整合在新 Mercedes me 主品牌下。Mercedes me 划分为 move me 、connect me 、assist me 、finance me 和 inspire me 5 个子品牌，如图 4-30 所示。考虑了所有与产品相关的主题，如车辆购置、金融和维护以及国际上成功的戴姆勒机动服务。

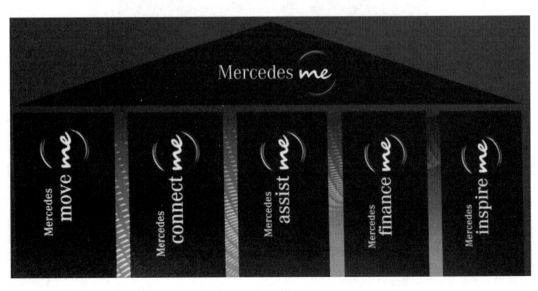

图 4-30

（一）在各服务背后隐藏着很多内容

1.Mercedes move me 提供智能机动解决方案，无论用户是否有汽车。通过 moovel、car2go 和 car2go black 以及 Park2gether，moovel GmbH 致力于为人们提供多种个性化机动服务选择。此外，战略伙伴为客户提供更多的选择自由，如通过基于智能手机的出租车代理 My Taxi，汽车司机门户网站 Blacklane 和长途客车提供方 Flix Bus。

2.Mercedes connect me 使客户能够在任何时间任何地点连接到该车辆。事故、维护和抛锚管理以及梅赛德斯－奔驰紧急呼叫系统和远程诊断都属于网络连接性服务。通过"Remote Online"，客户知道他的车所停的位置，车门是否锁止和油箱有多满。驻车加热器也可通过"Remote Online"接通。

3.Mercedes assist me 以可估算的保养成本，为梅赛德斯－奔驰驾驶员提供私人的且为个性化需求定制的服务（任何时间和任何地点），这包括客服中心的在线访问和自动的日期预订功能。每个驾驶员都可在线找到和联系他所选的梅赛德斯－奔驰合作伙伴。

4.Mercedes finance me 为客户提供有关其汽车的定制金融服务，并允许方便地访问为戴姆勒金融服务的业务活动，这包括灵活的、吸引人的金融解决方案，从个性化的租赁服务到合适的梦想车辆保险。

5.Mercedes inspire me 描述梅赛德斯－奔驰研究和开发的世界，作为一个信息门户网站提供更多有关创新、技术和机动性的有趣故事，客户可以通过一个专门的社区参与梅赛德斯－奔驰创新业务理念的产生。他可以与来自不同领域的专家一起讨论，还可更早分享新技术和服务的研发成果以及提出自己的意见和建议。

（二）Mercedes me 不是纯在线平台（如图 4-31 所示），而是可通过所有沟通渠道予以显示

自 2014 年夏季起，可以在网站 www.mercedes.me 上通过私人化的梅赛德斯 ID 调出品牌产品。在将来，客户应该能一站式访问梅赛德斯－奔驰的所有个性化服务。该网页有德语版和英语版，在所有移动终端上都可运行。

图 4-31

（三）Mercedes connect me

2014年9月，Mercedes connect me 与 C 级旅行车（S205）一起推出，然后逐渐使用在其他车型中。同时，将 Mercedes connect me 引进至 15 个欧洲市场中。

八、充电

有以下两种充电方式可供选择：

（1）即时充电。

如果选定"即时充电"，高压蓄电池会立刻利用可用的电源系统进行充电。

（2）随出发时间设定充电。

如果在仪表中选定"随出发时间设定充电"，高压蓄电池也会利用可用的电源系统进行充电。设置的出发时间和固定空调的使用密切相关，此外，高压蓄电池的充电过程根据出发时间进行最优化安排，一旦出发时间到了，充电过程也随之结束。充电过程受到全程监控。充电器和电源（如充电站）使用充电电缆［控制导向（CP）］中的数据线进行通信。在家用电源插座上充电时，必须限制充电电流，以防止本地能源供应系统过载。可以通过充电电缆中的控制器或者汽车上的仪表选择当前允许的最大充电电流。最后一次选择的电流值将保存在仪表中，直到下一次更改。

固定式充电包括两个子功能：锁定、充电。

锁定：在将充电电缆插入插座后，伺服电机将其锁定。之后，白色锁定标志熄灭。

充电：当传动系统控制单元检测到换挡杆位于 P 位置且状态显示为"充电电缆已插入"时，开始充电。根据其可用性，充电在一个或者两个相位中进行。

一旦发生故障，模式 2 充电电缆可以锁定故障原因：来自内部还是外部。充电电缆控制，如图 4-32 所示。

A/C 显示（图 4-32 中的 1）红色 LED：外部网络故障；CCID 显示（图 4-32 中的 2）红色 LED：内部（车辆或者电缆）故障。为了进一步查明故障原因，通过充电电流显示（图 4-32 中的 3）

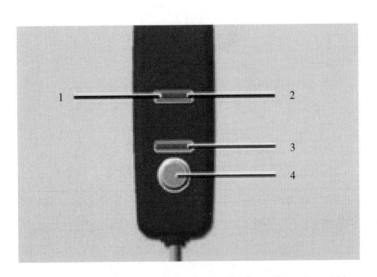

1.A/C 显示：交流电流状态显示　2.控制和保护装置（CCID 显示）
（充电电路断开装置）　3.充电电流显示　4.充电电流设置按钮
图 4-32

输出闪光代码。该闪光代码由 3 级序列构成，每一个序列的间隔时间是 5 s。

壁式充电箱供家庭使用，能够为电动车辆和插电式混合动力车辆提供快速、安全和便捷的充电服务。壁式充电箱的主要特点包括：

（1）与家用电源插座充电相比，电池充满电所需的时间更短（取决于车辆和安装情况）。

（2）能够安装在室内或者室外。

（3）通过充电电缆锁定确保安全。在充电过程中，不能移动充电电缆。只有将车辆妥善连接到充电箱时，才能开始充电。

（4）集成 LED 指示灯显示充电状态。

（5）壁式充电箱经过戴姆勒公司的检测。

壁式充电箱安装服务（如图 4-33 所示）：该服务适用于德国、英国、法国、意大利、瑞士、奥地利、比利时、卢森堡、新西兰、西班牙、葡萄牙和丹麦。按照计划，2015 年会适用于更多市场。壁式充电箱的服务宗旨是为客户提供有吸引力的充电解决方案，使其在家中能够对电动车辆和插电式混合动力车辆进行快速、安全和便捷的充电。作为用户友好型解决方案，梅赛德斯－奔驰除了提供壁式充电箱（硬件）购买凭证外，还通过服务供应商提供壁式充电箱安装凭证。在这个标准过程中，销售人员提供咨询服务并且帮助客户决定是否使用壁式充电箱安装服务。

图 4-33

九、安全原则

（一）关于资质

对奔驰 C350 插电式混合动力汽车进行操作时必须具备一定的资质。在奔驰 C350 插电式混合动力汽车资质概念说明中能够找到关于对 C 级（如奔驰 C350 插电式混合动力汽车）高压车载电气系统进行操作时的资质概念。文件还考虑了保养团队、维修技术人员以及认证诊断技术人员的具体情况。

奔驰 C350 插电式混合动力车的资质，如表 4-5 所示。

表 4-5

资质	与操作有关的安全指导	高压意识	未包含产品培训在内的高压资质	包含产品培训在内的高压资质	高压培训，手动禁用
在高压车载电气系统外部进行简单操作，例如车辆操纵，检查服务中心设备，跨接启动	×	×	×	×	×
·高压车辆的常规维修 ·对已经禁用的高压系统进行操作	—	×	×	×	×
无操作：中间阶段 – 产品培训要求	—	—	×	×	×
基于诊断的车辆禁用	—	—	—	×	×*
·手动断开 ·绝缘电阻测量 ·耐电压测试	—	—	—	—	×**

*：如果参加过特定车辆的产品培训，那么在手动禁用之前必须尝试能否进行基于诊断的禁用。

**：允许对高压量产车辆（无全新理念）进行手动禁用（依据WIS说明进行操作）。

（二）对高压车辆进行操作时的安全原则

1. 开始操作前的问题和规则。

在开始对奔驰 C350 插电式混合动力（W/S205）汽车进行操作之前首先考虑以下问题和规则：

之前是否接受过该款车型的相关指导，是否具有合适的资质？

对混合动力汽车进行操作时是否有必要断开电源？

是否有资质禁用混合动力车辆或者将其交给有资质的奔驰 C350 插电式混合动力汽车高压安全量产车辆操作专家，由其断开。

是否会记录并在车辆上显示车辆电压不足的情况？

车辆是否保证不会重新激活（点火和高压）？

作为奔驰 C350 插电式混合动力汽车高压安全量产车辆操作专家，你能够并且必须对相关的安全防范措施以及个人知识局限的危险性和影响进行评估。禁止操作带电部件，如图 4-34 所示。

图 4-34

2. 高压作业必须遵守的 5 个安全原则。

为了对电气系统进行安全操作，制作了一些基本的安全原则。其中广为人知并应用广泛的 5 个原则分别是：

（1）切断高压系统电源。

（2）避免再次开启。

（3）在高压系统中创建无电压区。

（4）系统接地以及系统短路（机动车中无相关规定）。

（5）屏蔽或者隔离带电零件（机动车中无相关规定）。

前 3 个安全原则在汽车行业中应用非常广泛。

3. 车辆高压安全措施。

（1）颜色编码和警告通知。

高压组件上的橙色高压导线和警告信息，提醒服务中心人员要格外注意！

（2）带电部件的接触保护。

采取防止意外接触带电部件（直接 / 间接带电）的措施。

（3）电流阻断（电位分离）高压 – 低压（HV–LV）。

提供高压电位时从车辆接地开始采用全极点绝缘。一旦发生简单故障，将防止意外触电。

（4）绝缘电阻检测。

①通过高压车载电气系统检测绝缘故障。

②充分考虑显示屏故障显示概念。

（5）互锁电路（HVIL）：

①互锁电路沿着整个高压车载电气系统排布。

②当互锁电路的信号传输中断时，根据变速器的位置、车速以及发动机罩开关的具体情况，开启高压蓄电池的接触器，整个高压车载电气系统关闭。中断互锁电路防止高压车载电气系统重新激活。

（6）高压断开装置。

当按照要求切断电源时，整个高压车载电气系统能够确保彻底关闭（互锁电路和 30C 电路开启），同时系统确保不能通过"点火开启"重新启动。额外添加一个挂锁（启动锁）可以防止高压车载电气系统重启。

（7）在发生碰撞时关闭高压车载电气系统和 12 V 车载电气系统。

①当检测到发生碰撞时，辅助防护系统控制单元触发烟火隔离器（F63：热敏保险丝，F108：蓄电池夹保险丝）。

②切断所有电源和存储单元的电力。

③发电机运行失效（包括电机和直流 / 直流转换器）。

④中间电路电容器以低于危险电压放电。

（8）通过救援服务关闭高压车载电气系统，记录并存储车辆信息，以便于救援服务顺利进行。

为便于救援服务顺利进行，在驾驶舱左侧保险丝盒内单独设立了一个点，用于关闭高压车载电气系统。在该连接点，互锁电路和 30C 电路被分开。如果客户获得一张救援卡并将其放到汽车内，必须注意该救援卡并非永久性组件。此外，由于该救援卡并非放到车辆的标准位置，因此非常容易丢失，这就是自 2013 年 9 月起所有梅赛德斯 – 奔驰和 Smart 车都在两个位置留有 QR 代码的原因，一个位置是在加油口盖板区域，另一个位置是 B 柱的反面。可以使用智能手机对 QR 代码进行解码，如访问救援卡中的内容，因为救援卡连接到一个服务器上。在文件 SI54.10–P–0035A 中包含事故发生后处理高压蓄电池的相关信息，而该事故通常伴随安全气囊和热敏保险丝触发的事故。高压蓄电池的安装位置，如图 4-35 所示。

图 4-35

蓄电池夹保险丝的安装位置，如图 4-36 所示。

图 4-36

用于救援服务的额外分离点，如图 4-37 所示。

QR 代码的位置（示例），如图 4-38 所示。

热敏保险丝的安装位置，如图 4-39 所示。

图 4-37

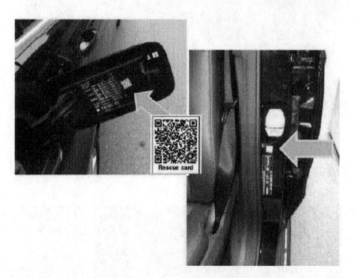

图 4-38

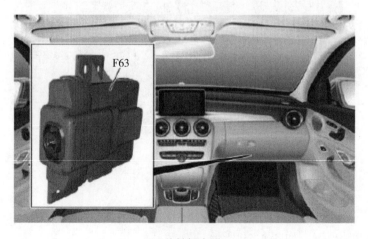

F63.热敏保险丝

图 4-39

4.梅赛德斯－奔驰授权服务中心的操作。

在梅赛德斯－奔驰授权服务中心对奔驰 C350 插电式混合动力汽车进行操作的前提条件（高压安全预防措施）：

（1）培训。

①具备高压和产品资质，对高压工作范围内的授权服务中心人员进行高压意识培训并介绍汽车所采用的新技术。

②对车辆进行一般类操作的授权服务中心人员的高压意识培训（根据资质概念）。

③若借助智能诊断仪和 XENTRY 诊断系统无法创建和记录高压车载电气系统的无电压区域，则手动禁用高压车载电气系统。

④只有在完成额外的培训课程之后才能进行以上操作。

（2）诊断系统（XENTRY 诊断系统）。

①检查高压状态的所有相关特点并输出当前的高压状态。

②在判断高压状态之后，打印输出电源禁用日志。

③在整个诊断过程中，持续显示安全通知。

（三）操作和更换高压蓄电池时的注意事项

高压蓄电池被视为危险品，按照国际上对危险品的划分规则可以分成 9 类（UN 3480 锂离子电池）。如果需要更换高压蓄电池，无论如何都应该填写 OF54.10-P-3000-01E 分析表，对高压蓄电池的可运输性进行评估。该分析表必须和退换零件以及高压蓄电池控制单元日志一起发送。此外，还必须启动一个 XENTRY TIPS 事件。在授权服务中心安全操作高压蓄电池时，必须严格遵照 AH54.10-P-0006-01MEV 文件中的操作说明。高压蓄电池的运输过程必须符合国际和国内危险品运输条例中关于此类运输的规定。每个高压蓄电池在运输前都必须在授权服务中心对运输安全性进行审核，这可以辨别哪些电池可以安全运输，哪些电池不可以安全运输，如表 4-6 所示。

表 4-6

可以安全运输的高压蓄电池	不可以安全运输的高压蓄电池
可以安全运输的高压蓄电池在使用原包装进行包装之后才能运输，这保证了电池在打包时和交付时完全一样，不会受到损伤 必须满足以下最低要求： ·必须妥善保护高压蓄电池，防止外部短路，例如，使用接线端帽 ·必须安全关闭高压蓄电池的所有开口，例如冷却液注入口 ·电池外壳必须远离有毒有害物质 ·外包装必须按照危险品管理办法进行标记	可以使用以下标准来判断高压蓄电池不可以安全运输： ·使用 XENTRY 进行检查： 高压蓄电池无法诊断 存在绝缘故障（将该高压蓄电池明确分类，存储故障码） 接触器闭合（当 15 号回路关闭后，存储故障码） ·外观检查： 外壳破损 外壳变形（根据有关变形的规定说明） 外壳生锈 电解液渗漏 高压接头损坏 不能安全运输的高压蓄电池只能在获得国家豁免权之后通过公路或者海洋进行运输

（四）高压定义

根据 ECE R100，以下电压可以定义为高压，如表 4-7 所示。

表 4-7

直流电压	交流电压
> 60 V	> 30 V
≥ 1500 V	≥ 1000 V

奔驰 C350 插电式混合动力汽车高压车载电气系统的电压范围，如表 4-8 所示。

表 4-8

项目	电压
最高电压	大约 317 V（直流）
标称电压	大约 290 V（直流）
最低电压	大约 176 V（直流）

对高压车辆进行操作以及处理高压蓄电池的重要参考文件，如表 4-9 所示。

表 4-9

文件编号	文件名称
AH54.00-P-0010-01A	高压车载电气系统注意事项
AR54.10-P-1150xx（早期文件编号）	禁用／试运行高压车载电气系统
AH54.10-P-0006-01MEV	高压蓄电池注意事项
OF54.10-P-3000-01E	高压蓄电池可运输性分析表
SI54.10-P-0035A	事故中触发安全气囊和热敏保险丝后怎样处理高压蓄电池
SI54.10-P-0047A	操作高压车载电气系统时的个人防护装备

十、高压禁用和高压试运行

1. 一般性说明。

为了在免受电击伤害的前提下进行各种操作，非常有必要切断电源（禁用）并且防止高压车载电气系统再次启动。通过从高压车载电气系统中切断高压蓄电池的正负两极（全极断开）来执行电源的切断过程。要做到这点，从行驶方向看位于发动机舱左侧的高压断开装置必须断开并且通过一个挂锁（机械锁）来保证，这可以防止高压车载电气系统通过"点火开启"功能重新启动。电源断开的操作要求在禁用电气系统条件下进行，应该参考文件 AR54.10-P-1150xx（禁用和试运行高压车载电气系统）。该文件描述了禁用和试运行的操作顺序。当操作混合动力车辆时，应始终遵循 XENTRY 和 WIS 中的指导意见。指导意见中包括一些要求禁用高压的操作等相关信息。当操作高压车载电气系统时应始终遵守安全原则。

2. 高压断开装置。

激活高压断开装置，确保整个高压车载电气系统彻底关闭。互锁电路和 30C 终端开启。高压车载电气系统必须采用额外措施确保不会重新启动。可以通过在高压断开装置中安装一个挂锁（机械锁）来实现。

3.在车辆维修时或者发生事故后，将高压车载电气系统的电源断开，如图4-40所示。

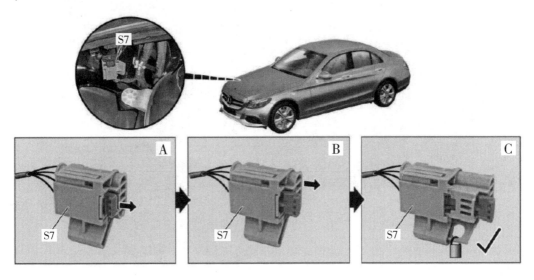

S7.高压断开装置　A.松开锁止装置　B.断开高压断开装置　C.用拉锁固定孔眼

图4-40

为了切断高压车载电气系统的电源，依据 XENTRY 诊断系统始终遵循当前操作程序。禁用程序摘录：

（1）读取故障记忆。

（2）在 XENTRY 诊断系统中执行列出的操作步骤。

（3）开启高压断开装置。

（4）安装和锁定机械锁（将钥匙放置在安全地点）。

（5）将电源禁用事件日志放到车辆显眼的位置。

第二节　奔驰 C 级（W205.047/147/247）插电式混合动力结构

一、概述

插电式混合动力驱动系统采用梅赛德斯 – 奔驰模块化混合动力结构。与仅装配发动机的车辆相比，此驱动系统可以提供驾驶乐趣并提高驾驶舒适性，同时尽可能减少油耗和排放，甚至无排放。

下面仅说明装配 60 kW 电机的插电式混合动力驱动系统与装配 85 kW 电机的插电式混合动力驱动系统的不同之处，两个系统的相同部分则不做赘述。混合动力驱动系统部件，如图4-41所示。

二、高压蓄电池保险丝

高压蓄电池中安装了两个可替换的保险丝，这两个保险丝安装在一个可拆卸护盖的下方（护盖带互锁触点），护盖位于接触器后方的电路中。通过这种方式可以确保按顺序断电的保险丝不带电。高压蓄电池保险丝，如图4-42所示。

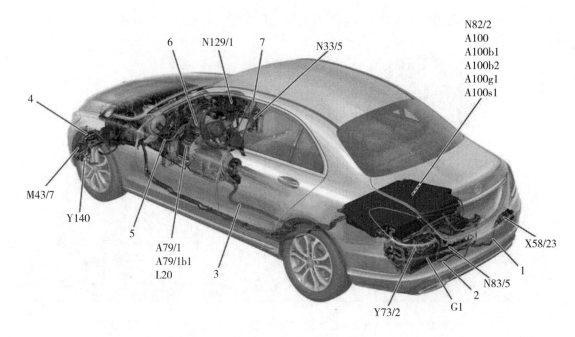

1.充电器馈入插座和充电器之间的线束　2.充电器和高压蓄电池之间的线束（可单独更换）　3.高压蓄电池和功率电子装置控制单元上高压分配板之间的线束（只能与线束5和6一同更换）　4.热交换器　5.功率电子装置控制单元上高压分配板和电动空调压缩机之间的线束（只能与线束3和6一同更换）　6.功率电子装置控制单元上高压分配板和电机之间的线束（只能与线束3和5一同更换）　7.功率电子装置控制单元上高压分配板和高压正温度系数（PTC）加热器（N33/5）之间的线束　A79/1.电机　A79/1b1.电机温度传感器　A100.高压蓄电池模块　A100b1.高压蓄电池冷却液入口温度传感器　A100b2.高压蓄电池组电池温度传感器　A100g1.高压蓄电池　A100s1.接触器　G1.车载电网蓄电池　L20.电机转子位置传感器　M43/7.低温回路循环泵2　N33/5.高压正温度系数（PTC）加热器　N82/2.蓄电池管理系统控制单元　N83/5.充电器　N129/1.功率电子装置控制单元　X58/23.充电器馈入插座　Y73/2.低温回路转换阀2　Y140.高压蓄电池冷却转换阀

图4-41

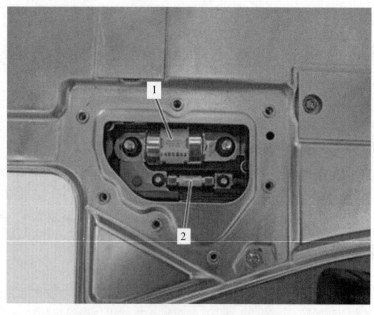

1.主保险丝（F750）　2.高压蓄电池充电器保险丝（F752）

图4-42

332

三、充电电缆

（一）通过家用电源插座充电的充电电缆（模式2）

具有两种长度型号的一相充电电缆已进行改装，以使其符合特定国家标准，其通过行李箱或载物舱中的插座供电。注意：将充电电缆与电源插座相连时，切勿使用安装不正确的电源插座、适配器、延长线或类似的部件，否则可能导致起火或触电。

注意以下几点，避免发生危险：

（1）只能将充电电缆与正确安装且经电工认可的电源插座相连。

（2）为安全起见，只能使用车辆中附带的充电电缆或可用于车辆的经认可的充电电缆。

（3）切勿使用已损坏的充电电缆。

（4）切勿使用延长线、钢缆鼓或复式插座。

（5）将充电电缆连接到电源插座上时切勿使用插座适配器，但可以使用经制造商检查并认可可以用于为电动车辆高压蓄电池充电的适配器。

（6）必须遵照插座适配器用户手册中的安全规则。

充电电缆带有电缆内部控制和保护装置（IC-CPD）。为满足IEC61851的安全规定，集成了一个接地故障断路器和一个通信装置（脉冲宽度调制模块）来设定电源。IC-CPD固定在充电电缆中，开闭车辆插入式连接和设施之间的电源触点，并将充电电流上限传送至车辆。若出现故障或发生断电，则会立即终止充电过程，以保护用户和车辆。充电电缆仅在车辆请求电压后才开闭车辆插入式连接和防触电插头之间的电源触点，未插入的连接器则会断电。模式2充电电缆，如图4-43所示。

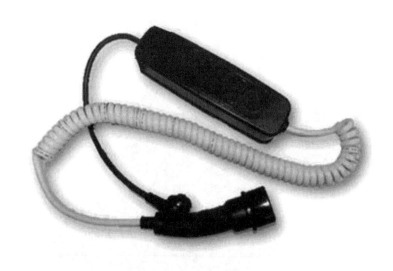

图4-43

（二）公共充电站的充电电缆（模式3）

一相充电电缆已进行改装，以使其满足特定国家标准，可作为特殊装备获得，共有两种长度型号。模式3充电电缆根据IEC61851在车辆和标准电源之间建立连接。电动车辆供电装备（EVSE）集成有故障和过载电流保护接口以及特定的电源插座。充电电缆带有电缆最大电流负载能力的电阻编码和连接至车辆和设施的标准插入式触点。公共充电站仅在车辆请求电压后才开闭电源触点。未插入车辆的公共充电站连接会断电。模式 3 充电电缆，如图 4-44 所示。

图 4-44

（三）充电电缆连接器紧急解锁装置

在充电过程中，会通过电动紧急解锁装置的促动电机将充电电缆连接器锁止到充电器馈入插座中，防止其在未经授权的情况下被拆下。充电过程结束后，若充电电缆无法从车辆插座上断开（故障），则电动紧急解锁装置的促动电机可以通过紧急解锁电缆解锁。紧急解锁电缆位于行李箱或载物舱的右侧边缘区域。为可以对紧急解锁电缆进行操作，必须事先拆下行李箱或载物舱右侧边缘区域的焊缝遮盖物。拉动手动紧急解锁装置的紧急解锁电缆时，手动紧急解锁装置的转盘会转动，从而松开充电电缆连接器。充电器馈入插座，如图 4-45 所示。

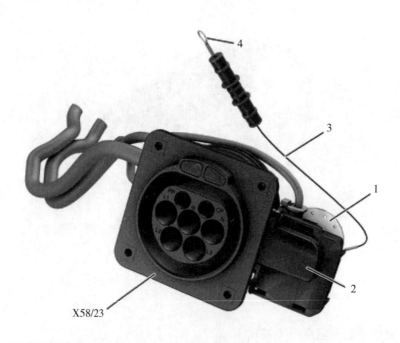

1.手动紧急解锁装置的转盘　2.电动紧急解锁装置的促动电机　3.手动紧急解锁装置的紧急解锁电缆　4.手动紧急解锁装置的固定环（右侧尾灯和保险杠之间的遮盖物下方）　X58/23.充电器馈入插座

图 4-45

四、诊断

插电式混合动力诊断如往常一样通过 XENTRY 诊断系统进行，这可以体现车辆的所有装备特点并进行准确的故障评估、故障校正及车辆特定数值和参数的评估。对高压车辆及其高压部件进行诊断时，要采取专门的资格认证措施。控制单元编程如往常一样归档在相应控制单元的自适应（Adaptations）选项卡中。

有关功率电子装置控制单元、蓄电池管理系统、发动机控制系统（ME）、直流／直流转换器和充电器的信息：故障码存储器中的所有条目状态总是应当显示为"已更新且存储"，否则，不会得出实际存在故障的结论。必须遵照 XENTRY 诊断系统中的说明。只有经过培训的授权服务中心人员（可对高压固有安全量产车辆进行作业的专业人员）才可以根据诊断结果进行断电。

五、对车辆进行的作业

发生事故和出现短路时停用高压车载电气系统：发生事故时，通过启用烟火隔离器获得停用高压车载电气系统的授权。检测到发生碰撞时，烟火隔离器由辅助防护系统（SRS）控制单元促动，这可以使所有电极从电源上分开，以停用电机发电机模式，并将电容器的电量放出至危险电压范围以下。若出现短路，则通过软件和保险丝逐渐停用高压车载电气系统。

（一）安全注意事项

为防止因接触高压车载电气系统而触电，采取了多种安全措施。整个系统的外壳、隔热层和护盖都带有防意外接触保护装置。高压车载电气系统的部件通过带高压电的电线连接。高压车载电气系统的正极或负极都不能连接至车辆上。防意外接触保护安全措施的结构：

（1）外壳。

（2）护盖。

（3）隔热层。

（4）电气连接器。

电位均衡装置是一个与底盘连接的导电连接装置（车辆）。

特定部件请求：

（1）电位分离。

（2）绝缘电阻。

（3）电压支撑能力。

具体系统要求：

（1）总电阻。

（2）绝缘电阻。

（3）包装要求。

警告标签，如图 4-46 所示。

图 4-46

（二）断开电源

车辆装配高压断开装置。在根据诊断结果断电的情况下停用时，电路 30C 和互锁电路的物理分离会通过高压断开装置发挥作用，此时相应的故障码存储在故障码存储器中。高压车载电气系统试运行时会删除故障码。重要信息：执行手动断开前，必须根据诊断结果断电。由个人防护装备的手动断开及后续的重新启动，高压车载电气系统的绝缘测试和耐电压测试只能由接受过高压培训的可进行高压固有安全量产车辆的专业人员进行和记录。高压断开装置，如图 4-47 所示。

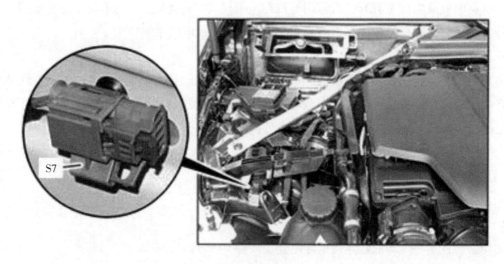

S7.高压断开装置

图 4-47

断开高压车载电气系统后，只能进行断电所需的修理和保养工作。所有相关的高压修理和保养工作都要独立进行。在重新启动高压车载电气系统时，防止由于 "多重处理" 产生干扰。为确保在修理和保养操作过程中不会受到电击，必须将电源从高压车载电气系统上断开且必须将其固定，防止再次开启。断开和重新启动必须记录在高压车载电气系统电源禁用事件日志中或高压车载电气系统试运行事件日志中。日志要与车辆修理文件放在一起。高压车载电气系统的电源通过指导的车辆诊断方法来断开。通过拉出高压断开装置物理中断高压蓄电池接触器的促动。拉出高压断开装置时可看到孔眼，它由一个挂锁固定，防止装置再次插入。断开高压断开装置，如图 4-48所示。

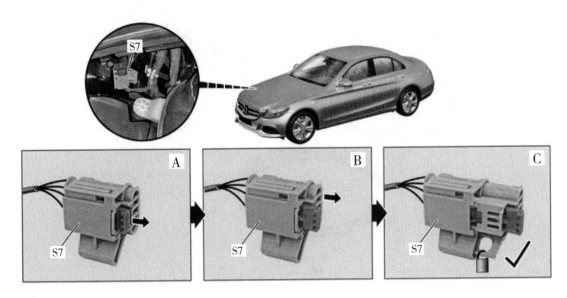

S7.高压断开装置　A.松开锁止装置　B.断开高压断开装置　C.用挂锁固定孔眼

图 4-48

六、救援服务 QR 代码

使用 QR 代码的车辆特定救援卡。

梅赛德斯 – 奔驰是第一家通过 QR 代码提供数字接入车辆特定救援卡的车辆制造商。在世界任何地方发生事故时，都可方便且快速地调用相关的车辆信息。只需一部智能手机或带摄像头的平板终端（特定平台）和一个 QR 代码读取 App（免费）即可完成此操作。数字救援卡可通过 QR 代码标签调用，安全性更高，更节省时间，特别是在救援服务不包括救援信息服务的国家更是如此（例如在德国或荷兰扫描牌照板）。QR 代码标签粘贴在加油口盖内侧及对侧的 B 柱上。

七、专用工具

1.高压蓄电池诊断装置（如图 4-49 所示）。

使用：用于通过 XENTRY 诊断系统对已拆下的高压蓄电池进行诊断（适用于所有车型）。

梅赛德斯 – 奔驰编号：W000586009900。

有效性：适用于所有车型。

2.举升装置（如图 4-50 所示）。

使用：用于拆下行李箱或载物舱中约 110 kg 的高压蓄电池。

梅赛德斯 – 奔驰编号：W222589006200。

类别：梅赛德斯 – 奔驰汽车特殊操作。

有效性：T222163P。

图 4-49

图 4-50

3. 测试适配器（如图 4-51 所示）。

手动断电流程：检查高压蓄电池（高压蓄电池线束连接器）是否断电。

梅赛德斯 – 奔驰编号：W222589006300。

类别：梅赛德斯 – 奔驰汽车特殊操作。

有效性：T222163P。

4. 适配器电缆（如图 4-52 所示）。

通过 XENTRY 诊断系统对已拆下的高压蓄电池进行诊断的特定车辆适配器电缆（只能与高压蓄电池诊断装置 W000586009900 配套使用）。

梅赛德斯 – 奔驰编号：W222589046300。

类别：梅赛德斯 – 奔驰汽车特殊操作。

有效性：T222163P。

图 4–51

图 4–52

5. 测试适配器（如图 4-53 所示）。

手动断电流程：检查高压蓄电池（充电器线束连接器）是否断电。

梅赛德斯 – 奔驰编号：W222589056300。

类别：梅赛德斯 – 奔驰汽车特殊操作。

有效性：T222163P。

图 4–53

第三节 奔驰 C 级（W205.047/147/247）插电式混合动力汽车经典实例与维修提示

一、插电式混合动力汽车的加油口盖板无法打开或打开延迟

适用车型：118、166、167、177、205、206、213、222、223、247、253，代码为 ME05/ME06/ME08/ME10。

故障现象：

案例 A：加油口盖板打开延迟，开关闪烁，组合仪表出现信息"请稍后释放油箱压力"。

案例 B：加油口盖板无法打开，开关未闪烁，组合仪表未出现信息"请稍后释放油箱压力"。

故障原因：

案例 A：加油口盖板的开启时间一般为 5 ~ 60 s。插电式混合动力汽车配有储存压力的油箱，以便在电动模式下持续行驶时抑制燃油排放，这些压力必须在加油口盖板打开前释放。在环境温度高、气压高和在电动模式下持续行驶的特殊情况下，排气时间最长可达 15 min。如果加油请求开关中的 LED 灯闪烁且出现组合信息"油箱正在排气"，那么这不是故障。加油口盖板只能通过加油请求开关打开。

案例 B：未操作（拉动）加油请求开关。如果燃油量大于 75 % 且车辆停放时间长于 6 h，加油请求开关中的 LED 灯不闪烁，且不会出现组合信息"油箱正在排气"。车辆行驶距离小于 500 m，因此通过加油请求开关触发的加油请求未被接受。预先在车辆上更改了编码 / 软件，会使车辆的停车时间无效，并且车辆必须行驶至少 500 m。车辆上的 12 V 车载电气系统出现断路，会使车辆的停车时间无效，并且车辆必须行驶至少 500 m。

故障排除：

案例 A：无解决方法，时间延迟是无法避免的，这并不是故障，无须更换部件。

案例 B：如果燃油量大于 75% 且停车时间长于 6 h，那么大于 500 m 的最小行驶距离是无法避免的。在行驶期间，需要以高于 30 km/h 的速度行驶 3 s 以上，电动驾驶或传统驾驶均可，以此确保进入通风管的任何燃料都会在排气前流回油箱。加油请求功能正常，加油口盖板打开，无须进行其他操作。加油请求功能不正常，进行快速测试并检查控制单元是否存在故障条目。如不存在故障，使用 XENTRY 调试驾驶员车门控制单元和发动机控制单元。之后再次行驶 500 m 以上的距离，期间应以高于 30 km/h 的速度行驶至少 3 s 以上。加油请求功能正常，加油口盖板打开，无须进行其他操作。加油请求功能不正常，勿更换部件，请创建一个 TIPS 案例。

二、奔驰 PLUG-IN HYBRID 加油口盖板结冰，无法打开

适用车型：W205［修理（Cleanpoint），2017 年 1 月 22 日］、S205［修理（Cleanpoint），2017 年 11 月 21 日］、X253［修理（Cleanpoint），2017 年 11 月 20 日］、C253［修理（Cleanpoint），2017 年 11 月 5 日］、W213［修理（Cleanpoint），2017 年 11 月 17 日］、W166［修理（Cleanpoint），

2018 年 1 月 29 日〕、W222〔修理（Cleanpoint），2018 年 8 月〕。

故障现象：温度低于 0 ℃时，后保险杠上的 PLUG-IN HYBRID 插座盖无法打开。

故障原因：中央锁止系统调整元件被冻住。

故障排除：拆卸后保险杠。安装优化型中央锁止系统调整元件及销子。提示：备件部门为所有涉及的型号系列提供优化型零件。

三、湿式起步离合器无法学习

适用车型：带变速器 724.2 的所有车型。

故障现象：在挡位 D 或 R 时，发动机熄火，湿式起步离合器在多次尝试后，即使通过紧急情况调校，也无法学习。

故障原因：湿式起步离合器压力传感器的 O 形环可能损坏或在更换 VGS4-500（修理套件）时未安装。提示：如果 O 形环损坏或未安装，可以在转速表上发现有间隔约 10 s 的转速波动。

补救措施：检查湿式起步离合器压力传感器的 O 形环是否损坏或未安装，必要时更换或安装。

四、48V 蓄电池报警，发动机故障灯点亮

适用车型：222、257、213、238、205、167、290，代码为 B01。

更改原因：更新 RSG 软件到最新版本。

故障现象：客户投诉 48 V 蓄电池报警，仪表发动机故障灯报警，车辆可以行驶，关闭 / 打开点火开关后 48 V 蓄电池不再报警，但发动机故障灯仍然点亮。

故障原因：根本原因在分析中，请不要更换 48 V 蓄电池。

故障排除：进行快测，在 48 V 蓄电池 G1/3 中只存储了故障码 B183371，车载电网实际值 48 V 行驶循环中显示"在开关模块断开的情况下行驶（行驶循环）"，并且 RSG M1/10 故障码 POAFA68、POAFB17、B21E368、POAFA16、POAFB00 和 DC/DC N83/1 故障码 B183214、B183216 作为连锁故障码存储。故障码 B183371 说明 48 V 车载电气系统的蓄电池存在功能故障，促动器已抱死。

请执行以下步骤：

第一次维修，按照 LI54.10-P-069525 检查，然后断开 12 V 蓄电池 5 min 以上，复位 48 V 系统并把 RSG 软件更新到最新版本。

第二次维修，断开 12 V 蓄电池 5 min 以上，复位 48 V 系统。

第三次维修，请使用 CCB 并建议客户继续使用车辆，断开 12 V 蓄电池 5 min 以上，复位 48 V 系统。

第四次维修，如客户不能接受以上方案，请联系厂家。

第五章 奔驰 ML450 HYBRID 4MATIC 混合动力车型

一、概述

（一）介绍

新款奔驰 ML450 HYBRID 4MATIC 是基于奔驰 ML350 改进而来的，是梅赛德斯 – 奔驰的第一款具有永久全轮驱动的混合动力 SUV。它的传动系统已经进行了全面改进，包括重新开发的 3.5L V6 汽油发动机，新开发的双模式混合动力变速器（AHS–C），带有 2 个集成电机，还有电源和电子控制系统、1 个电压转换器和 1 个镍氢蓄电池。这 2 个电机是永久供电的同步电机，也作为启动机和发电机。该系统有双重好处：一是可以节省燃料，二是可以增加驾驶乐趣。其中一个原因是"增压效应"，即电机在高消耗加速阶段有力地支持发动机。驱动程序受益于连续的启动 / 停止功能，当汽车处于静止时，关闭发动机；当停在红绿灯前，启动车辆需要离开时，启动机几乎悄无声息地、极其舒适地启动发动机；当扭矩要求较低时，允许仅使用驱动系统电机来驱动车辆；当车辆制动时，电机作为发电机运行，因此能够回收制动能量。回收的能量储存在高性能、紧凑的镍氢蓄电池中，供以后需要时使用。

奔驰 ML450 HYBRID 4MATIC 有一个功率分支混合动力驱动系统，发动机和电机都被机械地连接到驱动轮上。发动机和电机的输出量依据操作模式确定。以电机方式在较低的速度范围内（城市交通）行驶（大约 35 km/h）。混合动力驱动系统分布图如图 5-1 所示。

奔驰 ML450 HYBRID 4MATIC 在 2009 年 11 月推出，车型代码为 164.195，发动机型号为 272.973，变速器型号为 722.550，结构如图 5-2 所示。

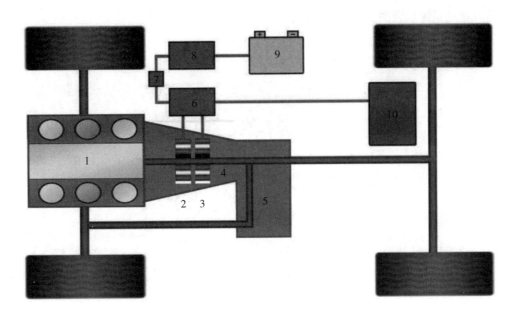

1.发动机　2.电机1　3.电机2　4.双模式混合动力变速器（AHS-C）　5.分动箱　6.功率电子装
置控制单元　7.高压配电模块　8.DC/DC转换器模块　9.12 V蓄电池　10.高压蓄电池

图 5-1

图 5-2

混合动力驱动系统示意图如图 5-3 所示。

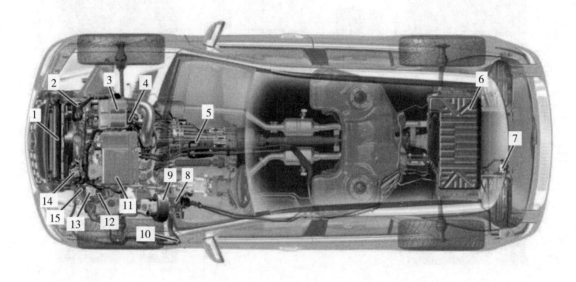

1.散热器单元 2.电动液压动力转向系统 3.直流转换器模块 4.高压配电模块 5.带集成式电机的双模
式混合动力变速器（AHS-C） 6.高压蓄电池模块 7.高压蓄电池冷却回路循环泵 8.踏板总成 9.制动
助力器（RBS） 10.换热器 11.功率电子装置控制单元 12.带有控制单元的液压单元（RBS） 13.电
动制冷剂压缩机 14.低温回路循环泵 15.电动真空泵

图 5-3

（二）技术参数（如表 5-1 所示）

表 5-1

项目	单位	规格
发动机		
额定功率 （发动机转速）	kW	205 （6000 r/min）
额定扭矩 （发动机转速）	N·m	350 （3000 ~ 5500 r/min）
排量	cm³	3498
最高转速	r/min	6500
压缩比	—	11.7∶1
每个气缸的阀门数量	—	4
混合物形成	—	微处理器控制的汽油喷射（热膜空气质 量流量传感器）
动力传输		
驾驶	—	永久全轮驱动
自动变速器	—	AHS-C

项目	单位	规格
最大输入扭矩	N·m	600
电机		
类型		永久通电的同步电机
额定功率 电机1	kW	62
额定功率 电机2	kW	60
最大扭矩 电机1	N·m	235
最大扭矩 电机2	N·m	260
高压蓄电池		
类型		镍氢蓄电池
额定电压	V	288（24个模块，240个单元格）
重量	kg	83
发动机和电机的组合		
额定功率 （发动机转速）	kW	250 （6000 r/min）
额定扭矩 （发动机转速）	N·m	517 （2400 ~ 4000 r/min）
最高车速	km/h	210
加速时间 （0 ~ 100km/h）	s	7.8
混合动力部件的重量		
电机1和2	kg	62
高压蓄电池	kg	83
直流转换器	kg	5

（三）方框图（如图 5-4 和图 5-5 所示）

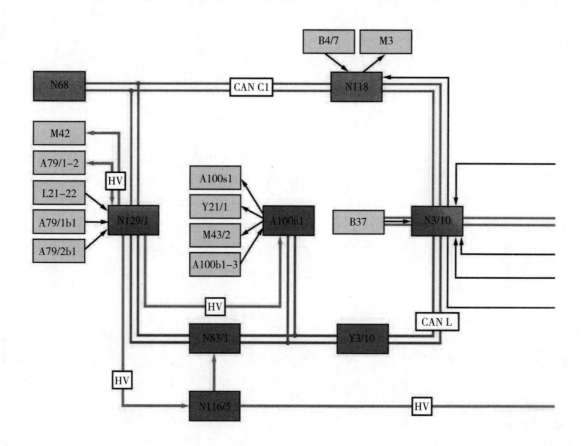

N68.转向辅助控制单元 M42.电动辅助变速器油泵 A79/1.电机1 A79/2.电机2 L21.电机1位置传感器 L22.电机2位置传感器 A79/1b1.电机1温度传感器 A79/2b1.电机2温度传感器 N129/1.电力电子控制单元 B4/7.燃油压力传感器 M3.燃油泵 N118.燃油泵控制单元 A100s1.保护开关 Y21/1.蓄电池冷却系统双向阀 M43/2.高压蓄电池冷却液泵 A100b1.高压蓄电池冷却液入口温度传感器 A100b2.高压蓄电池单元温度传感器 A100b3.高压蓄电池冷却液出口温度传感器 N83/1.DC/DC转换器控制单元 N116/5.高压配电模块 A100n1.蓄电池管理系统（BMS）控制单元 B37.加速踏板传感器 N3/10.ME-SFI控制单元 Y3/10.混合动力完全集成式变速器控制单元 HV.高压线路 CAN L.混合动力CAN CAN C1.驱动传输CAN

图 5-4

（四）显示系统

混合动力驱动系统的各种驱动模式的当前动力可以显示在 COMAND 系统显示单元上。

当使用发动机驾驶时动力流向前桥和后桥，如图 5-6 所示。

当用电机驱动时，会有动力从电机流向前桥和后桥。高压蓄电池供电给电机，然后产生扭矩并驱动车辆，如图 5-7 所示。

在增压模式下，动力从发动机和电机到前桥和后桥。高压蓄电池为电机电源，产生扭矩，为发动机产生的扭矩提供支持，如图 5-8 所示。

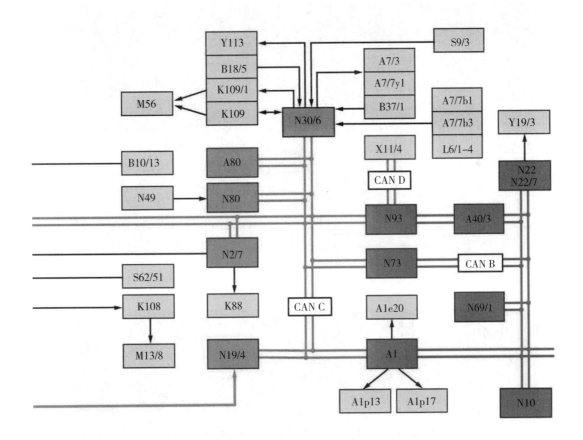

A1.组合仪表　A1p13.多功能显示器　A1p17.混合动力显示器　B10/13.低温回路温度传感器　A1e20.再生制动系统指示灯　B18/5.踏板阻力模拟器阀压力传感器　A7/3.牵引系统液压装置　A7/7b1.膜行程传感器（RBS）　B37/1.踏板角度传感器　A7/7b3.真空传感器（RBS）　CAN B.内部CAN　A7/7y1.电磁阀（RBS）　CAN C.发动机舱CAN　A40/3.COMAND操作、显示和控制单元　CAN D.诊断CAN　K88.烟火隔离器　K108.电力电子设备和DC/DC转换器循环泵继电器　A80.直接选择智能伺服模块　K109.真空泵继电器（+）　K109/1.真空泵继电器（-）　L6/1.左前转速传感器　L6/2.右前转速传感器　L6/3.左后转速传感器　L6/4.右后转速传感器　N93.中央网关控制单元　M13/8.电力电子设备和DC/DC转换器循环泵　S9/3.混合动力制动灯开关　S62/51.混合动力发动机罩接触开关　M56.真空泵　X11/4.数据链接连接器　N2/7.辅助约束系统控制单元　N10.前侧SAM控制单元　Y19/3.空调膨胀阀　N19/4.电动制冷剂压缩机控制单元　N22.控制和操作单元　Y113.踏板阻力模拟器阀　N22/7.舒适控制和操作单元　N30/6.再生制动系统（RBS）控制单元　N49.转向角度传感器　N69/1.左前车门控制单元　N73.EZS控制单元　N80.转向柱模块

图 5-5

　　在制动模式（减速模式）下，动力从前桥和后桥流向电机。再生制动扭矩通过发电机转换为电能，此时电机充当发电机，为高压蓄电池充电。这种能量是可用的。当使用电机模式或以增压模式驾驶时，如图 5-9 所示。

　　当车辆怠速运行时，没有动力流。电机 1 作为发电机，对高压蓄电池充电。这种能量是可用的。当使用电机模式或增压模式驾驶时，如图 5-10 所示。

　　燃油消耗量和回收能量，如图 5-11 所示。

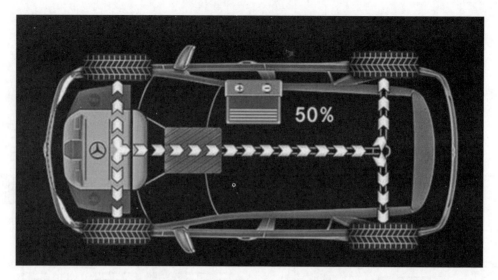

图 5-6

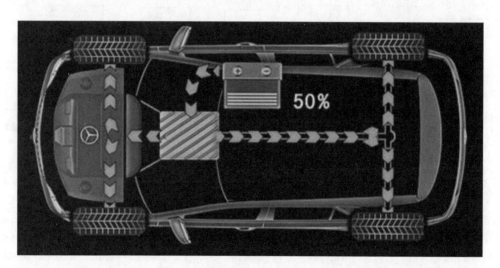

图 5-7

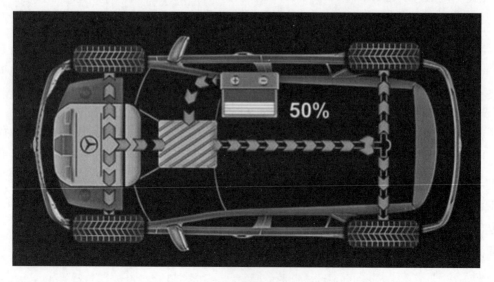

图 5-8

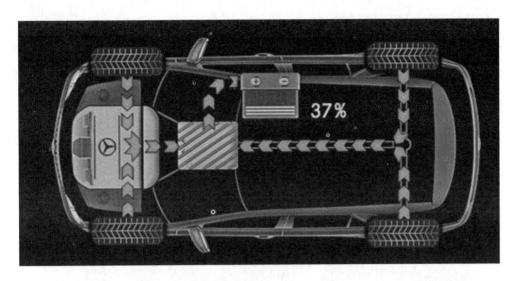

图 5-9

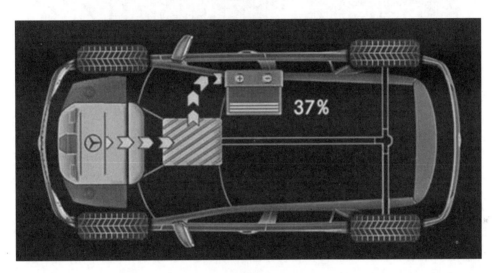

图 5-10

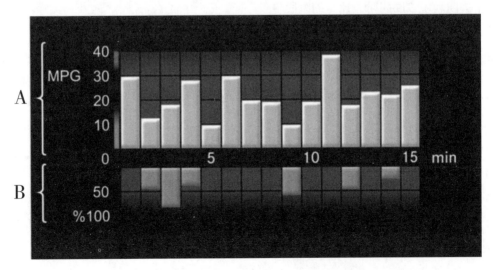

A.最后15 min的燃油消耗量　　B.高压蓄电池最后15 min回收能量显示

图 5-11

仪表显示如图 5-12 所示。

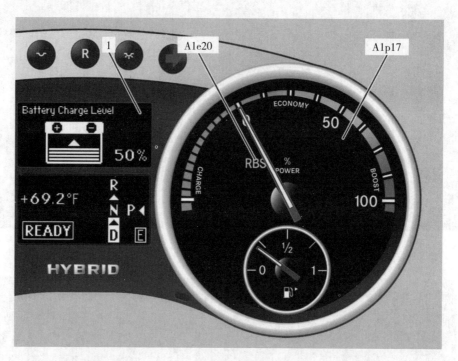

1.高压蓄电池充电指示灯 A1e20.再生制动系统指示灯 A1p17.能量显示

图 5-12

二、主要部件

（一）发动机

发动机 272.973 已被优化，通过使用新的气缸盖、改进的凸轮轴、不同的凸轮轴控制系统和改进的活塞，输出功率增加了 5 kW。阿特金森原理被用于提高热效率和使燃油消耗量最小化。发动机外部结构如图 5-13 所示。阿特金森原理优化了气门正时，因为进气门在部分负荷范围内关闭得很晚。由于关闭较晚，膨胀阶段比压缩阶段更长。

（二）自动变速器

奔驰 ML450 HYBRID 4MATIC 配备了一种新开发的双模式混合动力变速器（AHS-C）。该变速器基于电控无级变速器设计，有 2 个电动（CVT）驱动模式和 4 个固定挡位。它有 2 种工作模式：一种是为低速而优化的，另一种是为高速而优化的。因此，该车具有 8 个前进挡和一个倒挡。齿轮级的比率是通过行星齿轮组来实现的，截面视图如图 5-14 所示。自动变速器主要部件包括：

（1）电机 1 和 2。

（2）用电机驱动传动油泵。

（3）变速器油泵（叶片泵），用于产生所需的油压，并保证换挡部件和轴承点的润滑。

（4）机械传动部件（行星齿轮组、驻车爪、多盘离合器和多盘制动器）和混合动力完全集成式变速器控制单元。

图 5-13

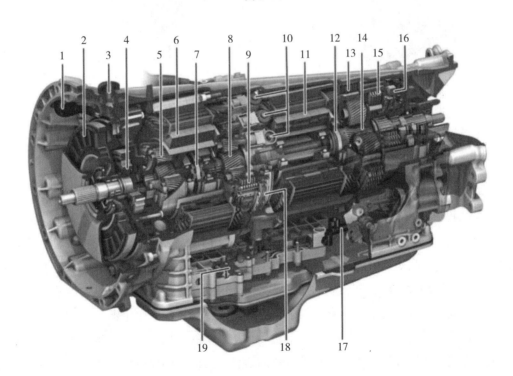

1.驱动传动油泵用电机的电气连接　2.用电机驱动传动油泵　3.变速器外壳通风系统　4.叶片泵　5.前单个行星齿轮组　6.电机1　7.电机1位置传感器　8.中心单个行星齿轮组　9.多盘离合器K2　10.高压连接器　11.电机2　12.电机2位置传感器　13.多盘制动器B1　14.后单个行星齿轮组　15.多盘离合器K1　16.驻车爪齿轮　17.驻车爪位置传感器　18.多盘制动器B2　19.混合动力完全集成式变速器控制单元

图 5-14

（三）变速器油泵

变速器油泵（叶片泵）产生 AHS-C 中液压操作所需的油压。叶片泵可由发动机和电机直接驱动。借助于电机，即使发动机已经停止运转，也可以保持所需的油压。在电机驱动模式下，叶片泵最初由电机驱动。启动后当转速大约为 900 r/min 时，发动机接管了叶片泵的驱动过程。叶片泵的内叶轮与电机的转子轮毂相连。除内叶轮外，叶片泵还配备有偏心安装的外叶轮。金属圆盘，也称为叶片，被安装在内叶轮，以便它们可以径向移动。内叶轮、外叶轮和叶片的组合提供了各种压力室，通过这些压力室，油可以从进气侧泵送到压力侧。当叶片泵怠速运转时，叶片可防止机油从压力侧回流到进气侧。变速器油泵结构如图 5-15 所示。

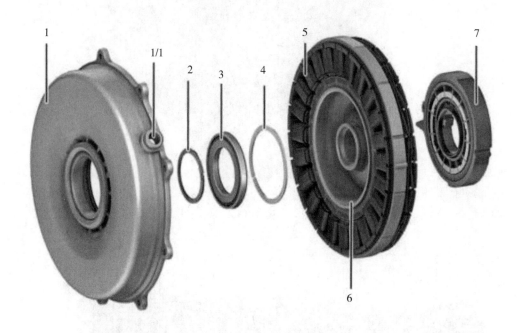

1.盖　1/1.高压连接开口　2.挡圈　3.槽形滚珠轴承　4.挡圈　5.转子　6.转子轮毂　7.叶片泵

图 5-15

（四）电机

电机是永久提供动力的同步电机，安装在 AHS-C 中。电机担负着启动机和发电机的功能。根据操作模式的不同，它们可以在曲轴旋转方向施加扭矩，以启动发动机（驱动模式），或者在与曲轴旋转相反的方向施加扭矩，为高压蓄电池（发电机模式）充电。在启动期间，电机支持发动机（增压模式），并且在制动过程中，部分制动能量被转换为电能（再生制动）。电力电子控制单元控制各个操作模式之间的切换。通过每个电机的 3 个母线连接到电机的 3 个电源。三相电流根据操作模式和转子位置进行调节。这些相电流产生一个磁场，与转子的磁场一起，产生扭矩，以产生旋转运动。为了调节电机，需要提供关于当前转子位置的信息。为此，即使电机静止不动，转子位置传感器也提供振幅信号，并将其转发给功率电子装置控制单元，从而计算角度并由此得出转速。集成在定子绕组中的温度传感器记录绕组的温度，并将其作为电压信号传输到功率电子装置控制单元。电机结构如图 5-16 所示。

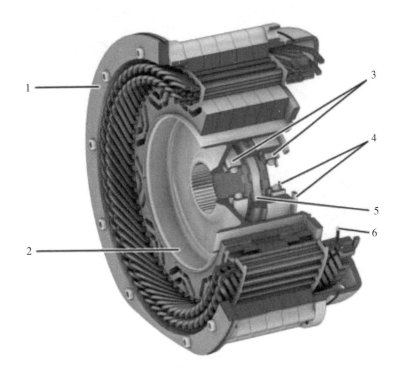

1.定子 2.转子 3.槽形滚珠轴承 4.挡圈 5.转子位置传感器 6.电机温度传感器

图 5-16

（五）电动制冷剂压缩机

为了在发动机自动停止时提供足够的制冷输出，电动制冷剂压缩机的驱动系统必须与发动机分离，以便为车辆内部提供独立的气候控制，这是通过一个电动驱动的制冷剂压缩机来实现的。该冷却系统只根据需要运行，因此有助于优化燃油消耗。电动制冷剂压缩机吸入并压缩制冷剂（R134a），并将制冷剂泵入系统。根据蒸发器的温度，电动制冷剂压缩机由 AAC（KLA）控制单元无级调节，从 800 r/min 到 9000 r/min。电动制冷剂压缩机主要包括：

（1）集成的功率电子装置控制单元。

（2）电机。

（3）螺旋压缩机。

电动制冷剂压缩机控制单元调节电机的转速和制冷剂的用量。电机驱动螺旋压缩机。其由两个相互嵌套的螺旋线圈组成，其中第一个线圈永久地附着在外壳上，第二个线圈在第一个线圈内部以圆形模式移动。因此，螺旋线圈在几个点上相互接触，并在线圈内形成一些尺寸越来越小的腔室。因此，制冷剂被压缩并向这些腔室的中心移动，在那里以压缩形式离开螺旋。电动制冷剂压缩机结构如图 5-17 所示。

（六）功率电子装置模块

功率电子装置控制单元集成在功率电子装置模块中，它位于发动机舱内的发动机上部。功率电子装置控制单元包含操作策略，并协调混合动力驱动系统的所有动力流和扭矩，以使系统损失最小化，从而减少燃油消耗。功率电子装置控制单元主要负责扭矩协调和能源管理。它通过集成的电机控制器来控制和监控电机 1 和电机 2。此外，功率电子装置控制单元控制脉冲转换器和用于驱动传

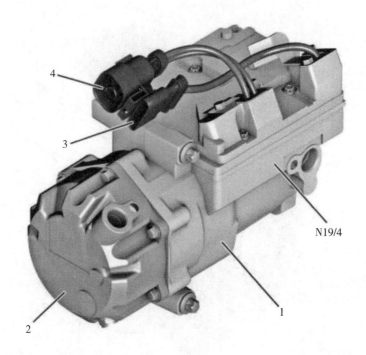

1.电机　2.螺旋压缩机　3.控制单元12V插头连接　4.高压插头连接　N19/4.电动制冷剂压缩机控制单元

图 5-17

动油泵的电机。功率电子装置控制单元根据要求向电机 1 和电机 2 提供三相交流电。它监测电机 1 和电机 2 的温度，并进行诊断，并向 ME-SFI（ME）控制单元提供可用扭矩的预测。功率电子装置模块如图 5-18 所示。

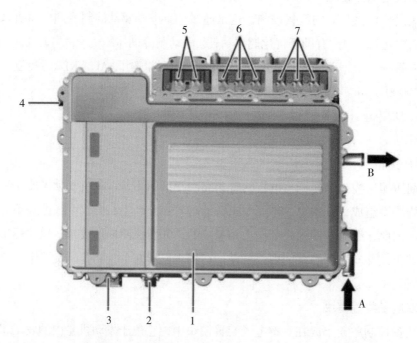

1.功率电子装置模块　2.变速器油泵的高压连接　3.功率电子装置控制单元的12 V插头连接　4.高压插头连接（高压配电模块）　5.高压连接器到高压蓄电池　6.高压连接器到电机2　7.高压连接器到电机1　A.冷却液入口　B.冷却液出口

图 5-18

（七）高压配电模块和 DC/DC 转换器

高压配电模块和 DC/DC 转换器位于发动机舱内的发动机上部。

1. 高压配电模块。

高压配电模块在 DC/DC 转换器、功率电子装置模块和电动制冷剂压缩机之间分配 288 V 高压。高压插头连接器到 DC/DC 转换器模块连接一个 20 A 保险丝，高压插头连接器到电动制冷剂压缩机连接一个 40 A 保险丝。在出现保险丝缺陷时，高压配电模块必须更换。高压配电模块结构如图 5-19 所示。

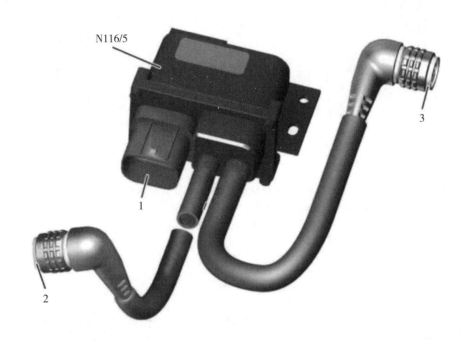

1.高压插头连接器到电动制冷剂压缩机　2.高压插头连接器到DC/DC转换器模块　3.高压插头连接器到功率电子装置控制单元　N116/5.高压配电模块

图 5-19

2. DC/DC 转换器。

DC/DC 转换器产生高直流电压和 12 V 直流电压，还允许高压车载电气系统和 12 V 车载电气系统之间进行能量交换。高压被转换为 12 V，反之亦然。DC/DC 转换器结构如图 5-20 所示。

（八）功率电子装置模块和 DC/DC 转换器冷却

功率电子装置模块和 DC/DC 转换器有一个普通的低温冷却系统，它与发动机冷却系统分离，冷却回路示意图如图 5-21 所示。该低温冷却系统可避免功率电子装置模块和 DC/DC 转换器因过热损坏。ME-SFI（ME）控制单元通过低温回路温度传感器发出的电压信号，记录低温冷却系统中的冷却液温度。根据冷却液温度，ME-SFI（ME）控制单元启动循环泵继电器，功率电子装置模块和 DC/DC 转换器循环泵打开。循环泵通过膨胀储液罐将冷却液吸入，并通过低温散热器泵入，通过气流或发动机和带有集成控制电动散热器风扇的空调进行冷却。冷却液随后流经 DC/DC 转换器和功率电子装置模块（热输出）返回循环泵。ME-SFI（ME）控制单元通过混合 CAN 将低温冷却系统的状态（冷却液温度和泵运行）传送至功率电子装置控制单元。

1.DC/DC转换器　2.12 V插头连接到DC/DC转换器控制单元　3.高压插头连接（高压配电模块）
4.电路30插头连接　5.电路31螺丝连接　A.冷却液入口　B.冷却液出口

图 5-20

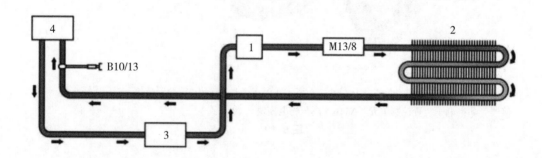

1.膨胀箱　2.低温散热器　3.功率电子装置模块　4.DC/DC转换器　B10/13.低温回路温度传感器
M13/8.功率电子装置模块和DC/DC转换器循环泵

图 5-21

（九）高压蓄电池模块

高压蓄电池模块位于行李箱的货物区地板下，保护高压蓄电池免受外部热量的影响，并提供物理稳定性。高压蓄电池模块包括高压蓄电池、蓄电池管理系统（BMS）控制单元和保护开关。高压蓄电池模块有冷却液管路和电气线路。高压蓄电池是镍氢蓄电池，它为电机储存能量。蓄电池管理系统（BMS）控制单元监控冷却液入口、冷却液出口和高压蓄电池单元中的温度，评估温度传感器信号和调节高压下的冷却回路。高压蓄电池通过 DC/DC 转换器连接到 12 V 车载电气系统，以便在必要时为 12 V 车载电气系统提供支持。保护开关由蓄电池管理系统（BMS）控制单元驱动，并将高压蓄电池正极和负极端子隔离。高压蓄电池模块结构如图5-22所示。

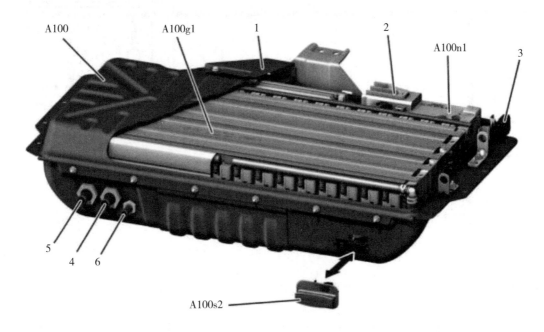

1.高压连接器的盖　2.高压连接器　3.蓄电池管理系统（BMS）控制单元12 V插头连接器　4.冷却液入口
5.冷却液出口到膨胀储液罐　6.通风　A100.高压蓄电池模块　A100g1.高压蓄电池　A100n1.蓄电池管理系统
（BMS）控制单元　A100s2.维修断开开关

图 5-22

（十）高压蓄电池冷却

高压蓄电池的工作温度必须在一定的范围内，以确保高压蓄电池的充电容量、充电周期次数和预期寿命。高压蓄电池冷却回路中的冷却液泵由蓄电池管理系统（BMS）控制单元通过PWM信号直接驱动。蓄电池管理系统（BMS）控制单元根据高压蓄电池冷却回路中的冷却液温度，将PWM信号发送到高压蓄电池冷却双向阀。在低环境温度下，双向阀通过热交换器到高压蓄电池模块激活小循环冷却回路。在中等环境温度下（高达15 ℃），双向阀通过高压蓄电池冷却回路散热器到高压蓄电池模块激活大循环冷却回路。在高环境温度下，双向阀通过热交换器到高压蓄电池模块激活小循环冷却回路，并通过高压蓄电池冷却回路的散热器到高压蓄电池模块激活大循环冷却回路。

控制和操作单元（AAC或舒适AAC）通过内部CAN驱动电动制冷剂压缩机控制单元。空调膨胀阀直接由控制和操作单元驱动，从而通过热交换器打开空调回路。由于高压蓄电池冷却回路中的散热器从冷却液中去除部分热能，因此减少了空调回路的冷却要求。控制和操作单元根据驾驶员请求信号（空调开／关）驱动电动制冷剂压缩机控制单元和空调膨胀阀。高压蓄电池冷却回路如图5-23所示。

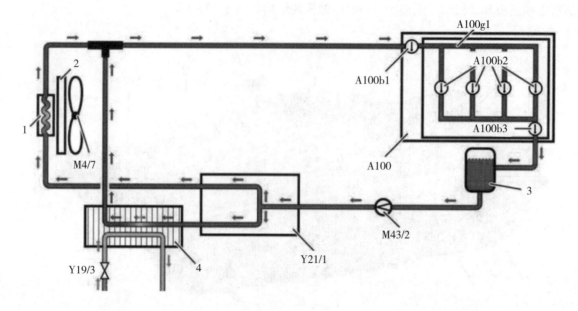

1.散热器　2.散热器模块　3.带有水-乙二醇冷却液的膨胀罐　4.热交换器　A100.高压蓄电池模块　A100b1.高压蓄电池冷却液入口温度传感器　A100b2.高压蓄电池单元温度传感器　A100b3.高压蓄电池冷却液出口温度传感器　A100g1.高压蓄电池　M4/7.发动机和空调与集成控制电子散热器风扇　M43/2.高压蓄电池冷却液泵　Y19/3.空调膨胀阀　Y21/1.高压蓄电池冷却双向阀

图 5-23

（十一）制动踏板总成

制动踏板总成结构如图 5-24 所示。

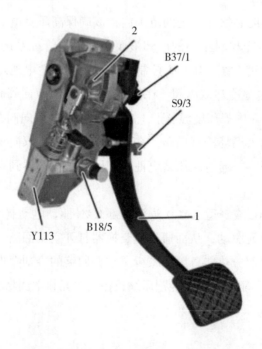

1.制动踏板　2.踏板阻力模拟器　B18/5.踏板阻力模拟器阀压力传感器　B37/1.踏板角度传感器　S9/3.混合动力制动灯开关　Y113.踏板阻力模拟器阀

图 5-24

（十二）制动助力器

真空由发动机和电动真空泵供给至制动助力器。制动助力器中的电磁阀可作为执行器来实现驾驶员的制动请求。它由再生制动系统（RBS）控制单元进行电子驱动。制动助力器包含一个真空传感器，用来测量制动助力器真空室中的真空。制动助力器还包含一个膜行程传感器，用来测量膜盘在制动助力器中的位置。制动助力器结构如图5-25所示。

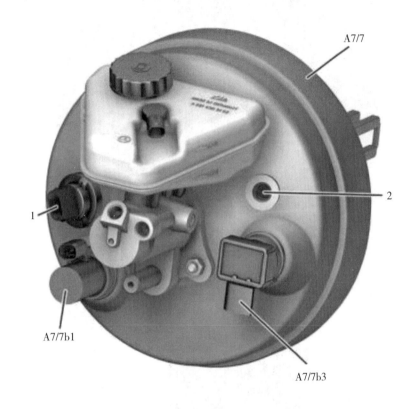

1.电磁阀电气连接　2.真空管路连接　A7/7.制动助力器　A7/7b1.膜行程传感器　A7/7b3.真空传感器

图5-25

（十三）电动真空泵

电动真空位于发动机的左前部，由再生制动系统（RBS）控制单元驱动。它的任务包括：

确保制动助力器内有足够的真空度。

在所有驱动条件下保持真空供应（停止/启动操作、电子驱动）。

电动真空泵结构如图5-26所示。

（十四）电液动力转向

电液动力转向结构如图5-27所示。

1.电气插头连接　2.真空出口连接　3.电机　4.泵单元

图 5-26

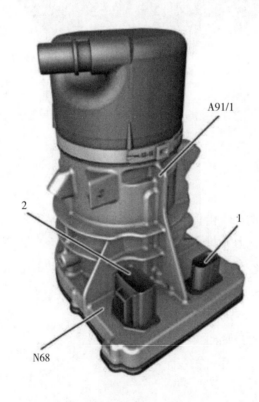

1.电气插头连接　2.动力转向控制单元的12 V插头连接　A91/1.电液动力转向
系统　N68.转向辅助控制单元

图 5-27

三、车载电气系统

控制单元的位置如图 5-28 所示。

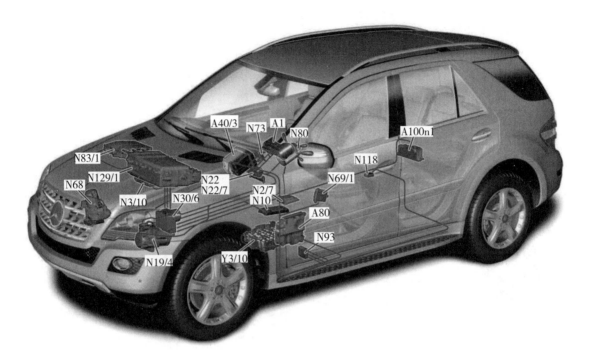

A1.组合仪表　A40/3.COMAND控制单元　A80.直接选择智能伺服模块　A100n1.蓄电池管理系统（BMS）控制单元　N2/7.辅助约束系统控制单元　N3/10. ME-SFI（ME）控制单元　N10.前侧SAM控制单元　N19/4.电动制冷剂压缩机控制单元　N22.ACC空调控制单元　N22/7.舒适ACC空调控制单元　N30/6.再生制动系统（RBS）控制单元　N68.转向辅助控制单元　N69/1.左前车门控制单元　N73.EZS控制单元　N80.转向柱模块　N83/1. DC/DC转换器控制单元　N93.中央网关控制单元　N118.燃油泵控制单元　N129/1.功率电子装置控制单元　Y3/10.混合动力完全集成式变速器控制单元

图 5-28

四、互锁回路（如图 5-29 所示）

互锁回路用于保护那些处理高压车载电气系统的人。互锁回路用于检测高压车载电气系统的电位接入情况。由于高压组件中存在电容器，一旦保护开关打开，高压车载电气系统不会立即无电压。因此，在高压组件中加入了主动快速放电功能，将在 2 ~ 5 s 内放电到低于 60 V 的电压。如果互锁回路断开，这将导致高压蓄电池模块中的保护开关打开，而高压车载电气系统关闭。此外，事故还会引发两级碰撞关闭程序，这会关闭高压蓄电池，并使高压车载电气系统放电：

阶段 1：可逆（紧急压力保护装置，不触发气囊）。

阶段 2：不可逆（在安全气囊触发期间通过高温技术分离器关闭电路 30C）。

若存在碰撞信号，则使用安全气囊控制单元通过 CAN 传输到所有的控制单元，此外，冗余到ME-SFI（ME）控制单元。安全气囊控制单元驱动高温技术分离器。

联锁信号（12 V/88 Hz）在蓄电池管理系统（BMS）控制单元中产生并通过串联连接传输到以

下组件：

高压蓄电池模块。

功率电子装置模块。

变速器油泵电机。

电动制冷剂压缩机。

DC/DC 转换器模块。

蓄电池管理系统（BMS）配备了一个针对互锁信号的评估电路。

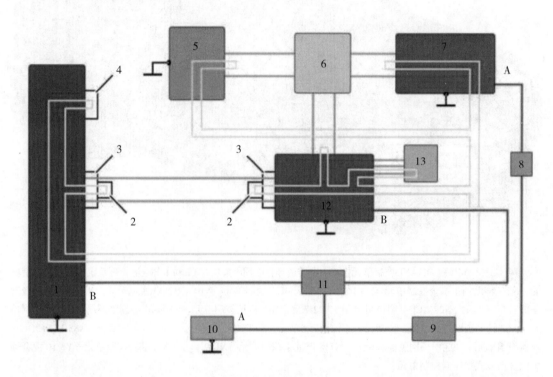

1.高压蓄电池模块　2.触点开关　3.高压连接的盖　4.维修断开开关　5.电动制冷剂压缩机　6.高压配
电模块　7.DC/DC转换器模块　8.DC/DC转换器熔断器　9.前置盒　10.12 V蓄电池　11.烟火隔离器
12.功率电子装置模块　13.电机到变速器油泵　A.电路30　B.电路30C

图 5-29

第六章　奔驰 GLE500e 4MATIC（X166）混合动力车型

一、车辆概述

奔驰 GLE500e 4MATIC（166.063）的混合动力变速器采用 P2 混合动力系统，如图 6-1 所示。在 P2 混合动力系统中，发动机通过 NAK 驱动电机的转子。这种布置可将电机转速与发动机转速分开。除了传统的驱动模式，还提供以下功能或运行模式：

图 6-1

（1）发动机启动 / 停止。

（2）能量回收。

（3）助力（发动机的电支持）。

（4）纯电动行驶。

纯电动行驶的最高车速可达 130 km/h。电能储存在一个能源容量为 8.8 kWh 的锂离子蓄电池中，该蓄电池可外接公共充电站、家里的壁挂式充电盒或普通的 220 V 插座进行充电。利用中央控制台的选择开关和仪表，驾驶员可在 4 个专有的运行模式中进行选择：

（1）HYBRID：系统自动选择相应的最佳驱动方式（发动机和 / 或电机），以优化整体能耗。

（2）E-MODE：纯电动行驶。

（3）E-SAVE：保留蓄电池的当前充电状态，以便在之后或在市区行驶时能纯电动行驶。

（4）CHARGE：蓄电池在驾驶模式和静止状态下充电。

（一）奔驰 GLE500e 4MATIC 技术数据（如表 6-1 所示）

表 6-1

项目	规格
发动机	V6 双涡轮、直接喷射
排量（cm^3）	2996
发动机功率（kW）	245 （5250 ~ 6000 r/min）
电机功率（kW）	85
系统功率（kW）	325
发动机扭矩（N·m）	480 （1600 ~ 4000 r/min）
电机扭矩（N·m）	340
系统扭矩（N·m）	650
油耗（L/100 km）（NEDC）	3.5 ~ 3.7
CO_2（g/km）	78
可行驶距离（km）	30
耗电（kWh/100 km）	16.7
尾气排放标准	欧 6
变速器	基于 7G-TRONIC
驱动机构	全时四轮驱动 4MATIC

（二）混合动力专有组件位置（如图 6-2 所示）

（三）新的 SUV 命名法

梅赛德斯 – 奔驰重新划分了 SUV 系列。作为对传奇性 G 级车的纪念，由 3 个字母组成的缩略名字中始终有一个 G，G 后面始终是 L，与梅赛德斯 – 奔驰乘用车产品系列一样，第 3 个字母将方便对 SUV 产品进行定位：

GLA：A 级细分市场的 SUV。

GLC：C 级细分市场的 SUV，之前 GLK。

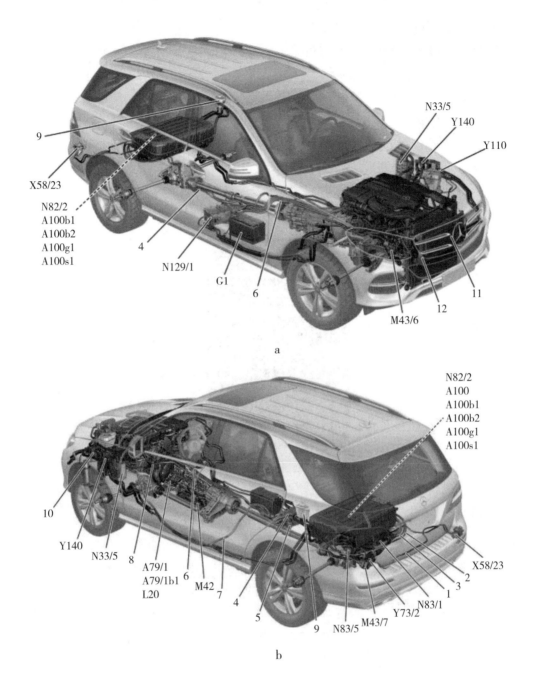

a

b

1.充电装置供电插座与充电装置之间的线束（可单独更换） 2.充电装置和高压蓄电池之间的线束 3.DC/DC 转换器和高压蓄电池之间的线束 4.高压蓄电池和功率电子装置控制单元高压配电板之间的线束（可单独更换） 5.功率电子装置控制单元高压配电板 6.功率电子装置控制单元高压配电板和电机之间的线束（仅可连同线束 8 一起更换） 7.功率电子装置控制单元高压配电板和高压PTC加热器（N33/5）之间的线束（可单独更换） 8.功率电子装置控制单元高压配电板和电动制冷剂压缩机之间的线束（仅可连同线束6一起更换） 9.低温回路2膨胀容器 10.热交换器 11.低温回路2散热器 12.低温回路1散热器 A79/1.电机 A79/1b1.电机温度传感器 A100.高压蓄电池模块 A100b1.高压蓄电池冷却液入口温度传感器 A100b2.高压蓄电池单元温度传感器 A100g1.高压蓄电池 A100s1.接触器 G1.车载电气系统蓄电池 L20.电机转子位置传感器 M42.电动辅助变速器油泵 M43/6.低温回路循环泵 1 M43/7.低温回路循环泵 2 N33/5.高压 PTC 加热器 N82/2.蓄电池管理系统控制单元 N83/1.DC/DC 转换器控制单元 N83/5.充电装置 N129/1.功率电子装置控制单元 X58/23.充电装置供电插座 Y73/2.低温回路转换阀 2 Y110.高压蓄电池冷却膨胀阀 Y140.高压蓄电池冷却转换阀

图 6-2

GLE：E 级细分市场的 SUV，之前 M 级。

GLE 轿跑车：E 级轿跑车细分市场的 SUV。

GLS：S 级细分市场的 SUV，之前 GL。

G：不变。

（四）主总成命名法

和新的型号系列一样，驱动方式也获得了新的名称。行李箱盖上的字母取代了之前的名称，如表 6-2 所示。

表 6-2

目前	新	示例
Natural Gas Drive	c for "compressed natural gas"	B200c
Blue TEC CDI	d for "diesel"	E350d GLA200d
PLUG-IN HYBRID Electric Drive	e for "electric"	S500e B250e
Fuel Cell	f for "fuel cell"	B200f
HYBRID Blue TEC HYBRID	h for "hybrid"	S400h E300h
4MATIC	4MATIC	E400 4MATIC

二、安全性

（一）资质培训方案

针对保养和维修技师以及经过认证的诊断技师，在高压量产车上进行操作的资质培训方案，如表 6-3 所示。

表 6-3

人员资质	涉及操作的安全指导	高压意识培训	无产品培训的高压资质认证	有产品培训的高压资质认证	高压手动断电培训
高压系统外的"简单"操作，如检查工作液，跨接启动	×	×	×	×	×
高压车辆上的一般维修工作，已断电高压系统操作	—	×	×	×	×
无操作 中间级 – 产品培训的前提条件	—	—	×	×	×
基于诊断将车辆断电	—	—	—	×	×*

人员资质	涉及操作的安全指导	高压意识培训	无产品培训的高压资质认证	有产品培训的高压资质认证	高压手动断电培训
手动断电 绝缘电阻测量 抗电强度检测	—	—	—	—	×**

*：允许基于诊断进行断电，当进行具体车辆的产品培训时，基于诊断进行断电的尝试必须始终在手动断电之前进行。

**：允许对高压量产汽车（非大都市方案）手动断电（根据WIS的规定）。

（二）"简单"操作

要进行"简单"操作，员工必须在企业中接受与操作相关的安全指导。该指导包括与高压车载电气系统相关的特性、威胁、防护措施和行为规定。

（三）高压安全措施

1. 彩色标志和警告提示。

橙色高压导线和高压部件上的警告，用于增强授权服务中心人员的安全意识。

2. 导电部件接触防护。

采取防止意外接触导电部件的措施（直接／间接）。

3. 高压－低压（HV–LV）电隔离（电势隔离）。

高压电势与车辆接地的所有芯极都已隔离，因此，出现简单故障时不存在电击危险。

4. 绝缘电阻监控。

在整个高压车载电气系统中识别绝缘故障。

在显示方案中考虑故障图示。

5. 联锁装置回路（HVIL）。

通过整个高压车载电气系统接入方式引导导体回路。

接入方式包括通过高压组件的电气连接器和跨接线保护盖板。拆卸电气连接器或盖板时，HVIL导体回路中断。

6. 高压断开装置。

根据 WIS 文档和诊断结果，断开电源后，确保整个高压车载电气系统都已断电（联锁装置回路和端子 30C 已断开），并防止通过"打开点火开关"重新接通。

另外，通过安装或使用高压接通锁，防止高压车载电气系统被重新接通。

7. 碰撞时切断高压车载电气系统。

燃爆断开元件由辅助防护系统控制单元在识别到碰撞时启动。若分配了车辆维修订单，则因事故触发燃爆保险丝（不可逆转地关闭高压车载电气系统）后必须根据 SI54.10–P–0035A 更换高压蓄电池。

8. 通过救援人员断开高压车载电气系统，在车辆上存储救援人员信息。

奔驰 GLE500e 4MATIC 高压联锁装置，如图 6-3 所示。

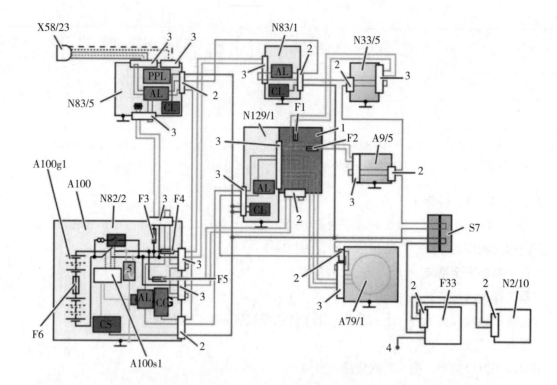

1.高压配电板　2.12 V插头连接　3.高压接口　4.端子 30　5.绝缘监控　A9/5.电动制冷剂压缩机　A79/1.
电机　A100.高压蓄电池模块　A100g1.高压蓄电池　A100s1.接触器　F1.高压 PTC 加热器保险丝（可更
换）　F2.电动制冷剂压缩机保险丝（可更换）　F3.充电装置保险丝（可更换）　F4.DC/DC 转换器保险
丝（可更换）　F5.功率电子装置控制单元高压配电板保险丝（可更换）　F6.高压蓄电池保险丝（不可
更换）　F33.蓄电池舱预熔保险丝盒　N2/10.辅助防护系统（SRS）控制单元　N33/5.高压 PTC 加热器
N82/2.蓄电池管理系统控制单元　N83/1.DC/DC转换器控制单元　N83/5.充电装置　N129/1.功率电子装置
控制单元　S7.高压断开装置　X58/23.充电装置供电插座　AL.联锁装置评估逻辑　CG.发电机联锁装置
CL.端子30C 评估逻辑　CS.端子30C（电源接触器）　PPL.邻近先导（Proximity Pilot）评估逻辑

图 6-3

三、显示、操作和运行策略

（一）仪表中的混合动力专有显示

奔驰 GLE500e 4MATIC 仪表，如图 6-4 所示。

电机功率显示，如图 6-5 所示。

（二）能量流

1. 发动机运转且电机由发电机驱动。高压蓄电池充电。"READY"显示表明混合动力驱动系
统已准备就绪，如图 6-6 所示。

1.在此显示可行驶距离（取决于驾驶方式、高压蓄电池的电量）　2.再生制动系统指示灯　3.显示
电机功率　4.在此显示当前选择的运行模式

图 6-4

1、2. E-DRIVE，例如处于电驱动或助力模式时，在此显示电驱动功率。若指针到达限位2，则发
动机在电运行情况下启动　3、4.CHARGE，在此显示已回收的、以电能的形式存储在高压蓄电池
中的功率。若指针到达限位4，则已达到最大再生制动功率。行车制动器可支持进一步提高

图 6-5

图 6-6

2.发动机驱动车辆。高压蓄电池未充电，如图6-7所示。

图 6-7

3.发动机驱动车辆。电机作为发电机并为高压蓄电池充电，如图6-8所示。

图 6-8

4.助力模式（加速模式）：功率要求特别高。根据高压蓄电池的充电状态，电机向发动机提供支持，如图6-9所示。

图 6-9

5. 能量回收：车辆的动能由电机转换为电能，为高压蓄电池充电，如图 6-10 所示。

图 6-10

6. 电运行：电机驱动车辆。由高压蓄电池供电。在速度不超过约 120 km/h 的情况下，车辆可完全采用电机驱动，如图 6-11 所示。

图 6-11

7. 耗油量和电能如图 6-12 所示。

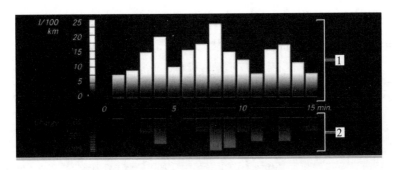

1.最后15 min的耗油量　2.最后15 min生成的电能

图 6-12

（三）驾驶模式

所选的驾驶模式不同，不仅驱动机构（发动机/变速器管理）、底盘、转向不同，而且能源管理也不同，如表6-4所示。动态选择控制器，如图6-13所示。利用控制器可选择相应的驾驶模式。若点火开关的关闭时间低于4h，则最后选择的驾驶模式保持激活。若点火开关的关闭时间超过4h，则驾驶模式在车辆下一次启动时将切换到"舒适"。

表6-4

驾驶模式	说明
个性化"ECO"	个性化设置，在电运行期间将传动扭矩降至最低
运动	·运动型驾驶模式，带增强型助力效果 ·不可以纯电动运行
舒适	·舒适且节能的驾驶模式 ·可以纯电动运行
雪地	·保证在打滑和积雪道路上的最佳操纵性 ·可以纯电动运行

1.动态选择控制器

图6-13

（四）运行模式

运行模式，如表6-5所示。运行模式选择开关，如图6-14所示。

表6-5

运行模式	说明
HYBRID	·可纯电动运行或用发动机驾驶 ·自动选择驱动模式，尽可能多地采用电运行 ·高压蓄电池将放电至约15%的充电状态（State of Charge） ·要保持高压蓄电池的充电状态，电驱动功率将降低。同时，所有车辆功能如电运行、能量回收或助力继续可用
E-MODE	·可纯电动运行，直至达到电机的功率极限 ·在跨接触觉加速踏板压力点后，发动机才启动

运行模式	说明
E-SAVE	·可纯电动运行或用发动机驾驶 ·为了稍后使用电能，将保持高压蓄电池的当前充电状态 ·从高压蓄电池中获取一定的能量，使得电量不低于设置的数值 ·这样发动机仍可在静止或减速运行阶段停止，以避免怠速消耗
CHARGE	·不可以纯电动运行 ·行驶期间高压蓄电池借助发动机充电 ·一旦高压蓄电池已完全充满电，将自动切换到运行模式 E-SAVE

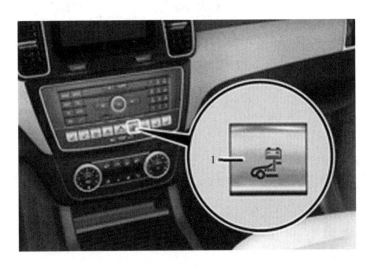

1.运动模式选择开关

图 6-14

可以自己选择驾驶模式。选择运行模式时，驾驶员影响能量分配以及高压蓄电池的充电状态。

（五）基于路线的运行策略

基于路线的运行策略考虑多个因素，以便对高压蓄电池的能量分配进行干预。路线的能效评估将考虑以下因素：

（1）驾驶室管理和数据系统以及联网功能（COMAND Online）（地图数据连同路线高度分布图）。

（2）当前车辆重量。

（3）驾驶员的驾驶模式（车速、制动性能）。

（4）辅助用电器负荷（空调、加热器、照明）。

（5）转弯可能性。

此时，运行模式的选择基于以下考虑：

（1）电能的使用根据路段的不同而有所区别。

（2）在城市中使用电能进行电运行将为驾驶员带来更高的附加值。

如图 6-15 所示，在路段 A 中，蓄电池电量略微上升（城市远郊路段）。同时，系统考虑路段 B 中的市区行驶。路段 A 中的阴影面积显示电量在没有做该考虑的情况下会如何变化。电量早在城市远郊路段就已降低，而城市交通中的油耗将增加。当车辆处于城市交通（路段 B）时，之前形成的电量将逐渐降低，并在某一水平上保持恒定。如果重新行驶在城市远郊路段 C 上，系统将尽可能保持充电状态恒定。目的地在路段 D 中。

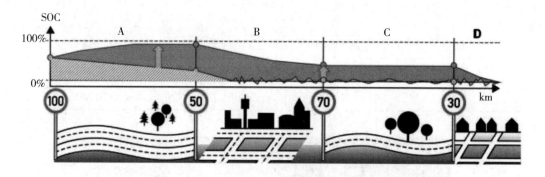

A.城市远郊路段　B.城市交通　C.城市远郊路段　D.到达目的地　SOC.高压蓄电池的充电状态
km.行驶里程，单位km

图 6-15

基于路线的运行策略在以下条件下可用：
（1）已选择驾驶模式"个性化"。
（2）在驾驶模式"个性化"中，在驱动下选择设定 ECO。
（3）已选择运行模式"HYBRID"。
（4）存在合适的地图数据。

（六）ECO 启动 / 停止功能

车辆停止和车速低于 130 km/h 时，ECO 启动 / 停止功能自动关闭发动机。该功能在驾驶模式"运动"中未激活，在手动换挡中可用。在下列情况下，发动机将自动停止：
（1）在驾驶模式"舒适"中，驾驶员将脚从加速踏板上移开且速度不超过 130 km/h。
（2）发动机已达到工作温度。
（3）驾驶员仅略微操纵加速踏板，以便在限定的行驶里程上保持速度。
（4）发动机罩已关闭并正确锁止。
（5）高压蓄电池电量充足。
（6）混合动力驱动系统无故障。

在下列情况下，发动机无法自动停止：
（1）发动机管理系统自诊断已激活。
（2）混合动力驱动系统有故障。
（3）车辆空调对此有要求。
（4）高压蓄电池充电。

四、充电

奔驰 GLE500e 4MATIC 充电时，有 3 种外部充电方式：
A. 电源插座。

B. 壁挂式充电盒。

C. 充电站。

根据选择的充电类型，使用规定的充电电缆。模式 2 与 3 之间有区别。

1. 模式 2 充电电缆。

模式 2 充电电缆包括一个电缆控制盒，如图 6-16 所示。其一侧配备电源插头，另一侧配备 5 针插座。充电时，电源插头在车辆侧锁止。

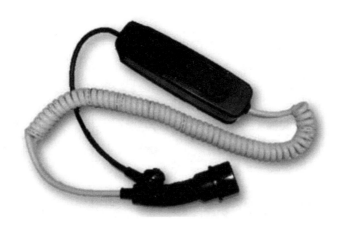

图 6-16

2. 模式 3 充电电缆。

模式 3 充电电缆不包括电缆控制盒。充电站或壁挂式充电盒提供保护功能，如图 6-17 所示。充电电缆两侧配备 7 针插头。充电时，充电电缆插头在车辆侧和充电站上锁止。

图 6-17

奔驰 GLE500e 4MATIC 在德国供货时将标配模式 2 充电电缆，型号为 E/F。充电电缆最长 4 m 且为螺旋状。作为选装装备，提供 5 种其他型号电缆。

3. 充电特点。

驾驶员可以通过仪表自主决定出发时间和最大充电电流。为此，提供两种充电方式：

（1）立刻充电：立刻用电源中的可用电能对高压蓄电池进行充电。

（2）按出发时间充电：如果客户在仪表中选择按出发时间充电，将同样用电源中的可用电能对高压蓄电池进行充电。可以最优惠的费用对高压蓄电池进行充电。设置出发时间涉及驻车空调的使用，充电过程优化后将显示充电过程结束。

充电时间，如图 6-18 所示。

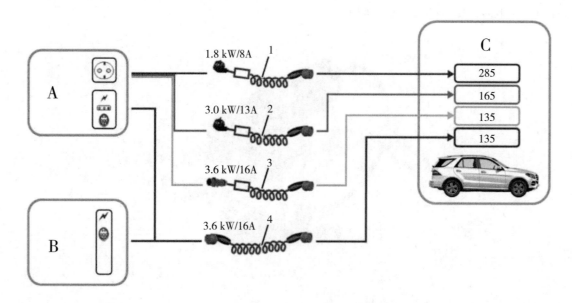

1.充电电缆，模式2，1.8 kW　2.充电电缆，模式2，3.0 kW　3.充电电缆，模式2，3.6 kW（与 CEE 插头配套）　4.充电电缆，模式3，3.6 kW　A.私人充电方式　B.公共充电方式　C.充电时间，单位：min

图 6-18

4. 通过智能手机的应用程序"梅赛德斯 – 奔驰 Charge&Pay"进行充电。

现今，如果有人想要在公共区域为他的插电式混合动力汽车充电，他将能找到近 3000 个充电点、230 家运营商、无数的充电卡和支付系统。为了能够在将来提供更便捷的充电服务，梅赛德斯 – 奔驰推出了"梅赛德斯 – 奔驰 Charge&Pay"服务。通过该应用程序，梅赛德斯 – 奔驰和 Smart 的客户可以找到空闲的充电桩并可控制充电和计价过程。可方便且透明地通过 Pay Pal 支付。

"梅赛德斯 – 奔驰 Charge&Pay"无合约和基本费用。自 2014 年 12 月起，免费提供适用 iOS 和安卓系统的应用程序。

5. 充电过程。

稳态充电包括两个子功能：

（1）锁止充电装置供电插座。

（2）充电。

整个充电过程由充电装置控制单元、蓄电池管理系统、发动机电子设备（ME）、仪表和传动系统协同监控。最大充电电流可经由充电电缆中的检测盒或仪表设置。

6. 充电装置供电插座（欧规）分配。

7 针中有 5 针用于供应交流电压的高压触点，2 针用于 CP 和邻近的信号触点。与充电站的数据交换经由 CP 触点进行，充电电缆插入时，车辆通过 PP 触点识别。充电装置供电插座（欧规），如图 6-19 所示。

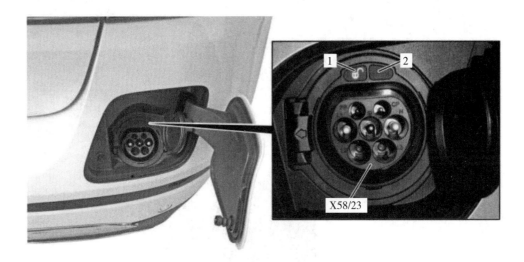

1.左侧指示 LED（锁止 LED） 2.右侧指示 LED（充电指示 LED） CP.控制先导（Control Pilot） N.零线 L1、L2、L3.相位 L1、L2、L3 PE.安全引线（Protective Earth） PP.邻近先导 X58/23.充电装置供电插座

图 6-19

LED 含义，如表 6-6 所示。

表 6-6

LED 锁止或解锁（白色）已打开的锁的图标	充电插头锁止或解锁状态	LED 充电指示灯	原因
无显示	已锁止	橙色闪烁	建立连接
		绿色闪烁	高压蓄电池正在充电
		绿色长亮	高压蓄电池已完全充满电
		红色高频闪烁	故障
长亮	已解锁 如充电插头已插接，则必须在 10 s 内拔下，否则将自动重新锁止		
90 s 高频闪烁	故障 充电插头未正确插入或锁止装置未正确锁住		
长亮且 LED 充电指示灯亮起	已解锁 解锁后的当前充电状态，如果充电插头已插入	橙色 / 绿色 / 红色	故障

7. 充电插头应急解锁，如图 6-20 所示。

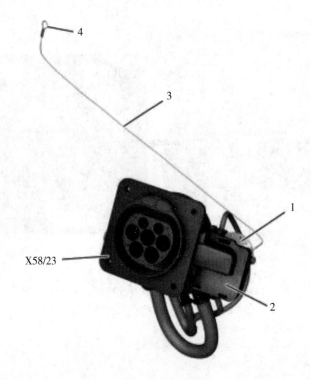

1.机械应急解锁转盘　2.电动应急解锁促动电机　3.机械应急解锁拉索　4.盖板下方的机械
应急解锁挂环（挂在右侧尾灯和行李箱密封件之间的销子中）　X58/23.充电装置供电插座

图 6-20

发生故障时，充电插头可经由应急解锁脱开。

8. 售后服务。

充电投诉包括：

（1）充电功能不可用。

（2）充电取消。

（3）电缆控制盒（In-Cable Control Box）上的故障现象（闪烁码）。

（4）车辆充电插座上的故障信息（闪烁码）。

（5）充电过程中出现的问题。

检测已使用的"充电基础设施"：

（1）壁挂式充电盒。

（2）家用插座（带 FI）。

（3）家用插座（无 FI）。

（4）公共充电（带 Plug&Charge）。

（5）公共充电（不带 Plug&Charge）。

（6）公共充电的支付方式（电话、SMS、信用卡、其他）。

五、奔驰 GLE500e 4MATIC 的结构和功能

（一）混合动力专有组件

混合动力专有组件位置见图 6-2。

1. 充电装置（如图 6-21 所示）。

（1）功能：

①将 AC 输入电压转换为 DC 输出电压，以便为高压蓄电池充电。

②控制与车辆插座的通信（LED 状态和联锁电机）。

③充电插头识别（防止带着充电电缆起步）。

④控制与公共充电站的通信（费用结算或智能充电）。

⑤通过控制先导监控充电过程。

（2）属性：功率为 3.6 kW。

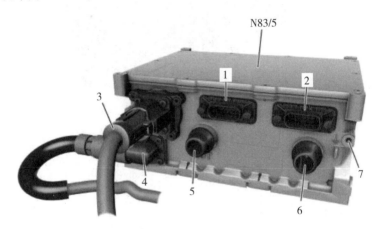

图 6-21（图注省略）

2. 高压蓄电池（如图 6-22 所示）。

（1）功能：作为蓄能器并为高压组件提供所需的电能。

（2）属性：容量为 8.8 kWh。

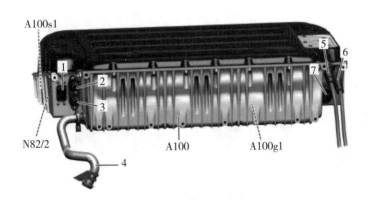

图 6-22（图注省略）

3. 功率电子装置（如图6-23所示）。

功率电子装置功能：

（1）根据发动机电子设备（ME）控制单元的要求控制电机。

（2）监控电机的温度和位置。

（3）将高压蓄电池的直流电转化为电机所需的三相交流电。

图6-23（图注省略）

4. DC/DC转换器（如图6-24所示）。

（1）DC/DC转换器功能：

①DC/DC转换器提供降压模式。在该模式下，高压蓄电池支持12 V蓄电池。

②替换普通的12 V发电机。

（2）DC/DC转换器属性：持续提供210 A电流并在短时间内提供最大240 A的电流。

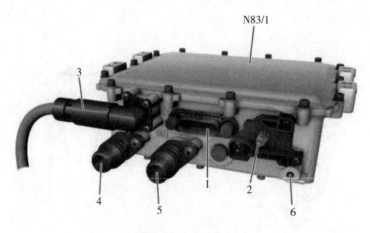

图6-24（图注省略）

5.电机（如图6-25所示）。

电机功能：

（1）电机将电能转换为动能。

（2）可实现以下功能。

①通过电机的制动扭矩实现能量回收。

②电动起步、电动运行。

③助力（额外的扭矩，用于支持发动机）。

④发电机运行。

电机属性：

（1）三相电机为永磁同步电机。

（2）最大功率为85 kW。

（3）最大扭矩为340 N·m。

（4）集成式转子位置传感器。

（5）集成式温度传感器。

（6）集成在NAG2变速器内。

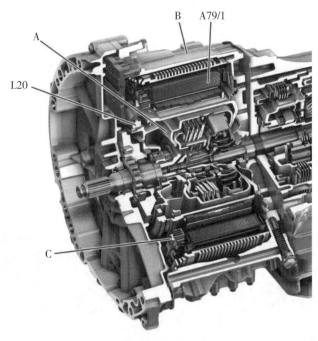

图6-25（图注省略）

6.高压空调压缩机（如图6-26所示）。

（1）高压空调压缩机功能：

①高压空调压缩机连同集成式控制单元根据空调控制单元的规定为空调提供相应的制冷剂压力。

②建立高压蓄电池冷却装置的制冷剂压力。

③建立预调节装置的制冷剂压力。

（2）高压空调压缩机属性：

①耗电可达 60 A（在最大功率时）。

②促动取决于许多因素（蓄电池电量、驾驶员的冷却要求）。

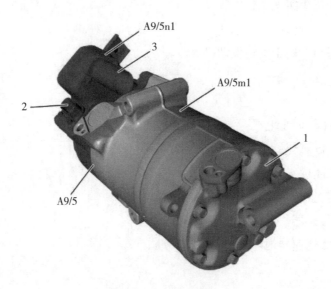

图 6-26（图注省略）

7. 高压 PTC 加热器（如图 6-27 所示）。

（1）高压 PTC 加热器功能：加热冷却液，以便车内空间更快达到标准温度。

（2）高压 PTC 加热器属性：

①进流温度为 −20 ℃时额定功率为 7 kW。

②耗电可达 30 A（短时间）。

图 6-27（图注省略）

（二）温度预调节

在奔驰 GLE500e 4MATIC 中，有 4 种车内空间预调节方式可用，如表 6-7 所示。

表 6-7

用钥匙预调节	预热和预冷时，空调可接通最多 5 min。通过车辆钥匙的预调节可接连激活两次，然后，发动机必须运行 10 s 以上
出发时间前预调节，高压蓄电池充电	预调节最多提前 55 min 激活。在出发推后的情况下，车内空间将多调节 5 min。预调节期间，高压蓄电池充电
出发时间前预调节，高压蓄电池不充电	预调节最多提前 55 min 激活。在出发推后的情况下，车内空间将多调节 5 min。预调节期间，高压蓄电池不充电 电运行的行驶里程缩短
其他预调节	即便行驶中断，车内空间最多可保持调节 50 min，车内温度保持恒定

（三）保养

主动保养提示系统增强版（ASSYST PLUS）保养周期显示告知客户下一次保养日期。梅赛德斯－奔驰最新保养策略同样适用于奔驰 GLE500e 4MATIC：

（1）欧规：固定的保养周期，间隔为"每 25 000 km/12 月"。

（2）美规：固定的保养周期，间隔为"每 10 000 km /12 月"。

（3）始终交替进行保养 A 和 B。

（4）客户可自由选择"升级套餐"。

（5）NAG FE+（724.2）"每 100 000 km /5 年"更换变速器油和滤清器。

（6）奔驰 GLE500e 4MATIC 的保养范围还有附加的工作：

①检查充电电缆。

②检查车辆插座。

（四）拖行

原则上，必须遵守用户手册上的规定。奔驰 GLE500e 4MATIC 最多允许拖行 50 km。同时，拖行速度不得超过 50 km/h。拖行距离超过 50 km 的必须抬起整辆车，然后进行运送。在下列情况下，不允许拖行车辆，必须始终进行运送：

（1）多功能显示屏失灵。

（2）多功能显示屏上显示信息"严禁拖行，参见用户手册"。

（五）销售

车辆的保质期为 2 年。为了强化客户对于新款、创新性插电式驱动技术的信心，梅赛德斯－奔驰还为奔驰 GLE500e 4MATIC 的高压蓄电池发放了保质证书。保质证书是对买家的服务承诺。客户从戴姆勒公司得到一项承诺：自交付或首次登记日起（以较早的日期为准）6 年内或行驶里程为 100000 km 内，解决高压蓄电池的所有技术故障（只要是由于生产、材料或磨损出现的故障）。排除情况和承诺的详细条件可从"梅赛德斯－奔驰插电式蓄电池证书"中获得。

六、断开电源

为了能够不受电击危害地进行维修和保养操作，必须断开电源，并采取安全措施，防止高压车载电气系统重新接通。若在基于诊断的断电过程中停用，则端子 30C 和联锁装置回路经由高压断开装置物理断开。高压断开装置的位置，如图 6-28 所示。

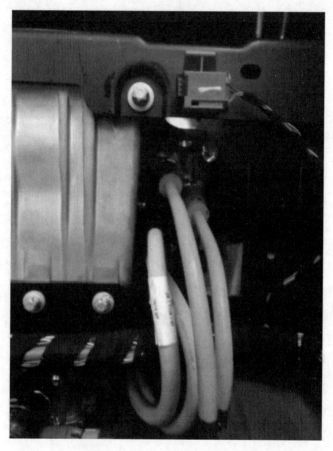

图 6-28

必须将断电和重新投入使用情况归档在高压车载电气系统断电记录和高压车载电气系统重新投入使用记录中。

断开电源的资质认证：只允许由经过专门培训的授权服务中心员工断开电源。

七、奔驰 GLE500e 高压互锁信号

（一）概述

内部代号为 166.063，搭载了容量为 8.8 kWh 的锂离子蓄电池，电机驱动扭矩达 340 N·m，可以纯电动行驶 30 km，纯电动行驶时最高速度达 130 km/h。根据高压导线和互锁回路电路图 pe08.00-p-2000-97nba，可以绘制互锁回路简图，如图 6-29 所示。

1. 高压蓄电池控制单元。

互锁回路信号波形，如图 6-30 所示。

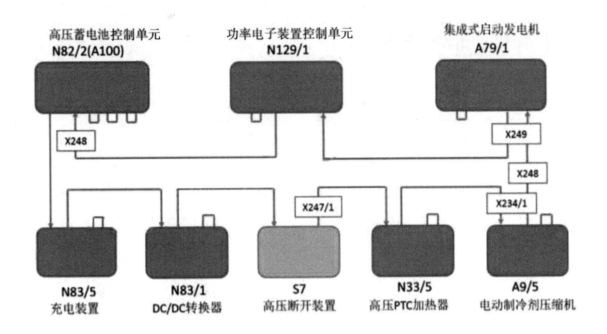

高压蓄电池控制单元
N82/2(A100)

功率电子装置控制单元
N129/1

集成式启动发电机
A79/1

X248

X249

X248

X247/1

X234/1

N83/5
充电装置

N83/1
DC/DC转换器

S7
高压断开装置

N33/5
高压PTC加热器

A9/5
电动制冷剂压缩机

图 6-29（图注省略）

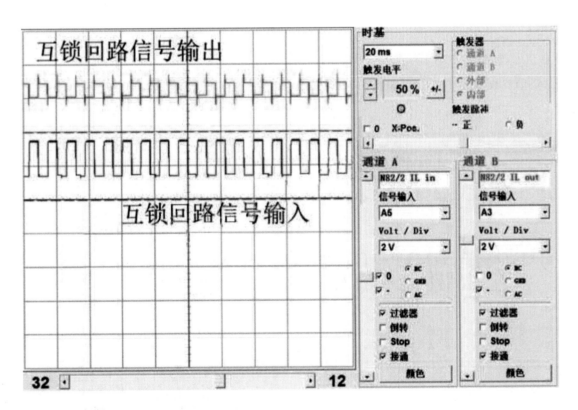

互锁回路信号输出

互锁回路信号输入

时基
20 ms

触发器
通道 A
通道 B
外部
内部

触发电平
50 % +/-

触发脉冲
正   负

X-Pos.

0

通道 A
N82/2 IL in
信号输入
A5
Volt / Div
2 V

0   DC
    GND
    AC

过滤器
倒转
Stop
接通
颜色

通道 B
N82/2 IL out
信号输入
A3
Volt / Div
2 V

0   DC
    GND
    AC

过滤器
倒转
Stop
接通
颜色

32   12

图 6-30

2. 充电装置（N83/5）。

互锁回路信号波形发生了变化，形状发生了翻转，如图 6-31 所示。

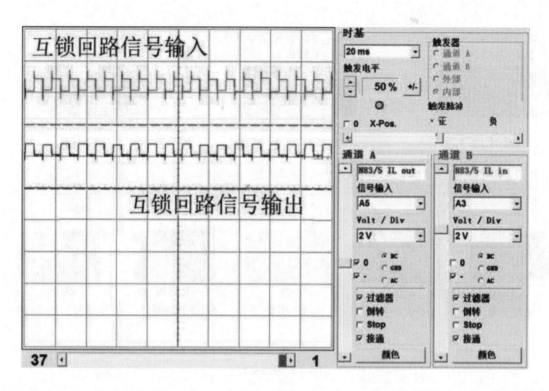

图 6-31

3.DC/DC 转换器（N83/1）。

输入和输出波形保持不变，如图 6-32 所示。

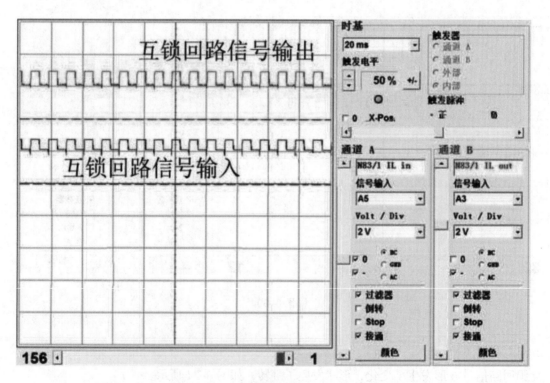

图 6-32

4. 高压 PTC 加热器（N33/5）、电动制冷剂压缩机（A9/5）、集成式启动发电机（A79/1）。
输入和输出波形均保持不变，如图 6-33 所示。

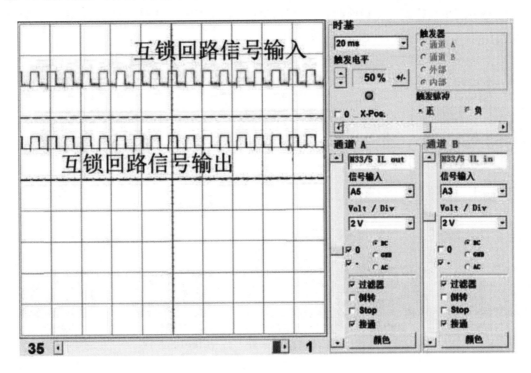

图 6-33

5. 功率电子装置控制单元（N129/1）。
互锁信号再次发生了变化，方波信号幅值放大了 3 倍左右，如图 6-34 所示。

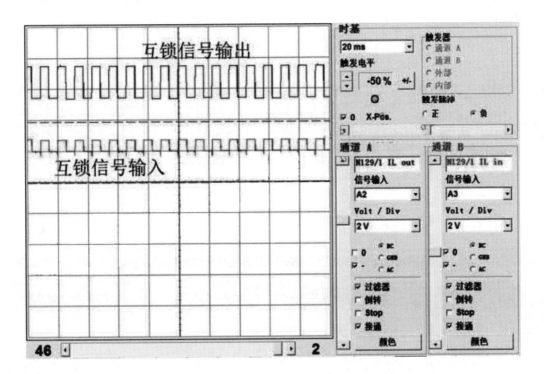

图 6-34

6. 结论。

可以看到互锁回路信号在充电装置（N83/5）和功率电子装置控制单元（N129/1）处发生两次变化。从高压蓄电池控制单元处断开互锁回路，测量互锁回路的导通性，沿着线束方向，整个互锁回路上存在约 65 Ω 的电阻，如图 6-35 所示。

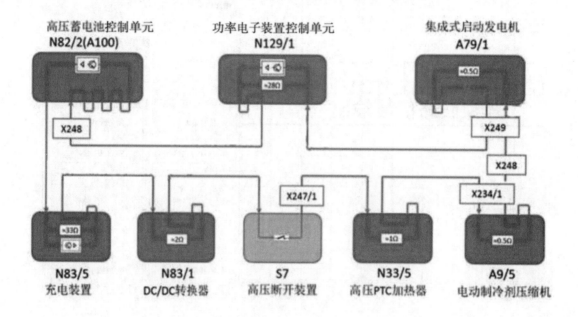

图 6-35

（二）互锁回路断路

断开高压断开装置（S7）后，有 3 个控制单元会报出互锁回路故障码：N82/2、N129/1 和 N83/5（如图 6-36～图 6-38 所示），这 3 个控制单元会检测并控制互锁信号，与刚得到的结论相符合，如图 6-39 所示。

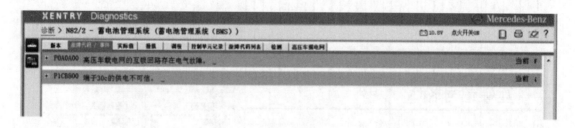

图 6-36

图 6-37

图 6-38

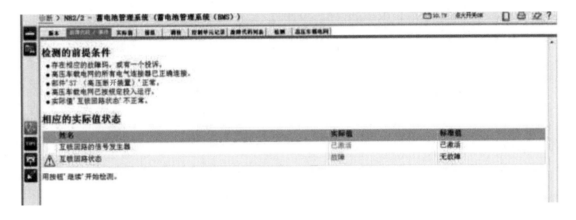

图 6-39

1.N82/2 处。

在 N82/2 处测量互锁信号，发现互锁回路闭合时，信号发生了很大的变化（请注意电压、时基与之前不同），而且输入与输出信号呈现翻转的形状，与车型 222.157 的互锁回路类似，如图 6-40和图 6-41 所示。

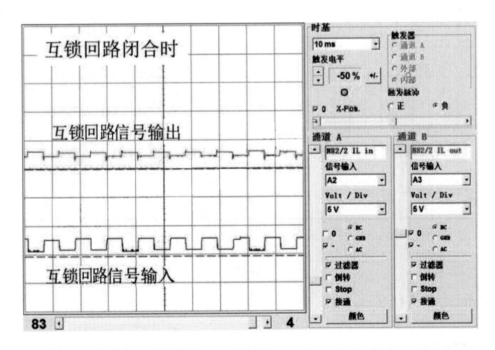

图 6-40

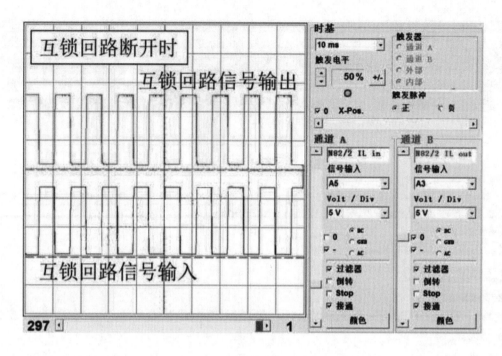

图 6-41

2.N83/5 处，如图 6-42 所示。

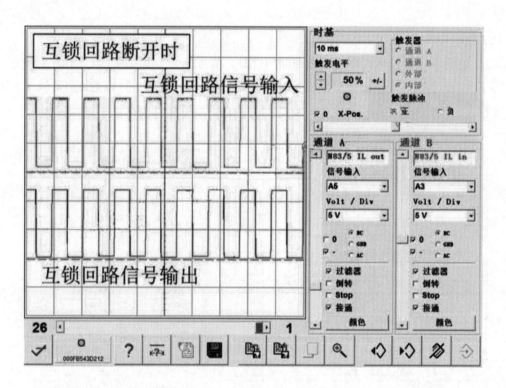

图 6-42

3.N83/1 处，如图 6-43 所示。

4.S7 处。

互锁回路信号在输入端与输出端呈现相反的波形（此时 S7 处于断开状态），如图 6-44 所示。

390

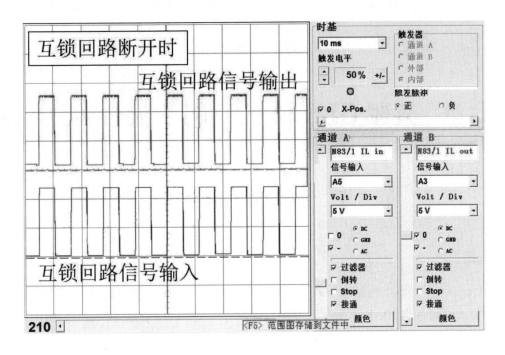

图 6-43

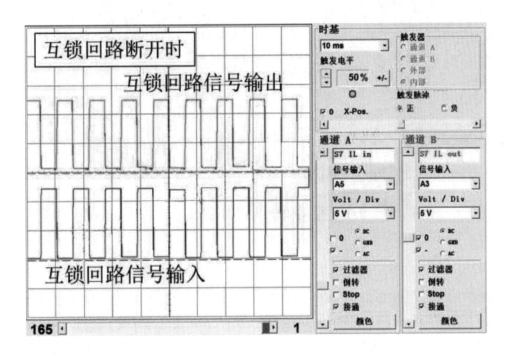

图 6-44

5. 结论。

如果互锁回路发生断路，N82/2 的输入端和输出端都会发出幅值为 12 V 左右的方波，但是形状相反，回路上其他部件只是传递信号，并不会改变这个波形，因此在断路点两边测到的波形呈现相反的状态。

第七章　奔驰 GLE 级（X167）混合动力车系

第一节　奔驰 GLE 新技术剖析

一、定位

奔驰 GLE 级汽车的真正亮点在于其电动行驶可达里程，凭借一块 31.2 kWh 容量的蓄电池，在适当驾驶方式下可达到 100 km［根据新欧洲行驶循环（NEDC）］。奔驰 GLE HYBRID 汽车外形，如图 7-1 所示。

图 7-1

奔驰 GLE PLUG-IN HYBRID 4MATIC 汽车明显更长的可达里程为实现更具特色的电动驾驶体验指明了道路。后部的特殊车身外壳和改进的后轴为容纳大容量蓄电池提供了空间。行李箱内不存在台阶，并继续保持 1915 L 的超大容积。更长的可达里程和途中快速充电功能均为电动驾驶比例的提高做出了贡献。这款 SUV 配备有 COMBO 充电插座，可用于交流电（AC）和直流电（DC）充电。该插座位于左侧侧壁，与车辆右侧的加油口盖板呈对称布置。通过相应的直流充电桩可在约 30 min 内（10 % ~ 80 %SOC 值）完成蓄电池充电。奔驰 GLE HYBRID 汽车的行李箱，如图 7-2 所示。

作为 EQ Power 家族的最大个成员，该车型特别受益于最新的技术，其中包括可通过全部 4 个车轮进行能量回收的巨大潜力和随之而来的 1800 N·m 的最大再生扭矩。在此模式下，只需要通过操作加速踏板就能应付大多数驾驶状况。挂车载荷高达 3500 kg。现在，这款插电式混合动力车型与现有的发动机产品组合更加完善，如表 7-1 所示。

图 7-2

表 7-1

车型	发动机	功率（kW）	扭矩（N·m）	变速器
GLE350de 4MATIC	OM654 D20 SCR P2-90	143	400	HW9S 750M
GLE350e 4MATIC	M274 D20 DEH LA P2-90	135	350	HW9T 700

奔驰 GLE 级插电式混合动力汽车，如图 7-3 所示。

图 7-3

二、车辆概述

与上一代型号系列 166 一样，后续型号系列 167 也提供插电式混合动力驱动版本。第 3 代混合动力驱动的电动行驶可达里程是上一代型号系列 166（第 2 代）的 3 倍多，同时适当提高了电动驱动功率。BR166 HYBRID 的发动机为 V6 汽油机，BR 167 的发动机为 4 缸柴油机，将来还会增加 4 缸汽油机。型号系列 167 插电式混合动力车辆的主要开发目标是：

（1）显著提高电动行驶可达里程。

（2）与传统驱动机构相比，无载物容积限制且装载底板平坦。

（3）无挂车牵引限制，3500 kg 的制动式挂车载荷与传统驱动机构类似。

1. 技术理念。

第 2 代（BR166）车型的主要混合动力组件及其布置方式继续应用在第 3 代（BR167）车型上。从车身外壳到后排长座椅保持相同。为了改善高压蓄电池的整合度，混合动力车型的后端降低了后轴。由于主要市场相关法规的要求，为汽油混合动力车型配备了一款钢制压力罐。遵循基本车辆的理念，混合动力车辆也装备了 9 G-TRONIC。与第 2 代混合动力变速器相比，第 3 代变速器集成了一个变矩器，它能实现与发动机版基本车辆类似的全部起步和挂车行驶性能。

2. 装备供应。

插电式混合动力车辆采用车辆专用的装备供应。与基本车辆相比，某些装备只提供给插电式混合动力车型，如表 7-2 所示。

表 7-2

项目	仅提供给插电式混合动力车型	不提供给插电式混合动力车型
AVAS（Acoustic Vehicle Alerting System，外部噪声发声器）	×	
直流充电（选装）	×	
后保险杠交流充电插座（仅限中国）	×	
模式 3 充电电缆	×	
模式 2 充电电缆	×	
带预进入智能气候控制功能的高压暖气增强系统	×	
主动车身控制		×
Burmester® 高端 3D 环绕立体声音响系统		×
越野组件		×
18 in（1 in=2.54 cm）车轮/轮胎（全部为 750 车轮）		×
第 3 排座椅		×
驻车加热器遥控装置		×
可加热风挡玻璃		×
容积更大的油箱		×

项目	仅提供给插电式混合动力车型	不提供给插电式混合动力车型
可上锁载物舱		×
取消尾门上的车型标志		×
便捷装载电动尾门		×

三、安全性

在高压车载电气系统上作业时需要特别小心，因此必须进行安全指导、高压电基础培训，并且在高压系统上作业之前进行产品培训。

（一）高压资格认证方案

与所有梅赛德斯 – 奔驰混合动力车辆一样，奔驰 GLE 级插电式混合动力汽车也采用了各种不同的安全措施。它们确保了车辆的内在安全性。

措施包括：

1. 结构性安全措施：

（1）接触防护（壳体、绝缘件、盖板、插接器）。

（2）电位均衡（与底盘的导电连接）。

（3）特殊的组件要求（电势隔离、绝缘电阻、耐压强度、压力强度）。

2. 功能性安全措施：

（1）主动放电（在 5 s 内电压低于 60 V）。

（2）被动放电（在 120 s 内电压低于 60 V）。

（3）持续绝缘监测。

（4）高压互锁装置。

（5）高压断开装置。

（6）碰撞断开。

（二）7 项高压安全措施

1. 彩色标志和警告提示。

橙色高压导线和高压部件上的警告，用于增强授权服务中心人员的安全意识。

2. 导电部件接触防护。

采取防止意外接触导电部件的措施（直接 / 间接）。

3. 高压 – 低压（HV–LV）电隔离（电势隔离）。

高压电势与车辆接地的所有芯极都已隔离，因此，出现简单故障时不存在电击危险。

4. 绝缘电阻监控。

在整个高压车载电气系统中识别绝缘故障。

在显示方案中考虑故障图示。

5. 高压互锁装置（HVIL）和端子 30C。

通过整个高压车载电气系统接入方式引导导电回路。接入方式包括通过高压组件的电气连接器和跨接线保护盖板。拆卸电气连接器或盖板时，HVIL 导电回路中断。

6. 高压断开装置（如图 7-4 所示）。

在根据 WIS 文档和诊断结果断开电源后，确保整个高压车载电气系统都已断电（高压互锁回路和端子 30C 已断开），并防止通过打开点火开关重新接通。另外，通过安装或使用高压接通锁，防止高压车载电气系统被重新接通。

图 7-4

7. 高压碰撞断开。

燃爆断开元件由辅助防护系统控制单元在识别到碰撞时启动。燃爆保险装置，如图 7-5 所示。

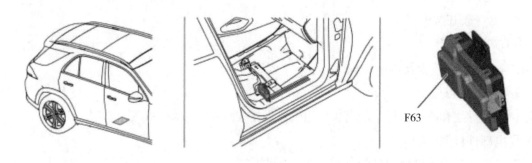

F63.燃爆保险装置

图 7-5

在燃爆保险装置触发后，需要根据 SI54.10-P-0035A 更换高压蓄电池。

（三）其他安全措施

1. 备选救援分离点用作切断解决方案。

GLE 插电式混合动力版存在分离点，供救援人员断开高压车载电气系统。通过此分离点将高压互锁回路和端子 30C 断开。备选救援分离点位于 A 柱左侧、仪表的侧面，只有当无法接触到发动机舱内的高压断开装置时才允许使用。

2. 救援卡和二维码。

纸张形式的救援卡由客户购买并随车携带，是车辆的非固定组成部分。此外，它并不安放在车中的统一位置，所以很容易丢失。因此，自 2013 年 9 月起，在所有梅赛德斯 – 奔驰车辆和 Smart 车辆的两个位置上都有一个二维码：在加油口盖板和对面的 B 柱范围内。通过智能手机扫描二维码并调出相关的救援卡。该救援卡存储在服务器上。

四、混合动力系统的驱动功能

（一）产生驱动扭矩
（1）只使用发动机（传统行驶模式）。
（2）只使用电机（电动模式）。
（3）电机与发动机配合使用（混合动力模式）。

在传统行驶模式下，电机被作为发电机驱动（发电机模式）。在混合动力模式下，电机的扭矩与发动机的扭矩共同发挥作用。在起步和加速时提供辅助扭矩（助力模式）。在电动模式下，车辆仅通过电机驱动。

前提条件：
（1）混合动力系统准备就绪。
（2）换挡杆处于位置 D 或 R。

（二）仅通过发动机驱动

只要不存在其他行驶状态的原因，就设置为传统行驶模式。出现以下情况时，将以传统行驶模式行驶：
（1）电机无法提供驾驶员所需的功率。
（2）高压蓄电池的电量过低，无法维持混合动力模式。
（3）发动机油温度与车外温度相比过低。
（4）混合动力系统存在故障。

（三）起步

前提条件：
（1）系统内不存在严重故障。
（2）车辆处于静止状态。

起步时，传动系统控制单元将读取驾驶员的扭矩要求。传动系统控制单元计算出所需的起步扭矩，并将扭矩要求分配到发动机和电机上。出现以下情况时，将进行纯电动行驶：
（1）驾驶员的扭矩要求通过电机就能实现。
（2）混合动力系统未报告故障。
（3）高压蓄电池的电量足够高。

为此，传动系统控制单元通过功率电子装置控制单元请求发动机扭矩。如果在起步过程中扭矩要求总体增加，那么传动系统控制单元会启动发动机，同步发动机转速，并将其接入。在急加速时，电机为发动机提供辅助扭矩，尤其当从低发动机转速状态加速时。当发动机关闭时，电动辅助机油泵可确保自动变速器的机油供应。

（四）助力模式

在助力模式下，电机可帮助发动机更快地达到驾驶员要求的目标扭矩，或者在发动机可达到的最大扭矩基础上增加额外的扭矩。助力模式的持续时间和强度取决于高压蓄电池的电量和加速踏板的位置。传动系统控制单元通过功率电子装置控制单元请求电机的扭矩，然后与发动机扭矩一起作用在驱动机构上。在起步期间的助力模式下，通过相应地促动湿式离合器来平衡发动机和电机之间的转速。为此，传动系统控制单元会请求促动湿式离合器。在较高车速范围内的助力模式下会促动湿式离合器，确保只出现受控的零滑差。

（五）负荷点移动

前提条件：

（1）高压蓄电池的电量＜60%。

（2）无助力模式，无能量回收。

在混合动力模式下，可令电机作为发电机运行并要求发动机提供额外的扭矩，从而移动发动机的负荷点。负荷点移动的目的是令发动机在某个负荷点范围内保持较高的效率。此外，负荷点移动还可以用于通过额外的负荷令发动机更快地预热，从而更快地令催化转换器达到工作温度，达到柴油微粒滤清器再生所需的废气温度（对于柴油发动机）。高压蓄电池吸收回收能量的能力会随着高压蓄电池最佳充电状态（SOC）的偏移增加而降低。这意味着，如果高压蓄电池在极高的充电状态（SOC）下充电，那么热形式的能量损失会更大。为了减少这种损失，并为潜在的回收能量提供容纳空间，当超出某个规定的SOC值时，会通过电机对高压蓄电池放电。接着，电机被用作启动机并输出扭矩，而发动机输出的扭矩则相应降低。

（六）发电机模式

前提条件：

（1）高压蓄电池的电量＜60%。

（2）无助力模式，无能量回收或负荷点移动。

在发电机模式下，由发动机驱动的电机被用作发电机，以产生电能。由此获得的电能为三相交流电形式，它受到功率电子装置控制单元的限制和监控，并且被转化为高压直流电。

（七）电动模式

前提条件：

（1）驾驶员的扭矩要求可通过电动模式满足。

（2）混合动力系统未报告故障。

（3）高压蓄电池的电量足够高。

（4）车速最高130 km/h。

（5）变速器油温度＞0 ℃。

（6）行驶挡位可信。

（7）制动助力器内的真空度足够。

（8）电控车辆稳定行驶系统控制单元发出许可。

（9）发动机罩已关闭。

（10）未报告碰撞事件。

（11）12 V 车载电气系统正常且发出许可。

（12）自动变速器的机油供应得到保证。

（13）驾驶员车门已关闭。

（14）驾驶员安全带已系好。

（15）车内温度可以随现有发动机冷却液温度调节。

（16）空调系统已发出许可。若要从混合动力模式切换到电动模式，湿式离合器必须分离，接着关闭发动机。

（八）电动模式运行状态

1. 电动行驶。

为了满足驾驶员的扭矩要求，传动系统控制单元通过功率电子装置控制单元请求所需的扭矩。功率电子装置控制单元内集成的逆变器将高压直流电转化成三相交流电，并将其输送给电机。功率电子装置控制单元根据功率规定调节交流电的频率和振幅，从而直接控制产生的驱动扭矩。

2. 爬行。

自动变速器在未踩下制动踏板和加速踏板时特有的爬行在电动模式下可以通过电机来模拟。此时会给电机输送一个小电流，并将由此生成的扭矩作用到传动系统上。

3. 滑行模式。

如果车辆在滑行时未踩下制动踏板和加速踏板，那么发动机会始终处于驾驶模式 Econo-my（E），直到车速达到 160 km/h，然后通过分离湿式离合器将发动机从传动系统上断开并关闭。

五、操作和驾驶

随着第 6 代车载智能信息系统（MBUX）的启用，新的驾驶模式逻辑被引入，该逻辑重新设计了各个模式的特点，并与混合动力驱动的行驶状态相结合。新增两种驾驶模式 BL（BATTERY LEVEL）和 EL（ELECTRIC），作为对整个系统特别重要的影响因素，它们比以往更注重充电状态（SOC：Status Of Charge）。根据所选的驾驶模式，将改变以下车辆特征：

驱动机构。

悬架。

转向系统。

ESP®。

1. 驾驶模式（如表 7-3 所示）。

表 7-3

驾驶模式		车辆特征
I★	个性化	个性化设置车辆特征： ·驱动机构 ·悬架 ·转向系统 ·ESP®
S	运动	·利用发动机进行运动型驾驶，并增强助力效果

驾驶模式		车辆特征
C	舒适	·舒适且更节能地驾驶 ·根据驾驶状况和行驶路段由混合动力系统选择合适的驱动模式
EL	电动	·在 160 km/h 以下可电动驾驶 ·可调节减速能量回收 ·针对电动行驶调整 DISTRONIC 主动式车距辅助系统 ·将定速巡航控制、限速器和 DISTRONIC 主动式车距辅助系统的最高设定车速限制为最高电动行驶车速 ·通过触控加速踏板的压力点激活发动机
BL	BATTERY LEVEL	·优先保证高压蓄电池的电量，例如用于以后在城市/环保区域内行驶 ·根据驾驶状况和行驶路段由混合动力系统选择合适的驱动模式
E	经济	·根据交通状况调整车辆的滚动特性 ·完全发挥全部智能混合动力功能 ·根据驾驶状况和行驶路段由混合动力系统选择合适的驱动模式
🚗	越野	·在轻度越野中使用发动机行驶 ·不进入电动模式

2. 节能辅助。

节能辅助仅在驾驶模式 C、EL、BL 和 E 下激活。节能辅助系统分析车辆的预计路线走向的数据，因此，该系统可以使驾驶模式与前方路线匹配最佳，节省燃油和回收制动能量。当系统识别到前方发生某种事件时，会将其显示在多功能显示屏上。可以为前方路段识别和显示以下事件：

（1）前方行驶车辆。

（2）速度限制。

（3）下坡和上坡。

（4）十字路口和环形路口。

（5）弯道。

3. 系统限制。

路线向导激活后，节能（ECO）辅助可在遵守既定路线的情况下更精准地工作。基本功能中也可以不含主动路线向导。它无法预报所有提示和交通状况。其质量与地图资料有关。节能辅助只是一个辅助工具。保持安全距离、控制车速和及时制动始终属于驾驶员的责任。无论系统是否做出控制，驾驶员必须时刻准备好制动。

4. 触控加速踏板的功能。

在此期间可以通过附加压力点帮助纯电动驾驶。附加压力点的属性：

（1）它只在驾驶模式下可用。

（2）它发出最大可用电动行驶功率的信号。

（3）它在电机功率显示（POWER）结束时投入使用。

六、插电式混合动力系统（第3代）的高压组件

奔驰 GLE 级插电式混合动力汽车的高压组件，如图 7-6 所示。

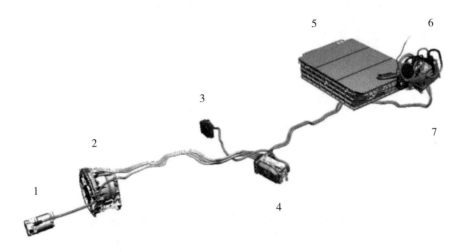

1.高压制冷剂压缩机　2.高压电机　3.高压正温度系数（PTC）加热器　4.功率电子装置　5.高压蓄电池　6.车载充电器（OBC）　7.直流充电连接单元

图 7-6

七、充电

（一）技术参数（如表 7-4 所示）

表 7-4

型号	GLE500e（BR166）	GLE350de（BR167）
尺寸（宽 × 高 × 深）（mm×mm×mm）	893×200×550	1044×231×752
重量（kg）	160	292
能量密度（kWh）	8.1	30.7
单元格数量	120	200
冷却	液态	液态
高压蓄电池供应商	Magna	Deutsche Accumotive

　　高压蓄电池可以通过私人或公共电网进行外部充电。您可以利用交流电（模式 2 或 3）和直流电（模式 4）给高压蓄电池充电。用户以选装装备的形式订购直流充电功能。高压蓄电池可以在 100 ~ 400 V 的额定电压范围内充电。由于蓄电池容量的原因，车辆应优先选择通过壁挂式充电盒或充电站充电，这可以大大缩短充电时间。COMBO 充电插座（交流电和直流电充电）位于左侧侧壁内，与车辆右侧的加油口盖板呈对称布置。除了利用交流电充电外，GLE 插电式混合动力版还可以利用直流电充电。GLE 插电式混合动力版利用直流充电功能可达到较高的充电功率，从而实现不到 30 min（80 % 电量）的充电时间，如表 7-5 所示。充电功率和充电时间可能有变化。

表 7-5

项目	交流（模式2）	交流（模式3）	直流
充电功率（kW）	1.8	7.2	64
充电电流（A）	8	16	160（峰值）
80% 充电时间（h）	约14	约3	< 0.5
100% 充电时间（h）	约17	约3.75	未知

例外的充电插座：某些市场上的交流充电插座在后保险杠内，直流充电插座在左侧侧壁内。

交流充电插座，如图 7-7 所示。

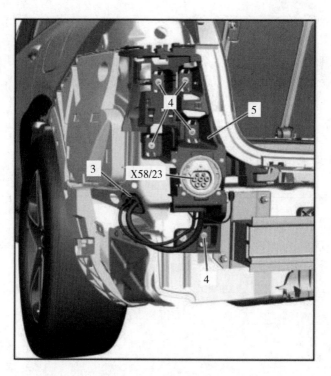

X58/23.交流充电插座　3.橡胶套　4.螺栓　5.支架

图 7-7

（二）欧洲合作伙伴 IONITY

BMW 集团、戴姆勒公司、Ford Motor 公司和包括奥迪和保时捷在内的大众集团共同建立了合资公司 IONITY，旨在为欧洲建立最高效的电动车辆快速充电网络。在 2020 年以前实现并运行约 400 个快速充电站，是确保即使是长途驾驶也可以采用电动机动性并令其在市场中站稳脚跟的重要步骤。最初的 20 个充电站已于 2017 年开始建设。这些快速充电站主要会建在德国、挪威、奥地利的高速公路和主要交通道路上。它们属于公共设施，彼此间隔约 120 km。在这种情况下，IONITY 依靠与 Tank & Rast、Circle K 及 OMV 等强大合作伙伴的协作，尤其将从它们优异的地理位置上获益。2018 年在欧洲范围内完成 100 多家快速充电站的建设。每一个 IONITY 快速充电站都可提供多个充电桩。2020 年有数千个不同功率的跨品牌 HPC（High Power Charging）可供客户使用。HPC 网络使用欧洲充电标准联合充电系统（CCS）。每个充电桩的充电功率最高达 350 kW，与如今提供的系统相比，符合相应设计的车辆的充电时间明显更短。该系统的开放性和全欧洲范围内的广泛分布有助于显著提高电动车辆的被接受程度。充电桩，如图 7-8 所示。

图 7-8

连接整个欧洲。

在组建 IONITY 网络的过程中，重点是精心选择符合客户需求的地理位置。这家合资公司还着眼于与现有充电解决方案的智能连接。因此，IONITY 与现有的基础设施倡议人展开了深入沟通，并得到创始公司和政策的支持。通过投资建设 IONITY 网络，参与其中的各家汽车制造商齐心协力推动对电动机动性的承诺。此外，这个联盟将建立起跨行业的国际化合作和牢固的伙伴关系。机动性服务提供商的客户在充电站可以非常方便且无接触地利用客户卡或辅币支付费用。很多提供商还提供直接通过智能手机 App 支付的方式。在所有 IONITY 充电站，客户可以非常方便地直接利用智能手机支付：只需要扫描充电桩二维码，将自己的数据输入显示的网页表格，然后授权支付。客户可以用访客身份加载，也可以进行注册并保存支付数据，以便将来充电时使用。客户与 IONITY 相关问题的辅助提示，如表 7-6 所示。

表 7-6

问题	答复
我在 IONITY 可以为哪些车辆充电？	所有允许利用欧洲充电标准联合充电系统（CCS）进行直流充电的车辆都可以充电
我是否需要准备充电电缆？	不需要 充电桩内集成有充电电缆。您要做的只是将电缆与您的车辆连接，充电，继续上路
给车辆充电需要多长时间？	假设车辆蓄电池的设计最大充电功率为 350 kW，那么可以在约 10～15 min 内充满，因此比常见的 50 kW 充电站上充电快得多。由于每一个 IONITY 充电站平均提供 6 个充电桩，所以一般不会出现排队情况。智能充电技术确保所有装备了 CCS 的电动车辆能够自动以蓄电池允许的最快速度进行充电

问题	答复
使用 IONITY 我是否需要签署合同?	不需要 您可以给您的车辆充电,然后直接通过您的智能手机在全欧洲所有 IONITY 充电站上完成支付。此外,IONITY 还为机动性服务提供商的客户提供了直接通过 RFID 卡、辅币或智能手机 App 进行支付的功能
在 IONITY 给我的电动车辆充电需要支付多少费用?	在 IONITY 充电站上直接支付的价格请见主页 www.ionity.de。若您通过机动性服务提供商支付,请直接联系您的服务提供商了解相关资费
注册为客户是否能更快地完成支付?	对于希望定期使用 IONITY 充电的客户,我们建议进行 IONITY 注册并保存您的支付数据,以便以后在全欧的所有站点进行充电时使用
是否可以开具发票或收据?	可以 当您直接通过智能手机支付并登录 IONITY 的支付网页时,您可以索取发票,它会以 PDF 格式通过电子邮件发送给您。机动性服务提供商的客户请直接联系服务提供商
当我在充电站上需要帮助时,应该怎么做?	在每一个 IONITY 充电站上都可以找到当地的客户服务电话号码。当您在使用 IONITY 时遇到任何充电问题或其他问题时,请拨打该号码

为了缩短充电时间:

(1)蓄电池必须处于良好状态且设计允许使用最大充电功率(直流充电时)。

(2)环境温度应适中,因为极端高温或低温都会降低充电速度。

(3)只需要将您的蓄电池充到总容量的 80%,然后继续上路。

为了避免蓄电池过热而缩短其使用寿命,超过该限值后的充电过程会变慢。

另外,车辆系统在充电过程中也会消耗电流,如为了将蓄电池单元格维持在最适合的温度,这可能导致充电桩实际输出的能量与车辆显示的蓄电池内存储能量之间有偏差。如果在充电过程中使用其他用电设备,如接通了收音机或空调系统(预进入智能气候控制),那么这些偏差会更大。

八、Mercedes me

在第 84 届日内瓦国际车展上,梅赛德斯 – 奔驰展示了其新服务品牌 Mercedes me。梅赛德斯 – 奔驰将所有现在和将来的服务产品整合在新 Mercedes me 主品牌下。Mercedes me 分为 move me、connect me、assist me、finance me 和 inspire me 5 个子品牌。考虑了所有与产品相关的主题,如车辆购置、金融和维护以及国际上成功的戴姆勒机动服务。Mercedes me,如图 7-9 所示。

图 7-9

（一）在各服务背后隐藏着很多内容

1.Mercedes move me。

提供智能机动解决方案，无论用户是否拥有汽车。通过 moovel、car2go 和 car2go black 以及 Park2gether，moovel GmbH 致力于为人们提供多种个性化机动服务选择。此外，战略伙伴为客户提供更多的选择自由，如通过基于智能手机的出租车代理 My Taxi，汽车驾驶员门户网站 Blacklane 和长途客车提供方 Flix Bus。

2.Mercedes connect me。

使客户能够在任何时间任何地点连接到该车辆。事故、维护和道路救援以及梅赛德斯－奔驰紧急呼叫系统和远程诊断都属于网络连接性服务。通过"Remote Online"客户知道他的车所停的位置，车门是否锁止和油箱有多满。驻车加热器也可通过"Remote Online"接通。

3.Mercedes assist me。

以可估算的保养成本，为梅赛德斯－奔驰驾驶员提供私人的且为个性化需求定制的服务（任何时间和任何地点），这包括客服中心的在线访问和自动的日期预订功能。每个驾驶员都可在线找到和联系他所选的梅赛德斯－奔驰合作伙伴。

4.Mercedes finance me。

为客户提供有关其汽车的定制金融服务，并允许方便地访问为戴姆勒金融服务的业务活动，这包括灵活的、吸引人的金融解决方案，从个性化的租赁服务到合适的梦想车辆保险。

5.Mercedes inspire me。

描述梅赛德斯－奔驰研究和开发的世界，作为一个信息门户网站提供更多有关创新、技术和机动性的有趣故事，客户可以通过一个专门的社区参与梅赛德斯－奔驰创新业务理念的产生。他可以与来自不同领域的专家一起讨论，还可更早分享新技术和服务的研发成果以及提出自己的意见和建议。

（二）面向电动汽车和混合动力车辆的服务

梅赛德斯－奔驰的电动机动性舒适、灵活，并且可靠。为客户提供全面的车辆售后与服务套餐。

针对电动汽车和混合动力车辆的 Mercedes me 互联服务可以为出色的品牌体验和客户满意度做出重要贡献。

您可以了解关于服务的各种功能与客户受益的所有信息：

1. 充电设定 / 空调预启动。

利用"充电设定 / 空调预启动"服务可以通过 Mercedes me 客户端（充电设置选项卡）或 Mercedes me App 在一个独立的页面上清晰地操作插电式混合动力或电动车辆的充电设置和预进入智能气候控制系统。

该服务具体包括以下显示 / 选项：

①充电状态：显示当前的电量、可达里程、最大充电容量和预计的充电结束时间。

②充电设置：客户可以记录一周中每日的出发时间，并据此调整充电和预进入智能气候控制系统的设置。为了尽可能在有利的时间以较低的电价给车辆充电，客户甚至可以在充电设置中设定高达 10 个优先时间。此外还可以为下一次充电过程限制高压蓄电池的充电容量（50% ~ 100%），例如当客户想要使用能量回收时，或者希望限制下一次充电的费用时。Mercedes me App 日间和夜

间电流，如图 7-10 所示。

图 7-10

③充电站：在 App 中可以直接从一览表进入充电站显示。

④预进入智能气候控制：用户可以在该区域设定预进入智能气候控制系统要在哪个时间达到哪个温度。在控制车内温度时，可以对通风系统 / 智能气候控制进行设置，这独立于座椅的智能气候控制。只有当发动机罩完全关闭、点火开关已关闭，并且高压蓄电池具有充足的电量时，才能启动预进入智能气候控制。

2.Mercedes me 充电服务。

"Mercedes me 充电服务"能够让客户通过主机和 App 查看当前资费、预计的充电费用和剩余费用等与充电过程相关的重要数据。该 App 还含有一个充电过程列表。利用"Mercedes me 充电服务"甚至可以通过 App 开始和结束充电过程。使用这项服务的前提条件是通过 Mercedes me 客户端或 App 在外部 e-Mobility 服务提供商处进行注册。

3. 充电站显示。

"充电站显示"服务可以为客户显示规定半径范围内的所有充电站和当地服务提供商提供的附加信息与可用性状态（显示在 App 上，配备了 NTG6 Fresh-up 2 的车辆还可以显示在主机上）。

4. 路径规划。

利用插电式混合动力和电动车辆的"路径规划"服务，可以通过 Mercedes me 客户端或 Mercedes me App 根据电动行驶可达里程规划出最佳路径，其中包括公共充电站的位置和在地图上显示当前电动行驶可达里程。此时周围环境的高度分布以及所选路径的属性等因素均会考虑在内。Mercedes me App 路径规划，如图 7-11 所示。

图 7-11

5.EV-Range Assistant。

借助"EV-Range Assistant"，导航系统可以自动为计划好的旅行和所需的充电过程计算出最佳路径。此时客户可以设定，在低于哪个电量之前必须安排一次充电过程。计算和路径推荐会在行程中不断更新。此外，也可以在 App 中进行路径规划，然后与往常一样发送到主机上。

6.Range on Map。

"Range On Map"服务可以在 App 的机动性选项卡上清楚地为用户显示车辆在当前充电状态下可以实现的旅行半径。与往常一样，也可以显示可达半径内的充电站。

第二节　2020 年奔驰 GLE 级（X167）混合动力车系

一、概述

在 2019 年的第四季度，采用新一代插电式混合动力的 GLE 车型 167 和 GLE350de 4MATIC 上市。GLE 车型 167 采用 OM654 柴油发动机，其可提供 143 kW 的功率，最大扭矩为 400 N·m。在 2020 年的第二季度，采用 4 缸火花点火式 M274 发动机的 GLE350e 4MATIC 上市。M274 发动机可提供 155 kW 的功率，最大扭矩为 350 N·m。代码 为 800（2020 年款），代码为 ME05（混合动力驱动 85 ~ 94 kW 变型，包括插电式）。从 2020 年第三季度开始，GLE 车型 167 轿跑车采用相同车型系列的混合动力类型。带变矩器的 SPEEDSHIFT-TCT（变矩器技术）9G-TRONIC 自动变速器和 4MATIC 全轮驱动系统为量产。电机作为永久磁铁通电三相同步电机安装在自动变速器的变速器钟状外壳中。电机的转子通过转子托架与发动机断开离合器刚性连接。电机具有以下功能：助力、能量回收、电驱动和启动发动机。电机的最大输出功率为 100 kW，最大扭矩为 440 N·m。电机的电能由新的高压蓄电池提供，其功率远大于之前车型的电机，装机电能容量为 31.2 kWh。此外，还可在纯蓄电池供电的情况下额外行驶 90 ~ 99 km［全球统一轻型车排放测试规程（WLTP）］。为整合高压蓄电池，混合动力车型的后端特别采用了较低的后轴设计。高压蓄电池可通过家用插座、梅赛德斯－奔驰壁挂式充电盒或公共充电站进行充电。GLE 车型 167 的插电式混合动力车型的附加新亮点：采用了功率更大的车载充电器，可以 7.2 kW 为高压蓄电池充电。可通过公共充电站的直流电进行充电，大幅减少了充电时间。新的服务（例如：eRouting、熟知的梅赛德斯－奔驰壁挂式充电盒或快速充电网络访问）支持面向客户的现代化电源设备。

二、外饰和内饰

（一）外饰

第一眼看很难区分 GLE 车型 167 的插电式混合动力车型和非混合动力车型。非混合动力车型和混合动力车型的外饰尺寸（长度和宽度）是相同的。由于悬挂水平存在差异，其车辆高度是不同的。此外，前轮距（+13 mm）和后轮距（+40 mm）与非混合动力车型不同。GLE 车型 167 的插电式混合动力车型的车轮和轮胎尺寸从 19 in 开始。

插电式混合动力车型的特征为：

（1）直流充电 / 交流充电车辆插座位于左后侧壁上。

（2）交流充电车辆插座（日本版 / 中国版）位于左后保险杠上。

（3）各侧翼子板上装配一个"EQPOWER"徽标。

（4）左侧行李箱门槛上装配一个"EQPOWER"徽标。

（5）车型名称以字母"e"或"de"结尾（无法删除）。

（二）内饰

GLE 车型 167 的插电式混合动力车型的内饰尺寸与非混合动力车型相同。与之前车型相比，降低后端可使载物舱底板更平坦，从而方便装载和卸载大容量物品。GLE 车型 167 的插电式混合动力车型不提供第三排座椅。

三、驱动装置

为产生驱动扭矩，以下任何一项适用：

（1）仅发动机（传统行驶模式）。

（2）仅电机（电动模式）。

（3）电机与发动机配合使用（混合动力模式）。

在混合动力模式下，电机的扭矩与发动机的扭矩共同起作用。启动和加速期间（助力模式）产生扭矩支持。在电动模式下，车辆由电机单独供电。混合动力系统控制包括发动机控制和电驱动单元控制。此时主控制单元为传动系统控制单元，控制混合动力系统中的所有扭矩以及油耗（尽可能降低），还通过传动系统控制单元进行能源管理。混合动力部件，如图 7-12 所示。

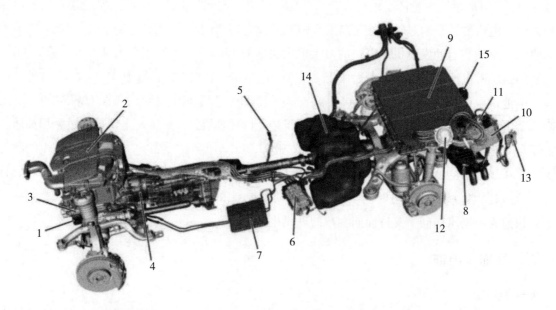

1.声音发生器 2.OM654发动机 3.电动制冷剂压缩机 4.带集成式电机的 9G-TRONIC自动变速器 5.高压正温度系数（PTC）加热器连接 6.带高压交流和直流电源分配器的功率电子装置控制单元 7.12 V车载电网蓄电池 8.排气系统 9.高压蓄电池模块 10.高压蓄电池交流充电器 11.直流充电连接单元 12.直流充电/交流充电车辆插座（日本版除外）或直流充电车辆插座（日本版），图示为COMBO2插座（日本版除外） 13.交流充电车辆插座（日本版） 14.燃油箱（压力罐） 15.发声器2

图 7-12

四、车载电气系统网络连接

互锁电路用于识别完全连接的高压车载电气系统并用作安全措施，以防接触启用部件。互锁发电机位于蓄电池管理系统控制单元中。互锁发电机具有互锁评估逻辑，会在以下启用的高压部件中进行评估：

（1）功率电子装置控制单元。

（2）蓄电池管理系统控制单元。

（3）直流充电连接单元。

（4）高压蓄电池交流充电器。

故障状态还可以通过评估来自启用的高压部件的互锁电路信号（例如断路、短路）确定，在其他部件［电动制冷剂压缩机、高压正温度系数（PTC）加热器］中，会在互锁电路中回环。高压部件和互锁回路，如图 7-13 所示。

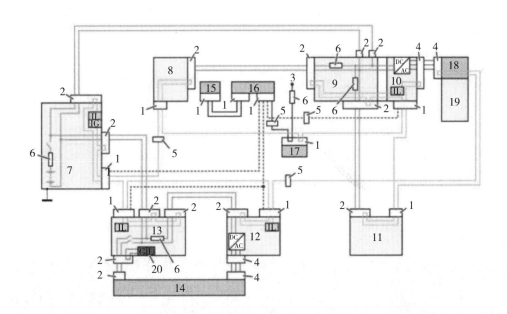

1.12 V连接器　2.高压直流电源分配器的高压连接　3.电路30　4.高压交流电源分配器的高压连接　5.电气连接器　6.保险丝　7.带蓄电池管理系统控制单元的高压蓄电池模块　8.高压正温度系数（PTC）加热器　9.高压直流电源分配器　10.功率电子装置控制单元　11.电动制冷剂压缩机　12.高压蓄电池交流充电器　13.直流充电连接单元　14.充电器馈入插座　15.辅助防护系统控制单元　16.热敏保险丝　17.高压断开装置　18.电机的高压连接　19.电机　20.检测已插入的连接器，G（发电机），L（评估逻辑）　IG.互锁发电机　IL.互锁评估逻辑

图 7-13

五、工作策略

GLE 车型 167 的插电式混合动力车型利用 OM654 / M274 发动机的能量或电机的能量或者两者结合的能量进行工作。在传统行驶模式下，发动机生成的电能覆盖基本负荷，尤其是在长途行驶时，电机作为发电机工作。在混合动力模式下，加速或上坡行驶（助力模式）时高压蓄电池覆盖输出峰值。在电动模式下，车辆由电机单独供电。在电动模式下，油耗和可达里程主要取决于驾驶方式。

再生制动期间，在理想状态下，电机作为发电机产生全部制动扭矩。高压蓄电池通过在此过程中产生的电能进行充电。当蓄电池电量耗尽时会自动进行充电。以下参数影响油耗和可达里程：

（1）高压能源管理（EMM）。

（2）预处理空调。

（3）变速器模式。

（4）再生制动系统（RBS）。

（5）智能发动机管理。

GLE 车型 167 的插电式混合动力车型工作策略的一个重要变量为高压蓄电池的电量（SOC 值）。采用第 6 代车载智能信息系统，引入新逻辑驾驶模式，相比之前更注重电量（SOC 值）。因此，新驾驶模式优先支持 BL（蓄电池电量模式）和 EL（电动模式）。

GLE 车型 167 的新款插电式混合动力车型具有以下驾驶模式：

（1）E（节能模式）表示根据交通状况调整车辆的滑行操作且所有智能混合动力功能完全启动。

（2）C（舒适模式）为默认设置，表示舒适驾驶且设置最佳油耗，同时混合动力系统根据驾驶条件和路线选择适合的驱动模式。

（3）I（个性化模式）用于单独设置多种参数。

（4）S（运动模式）表示将传动系统设置为适用于运动驾驶性能且在车辆静止时发动机关闭。

（5）EL（电动模式）在电动模式下车速可达 160 km/h。除了通过可调节减速能量回收，还可通过加速踏板（强制降挡）的压力点启动发动机。

（6）BL（蓄电池电量模式）表示优先保持高压蓄电池的电量且混合动力系统根据驾驶条件和路线选择适合的驱动模式。

（7）越野模式：通过发动机驱动在平缓的地形驾驶。电动模式不可用。

能量回收（电机作为发电机工作）示意图，如图 7-14 所示。

图 7-14

六、专用混合动力冷却系统

GLE 车型 167 的插电式混合动力车型的热量管理系统包括以下回路：

（1）OM654 和 M274 发动机的高温回路。

（2）两个闭合低温回路相互独立，用于冷却高压车载电气系统的部件。

（3）车内智能气候控制的冷却回路。

电动低温回路（低温回路 1）的功能原理图，如图 7-15 所示。

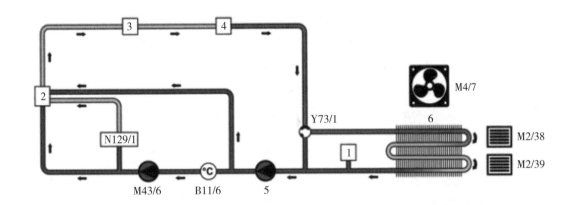

1.膨胀容器　2.离合器　3.增压空气冷却器　4.变速器油热交换器　5.变速器和增压空气冷却低温回路冷却液循环泵　6.低温回路1冷却器　B11/6.低温回路 1温度传感器　M2/38.上部散热器饰板风门促动电机　M2/39.下部散热器饰板风门促动电机　M4/7.风扇电机　M43/6.低温回路1循环泵　N129/1.功率电子装置控制单元　Y73/1.低温回路转换阀

图 7-15

高压蓄电池低温回路（低温回路 2）的功能原理图，如图 7-16 所示。

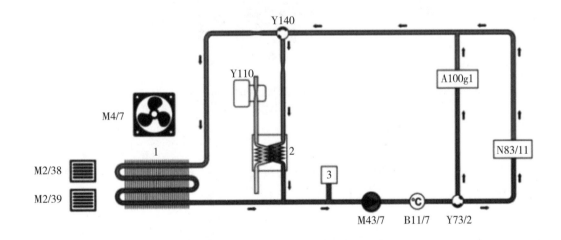

1.低温回路 2冷却器　2.热交换器　3.低温回路2 膨胀容器　A100g1.高压蓄电池　B11/7.低温回路 2温度传感器　M2/38.上部散热器饰板风门促动电机　M2/39.下部散热器饰板风门促动电机　M4/7.风扇电机　M43/7.低温回路2循环泵　N83/11.高压蓄电池交流充电器　Y73/2.低温回路转换阀2　Y110.高压蓄电池冷却膨胀阀　Y140.高压蓄电池冷却转换阀

图 7-16

七、充电

1. 交流充电。

装配最大充电容量为 7.4 kW 的交流充电器（代码 76B），作为特殊装备安装。

电量达到 10 % ~ 100 %（净）所需的时间如下：

（1）电源插座 1.8 kW：约 15 h。

（2）电源插座 2.3 kW：约 11 h 30 min。

（3）壁挂式充电盒 / 公共充电站 3.7 kW：约 6 h 45 min。

（4）壁挂式充电盒 / 公共充电站 7.4 kW：约 3 h 15 min。

交流充电 / 直流充电车辆插座（日本版除外）如图 7-17 所示，为 COMBO 2 插座。

1.直流/交流充电车辆插座

图 7-17

2. 直流充电。

GLE 车型 167 的新款插电式混合动力车型可通过直流充电。安装高压蓄电池的直流充电连接单元（代码 83B）后，最大的充电容量可达 60 kW（ECE）。

所需充电时间如下：

10 % ~ 80 % 电量（净）：20 min。

10 % ~ 100 % 电量（净）：30 min。

八、对车辆进行作业

仅经过培训的授权服务中心人员（操作高压安全量产汽车的专家）才允许进行手动电源断开操作和高压车载电气系统操作。进行手动启用时，还需要其他培训。

1. 发生事故、起火或故障后关闭高压车载电气系统。

对于装配高压车载电气系统和 / 或锂电池和 / 或气驱系统的车辆，发生事故、起火或故障后进行作业前，必须遵照 SI00.00-Z-0154A 文档评估车辆的高压车载电气系统和 / 或锂电池和 / 或气驱系统。

2. 断开电源。

对于装配高压车载电气系统和 / 或锂电池和 / 或气驱系统的车辆，若高压车载电气系统和 / 或锂电池和 / 或气驱系统未发生事故、起火和故障，则视为安全。这表示，对不涉及车辆高压车载电气系统和 / 或锂电池和 / 或气驱系统有关的修理、保养和诊断操作，必须遵守相关国家法规，并遵照 WIS、TIPS、EVA 和国家规定文件中相应的资质说明 / 概述信息进行修理、保养和诊断。对高压车载电气系统和 / 或锂电池和 / 或气驱系统进行作业前以及作业期间，必须遵照相关国家规定的安全注意事项，并遵照 WIS、TIPS、EVA 和国家规定文件中相应的资质说明 / 概述信息。开始作业前，对于所需的安全措施（如断开高压车载电气系统电源）或所需个人保护装备（PSA），可参考 WIS、TIPS、EVA 和国家规定文件中的文档。使用前，根据制造商信息检查测量仪器、工具和个人保护装备（PSA），以确保其处于完好状态。必须遵照需要在 VeDoc 中重新记录且与安全性相关部件的说明。将禁用和重新启动程序记录在车辆电源禁用事件日志或车辆重新启动程序日志中。将事件日志与车辆温度文档存放在一起。高压车载电气系统的基于诊断的电源通过车辆诊断系统断开。在 GLE 车型 167 的插电式混合动力车型中，手动高压断开装置安装在发动机罩下方（如图 7-18 所示），右侧发动机舱中。为防止意外操作，用挂锁锁上高压断开装置，以防止非授权的高压车载电气系统促动。

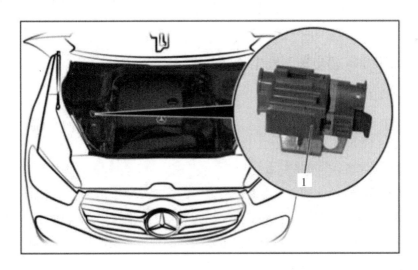

1.高压断开装置

图 7-18

九、诊断

GLE 车型 167 的新款插电式混合动力车型的诊断通过 Xentry Diagnostics 常规进行，这可以体现车辆的所有装备特点并进行准确的故障评估、故障校正及车辆特定数值和参数的评估。对高压车载及其高压部件进行诊断时，要采取专门的资格认证措施。无资质的人员不得进行任何诊断操作。对车辆高压车载电气系统和／或锂电池和／或气驱系统进行修理、保养和诊断操作时，必须遵照相关国家法规规定的特殊资质／概述信息。

更换某些充电部件（充电插座、高压线束、保护盒）和客户投诉有关直流充电的问题时，可能需要暂时将车辆与直流充电器连接，以执行功能检测。

如果内部有直流充电设备，如适用于客户车辆的设备，那么可用于所需的功能检测。否则，市场运作中心（MPC）／总经销商必须以贷款的方式安排提供移动式直流充电器。但是，也可使用满足以下基本要求的市售充电器：

（1）电压范围（直流输出）：200 ～ 500 V。

（2）电流范围（电流输出）：1 ～ 200 A，符合 DIN70121、ISO15118、CHAdeMO 版本 1.1、GB/T27930—2015 标准（根据不同国家和车辆充电插头类型）。

（3）注意具体国家的充电电缆连接器 [CCS1、CCS2、CHAdeMO、GB/T（DC）]。

十、救援服务 QR 代码

通过救援服务的二维码标签，可以快速直接地查看车辆的救援卡。二维码可通过联网的移动终端和免费应用程序进行扫描。救援卡将以终端中设定的语言进行显示。车辆上贴有两个二维码标签。一个标签粘贴在加油口盖板内侧，另一个粘贴在对面的 B 柱上。

第三节　奔驰 GLE 级（X167）混合动力汽车典型故障与维修提示

一、奔驰 GLE350e 插电车型充电故障

车型：配置 M274 发动机、9 速变速器（722.5）。

行驶里程：1000 km。

底盘：167.154。

故障现象：车辆不能交流／直流充电。

故障诊断：接车后验证故障现象，在验证故障时，发现车辆交流和直流都能充电，再三跟客户确认故障现象，最后得出结论是，车辆刚开始是可以充电的，但是交流充电大约 2 h 后就会自动断开充电，直流充电也是一样，更换不同充电桩也是一样的现象。搞清楚客户投诉后，再次验证故障现象，果不其然如客户所说，车辆交流充电有时还不到 2 h 充电桩就会自动断开，直流也是一样的现象。连接诊断仪对车辆电控系统进行快速测试，有如下相关故障码，如图 7-19 所示。

故障码出现在传动系统控制单元和交流充电控制单元内，故障码的大致意思是冷却系统出现了问题。既然是冷却系统的问题，那么我们就很有必要了解一下这款车的冷却系统的结构和原理。奔驰 GLE350e 插电车型是奔驰最新的一款插电混动车型，这款车一共有 3 个冷却系统，分别是发动机高温冷却系统和 2 个低温冷却系统，2 个低温冷却系统是低温冷却系统 1 和低温冷环系统 2。低温冷却系统 1 的功能原理图如图 7-20 所示。

N127 - Control unit 'Powertrain' (PTCU)   -F-

Model	Part number	Supplier	Version
Hardware	000 901 98 07	Continental	20/12 000
Software	000 902 54 76	Continental	20/46 000
Software	000 903 94 56	Continental	20/46 001
Boot software	000 904 34 01	Continental	18/46 000

Diagnosis identifier	023E23	Control unit variant	CPC_NG_R19A1

Fault	Text			Status
P0C3200	The cooling system for the high-voltage battery has a malfunction. _			A+S
	Name	**First occurrence**	**Last occurrence**	
	Development data (cus_hvac_coolvlv_rq)	1.00-	1.00-	
	Development data (cus_tm_bmsclswtvlvposnreqflg)	235.00-	235.00-	
	Development data (cus_tm_bmstpsnsrchilacttp)	0.00°C	0.00°C	
	Development data (cus_tmbmsccr_snsrtp)	36.88°C	36.88°C	
	Development data (cus_tmlt2ccr_wtrtpmdlloresl)	20.00°C	20.00°C	
	Development data (cus_tmvlvbms_hvacchilvlvctlflg)	1.00-	1.00-	
	Development data (envd_set_id_14)	14.00-	14.00-	
	Operating cycle counter	---	0.00	
	Frequency counter	---	1.00	
	Main odometer reading	640km	640km	
	Development data (External_Tester_Present_Flag)	present	---	
	Development data (Occurrence_Flag)	Fault		

A+S=CURRENT and STORED

N83/11 - Charger (SG-LG)   -i-

Model	Part number	Supplier	Version
Hardware	000 901 72 10	Panasonic	18/46 000
Software	000 902 56 42	Panasonic	18/34 000
Boot software	---	---	17/25 000

Diagnosis identifier	004009	Control unit variant	OBL222_7KW_Var_004009_Gen3

Event	Text	Status
P0D5A00	The sensor for contact detection between the female contact and the charging cable has a sporadic malfunction. _	S
P0D8F00	The cooling of the on-board charger is inadequate. _	S

S=STORED

图 7-19

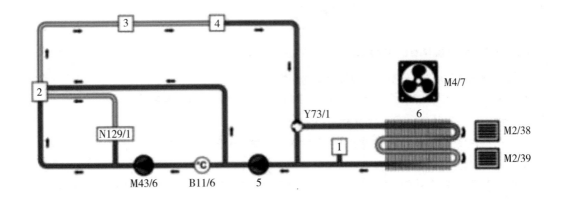

1.膨胀容器　2.离合器　3.增压空气冷却器　4.变速器油热交换器　5.变速器和增压空气冷液循环泵　6.低压冷却器　B11/6.低温回路1温度传感器　M2/38.上部散热器饰板风门促动电机　M2/39.下部散热器饰板风门促动电机　M4/7.风扇电机　M43/6.低温回路1循环泵　N129/1.功率电子装置控制单元　Y73/1.低温回路转换阀

图 7-20

415

低温回路 1 主要功能满足的是发动机的低温散热部件，主要是发动机的增压空气冷却系统、变速器的冷却和高压部件功率电子装置控制单元。图 7-21 所示为低温冷却系统 2 的功能原理图。

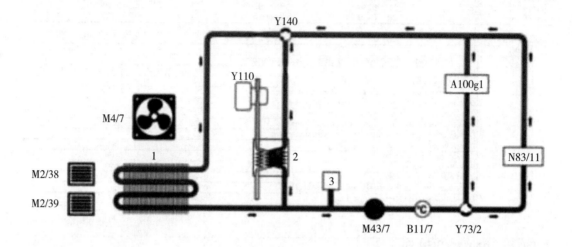

1.低温回路　2.冷却器热交换器　3.低温回路2膨胀容器　A100g1.高压蓄电池　B11/7.低温回路2温度传感器　M2/38.上部散热器饰板风门促动电机　M2/39.下部散热器饰板风门促动电机　M4/7.风扇电机　M43/7.低温回路2循环泵　N83/11.高压蓄电池交流充电器　Y73/2.低温回路转换阀2　Y110.高压蓄电池冷却膨胀阀　Y140.高压蓄电池冷却转换阀

图 7-21

分析低温冷却系统 2 的功能原理图可以得知，其功能主要满足高压蓄电池和交流充电控制单元的冷却散热。结合此案例的故障现象，判断是充电系统出了问题，故障码出现在传动系统控制单元和交流充电控制单元，再进一步结合上面的功能原理图分析，很显然故障部件涉及低温冷却系统 2 的功能原理图。弄清楚了其功能原理后就可以开始诊断了，既然有故障码，那么我们就从故障码本身入手，对故障码进行导向测试，如图 7-22 所示。

Bleeding of coolant circuits

Bleeding of system 'Low temperature circuit'
This procedure must be carried out after the low-temperature circuit is opened.

Bleeding of system 'High-temperature circuit'
This procedure must be carried out after the high-temperature circuit is opened.

Bleeding of coolant circuits
This procedure must be carried out after the low-temperature and high-temperature circuits are opened.

图 7-22

故障码导向测试结果的意思是对打开的冷却系统（无论是低温冷却系统还是高温冷却系统）进行排空处理，我们对低温冷却系统和高温冷却系统都进行了排空处理，试车发现还是一样的故障现象。检查整个低温冷却系统 2 的部件，未见故障及破损，相关管路执行器也是安装正确的。我们查看实际值，发现有不正常的地方，如图 7-23 所示。

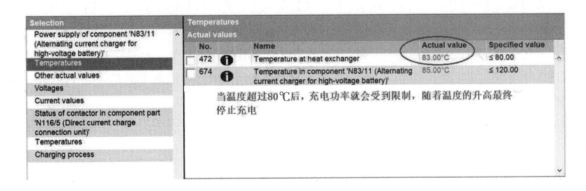

No.		Name	Actual value	Specified value
472	ℹ	Temperature at heat exchanger	83.00°C	≤ 80.00
674	ℹ	Temperature in component 'N83/11 (Alternating current charger for high-voltage battery)'	85.00°C	≤ 120.00

当温度超过80℃后，充电功率就会受到限制，随着温度的升高最终停止充电

图 7-23

在交流充电控制单元里面发现，当冷却系统中的温度超过 80 ℃时，充电功率就会受到限制，温度再升高后充电就会停止。进一步分析低温冷却系统 2 的功能原理图，如果低温回路 2 循环泵（M43/7）有问题，那么也会出现温度高的情况。然而转念一想，如果回路中某个电子部件有问题，那么一定有关于这个故障部件的故障码，但是此故障案例又没有相关的故障码。检查各个传感器、转换阀，发现一切正常，实际值也会变化，促动转换阀和泵都正常。诊断陷入了困境，感觉对调部件是比较简单直接的方法，首先从最有可能出现故障的部件低温回路 2 循环泵（M43/7）入手，经检查发现其与低温回路 1 循环泵（M43/6）紧挨在一起，如图 7-24 所示。

图 7-24（图注省略）

会不会是出厂的时候两个泵装反了呢？抱着试一试的心态对调两个泵，结果还真的解决了问题。找了试驾车对比发现两个泵确实装反了，两个泵的配件号都不一样，功率肯定也不一样。结合是新车的情况，判断肯定是出厂的时候装反了。

故障总结：此故障的排除感觉有点运气成分，解决问题的前提是分析清楚了其故障原理，下手才能有的放矢。对于新车，一定要考虑装配方面的问题，这个案例是个很好的启发。

二、奔驰 GLE350e 4MATIC 使用公共充电桩不能充电

车型：X167.154。

故障现象：奔驰 GLE350e 4MATIC 使用公共充电桩不能充电。

故障诊断：客户抱怨，使用公共充电桩无法对车辆进行充电，别的品牌电车在同一个充电桩能充电。不能对车辆进行公共直流充电，可以进行公共交流充电。与本故障相关的维修历史：客户因为这个问题曾到店检查过一次，当时使用店里的充电桩充电，情况正常，建议客户换个充电桩试试。未发现车辆存在加装或改装情况。经测试使用国家电网和特来电都不能对车辆充电，但相同的充电桩对试驾车充电正常。进行快速测试，没有任何相关故障码。

可能的故障原因如下：

（1）公共充电桩故障。

（2）直流充电口故障。

（3）直流充电器故障。

类似的故障我们在 EQC 上也遇到过，并且 EQC 的电路图明确备注有两个 5 A 的保险丝。但在 GLE350e WIS 电路图上没有保险丝的位置，如图 7-25 所示。花费了一点时间查找保险丝的位置，如图 7-26 和图 7-27 所示。

经查 A 的保险丝熔断（如图 7-28 所示），更换后再次测试，功能恢复正常。

故障排除：更换熔断的保险丝，故障排除。

故障总结：所有电动汽车的充电都采用国标，相关设计都是一样的。于是通过资料找到了关于 A+ 和 A- 的具体说明。故障原因很简单，客户使用了有故障的充电桩导致保险丝熔断或者使用了公交车的 24 V 低压供电的充电桩导致保险丝熔断。既然是国标，为什么在店内的充电桩却可以充电呢？没有找到相关的资料说明，但分析可能是店内的充电桩是江苏万邦专为奔驰提供的内部使用的充电桩。不像公共充电桩那样使用多样化，因此省掉了低压供电辅助，由充电桩提供，产生通信握手报文的程序。或者因为店内的充电桩是专供，控制程序的容错性比公共充电桩更高。为大家分享一下保险丝的位置，遇到类似故障时能快速准确地确定故障原因。

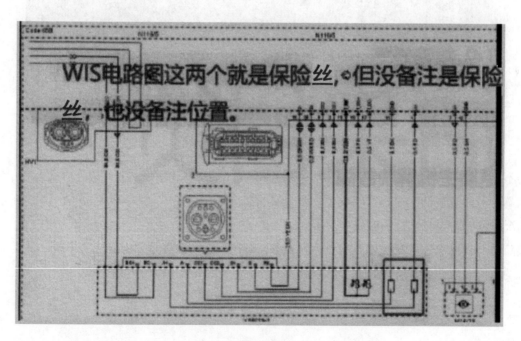

图 7-25

图 7-26

图 7-27

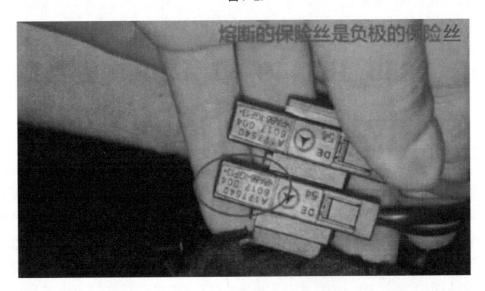

图 7-28

三、奔驰 GLE350e 4MATIC 发动机无法启动，高压蓄电池报警

车型：X167.154。

行驶里程：5128 km。

故障现象：奔驰 GLE350e 4MATIC 发动机无法启动，高压蓄电池报警。

故障诊断：客户抱怨早上发现车辆无法启动，昨天车辆使用正常。车辆无相关服务措施和维修历史。车辆加装行车记录仪。车辆故障现象可以重现，车辆无法启动，车辆由救援车运输到我店时，仪表显示 3 个报警，黄色"12 V 蓄电池参见用户手册"，红色"不允许拖车参见用户手册"，红色"蓄电池故障"，如图 7-29 所示。无相关技术文件。

图 7-29

可能的故障原因如下：

（1）高压蓄电池软件故障。

（2）高压蓄电池线路故障。

（3）高压蓄电池故障。

快速测试，N82/2 有故障码 P0AA700-Theohmmeter for the isolation resistance in the hybrid/high voltage battery module has an electrical fault，指引为复位蓄电池，从车上断开诊断仪后，锁车约 1 h，若故障再次出现，则更换高压蓄电池。P0AA800-There is an internal isolation fault in the high-voltage battery（如图 7-30 所示），指引为检查绝缘电阻值，最终指引为步骤未完全完成。

查看实际值，发现高压车载电网电量为 87.2 %，标准值为 5 % ~ 100 %，正常。但高压车载电网未接通，电压为 1.22 V。N82/2 无新软件供升级。依据 N82/2 故障码指引，复位后，删除故障码，N82/2 无故障码，从车上断开诊断仪，锁车约 4.5 h 后，快速测试，N82/2 再次出现故障码 P0AA700 和 P0AA800，发动机无法启动。尝试删除故障码，N82/2 内的故障码可以被删除，删除故障码后，发动机可以启动。试车约 2 km，行驶中无异常，锁车一夜后，发动机再次无法启动，快速测试，N82/2 有故障码 P0AA700 和 P0AA800。高压蓄电池外观无撞击损伤痕迹，车辆尾部底盘无撞击损

N82/2 - Battery management system (BMS) -F-

Model	Part number	Supplier	Version
Hardware	789 901 25 01	Deutsche Accumotive GmbH & Co KG	20/16 000
Software	167 902 31 11	Deutsche Accumotive GmbH & Co KG	20/44 000
Boot software	789 904 58 00	Deutsche Accumotive GmbH & Co KG	16/42 000
Diagnosis identifier	007015	Control unit variant	BMS20PT30_Variant_007015

Fault	Text	Status
[illegible]	[illegible]	

Event	Text	Status
P0AA800	There is an internal isolation fault in the high-voltage battery.	A+S

图 7–30

伤痕迹。高压蓄电池小插头线束端无进水腐蚀痕迹。测量端子 22 与端子 21 间电压为 12.67 V（标准值 11 ~ 15 V），判断正常。测量端子 23 与端子 21 间电压，钥匙开 2 挡时为 12.51 V（标准值 11 ~ 15 V），判断正常。测量端子 21 对地电阻为 0.2 Ω（标准值＜ 0.5 Ω），判断正常。测量端子 26 与端子 19 间终端电阻为 61.5 Ω（标准值≈ 60 Ω），判断正常。CAN LH 对地电压为 2.77 V，CAN LL 对地电压为 2.29 V，判断正常。N129/1 HV+ 为 39.5 MΩ，N129/1 HV– 为 41 MΩ。N116/5 HV+ 为 20.3 MΩ，N116/5 HV– 为 20.3 MΩ。

故障原因：高压蓄电池内部监测系统电子故障。

故障排除：更换高压蓄电池。提交技术报告，最初需要提供使用 XENTRY 诊断仪进行绝缘电阻检测的英文版步骤及结果，提供后回复需要更换高压蓄电池。

以下内容是厂家更换高压蓄电池后标准流程：高压蓄电池需要更换时，BMBS 技术部根据案例所提供的信息，判断本次维修是否属于保修范围。请严格参照 WIS 文档指导进行后续断电与拆装工作。出于运输安全考虑，如果条件允许，在拆下旧高压蓄电池前请将电量消耗到 30 % 以下。请严格按照 Xentry Diagnosis 指导做高压蓄电池可运输性评估，并填写《废旧动力蓄电池安全判定检测项目》打印存档。更换配件后，废旧高压蓄电池的临时存储，请遵照奔驰标准流程进行操作。在签署所有权转让和电池回收转让的相关文件后，尽快将旧配件返回厂家或电池回收相关部门处理。请注意，根据国家要求，经销商对高压蓄电池的更换必须进行追溯申报。目前，此追溯申报流程需要手动操作：

（1）经销商在拆下旧高压蓄电池后安装新高压蓄电池前，请把新旧高压蓄电池的 REESS code 标签拍照（如图 7–31 所示，该车是右侧两个二维码标签靠上的一个，扫描后是 08X 开头的 24 位编码），读出的代码截屏，工单发送给电器组 prc–te–caelectric–and–telematics@daimler.com0 和 TIPS case，并将您读出的新旧 REESS code 在邮件和 TIPS case 回复内容中分别写出，申请手动更新 REESS code。

（2）在安装好高压蓄电池后，经销商在对新的高压蓄电池试运行之前请检查是否有回复。如果没有，请电话联系电器组工程师，必须确认 REESS code 完成更新。只有在 REESS code 完成更新后才可以对新的高压蓄电池进行试运行。

图 7-31

四、奔驰 GLE350e 4MAITC 仪表水温报警

故障现象：奔驰 GLE350e 4MAITC 仪表水温报警。

故障诊断：车辆行驶中仪表冷却液提示灯亮起（红色），水温接近 120℃，风扇大转。车辆无加装和改装，无事故记录。发动机控制单元无相关故障码。传动系统控制单元存储故障码：U019F87（与部件"冷却液泵"的通信存在功能故障。信息缺失）、U019F00（与部件"冷却液泵"的通信存在功能故障）。根据故障码的引导，检查低温回路循环泵 M43/6 和 M43/7 的耗电量，结果正常。促动低温回路循环泵 M43/6 和 M43/7 均正常，检查插头、插针，未发现异常。

GLE 车型的 M43/6 和 M43/7 安装位置不相近，排除装错可能。故障检修到这一步陷入僵局。检查主水泵 M75/11，促动主水泵工作正常。检查主水泵 M75/11 线路，发现主水泵信号线断了，而之前一直都没发现，焊接信号线后故障排除。

故障原因：主水泵 M75/11 通信线路断路，引起主水泵工作效率不足，造成主回路散热效率不足，导致水温过高报警。

故障总结：主水泵 M75/11 信号线断路，发动机控制单元没有相关故障码，并且主水泵 M75/11 可以工作运转（但是看不出实际运转效率），就没想到故障会出现在这里。故障码给出的引导指向低温回路，所以检查注意力都在低温回路。诊断陷入僵局的时候做一些排除性的检查，或许会有新的线索去突破困境。

五、奔驰 GLE450e 4MATIC 持续行驶左右变速器高温报警

车型：W167.154。

故障现象：奔驰 GLE450e 4MATIC 持续行驶左右变速器高温报警。

故障诊断：仪表显示黄色字体"停车，保持发动机运转，请等待变速器冷却"，如图 7-32 所示。询问客户得知，此车刚买一个多月，近期发现车辆出现持续行驶 80 km 左右仪表会出现黄色变

速器报警信息，仪表没有其他报警图标，继续行驶 2 min 左右仪表报警消失，下高速后发现散热风扇高速运转，声音较大。车辆为家用且客户正常驾驶，没有事故维修，此变速器高温故障已在其他经销商处检查过一次。车辆无加装或改装。故障在持续行驶 80 km 左右可以重现，快测变速器有 PO2184B 存储状态故障码（其他控制单元没有相关故障码），车辆其他功能都没有发现异常，未影响车辆行驶性能。没有相关的 SI、LI 和其他的技术通报。

图 7-32

可能的故障原因如下：

（1）冷却系统存在空气或水泵故障。

（2）变速器散热器故障。

（3）变速器油位故障。

检查变速器，无新软件版本。检查变速器油位，正常。促动低温回路水泵，用手伸到右前大灯后部下方抓住水泵，能感觉到水泵正常运转时的震动。检查水泵插头针脚，正常。拆下变速器油热交换器，使用压缩空气注入变速器油管，变速器侧进出油管能够导通，说明正常。与试驾车对换了变速器油散热器，对冷却系统抽真空排气。再次试车 80 km 时出现相同变速器高温故障。将同款试驾车 GLE350e 与故障车停在一起，经过反复测试读取实际值我们发现相比于正常的试驾车，故障车变速器油温度上升更快。而试驾车变速器明显散热更快，温度降低速度更快。在变速器油实际温度为 82 ℃时用红外测温枪测得故障车变速器油散热器上水管温度为 51 ℃，下水管温度为 43 ℃。上油管温度为 47 ℃，下油管温度为 46 ℃，如图 7-33 所示。

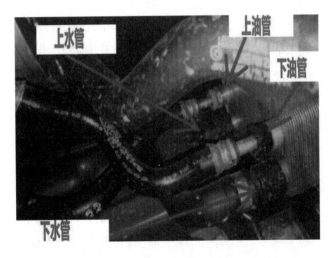

图 7-33

GLE350e 的冷却回路比较复杂，高温回路和两个低温回路共用一个冷却水壶，如图 7-34 和图 7-35 所示。分析了低温回路 1 功能原理图后，怀疑变速器冷却水泵功率不足，于是与试驾车对换了水泵，然后排空气后再次试车 80 km，发现相同故障仍然存在。

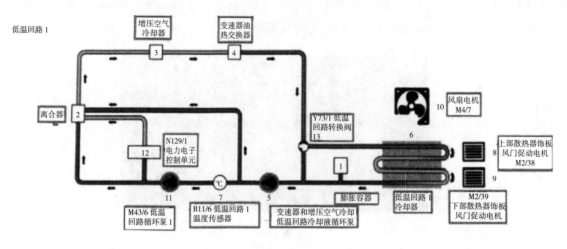

图 7-34

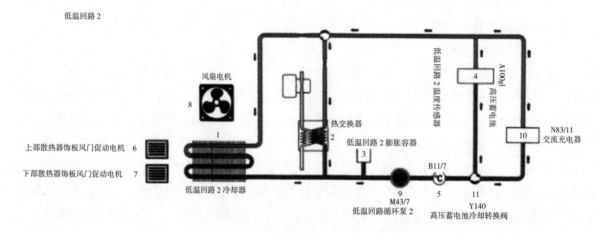

图 7-35（图注省略）

触摸水泵能感觉到水泵在运转，水泵已更换，变速器油热交换器已更换，故障现象在行驶 80 km 或更长距离才会出现，分析原因可能是负责变速器散热的低温回路散热功率不足或者存在堵塞情况。于是拆下前保险杠，拆下发动机前部的低温回路散热器管路，使用压缩空气检查低温回路散热器，能正常导通，低温回路相关管路也没有发现弯折挤压等情况。对比试驾车排查，冷却系统管路连接走向与试驾车相同，没有发现管路装错的情况。此时检查陷入了僵局，是变速器油无法循环散热，还是低温回路散热不良？其他系统为什么没有相关故障码？或者是变速器自身温度传感器故障，信号错误？

怀着这些疑问，我们咨询了厂家老师，经过分析，高温和低温回路相互关联，水泵 M43/6 和 M43/7 虽然没有直接对变速器散热，但会相互影响，需要仔细检查。在 WIS 上查询，两个水泵都在右前轮罩处，但具体哪个在内侧或外侧没有显示。我们拔掉其中一个水泵插头，快速测试报低温回路相关故障码，引导让检查两个水泵。通过此拔插头方式不能确定水泵的位置。根据引导促动水泵，用手触摸能感觉到水泵在运转。经检查并与试驾车进行对比, 发现内侧和外侧水泵装反了(如图 7–36 和图 7–37 所示), 重新安装后故障排除。

图 7–36

GLE350e	
故障车（装反）:	正常试驾车:
外侧水泵号码 6500	外侧水泵号码 5600
内侧水泵号码 5600	内侧水泵号码 6500

图 7–37

故障原因：内侧和外侧水泵装反。

故障排除：把装反的水泵重新安装正确，一切正常。

第八章 奔驰E级（W213）混合动力车系

第一节 奔驰E350e（W213.050）混合动力结构

一、概述

自2016年3月起，新一代奔驰E级轿车上市。此款轿车成为全新E级轿车家族中的首款车，不仅通过改进车身类型，而且通过可选驱动类型来增强性能。除传统驱动系统外，全新E级轿车采用新一代混合动力驱动系统。与仅装配发动机的车辆相比，该驱动系统可以增强驾驶乐趣并提高驾乘舒适性，同时尽可能减少油耗和排放，甚至零排放。纯电动模式下车速可达130 km/h，行驶里程超过30 km，如图8-1所示。

混合动力驱动特征：

（1）E-BOOST。

（2）能量回收。

（3）ECO启动/停止功能。

（4）高压蓄电池外部充电。

（5）车内辅助智能气候控制。

（6）触觉加速踏板。

（7）智能混合动力。

图8-1

二、混合动力驱动

混合动力车辆的驱动系统由4缸火花点火式M274 E20 DEHLA发动机（1991 cm³的排量，155 kW的输出功率和350 N·m的最大扭矩以及驱动单元P2-65PI）和驱动单元的电机（额定功率为65 kW，可产生320 N·m的最大扭矩）组成。从外面看，混合动力车辆可通过行李箱盖上的名称E350e和后保险杠中使用车辆插座时操作的盖进行识别。下列部件属于混合动力驱动模块：

（1）发动机。

（2）电机。

（3）9速自动变速器（9G-TRONIC）。

（4）功率电子装置（交直流转换器和直流/直流转换器）。

（5）高压蓄电池。

（6）充电部件（车载充电器、汽车插座和充电电缆）。

此外，混合动力车辆还配备：

（1）用于智能气候控制的电力驱动高压制冷剂压缩机（HV-EKMV）。

（2）触觉加速踏板。

（3）车外温度低时，用于确保热舒适性的电动高压正温度系数（PTC）加热器（HV-PTC）。

（4）用于制动力增压的电动真空泵。

（5）机电动力转向。

（6）专门开发用于混合动力车辆的制动系统，以进行有效能量回收（RBS）。

三、电机

由于电机在低转速下也可提供大扭矩，可有效支持发动机，因此可比传统驱动系统更快地达到驾驶员要求的扭矩，这可通过车辆较好的响应性证明。集成在变速器牵引头中的电机是采用内转子设计的永久激活同步电机，其位于发动机和自动变速器之间的中心位置，包括一个电机转子位置传感器和用于记录机器温度的电机温度传感器。要在高压直流电压系统下操作三相交流电机，需要功率电子装置（功率转换器）。功率电子装置控制单元、电机的功率转换器以及直流/直流转换器（用于为12 V车载电气系统供电）集成在功率电子部件中。功率转换器在功率电子装置控制单元的请求下通过三相交流电压控制电机。功率电子装置控制单元监控电机的温度和位置，进行故障诊断和功率预测。功率电子装置控制单元与传动系统控制单元通信，来自电机和直流/直流转换器的数据提供至功率电子装置并执行传动系统控制单元对于扭矩、电压和电流的请求。功率电子部件通过高压分配板连接到电机上。其中一个便捷功能就是电机可主动减弱传动系统中的扭转振动，从而提高驾乘舒适性。电机用于显示启动/停止和发电机模式功能，以及增压效果和能量回收功能。

变速器钟状外壳的剖面图（如图8-2所示）。

变矩器仍是一个完备的启动装置，与锁止离合器、发动机分离器离合器、集成式减震器和转换器一起构成一个重量优化、集成良好的总成。牵引头（包括电机、转换器、发动机分离器离合器、变矩器锁止离合器和变矩器壳体）可作为一个模块装置单独进行安装，其通过高压分配板连接至主变速器。

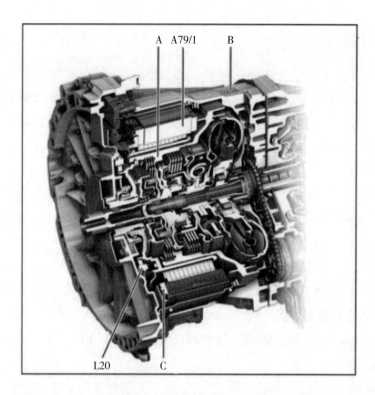

A79/1.电机　L20.转子位置传感器　A.发动机分离器离合器　B.变速器钟状外壳　C.定子

图 8-2

这样的传动系统结构可改进如下重要的功能：

（1）发动机分离器离合器在发动机退耦的情况下减少所有操作模式下传动系统的功率损耗。

（2）转换器和变矩器锁止离合器位于电机和变速器输入装置之间，可通过发动机分离器离合器使用电机启动发动机，从而发挥在噪声、震动和不平顺性（NVH）方面的优势。

（3）由于启动装置由湿式离合器换成发动机分离器离合器，爬行不再是难题。

（4）机油供给不仅取决于集成式电动辅助机油泵（IZOP）的性能，即使在纯电动模式下驾驶，温度范围也可扩展。

（5）由于提高了蓄电池的输出功率和容量，格外提高了电气性能、电气范围和增压性能。此外，根据车辆的不同，性能增强可使自适应驾驶计算更灵活，这意味着可减少污染物排放。

特性：

（1）发动机分离器离合器取代湿式离合器。

（2）9挡自动变速器。

（3）电机转子位置传感器。

（4）电机集成在混合动力牵引头中。

（5）牵引头可作为整体进行更换，因此，无须执行耐电压测试。

四、功率电子装置

功率电子系统包括1个交直流转换器和1个直流/直流转换器。安装了2个高压分配板。交流分配板包括电机的三相系统、电动制冷剂压缩机的直流分配板和接头以及高压正温度系数（PTC）

加热器，可单独更换安装在辅助用电设备直流分配板中的 60 A 保险丝。功率电子装置位于沿行驶方向左侧的油箱安装空间中。

五、交直流转换器

交直流转换器包含一个功率转换器，用于操作电机。

六、直流／直流转换器

直流／直流转换器支持高压和 12 V 车载电气系统（降压模式）之间的能量交换。

七、高压蓄电池

锂离子高压蓄电池用于存储通过能量回收或充电部件产生的电能。该蓄电池系统设计紧凑，能量密度高。高压蓄电池位于车辆后端。此外，蓄电池系统还具有以下特性：

（1）带独立锂离子电池的单元块并对其进行监测。

（2）蓄电池管理系统（BMS）控制单元。

（3）带冷却液连接的散热片板。

（4）高压触点。

（5）可更换保险丝。

（6）高强度外壳。

八、专用混合动力冷却系统

功率电子装置和高压蓄电池（带充电系统）产生的热量通过两个独立的低温回路放出。

九、电动制冷剂压缩机

传动装置的部分电气化用于通过使用电动制冷剂压缩机提高舒适度。在电传动期间和辅助智能气候控制期间，无论发动机模式为何，车辆都会供给所需冷却输出。因此，发动机不工作时仍可保持气候的舒适性，并通过辅助智能气候控制进一步改善（预置空调和保持空调）。

十、9 挡自动变速器（9G-TRONIC）

发动机和电机产生的扭矩通过 9 挡自动变速器（9G-TRONIC）传送到混合动力牵引头。进一步开发了该款型号的变速器应用于混合动力。主变速器上的调节装置包括变矩器壳体、变速器控制软件和带阀体总成的电动辅助机油泵。混合动力牵引头包括用于润滑所有换挡元件和支承点的初级泵，电动辅助机油泵用于在电机停止时保持工作压力。电机集成在牵引头中，与发动机分离器离合器和专用混合动力变矩器配套使用。

十一、操作模式和变速器模式

（一）驾驶员可从 4 种操作模式中进行选择

1. 混合动力模式（默认设置）。

（1）自动选择驱动模式。

（2）电动模式可用。

（3）优化使用发动机和电机组合驱动模式。

2. 电动模式。

（1）电动模式可用。

（2）计量通过触觉加速踏板进行的电动输出。

（3）发动机仅通过触觉偏心预负荷上的过压启动。

3. 省电模式。

保持蓄电池电量，用于在电动模式下驾驶（电动模式可用，部分能量通过能量回收获得）。

4. 充电模式。

（1）驾驶时或车辆静止时，给蓄电池充电。

（2）电动模式不可用。

（二）变速器模式

变速器模式包括：运动型 / 运动增强型、舒适型、经济型，使驾驶员体会到运动、舒适的驾驶模式，并提供最佳燃油消耗。

1. 运动型 / 运动增强型。

（1）通过增强的 E–BOOST 体验运动 / 极具动感的驾驶模式。

（2）发动机始终运转。

（3）混合动力驱动系统的动感设计（改进的加速踏板设置和变速器换挡特性）。

2. 舒适型（默认设置）。

（1）舒适的驾驶模式提供最佳燃油消耗（加速踏板的特殊特性和变速器换挡特性）。

（2）电动模式可用。

3. 经济型。

（1）驾驶模式可提供最佳燃油消耗，尤其在电传动期间。

（2）混合动力驱动系统的经济性设计。

（3）电动模式可用。

（4）ECO 辅助功能。

十二、混合动力功能

（一）电气驱动

在电动模式或组合模式下装备部分负荷起步和驾驶。高压蓄电池和 65 kW 驱动单元可在纯电动模式下行驶超过 30 km 的距离。若电机的输出功率不足，则在更高车速或陡坡上驾驶时，火花点火式发动机自动启动并连接至传动系统。关闭电机和发动机之间的联轴器，在关闭前转速是同步的。

车载电子装置调节内驱动单元的发动机和电机的转速。此功能可使驾驶员以舒适且难以察觉的方式启动发动机。

（二）E-BOOST

在增压模式下，电机支持发动机，以尽快达到所需的规定扭矩，尤其是在低转速时。此外，增压模式的持续时间和强度取决于高压蓄电池电量，发动机配备了优化的传动启动机，无须使用车辆的动能进行牵引启动，这极大地提高了响应性。

（三）能量回收或制动

在超速运转模式和制动阶段，能量回收在减少油耗方面起着重要作用。在超速运转模式下，发动机关闭并通过电机再生模式下产生的负载扭矩代替制动力。在混合动力车辆减速期间，有3种可能的操作状态：

（1）若仅在减速情况下运转时已进行能量回收，则电机作为发电机进行工作，并将再次获得的能量传送至高压蓄电池。

（2）若驾驶员轻轻踩下制动踏板，则车辆通过电机进一步减速，电机会向高压蓄电池输送更多能量。

（3）若驾驶员用力踩下制动踏板，则也会采用强力制动来使车辆减速。在这种行驶条件下，两个系统共同工作。

（四）超速运转模式和智能能量回收

若驾驶员在舒适型或经济型驾驶模式下松开加速踏板，则车辆启用航行模式，发动机退耦并关闭，电机通过能量回收产生减速扭矩。在舒适型驾驶模式下，车辆像传统车辆一样滑行并减速，以调节减速扭矩（参见发动机减速），将获得的能量传送至高压蓄电池。

在经济型驾驶模式下，能量生成降至最少（增强版超速运转模式），有利于智能能量回收。在此过程中，发动机保持关闭。在该运行状态下，能量直接转换为更高的滑行速度和/或更长的滑行距离，这对于在较长的下坡路或预见要接近交通信号灯和十字路口时具有优势。在这种情况下，相比其他传统车辆，本车滑行更自由，减速也没那么猛烈。此外，当接近通过雷达传感器系统检测到的前方行驶车辆时，可智能设置减速扭矩。

（五）静默启动

混合动力车辆可在已促动启动按钮时启用电动模式。静默启动的可用性取决于车外温度或变速器的温度以及高压蓄电池的电量，混合动力驱动操作准备就绪通过仪表上的绿色指示灯"READY"指示。

十三、在混合动力模式下驾驶

1. 城市道路驾驶。

在城市交通条件下车辆长时间静止或减速时，混合动力的优势更为明显：

（1）一方面，车辆暂停时发动机停止，车辆频繁减速时会进行能量回收；另一方面，通过电动模式，而非使用发动机进行道路驾驶。

（2）在乡村驾驶时，电动模式阶段、增压阶段、恒速阶段和能量回收阶段交替进行。根据路线纵断面的不同，可产生大量的回收能量，与传动驱动概念相比，在消耗和排放方面更具优势。

2. 高速公路驾驶。

在高速公路上驾驶时，发动机的负载点转移可有效解决消耗和排放的问题。因此，在降低油耗的情况下发动机的燃烧过程被推向一个工作点。

十四、智能驾驶管理

混合动力车辆的智能驾驶管理系统将行驶路线和交通状况提前考虑在内，因此可在驾驶过程中以最佳方式更有效地消耗高压蓄电池的能量。对于可预见功能，使用来自雷达传感器系统、多功能摄像头与驾驶室管理和数据系统以及联网功能（COMAND Online）导航系统的信息。由于采用智能驾驶管理系统，车辆的耗油量减少且电气范围增加。此外，由于其支持不同驾驶状况，实现了更舒适的驾驶条件。智能驾驶管理功能如下：

（1）智能能量回收。

（2）智能换挡策略。

（3）基于路线的操作策略。

（4）ECO 辅助。

1. 智能能量回收。

根据驾驶状况，使用电机，将再生制动系统作为发电机进行能量回收。根据当前和未来交通状况，灵活调节能量回收。为此，除了来自雷达的数据外，车辆还评估来自交通标志辅助系统的信息，如地图和摄像头数据，根据状况的不同，再次获得的能量可有效存储为动能或电能，以此增加能量范围。该功能通过有效存储能量来增加能量范围：

（1）在超速运转模式可行的情况下存储为动能。

（2）在通过能量回收减速可行的情况下存储为电能。

在雷达数据、摄像头数据和地图数据的帮助下，使用周围环境的信息（传感器融合）对驾驶状况进行评估。可通过能量回收从自由加速到预定义减速对再生扭矩进行无级调节。有关距离和相对速度的信息通过雷达传感器系统提供。距离控制系统根据交通状况计算理想的加速度或减速度。此外，会评估通过多功能摄像头记录的限速并应用到能量回收。提前评估来自地图数据的限速并通过滑行模拟应用到能量回收。通过触觉加速踏板的双脉冲，驾驶员会获得切换至超速运转模式的最佳时间点。对于客户来说，能量回收的调节情况通过动力显示中的电流回收性能展示在仪表的能量流图中。

2. 智能换挡策略。

对于智能换挡策略，阻止车辆前行时，触发升挡干预，松开加速踏板时，进行升挡干预，例如，若允许超过速度较快的车辆，则该策略可允许车辆立即换到最佳（较低）挡位进行加速。松开加速踏板时的升挡和操作加速踏板时的减挡均受到干预。如果不可能超车，通过发动机制动扭矩获得更高的车辆减速度，驾驶员应将制动减小，避免接近前车。干预换挡策略在于提高驾驶的舒适型和车辆的反应能力。在所有变速器模式下都会启用该功能，但是设计不同，每个转速阈值会在各个驾驶模式下进行相应调节。

3. 基于路线的操作策略。

例如，驾驶员熟悉路线并且了解何时应使用电动模式以及何时为蓄电池放电，可以手动选择多种混合动力操作模式。基于路线的操作策略接收以上两个请求，并将其和驾驶员的意愿（此操作模式下应采取哪种路线顺序）相联系。操作模式的选择不仅仅是事件导向的，要同时考虑以下几点：

（1）使用电能具有减少消耗的作用（取决于行驶的路线）。

（2）在城市交通中使用电动模式的电能显示客户较高的情绪附加值。

在高速公路上行驶时，可以通过基于路线的策略根据需求减少使用电能，蓄电池的电量也可以有针对性地通过负载点转移设置为其余水平。通过 ADAS（高级驾驶员辅助系统）获得的来自驾驶室管理和数据系统以及联网功能（COMAND Online）的关于线束和前方道路斜坡的数据（以 128 m 为准，最远可达 1024 km）构成路线能量评估的基础，并用于充电控制和释放输出功率。启用导航系统中的路线向导，选择混合动力模式且处于经济型驾驶模式时，也会启用基于路线的操作策略。

4.ECO 辅助。

ECO 辅助有助于给驾驶员提供更经济舒适的驾驶模式，驾驶员可使用以下功能：

（1）触觉加速踏板中的附加变量偏心预负荷（E-MODE）。

明显感觉到触觉加速踏板的偏心预负荷时，表示当时可提供最大电气行驶功率，若感觉触觉加速踏板踩下的量超过偏心预负荷，则发动机开启。

（2）触觉加速踏板中的双脉冲（经济型驾驶模式）。

根据触觉加速踏板中的双脉冲，建议驾驶员松开加速踏板，因此，发动机关闭并从传动系统上退耦，车辆可切换至航行模式或智能能量回收。双脉冲根据车速和与前车的距离以及相对速度触发。

十五、控制和显示概念

配备全新一代混合动力驱动系统的 E 级轿车可用的附加控制和显示元素有：

（1）电动模式下仪表中的动力显示。

（2）其他模式下仪表中的能量回收和 E-POWER 显示。

（3）主机和仪表中的能量流显示。

（4）主机中的燃油消耗和能量回收柱状图。

（5）仪表中的"READY"显示。

十六、辅助智能气候控制

在车辆使用遥控钥匙或编程启动前，辅助智能气候控制系统会在车内提供高水平的节能型热舒适性，与传统固定加热器一样，此外，可使用智能手机应用程序（Mercedes connect me）进行激活和编程。若客户在启动前激活气候控制，则即使在充电完成后，蓄电池电量也会显示＜100％。

十七、蓄电池充电的选装件

插入式蓄电池可通过集成在后保险杠中的车辆插座连接充电站和家用插座充电。市售插座的标准充电容量为 1.8 kW（1 相，8 A），车外温度约为 20 ℃时需要约 3 h 才能充满电。在公共充电站或车库中安装的壁式充电箱进行充电时，车外温度约为 20 ℃时充电时间可减少至约 1.5 h（壁式充电箱或充电站的充电容量为 3.6 kW，1 相，16 A）。车载充电器安装在多功能托盘中的后部区域，其控制充电过程，并防止短路、反极性和过压。同时，充电系统监视电压、充电量、充电时间和相关部件的温度，以保护蓄电池。此外，在充电模式下行驶时，蓄电池可通过驱动单元进行充电（以燃油消耗为代价）。充电电缆（模式2）如图8-3所示。

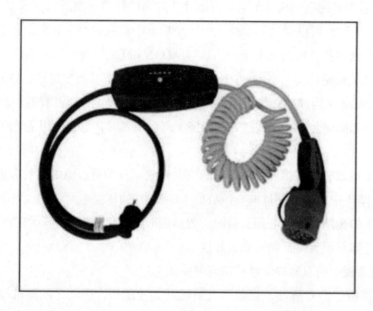

图8-3

用公共充电站充电时使用一般充电电缆（模式3），用家用插座充电时使用一种新的充电电缆（模式2）。

十八、安全性概念

丰富的高压区驾驶经验造就了多阶段安全性概念的发展，除了独立的运行监控系统，所有混合动力装置还装配有救援队分离点，该分离点可关闭高压车载电气系统。蓄电池切断开关能够满足主流救援组织与协会的最新要求，该开关位于发动机罩下方冷却液膨胀容器所在区域，可有效避免被任意操作。此外，分离点以切割边标记形式位于左侧保险丝和继电器模块中。当难以接触车辆前端时，便可利用该分离点。

十九、技术参数（如表8-1所示）

表8-1

车型	发动机	额定功率	变速器（标配）
E350e	274.920	系统输出：215 kW 电机输出：65 kW	725.007

第二节　奔驰 E 级（W213）混合动力汽车典型故障与维修提示

一、2021 年奔驰 E350e 仪表出现红色高压蓄电池警报

车型：W213。

车辆信息：E350e。

行驶里程：10698 km。

故障现象：奔驰 E350e 仪表出现红色高压蓄电池警报，如图 8-4 所示。

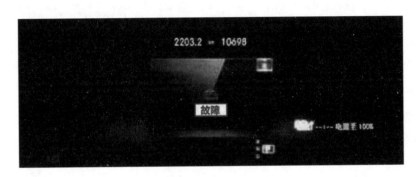

图 8-4

故障诊断：仪表出现红色高压蓄电池警报并显示"不允许拖车，参见用户手册"，车辆无法启动。每次用钥匙打开时都会出现红色高压蓄电池警报并显示"不允许拖车，参见用户手册"。车辆未曾上赛道，未曾涉水，也未曾越野。驾驶员平时都在市区开车，无激烈驾驶习惯。没有与本故障相关的维修历史和服务措施。车辆加装了行车记录仪，无其他改装。故障可以重现，影响车辆使用性能。车辆无法启动。按钮和开关无异常。无任何异味／异响和其他异常。有相关的 TIPS 文件 LI27.00-P-072554。

可能的故障原因：

（1）高压部件连接线路故障。

（2）蓄电池管理系统内部互锁回路电气故障／对正极短路。

（3）充电装置内部互锁回路电气故障／对正极短路。

（4）功率电子装置内部互锁回路电气故障／对正极短路。

（5）直流充电连接单元内部互锁回路电气故障／对正极短路。

快速测试，功率电子装置（SG-EM）有当前故障码 P0A0A00：高压车载电网的互锁回路存在电气故障。直流充电连接单元（数据通信控制单元）有当前故障码 P0A0B00：高压车载电网的互锁回路存在功能故障。充电装置（SG-LG）有当前故障码 P0A0B00：高压车载电网的互锁回路存在功能故障。蓄电池管理系统控制单元（N82/2）有当前故障码 P0A0A00：高压车载电网的互锁回路存在电气故障。都是报高压车载电网的互锁回路存在功能故障，故障码不能被删除。

根据故障码引导检测高压断开装置，正常。查看实际值，报部件 A100 上互锁回路的状态不正常。

可能的原因和补救措施：高压车载电网的互锁回路存在功能故障。高压车载电网的互锁回路对正极短路或对地短路。检测涉及的电气导线，如有必要，进行修理或更换。

查看所有高压部件的实际值，高压电网故障已断开，如图 8-5 所示。查看 TIPS 有相关的技术指导文件（主题编号 LI27.00-P-072554），根据文件内容检测相关部件的互锁回路的 12 V 插针或插头，把 X207x1 到 A79 端的线束取下来，确认线束正常，针脚正常。测量线束两端的导通情况，正常。把线束恢复后测量 X207x1 端子 9 到端子 10 的电阻，为 0.3 Ω（如图 8-6 所示），正常，说明 A79 端正常。测量 X207x1 端子 9 到 N82/2 低压端的端子 17 的对地电阻，为 OL（如图 8-7 所示），不正常。测量 X207x1 端子 10 到 N129/1 低压端的端子 28 的对地电阻，为 471.0 kΩ，正常。拔下 N82/2 插头，测量到 X207x1 插头之间的端子 17 线束导通情况，正常。

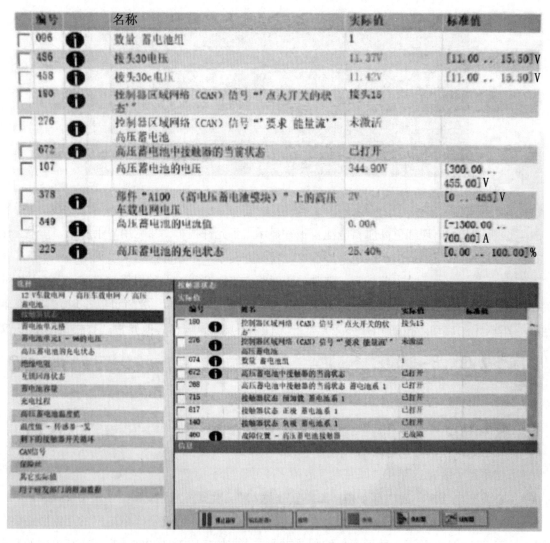

图 8-5

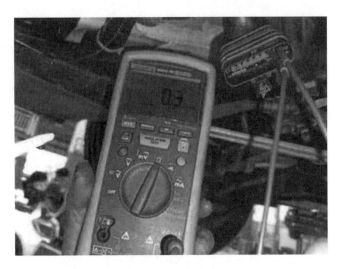

图 8-6

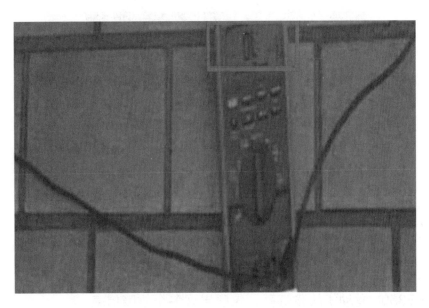

图 8-7

故障原因：具体故障原因未知，根据测量结果判断为 N82/2 内部互锁信号故障。

故障排除：当故障重现时，断开高压蓄电池低压插头。测量低压插头（车身侧线路）的两个互锁针脚（端子 17）之间的阻值，每一个针脚对地短路阻值。请确保测量时所选择的搭铁点可靠。如果两个针脚阻值为 90 Ω 左右，重新连接低压插头，检查故障是否仍然存在。请根据 LI27.00-P-072554，检查 X207x1 和电机 A79/1 三相电插头侧及插座侧互锁回路的针脚是否正常，针脚是否虚接。注意连接万用表的同时，晃动针脚。请特别注意 X207x1，以该连接器为分界点，定位故障是来自变速器侧还是另一侧高压系统部件。如果故障一直存在，请检查 HVB 全部高压插头连接是否正常，每个高压插头的互锁桥接线路阻值是否正常，互锁桥接电路的针脚是否正常。两个高压插头保持连接，断开高压蓄电池低压插头。测量低压插座（蓄电池侧）的两个互锁针脚之间的阻值，每个针脚对地短路阻值。

再次测量：当故障重现时，断开高压蓄电池低压插头。测量低压插头（车身侧线路）的两个互锁针脚（端子 17 和端子 24）之间的阻值，为 436.8 kΩ。每个针脚对地短路阻值：端子 24 为 6.58 kΩ，端子 17 为 575 kΩ。根据 LI27.00-P-072554，检查 X207x1 和电机 A79/1 三相电插头侧及插座侧互锁回路的针脚，正常，针脚没有虚接。测量变速器侧线束 X207x1 插头端子 9 与端子 10 之间的电阻，为 0.3 Ω。拆下变速器侧线束，测量端子 9 与端子 9 之间的电阻，为 0.2 Ω。测量端子 10 与端子 10 之间的电阻，为 0.22 Ω。断开 S7，测量端子 1 与 X207x1 车身侧插头线束端子 9 之间的电阻，为 517.4 kΩ。断开 S7，测量端子 2 与 X207x1 车身侧插头线束端子 10 之间的电阻，为 OL，不正常。以该连接器为分界点，定位故障是来自另一侧高压系统部件。

根据 WIS 电路图测量，断开 S7，测量端子 2 与 A100 车身侧插头线束端子 24 之间的电阻，为 OL，不正常。锁定故障位置为 N33/5，拆下右前轮胎及翼子板内衬检查，发现 N33/5 线束被老鼠咬断，如图 8-8 所示，修复线束后删除故障码，车辆启动后试车正常，故障排除。

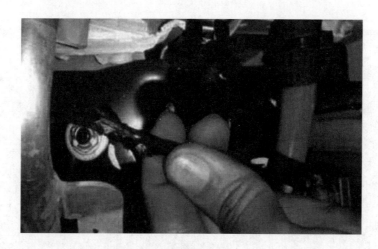

图 8-8

二、奔驰 E350e 发动机故障灯亮，仪表出现多个故障信息

车型：W213。

故障现象：奔驰 E350e 发动机故障灯亮，仪表出现多个故障信息。

故障诊断：新车交车后，客户行驶 50 km 左右，发动机故障灯突然点亮，仪表提示黄色文字信息"主动制动系统功能受限""停车，保持发动机运转，请等待变速器冷却"，白色文字信息"驻车辅助系统和 PARKTRONIC 停止运作"，红色文字信息"冷却液，停车，关闭发动机"。熄火后再次启动车辆，故障不会消失。客户发现故障出现前可以纯电行驶，高压蓄电池电量一直下降，甚至还出现高压蓄电池故障报警，故障出现后不能纯电行驶，发动机行驶正常。来店后只有发动机故障灯亮和仪表信息"主动制动系统功能受限"。车辆直流和交流充电正常。无相关维修历史记录。车辆无任何加装或改装。故障在出现后一直存在，但经过长时间休眠后故障会短暂消失。用诊断仪检测，N129/1 中存在相关故障码 P0C5C00 和 P060AFC。无相关 LI、TPT 等技术指导文件。

可能的故障原因：

（1）高压系统软件故障。

（2）L20 电阻故障。

（3）L20 至 N129/1 间的导线短路或断路。

（4）L20 故障。

（5）N129/1 故障。

检查高压系统软件，无最新软件可以更新。故障码在故障出现时为当前且无法删除，故障灯也一直存在；对车辆的高压电和 12 V 电进行断电 15 min，重新连接故障不会消失。进行故障码 P0C5C00 引导测试：拔下 N129/1 的 28 插头，测量端子 3 与端子 10 之间的电阻，为 22 Ω（标准值为 15 ～ 23 Ω），正常；测量端子 11 与端子 12 之间的电阻，为 85 Ω（标准值为 70 ～ 90 Ω），正常；测量端子 4 与端子 5 之间的电阻，为 90 Ω（标准值为 60 ～ 90 Ω），正常；检测 L20 至 N129/1 间的导线，无断路或短路。结论为 N129/1 故障（引导测试的步骤中出现错误，对测量结果产生了影响，也耽误了一定的时间，后来通过查找资料，发现在 WIS 文档 AD08.30-P-0001-01LF 中有正确的测量方式）。执行故障码 P060AFC 引导测试：测量 N129/1（28 针）内部电阻，正常；测量 N129/1（28 针）的端子 3、端子 4、端子 5、端子 10、端子 11、端子 12 对地不短路，但全部对正极短路，不正常。引导测试做完的结果是更换 L20，如果故障没有解决，再更换 N129/1。两个引导测试出现了结果的偏差，但我们认为还是 N129/1 损坏。因为 N129/1 的相关针脚存在对正极短路。更换 N129/1 前不能完全确定测量的对正极短路是否正常，因为 6 个针脚都是对正极短路的，但也是一个怀疑的点。更换后我们进行了对比，正常情况是全部针脚都不会对正极短路。

故障原因：N129/1 内部对正极短路。

故障排除：更换 N129/1。

故障总结：故障码引导测试让我们走了弯路，但通过查找资料让我们回归正轨。这也告诉我们，新车型上市后一些资料可能存在错误，在维修诊断时要及时发现错误，不至于越错越远。在故障发生时，为什么仪表会提示与水温相关的故障呢？其实也可以得到解释。在 A79/1 中是有温度传感器的，而温度信号传递给 N129/1，N129/1 和 N127 同在 CAN L 上，所以 N129/1 损坏收不到温度信号，也不会有温度信号传给 N127。

三、北京奔驰 E350eL 轿车无法通过交流充电插座充电，无论是随车配备的模式 2 充电电缆，还是充电盒均无法充电，发动机故障灯激活。连接充电电缆后，交流充电口处的白色锁止状态 LED 指示灯高频闪烁

车型：E350eL 轿车（长轴距）。

发动机型号：M274920。

年款：2022 年（代码 802）。

行驶里程：6273 km。

VIN/FIN：LE4ZG5FB5NL×××××。

故障现象：车辆无法通过交流充电插座充电，无论是随车配备的模式 2 充电电缆，还是充电盒均无法充电，发动机故障灯激活。连接充电电缆后，交流充电口处的白色锁止状态 LED 指示灯高频闪烁。

故障诊断：功能检查发现，仪表没有故障提示。连接交流充电枪，插座锁指示灯闪烁，电池指

示灯不会亮，也没有听到充电器插头锁止电机 M14/3 工作声音，不能交流充电。更换另一个交流充电桩，故障依旧，但是直流快充充电功能正常。连接诊断仪进行快速测试，充电装置和传动系统控制单元都设置了当前状态的故障码 P13E800：充电电缆联锁卡在开启位置。快速测试截图如图 8-9 所示。

N83/11 - 充电装置（SG-LG）				-F-
型号		零件号	供货商	版本
硬件		000 901 72 10	Panasonic	18/46 000
软件		000 902 56 42	Panasonic	18/34 000
引导程序软件		———	——	17/25 000
诊断标识		004009	控制单元型号	OBL222_7KW_Var_004009_Gen3
故障	文本			状态
P13E800	充电电缆联锁卡在开启位置。			A+S

N127 - 传动系统控制单元（PTCU）				-F-
型号		零件号	供货商	版本
硬件		000 901 98 07	Continental	21/10 000
软件		000 902 66 60	Continental	21/28 000
软件		000 903 42 57	Continental	21/30 000
引导程序软件		000 904 34 01	Continental	18/46 000
诊断标识		023E23	控制单元型号	CPC_NG_R19A1
故障	文本			状态
P13E800	充电电缆联锁卡在开启位置。			A+S ☼

A+S=当前并且已存储

图 8-9

查看车书，白色指示灯闪烁，说明充电器插头锁止时出现故障，车书截图如图 8-10 所示。

锁止状态	显示屏	含义
🔓	呈白色亮起	车辆插座解锁，插入或取下充电电缆
🔓	呈白色闪烁	锁止或解锁时故障

图 8-10

充电器插头锁止电机（M14/3）由高压蓄电池交流充电器（N83/11）直接促动，电路图如图 8-11 所示。

充电器插头锁止电机实物解体内部结构如图 8-12 所示。

高压蓄电池交流充电直接促动充电器插头锁止电机内部的直流电机，经过齿轮减速机构减速增扭，通过一个摇臂驱动锁销往复直线运动，锁销伸出锁住交流充电插头。锁销位置由微动开关进行检测，信号反馈给 N83/11。若出现机械卡滞，微动开关没有出现应有的状态变化，则 N83/11 将设置相应的故障码。驾驶员可以通过拉动应急解锁拉索，转动解锁转盘使锁销缩回，应急释放交流充电器插头。根据故障现象、故障码和系统的工作原理分析，可能的故障原因有：

（1）高压蓄电池交流充电器软件问题。

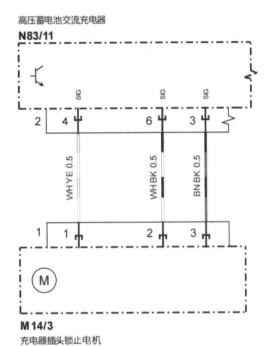

图 8-11 (图注省略)

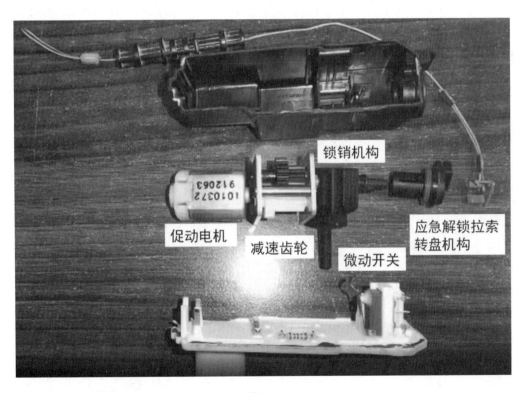

图 8-12

（2）充电器插头锁止电机机械故障，卡滞。

（3）充电器插头锁止电机内部电气故障。

（4）N83/11 与 M14/3 间线路故障。

（5）N83/11 电气故障。

尝试对 N127 和 N83/11 进行初始化（试运行），然后删除故障码并尝试利用诊断仪操纵功能，促动充电器插头锁止电机（至少 3 次），结果故障依旧；拆下后杠，检查应急解锁转盘，位置正确，位于解锁位置（复位位置）；仔细观察，诊断仪促动充电器插头锁止电机时不能听到锁销电机运动声音，没有感觉到震动，锁销不动作；使用万用表测量 M14/3 的端子 1 与 3 之间的阻值，与正常车的相同，都是 9 Ω 左右；检测 M14/3 到 N83/11 之间的线束，正常，没有对地短路、断路、互短的异常现象；测量促动 M14/3 时端电压，为 2.3V，对比正常车辆，电压相同；换上正常车的充电器插头锁止电机后故障消失，可以正常充电了。综合分析故障原因是充电器插头锁止电机机械故障，卡滞。

故障排除：更换充电器插头锁止电机（配件号 A0005452600）后故障不再出现。

故障总结：对于插电混动的 E 级车（213PHEV），N83/11 和 N127 中存在故障码 P13E800 或 P13E900，部分情况下会出现交流充电枪无法从车辆的交流充电插座上解锁和拔下的故障现象，可参考下面方法：

首先用遥控钥匙解锁车辆，之后再次尝试取下充电电缆，移除充电电缆时，完全按下充电枪上的解锁按钮，仍然无法正常解锁时，尝试拉动应急解锁拉索进行解锁。如果仍无法取下充电枪时，在确认墙盒或随车充电电缆已断电后，完全按下充电枪上的解锁按钮，不要松开，晃动充电枪，同时向外用力拉，尝试将充电枪从车辆上拔出。安全提示：操作前首先确保交流充电已停止且不会重新开始。使用家用充电盒充电时，断开充电盒的供电开关或按下充电盒上红色的紧急停止按钮。使用随车充电电缆充电时，将随车充电电缆另一端的插头从家用三相插座上拔下。

第九章　奔驰 A250e 和 B250e 混合动力车型

一、车型一览

型号：W177，带发动机 282，代码为 ME08［75 ~ 84 kW 混合动力驱动（包括插电式）］；型号：H247，带发动机 282，代码为 ME08［75 ~ 84 kW 混合动力驱动（包括插电式）］。

车型和主总成，如表 9-1 所示。

表 9-1

车型	车辆	投放市场	发动机	输出功率（kW）	扭矩（N·m）	自动变速器
A250e	177.086	2019 年 11 月	282.814	118 + 75（电动）	250+300（电动）	724.120
A250e	177.186	2019 年 11 月	282.814	118 + 75（电动）	250+300（电动）	724.120
B250e	247.086	2019 年 12 月	282.814	118 + 75（电动）	250+300（电动）	724.120

二、设计

第一眼看很难区分装配前轮驱动的插电式混合动力车辆和非混合动力车辆。非混合动力车辆与混合动力车辆的长度和宽度是相同的。由于悬挂存在差异，车辆高度是不同的。装配前轮驱动的插电式混合动力车辆的车轮和轮胎范围从 17 in 开始。此外，内饰尺寸未改变，仅行李箱的尺寸存在微小差别。混合动力车辆的特征为：

（1）位于右后侧壁上的直流充电 / 交流充电的车辆插座。

（2）翼子板上有一个"EQPOWER"徽标。

（3）车型名称以字母"e"结尾（无法删除）。

A250e，左前侧视图，如图 9-1 所示。

A250e，右后尾端视图，如图 9-2 所示。

A250e，左侧翼子板上的"EQPOWER"徽标，如图 9-3 所示。

图 9-1

图 9-2

图 9-3

三、技术数据（如表 9-2 所示）

表 9-2

项目	规格	单位
车辆（前轮驱动）		
电力范围（WLTP）	57 ~ 73	km
纯电驱动最快速度	140	km/h
发动机的最大输出功率	118	kW
电机的最大输出功率	75	kW
发动机的最大扭矩	250	N·m
电机的最大扭矩	300	N·m
系统输出功率（发动机和电机）	160	kW
系统扭矩（发动机和电机）	450	N·m
电机		
结构	内部转子	
标称电压	330	V
最大输出功率时的转速	2500	r/min
最大扭矩时的转速	0 ~ 2000	r/min
高压蓄电池		
类型	锂离子	
高压蓄电池（包括支架）的净重	157	kg
模块数量	2	
电池数量	100	
容量（单个电池）	43	Ah
内能（装机）	15.6	kWh
最大输出功率	75	kW
标称电压	365	V
交流充电的充电时间（净充电量 10 % ~ 100 %）		
供电插座 1.8 kW	7.5	h
供电插座 2.3 kW	5.5	h
壁挂式充电盒 / 公用 3.7 kW	3.5	h
壁挂式充电盒 / 公用 7.4 kW（代码 76B）	2	h
直流充电的充电时间（净充电量 10 % ~ 80 %）		
公用 24 kW（代码 83B）	25	min

四、保养策略

根据熟知的保养逻辑，装配前轮驱动的新款插电式混合动力车型需要保养。保养范围，特别是
A 类保养和 B 类保养，根据相关流程和车辆相关标准进行编制。保留了规定的保养间隔 25000 km
或 12 个月［欧洲经济委员会（ECE）］以及不同国家的不同里程间隔。此外，A 类保养和 B 类保
养继续按顺序应用且客户可自由选择"附加服务"。

M282 发动机（4 缸直列式火花点火式发动机，排量为 1.4 L）：更换发动机油和机油滤清器期间，
通过油底壳中的放油塞排放发动机油。可通过仪表调用发动机油位。

装配前轮驱动的插电式混合动力车型装配带连接单元的变速器 724.120（作为标准装备）。

根据 ECE 法规，车辆规定的附加保养作业的间隔如下：

（1）更换制动液，每 2 年。

（2）更换冷却液（两个回路），每 200000 km 或每 10 年。

（3）更换空气滤清器滤芯，每 75000 km 或 3 年。

（4）更换火花塞，每 75000 km 或 3 年。

（5）更换自动变速器油和机油滤清器，每 125000 km。

（6）更换燃油滤清器，每 200000 km 或 10 年。

（7）检查两个冷却回路的冷却液液位，每次 A 类保养时。

（8）检查充电电缆和车辆插座是否存在机械损坏，每次保养时保持附加保养间隔。

五、运行策略

（一）概述

装配前轮驱动的新款插电式混合动力车型利用 M282 E14 DEH LA G 发动机的能量、电机的能
量或者两者结合的能量进行工作。在传统模式下，发动机生成的电能覆盖基本负荷，尤其是在长
途行驶时，电机作为发电机工作。在混合动力模式下，加速或上坡行驶（助力模式）时高压蓄电
池覆盖输出峰值。在电动模式下，车辆由电机单独供电。在电动模式下，油耗和可达里程主要取
决于驾驶模式。再生制动期间，在理想状态下，电机作为发电机产生全部制动扭矩。高压蓄电池
通过在此过程中产生的电能进行充电。当蓄电池电量耗尽时会自动进行充电。以下因素影响油耗
和可达里程：

（1）高压能源管理（EMM）。

（2）预处理空调。

（3）驾驶模式。

（4）再生制动系统（RBS）。

（5）智能驱动管理。

（二）高压能源管理（EMM）

高压能源管理是指对高压蓄电池和相应高压部件（由操作策略进行调节）进行管理。下面列出
了一些重要任务：

（1）根据 HV 安全要求启用和停用高压部件。

（2）确定高压蓄电池的可用能量。

（3）基于可用能量的 HV 部件之间的能量分配。

（4）预测传动系统的当前可用电力输出。

（5）协调充电过程（高压蓄电池和充电部件之间的相互作用）。

（6）计算旅程计算机的电力范围和电力消耗。

（7）检查 HV 安全要求并根据需要调整至安全状态。

（三）预处理空调

预处理空调可在已计划的旅程开始前对车内的温度进行预处理。车辆关闭时，车内可以用空调调节。若车辆连接至电源设备，则高压蓄电池优先达到规定的最低充电电量。在以下情况下，可减少预进入智能气候控制系统的运行时间：

（1）车辆未连接至电源设备。

（2）高压蓄电池未充满电。

通过启用的预进入智能气候控制系统，即使插入充电电缆连接器，也可减少高压蓄电池的充电电量。冷却 / 加热期间，根据需要开启以下功能 / 部件：

空调。

鼓风机。

座椅通风。

方向盘加热器。

后视镜加热装置。

可加热后车窗。

（四）驾驶模式

装配前轮驱动的新款插电式混合动力车型具有多种驾驶模式。

这些驾驶模式包括：

（1）E（节能模式）表示根据交通状况调整车辆的滑行操作且所有智能混合动力功能完全启动。

（2）C（舒适模式）为默认设置，表示舒适驾驶且设置最佳油耗，同时混合动力系统根据驾驶条件和路线选择适合的驱动模式。

（3）I（个性化模式）用于单独设置多种参数。

（4）S（运动模式）表示将传动系统设置为适合运动驾驶且在车辆静止时发动机关闭。

（5）EL（电动模式）表示在纯电驱动下车速可达 140 km/h。除了通过可调节减速能量回收，还可通过加速踏板（强制降挡）的压力点启动发动机。

（6）BL（蓄电池电量模式）表示优先保持高压蓄电池的电量且混合动力系统根据驾驶条件和路线选择适合的驱动模式。

可通过触摸板 / 低位控制板（A105）上的动态操控选择开关选择驾驶模式。触摸板 / 低位控制板，如图 9-4 所示。

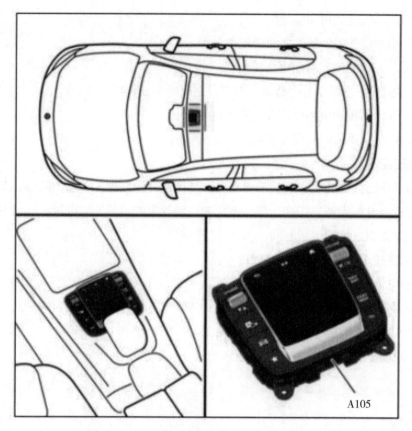

A105.触摸板/低位控制板

图 9-4

（五）再生制动系统（RBS）

允许在车辆减速期间进行能量回收，电机作为发电机工作并在车轮上产生制动扭矩，产生的电能流回到高压蓄电池中。能源管理系统控制能量的回流。可能的回收电量取决于高压蓄电池的电量。促动制动踏板时，再生制动系统优先选择电机，必要时还会选择行车制动器。完全自动调校。急剧减速时，行车制动器部分占主导。分配制动扭矩时，除了电量，还考虑与车辆动态相关的参数，如弯曲半径和道路平顺度，这同样适用于通过巡航控制功能或限距控制系统（SA）或限速器进行制动干预的情况。两个后部方向盘换挡按钮还提供另一种手动影响回收能量的可能。仅在电动模式下，通过操作方向盘按钮设置减速能量回收。在其他操作模式下，换挡拨片影响变速器的挡位范围，这可能导致在电驱动期间启动发动机。如果松开加速踏板，以下回收等级与减速度相关：

（1）D auto：带节能辅助的智能回收（默认设置）。

（2）D+：无能量回收，车辆自由滑行，加速。

（3）D挡：标准能量回收，大致相当于装配发动机的传统车辆在超速运转模式下减速。

（4）D-：中等能量回收。

（5）D--：较强的能量回收，超速运转模式下提升车辆减速度。

车辆启动后或重新接合变速器挡位D后，默认设置自动设置。在所有驾驶模式（EL除外）下，带方向盘换挡按钮的标准装备允许客户升挡或降挡，如同传统驱动一样。在驾驶模式EL下，可通过短按方向盘换挡按钮中的一个来手动调节回收量。右侧方向盘换挡按钮减少能量回收（如同传统驱动的升挡一样）。通过左侧方向盘换挡按钮，阻力能量回收增加（如同传统驱动的主动降挡一样）。若按住方向盘换挡按钮中的一个，则会返回默认设置 D auto。可用最大能量回收取决于车速以及高压蓄电池的当前充电水平和温度。方向盘降挡和升挡按钮（如图 9-5 所示）用于手动调节发动机阻力矩，这样可使驾驶员调节能量回收的强度。

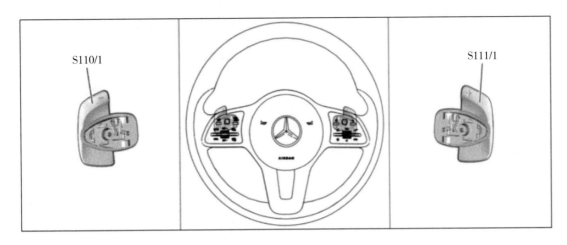

S110/1.方向盘降挡按钮　S111/1.方向盘升挡按钮

图 9-5

（六）智能驱动管理

智能驱动管理系统提前考虑道路路线和交通状况，以便在驾驶时以最佳能量效率消耗高压蓄电池的能量。为此，使用雷达传感器系统、多功能摄像头和导航系统的相关信息。智能驱动管理系统还减少车辆的消耗并增加电力范围。其在多种驾驶情况下提供支持并为驾驶员提供高水平的舒适性。智能驱动管理的功能如下：

（1）智能能量回收。

（2）ECO 辅助。

1. 智能能量回收。

根据驾驶状况，使用电机，将再生制动系统作为发电机进行能量回收。根据当前和未来交通状况，灵活调节能量回收。为此，除了来自雷达的数据外，车辆还评估来自交通标志辅助系统的信息，如地图和摄像头数据。根据状况的不同，再次获得的能量可有效存储为动能或电能，以此增加能量范围。该功能通过有效利用能量增加可达里程：

（1）在滑行操作可行的情况下存储为动能。

（2）在通过能量回收减速可行的情况下存储为电能。

可通过能量回收从自由加速到预定义减速对再生扭矩进行无级调节。

有关距离和速度差的信息通过雷达传感器系统提供。距离控制系统根据交通状况计算理想的加速度或减速度。此外，会评估通过多功能摄像头记录的限速并应用到能量回收。提前评估来自地图数据的限速并通过滑行模拟应用到能量回收。对于客户来说，能量回收的调校通过主机的能量流图并通过能量计中的当前再生能量进行可视化。通过具有识别装置的雷达传感器系统的能量回收的示意图（如图 9-6 所示）。

（1）雷达检测到前方行驶更慢的车辆并在悬挂 Flex Ray 上提供相关数据（距离、相关车速等）。

（2）自动启用能量回收的无级增加（如同传动驱动的降挡一样），以保持与前方车辆的相同距离。

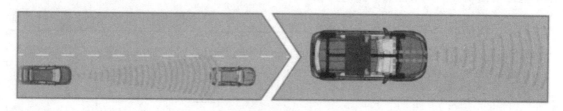

图 9-6

2.ECO 辅助。

通过节能辅助可节约能源。当启动时，驾驶员在适当时接收建议以释放当前驾驶情况的加速踏板。遵循节能辅助建议的奖励是降低能耗，从而获得更大的电力范围：

（1）由于支持高效的驾驶风格，因此更节能，可达里程更远。

（2）加强预防性驾驶。

（3）ECO 辅助系统在其效率策略中考虑了路线概况、限速和与前方车辆的距离。

（4）ECO 辅助系统在后台持续生成滑行模式：根据高压蓄电池的充电电量和交通状况，其计算车辆是否在尽可能小的行驶阻力下理想地自由加速（滑行）或为了有效对高压蓄电池进行充电是否应减速（能量回收）。

（5）在系统限制范围内，一旦驾驶员的脚离开加速踏板，ECO 辅助系统根据情况调节驾驶（能量回收）。

（6）通过松开加速踏板（脚部离开）标识，向驾驶员提供分离请求，以松开加速踏板。

（7）具有向驾驶员提供推荐理由的图形（如"前方交叉"或"前方倾斜"）。

ECO 辅助系统在回收等级 D auto 时启用。ECO 辅助系统评估关于车辆预期路线的数据。如果系统已识别即将发生的事件，其显示在多功能显示屏中。识别并显示以下事件：

（1）前方车辆。

（2）限速。

（3）下坡坡度。

（4）十字路口和环形交叉路口。

（5）拐弯处。

确认事件的图形文字符号，如图 9-7 所示。

ECO 辅助，如图 9-8 所示。

六、驱动机构

（一）混合动力部件概述（如图 9-9 所示）

为产生驱动扭矩，以下任一项适用：

（1）仅发动机（传统操作状态）。

图 9-7

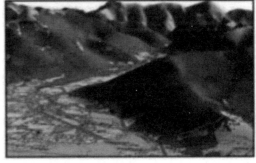

图 9-8

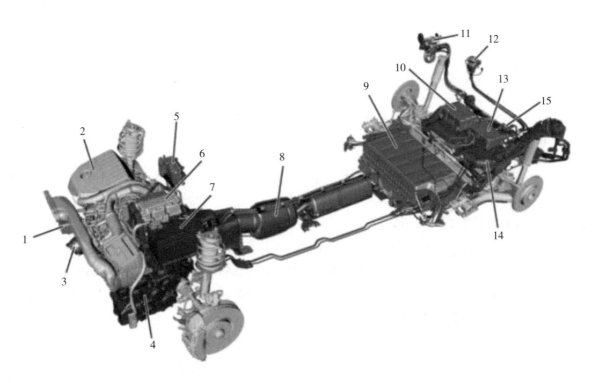

1.声音发生器（H4/16） 2.M282发动机 3.电动制冷剂压缩机（A9/5） 4.带连接单元的双离合器变速器（8F-DCT 400 H） 5.高压正温度系数（PTC）加热器（N33/5） 6.带集成式直流/直流转换器的功率电子装置控制单元（N129/1） 7.12 V车载电网蓄电池（G1） 8.排气系统 9.高压蓄电池模块（A100） 10.高压蓄电池交流充电器（N83/11） 11.直流充电/交流充电车辆插座（日本版除外）或直流充电车辆插座（日本版）。COMBO2 插座（日本版除外） 12.交流充电车辆插座（日本版） 13.直流充电连接单元（N116/5） 14.燃油箱（压力罐） 15.发声器2（H4/134）

图 9-9

（2）仅电机（电动模式）。

（3）电机与发动机配合使用（混合动力模式）。

在混合动力模式下，电机的扭矩与发动机的扭矩共同起作用，启动和加速期间（助力模式）产生扭矩支持。在电动模式下，车辆由电机单独供电。混合动力系统控制包括发动机控制和电驱动单元控制。此时主控制单元为传动系统控制单元（N127），控制混合动力系统中的所有扭矩以及油耗（尽可能降低）。还通过传动系统控制单元进行能源管理。M282 发动机的扭矩和功率曲线，如图 9-10 所示。

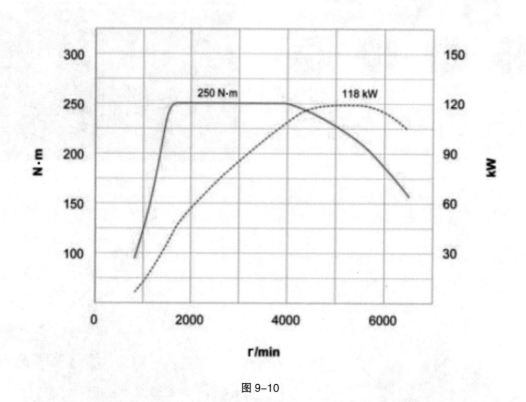

图 9-10

（二）双离合器变速器 724.120

前轮驱动的新款插电式混合动力车型（装配前部横向传动系统）配备了全新的大功率、高效且非常紧凑的 8F-DCT400H 双离合器变速器。通过整合电机对熟知的 8F-DCT400 变速器进行了加强，成为 8F-DCT400H 双离合器变速器。总体来说，比 8F-DCT400 变速器长 56 mm 且比其重 35.1 kg。8F-DCT400H 双离合器变速器的技术数据，如表 9-3 所示。

表 9-3

项目	数值		单位
最大输出扭矩（发动机和电机的总和）	1 挡：300		N·m
	2 挡：350		
	3—4 挡：400		
	5—8 挡：450		
最大输出功率	225		kW

项目	数值	单位
最高转速	6500+300	r/min
前进挡 / 倒挡数量	8/1	
轴距	188	mm
长度	418	mm
重量	118	kg
加注容积（自动变速器油）	—	L

带主变速器的驱动单元的分解图，如图 9-11 所示。

1.驱动单元的外壳　2.转子位置传感器　3.电机定子　4.离合器　5.电机转子　6.双离合器　7.主变速器　8.电液控制系统　9.油底壳

图 9-11

（三）电机

电机与发动机断开离合器和双离合器一起安装在驱动单元的外壳中。从技术角度来说，电机是采用内转子设计的永久激活同步电机，通过功率电子装置控制单元进行电气连接。转子位置传感器遥控记录角度位置和电机转子的转速。电机温度传感器监测电机定子绕组的温度。液压促动的发动机断开离合器通过负极连接将发动机与变速器相连。电机的主要任务包括：

（1）发动机退耦时的电动模式。

（2）再生制动。

（3）助力模式：通过较大的转速范围从发动机和电机集合扭矩，从而获得 450 N·m 的最大允许系统扭矩。

（4）发动机启动：发动机通过电机和发动机断开离合器启动。不再需要使用传统小齿轮启动机。

（四）功率电子装置控制单元

功率电子装置控制单元根据请求通过电控多端顺序燃料喷注/点火系统［ME-SFI（ME）］控制单元促动电机，其还监测电机的温度和位置。集成式交流/直流转换器将高压蓄电池的直流电转换为适用于电机的三相交流电。集成式直流/直流转换器可使高压车载电气系统和12V车载电气系统进行能量交换。向电机供电的三相连接安装在高压交流电源分配器上。电动制冷剂压缩机和高压正温度系数（PTC）加热器通过高压直流电源分配器供电，其由一个可替换的保险丝保护。功率电子装置控制单元位于发动机舱中，变速器壳体上方，如图9-12所示。

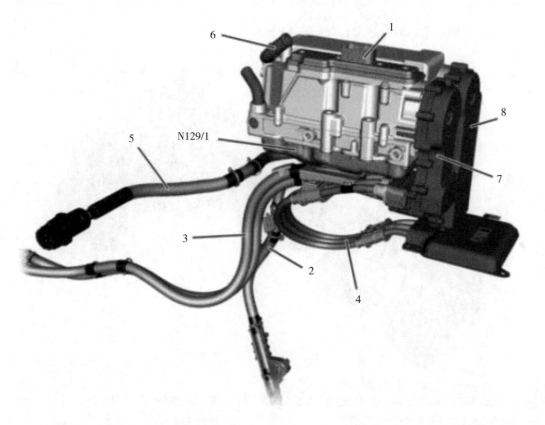

1.控制单元连接器　2.电动制冷剂压缩机的高压连接　3.高压蓄电池高压连接　4.电机的高压连接
5.正温度系数（PTC）加热器的高压连接　6.冷却液供给　7.高压交流电源分配器　8.已安装适用于
高压正温度系数（PTC）加热器和电动制冷剂压缩机的可替换高压保险丝的高压交流电源分配器
N129/1.功率电子装置控制单元

图 9-12

（五）高压蓄电池

高压蓄电池位于底板中，通过支承框架用螺栓固定到车身外壳。连接接头，如图9-13所示。

传动系统控制单元，如图9-14所示。传动系统控制单元固定在发动机舱隔板上。传动系统控制单元作为发动机控制单元、电控车辆稳定行驶系统控制单元和相连的总线系统之间的接口（网关）。传动系统控制单元主要控制发动机管理系统和热量管理功能。

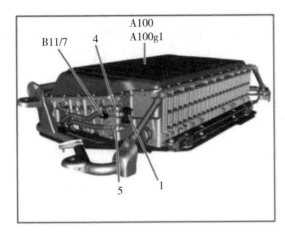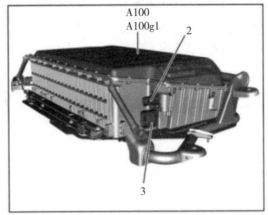

1.蓄电池管理系统控制单元连接　2.直流充电连接单元高压连接　3.功率电子装置控制单元高压连接　4.冷却液输入　5.冷却液输出　A100.高压蓄电池模块　A100g1.高压蓄电池　B11/7.低温回路2温度传感器

图 9-13

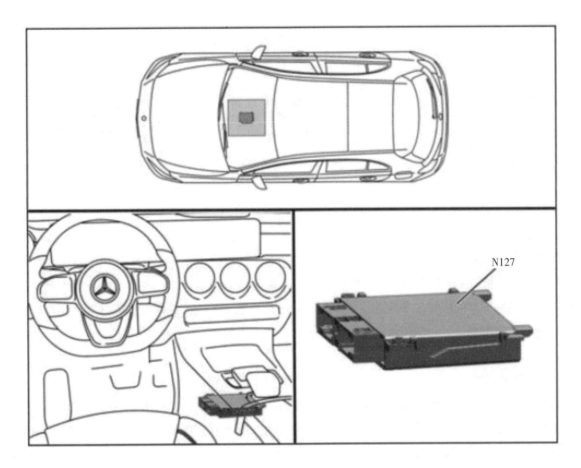

N127.传动系统控制单元

图 9-14

（六）高压蓄电池交流充电器

高压蓄电池交流充电器位于载物舱底板的右下方，如图 9-15 所示。其将外部电源（例如充电站）的交流电转换为直流电。

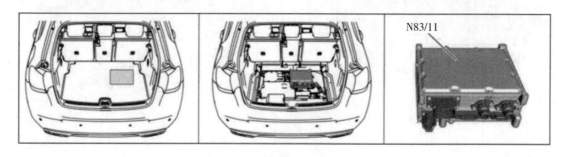

N83/11.高压蓄电池交流充电器

图 9-15

直流充电连接单元：除了通过交流电进行充电，装配前轮驱动的新款插电式混合动力车型还可通过快速充电站进行直流充电。直流充电连接单元位于载物舱底板的左下方，如图 9-16 所示。

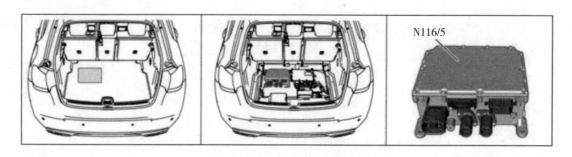

N116/5.直流充电连接单元

图 9-16

（七）专用混合动力冷却系统

除了 M282 发动机的高温回路，装配前轮驱动的新款插电式混合动力车型的热量管理还包括高压车载电气系统部件的冷却和车内的空调控制。高压车载电气系统部件的冷却通过两个相互未连接的封闭冷却回路实现：

（1）低温回路 1。

（2）低温回路 2。

低温回路 1 冷却功率电子装置控制单元和变速器油热交换器。低温回路 2 冷却高压蓄电池和高压蓄电池交流充电器。每个低温回路都有一个转速可调的冷却液循环泵和多个调节阀。为了降低高速时的能量消耗并减少发动机舱的冷却，冷却器前部的顶部和底部安装了带可旋转水平板条的车架。在特定情况下两个促动电机会打开和关闭空调系统的板条。

低温回路的两个冷却器集成在一个部件中，空调系统位于其上方，前部挠性横梁的下方。后部中央位置有一个风扇电机（M4/7）用于为冷却模块通风。传动系统控制单元（N127）通过局域互联网（LIN）促动风扇电机、空调系统和所有冷却液泵。

1. 低温回路1。

低温回路1冷却功率电子装置控制单元和变速器油热交换器。传动系统控制单元调节低温回路1，其对低温回路1温度传感器的数据进行评估并在必要时促动低温回路1冷却液循环泵。电驱动低温回路（低温回路1）的功能原理图，如图9-17所示。

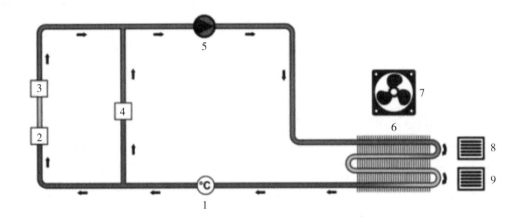

1.低温回路1温度传感器　2.功率电子装置控制单元　3.变速器油热交换器　4.膨胀容器　5.低温回路1冷却液循环泵　6.低温回路1冷却器　7.风扇电机　8.上部空调系统　9.下部空调系统

图9-17

2. 低温回路2。

低温回路2冷却高压蓄电池和高压蓄电池交流充电器。传动系统控制单元调节低温回路2，其对低温回路2温度传感器的数据进行评估并在必要时促动低温回路2冷却液循环泵。根据车外温度，高压蓄电池的废热通过连接至制冷剂回路的低温回路2冷却器或通过热交换器散发。通过促动高压蓄电池冷却转换阀调节低温回路2。高压蓄电池低温回路（低温回路2）的功能原理图，如图9-18所示。

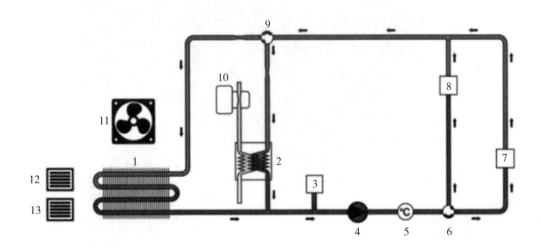

1.低温回路2冷却器　2.热交换器　3.低温回路2膨胀容器　4.低温回路2冷却液循环泵　5.低温回路2温度传感器　6.低温回路2调节阀　7.高压蓄电池交流充电器　8.高压蓄电池　9.高压蓄电池冷却转换阀　10.高压蓄电池冷却膨胀阀　11.风扇电机　12.上部空调系统　13.下部空调系统

图9-18

七、充电

（一）电源设备

充电过程中的所有相关部件（高压蓄电池交流充电器、直流充电连接单元、车辆插座、充电电缆）均按照国际标准（如 IEC62196-2）进行标准化，这有助于通过差别较大的电网和电源设备轻松充电。除了通过交流电进行充电，装配前轮驱动的新款插电式混合动力车型还可通过直流电进行充电。可通过供电插座和公共充电站或壁挂式充电盒进行充电。通过供电插座充电时，若有必要，则应限制充电电流，以确保区域电网不过载。一旦连接了充电电缆，车辆自身的高压蓄电池交流充电器或直流充电连接单元通过离散控制线路（先导控制装置）与充电电缆或充电站中的控制箱进行通信，同时传送有关电源设备的性能数据并相应地调节高压蓄电池交流充电器或直流充电连接单元的耗电量。只有这样，高压蓄电池交流充电器或直流充电连接单元才可启动充电过程。同时，其监测电压、充电量和充电时间，以保护高压蓄电池。安装在装配前轮驱动的插电式混合动力车型中的高压蓄电池交流充电器有两种类型。充电容量为 3.7 kW、代码为 80B 的交流充电器作为标准装备安装。充电容量为 7.4 kW、代码为 76B 的交流充电器作为特殊装备安装。安装高压蓄电池直流充电连接单元（代码为 83B）后，最大充电容量可达 24 kW（ECE）。经过一个充电行程，约 25 min 的充电时间即可达到 10 % ~ 80 % 的充电量。

（二）直流充电/交流充电车辆插座（日本版除外）

COMBO 充电插座，如图 9-19 所示。

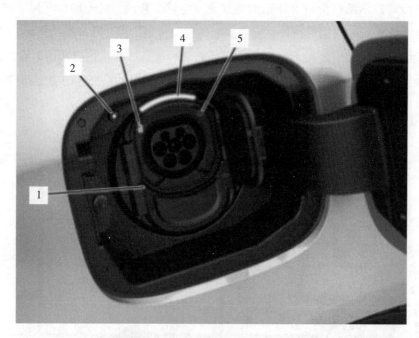

1.直流充电/交流充电车辆插座　2.中止充电按钮　3.锁止状态指示灯　4.状态指示
5.充电过程指示灯

图 9-19

（三）Mercedes me 充电

通过 Mercedes me App 和主机（A26/17），利用远程访问可以轻松对充电站进行访问。可通过

Mercedes me 充电 RFID 卡认证。

（四）充电器馈入插座

充电器馈入插座确保与充电电缆的电气接触。对于装配交流插座（日本版）或 COMBO 插座（日本版除外）的车辆，在充电过程中通过促动电机锁止充电电缆连接器。

（五）通过供电插座进行充电的充电电缆（模式 2）（如图 9-20 所示）

具有两种长度型号的一相充电电缆已进行改装，以使其符合特定国家标准，其通过载物舱中的插座供电。充电电缆包含电缆内部控制和保护装置（IC-CPD）。为满足 IEC61851 的安全规定，集成了 1 个接地故障断路器和 1 个通信装置（脉冲宽度调制模块）来设定电源。为保护用户和电动车辆，IC-CPD 固定在充电电缆中，开闭车辆插入式连接和设施之间的电源触点，并将充电电流上限传送至车辆。若出现故障或存在电压下降，则立即中断充电过程。充电电缆仅在车辆请求电压后才开闭车辆插入式连接和防触电插头之间的电源触点，未插入的连接器则会断电。

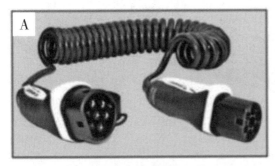
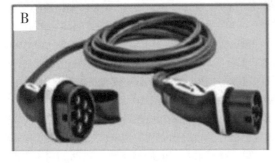
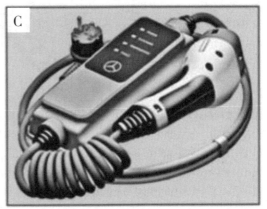

A.充电电缆［壁挂式充电盒/充电站充电电缆型号2（模式3），4 m，代码 为E4L］　B.充电电缆［壁挂式充电盒/充电站充电电缆型号 2（模式3），8 m，代码为E8L］　C.带电缆检查盒的充电电缆（模式2）

图 9-20

（六）公共充电站的充电电缆（模式 3）

一相充电电缆已进行改装，以使其满足特定国家标准，可作为特殊装备获得，共有两种长度型号。模式 3 充电电缆根据 IEC61851 在车辆和标准电源之间建立连接，即所谓的电动车辆供电设备（EVSE）。故障和过载保护、切断装置和规定的车辆插座集成在 EVSE 中。充电电缆带有电缆最大电流负载能力的电阻编码和连接至车辆与设施的标准插入式触点。充电站仅在车辆请求电压后才开闭电源触点。因此，未插入的车辆会断电。

八、车载电气系统

（一）W177（带发动机282，代码为ME08，75 ~ 84 kW）混合动力系统总体网络（如图9-21所示）

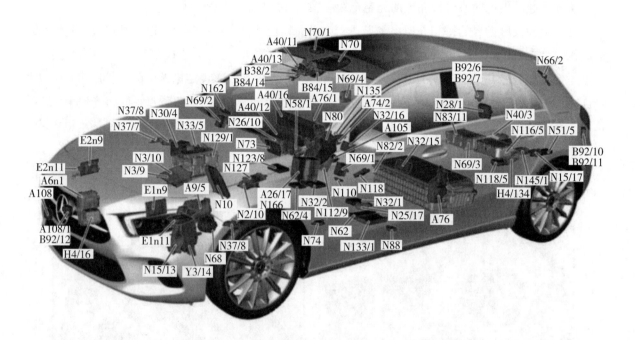

A6n1.驻车加热器控制单元　N32/15.驾驶员多仿形座椅控制单元　A9/5.电动制冷剂压缩机　N32/16.前排乘客多仿形座椅控制单元　A26/17.主机　A40/11.平面探测多功能摄像头　N40/3.音响系统放大器控制单元　A40/12.平视显示屏　N51/5.自适应减震系统（ADS）控制单元　A40/13.立体探测多功能摄像头　N58/1.智能气候操控单元　A40/16.主机/仪表显示屏组　N62.驻车系统控制单元　A76.左前可逆式安全带紧急拉紧器　N62/4.梅赛德斯-奔驰智能行驶控制单元　A76/1.右前可逆式安全带紧急拉紧器　N66/2.后视摄像头控制单元　A105.触摸板/低位控制板　N68.电液动力转向机构控制单元　A108.主动式制动辅助系统控制单元　N69/1.驾驶员车门控制单元　A108/1.DISTRONIC 主动式车距辅助系统电动控制单元　N69/2.前排乘客车门控制单元　B38/2.带附加功能的雨量/光线传感器　N69/3.左后车门控制单元　B84/14.增强现实摄像头　N69/4.右后车门控制单元　B92/6.外部右后集成式雷达传感器　N70.车顶控制面板控制单元　B92/7.外部右后雷达传感器　N70/1.全景式滑动天窗控制单元　B92/10.外部左后雷达传感器　N73.电子点火开关控制单元　B92/11.外部左后集成式雷达传感器　N80.转向柱模块控制单元　B92/12.近距离和远距离雷达传感器　N82/2.蓄电池管理系统控制单元　E1n9.左侧大灯控制单元　N83/11.高压蓄电池交流充电器　E1n11.左前 LED 矩阵灯组控制单元　N88.轮胎压力监测器控制单元　E2n9.右侧大灯控制单元　N110.重量传感系统（WSS）控制单元　E2n11.右前 LED 矩阵灯组控制单元　N112/9. HERMES 控制单元　H4/16.声音发生器　N116/5.直流充电连接单元　H4/134.发声器 2　N118.燃油泵控制单元　N2/10. 辅助防护系统控制单元　N118/5.AdBlue® 控制单元　N3/10.电控多端顺序燃料喷注/点火系统［ME-SFI（ME）］控制单元　N123/8.移动电话托座控制单元　N10.信号采集及促动控制模组控制单元　N127.传动系统控制单元　N15/13.双离合器变速器控制单元　N129/1.功率电子装置控制单元　N15/17.全轮驱动控制单元　N133/1.仪表控制单元　N25/17.前排座椅加热器/座椅通风控制单元　N135.方向盘电子设备　N28/1.挂车识别控制单元　N145/1.驱动单元控制单元　N162.环境照明灯控制单元　N30/4.电控车辆稳定行驶系统（ESP）控制单元　N166.主机/仪表控制单元　N32/1.驾驶员座椅控制单元　Y3/14.双离合器变速器完全集成式变速器控制系统电动液压控制单元　N32/2.前排乘客座椅控制单元

图9-21（部分图注省略）

（二）H247（带发动机282，代码为ME08，75～84kW）混合动力系统总体网络（如图9-22所示）

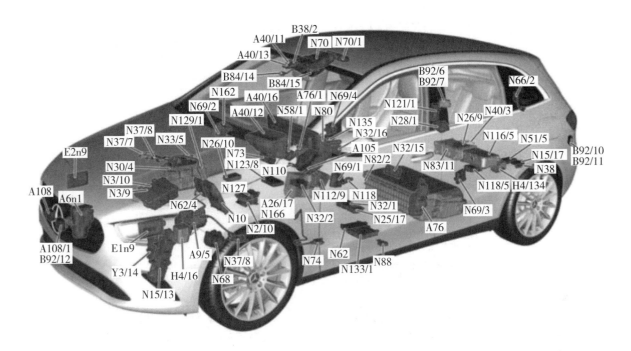

A6n1.驻车加热器控制单元　N32/15.驾驶员多仿形座椅控制单元　A9/5.电动制冷剂压缩机　N32/16.前排乘客多仿形座椅控制单元　A26/17.主机　N38.后部换挡模块　A40/11.平面探测多功能摄像头　N40/3.音响系统放大器控制单元　A40/12.平视显示屏　N51/5.自适应减震系统（ADS）控制单元　A40/13.立体探测多功能摄像头　N58/1.智能气候操控单元　A40/16.主机/仪表显示屏组　N62.驻车系统控制单元　A76.左前可逆式安全带紧急拉紧器　N62/4.梅赛德斯–奔驰智能行驶控制单元　A76/1.右前可逆式安全带紧急拉紧器　N66/2.后视摄像头控制单元　A105.触摸板/低位控制板　N68.电液动力转向机构控制单元　A108.主动式制动辅助系统控制单元　N69/1.驾驶员车门控制单元　A108/1.DISTRONIC主动式车距辅助系统电动控制单元　N69/2.前排乘客车门控制单元　B38/2.带附加功能的雨量/光线传感器　N69/3.左后车门控制单元　B84/14.增强现实摄像头　N69/4.右后车门控制单元　B92/6.外部右后集成式雷达传感器　N70.车顶控制面板控制单元　B92/7.外部右后雷达传感器　N70/1.全景式滑动天窗控制单元　B92/10.外部左后雷达传感器　N73.电子点火开关控制单元　B92/11.外部左后集成式雷达传感器　N80.转向柱模块控制单元　B92/12.近距离和远距离雷达传感器　N82/2.蓄电池管理系统控制单元　E1n9.左侧大灯控制单元　N83/11.高压蓄电池交流充电器　N88.轮胎压力监测器控制单元　E2n9.右侧大灯控制单元　N110.重量传感系统（WSS）控制单元　N112/9.HERMES控制单元　H4/16.声音发生器　N116/5.直流充电连接单元　H4/134.发声器2　N118.燃油泵控制单元　N2/10.辅助防护系统控制单元　N118/5.AdBlue®控制单元　N3/10.电控多端顺序燃料喷注/点火系统〔ME-SFI（ME）〕控制单元　N123/8.移动电话托座控制单元　N10.信号采集及促动控制模组控制单元　N127.传动系统控制单元　N15/13.双离合器变速器控制单元　N129/1.功率电子装置控制单元　N15/17.全轮驱动控制单元　N133/1.仪表控制单元　N25/17.前排座椅加热器/座椅通风控制单元　N135.方向盘电子设备　N28/1.挂车识别控制单元　N162.环境照明灯控制单元　N30/4.电控车辆稳定行驶系统（ESP）控制单元　N166.主机/仪表控制单元　N32/1.驾驶员座椅控制单元　Y3/14.双离合器变速器完全集成式变速器控制系统电动液压控制单元　N32/2.前排乘客座椅控制单元

图9-22（部分图注省略）

（三）高压部件和互锁电路（如图9-23所示）

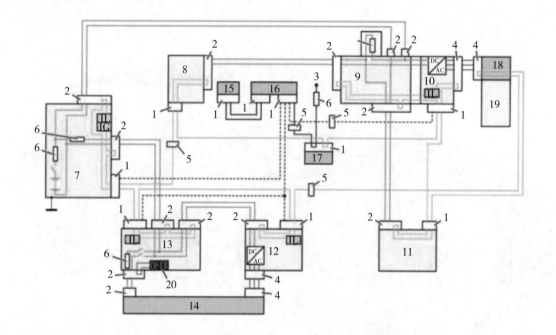

1.12 V连接器　2.高压直流电源分配器的高压连接　3.底盘30　4.高压交流电源分配器的高压连接　5.电气连接器　6.保险丝　7.带蓄电池管理系统控制单元的高压蓄电池模块　8.高压正温度系数（PTC）加热器　9.高压直流电源分配器　10.功率电子装置控制单元　11.电动制冷剂压缩机　12.高压蓄电池交流充电器　13.直流充电连接单元　14.充电器馈入插座　15.辅助防护系统控制单元　16.热敏保险丝　17.高压断开装置　18.电机的高压连接　19.电机　20.检测已插入的连接器，G（发电机），L（评估逻辑）　IG.互锁发电机　IL.互锁评估逻辑

图9-23

（四）高压安全性

互锁电路用于识别完全连接的高压车载电气系统并用作安全措施，以防接触启用部件。来自互锁电路的（+/−）20 mA/88 Hz 的信号会在要断开的所有高压车载电气系统部件间回环。在每个可移动但不可松开的高压连接中都有一个跨接线，将高压触点隐藏起来。断开或松开高压连接时，跨接线会中断互锁电路。互锁电路还可以通过高压部件的 12 V 控制单元连接器在串联电路中进行开关。当分开控制单元连接器时，互锁电路通过互锁输入单元和输出单元的触点断开。驾驶时断开互锁电路不会导致高压车载电气系统断开。仅在换挡杆位于 N 或 P 接合时间超过 3 s 且车速低于 5 km/h 才会断开高压车载电气系统。此外，换挡杆位于 D 时打开发动机罩也会断开高压车载电气系统。关闭点火开关后，若互锁电路中出现故障，则车辆不能再次启动。若互锁电路中存在故障，则车辆静止功能（点火开关关闭）中断且高压车载电气系统停用。每次使用高压车载电气系统都会导致互锁电路中断，从而导致高压车载电气系统在上述情况下停用。注意：互锁发电机位于蓄电池管理系统控制单元中。互锁发电机具有互锁评估逻辑，会在以下启用的高压部件中进行自身评估：

（1）功率电子装置控制单元。

（2）蓄电池管理系统控制单元。

（3）直流充电连接单元。

（4）高压蓄电池交流充电器。

故障状态还可以通过评估来自启用的高压部件的互锁电路的信号（如断路、短路）确定。对于其他部件［电动制冷剂压缩机、高压正温度系数（PTC）加热器］，会在互锁电路中回环。

注意：若发生碰撞时辅助防护系统（SRS）控制单元触发燃爆保险丝（F63）或高压断开装置断开，则电路30C信号线路会中断且以下系统关闭：

（1）高压车载电气系统。

（2）充电系统。

（3）电传动系统。

九、保养信息

（一）对车辆进行作业

仅经过培训的授权服务中心人员（操作高压安全量产车型，装配前轮驱动的插电式混合动力车型的专家）才允许执行手动电源断开操作和操作高压车载电气系统。进行手动启用时，还需要其他培训。

1. 发生事故和出现短路时停用高压车载电气系统。

发生事故时停用高压车载电气系统通过触发燃爆保险丝进行。检测到发生碰撞时，分离器元件由辅助防护系统（SRS）控制单元促动，这可以使所有电极从电源上分开，以停用电机发电机模式，并将电容器的电量放出至危险范围以下。若出现短路，则通过软件和保险丝逐渐停用高压车载电气系统。

2. 安全注意事项。

为防止因接触高压车载电气系统而触电，采取了多种安全措施。整个系统的外壳、隔热层和护盖都带有防意外接触保护装置。高压车载电气系统的部件通过带高压电的电线连接。高压车载电气系统的正极或负极都不能连接至车辆上。

防意外接触保护安全措施的结构：

（1）外壳。

（2）护盖。

（3）隔热层。

（4）电气连接器。

电位均衡使高压部件的各导电外壳与底盘相连（车辆接地）。需要保护车辆免于故障，包括在发生双重绝缘故障时截住经过高级保险丝的短路电流。对于绝缘监测器，电位均衡还作为车辆接地的导电连接，以确定高压车载电气系统的绝缘电阻。

特定部件请求：

（1）电位分离。

（2）绝缘电阻。

（3）电压支撑能力。

具体系统要求：

（1）总电阻。

（2）绝缘电阻。

（3）包装要求。

3. 警告标签（如图 9-24 所示）。

图 9-24

（二）断开电源

为确保在修理和保养操作过程中不会受到电击，必须将电源从高压车载电气系统上断开且必须将其固定，防止再次开启。将禁用和重新启动程序记录在车辆电源禁用事件日志或车辆重新启动程序日志中。将事件日志与车辆温度文档存放在一起。高压车载电气系统的基于诊断的电源通过车辆诊断系统断开。对于装配前轮驱动的插电式混合动力车型，手动高压断开装置直接安装在发动机罩下方的发动机盖后方，可防止篡改，如图 9-25 所示。用挂锁锁上高压断开装置，以防非授权的高压车载电气系统促动。

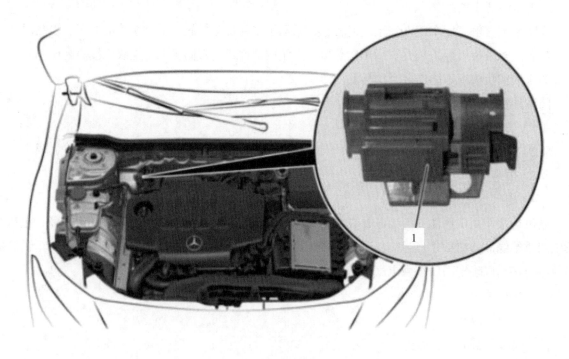

1.高压断开装置

图 9-25

（三）诊断

装配前轮驱动的插电式混合动力车型的诊断通过 Xentry Diagnostics 常规进行，这可以体现车辆的所有装备特点并进行准确的故障评估、故障校正及车辆特定数值和参数的评估。对高压车辆及其高压部件进行诊断时，要采取专门的资格认证措施。无资质的人员不得进行任何诊断操作。仅经过培训的授权服务中心人员（操作高压安全量产车型，装配前轮驱动的插电式混合动力车型的专家）才允许执行基于诊断的电源断开操作和操作高压车载电气系统。

在授权服务中心期间的直流充电功能检测（高压蓄电池）：

更换某些充电部件（充电插座、高压线束、保护盒）和客户投诉有关直流充电的问题时，可能需要暂时将车辆与直流充电器连接，以进行功能检测。

若内部已有直流充电设备，如适用于客户车辆的设备，则可用于所需的功能检测。否则，市场运作中心（MPC）/ 总经销商必须以贷款的方式安排提供移动式直流充电器，也可使用满足以下基本要求的市售充电器：

电压范围（直流输出）：200 ~ 500 V。

电流范围（电流输出）：1 ~ 200 A，符合 DIN70121、ISO15118、CHAdeMO 版本 1.1、GB/T27930—2015 标准（根据不同国家类型和车辆充电插头类型）。

注意具体国家的充电电缆连接器［CCS1、CCS2、CHAdeMO、GB/T（DC）］。

（四）双离合器变速器 724.120

8F-DCT 混合动力主变速器的外形和尺寸与传统 8F-DCT 一样。混合动力牵引头与发动机断开离合器和电机一起用凸缘安装在主变速器上。为了对主变速器进行修理，可在凸缘处将牵引头从主变速器上断开，以进行修理作业。若出现投诉，则不可单独更换牵引头。因此，如果牵引头有故障，必须更换整个变速器。

（五）救援服务 QR 代码

通过救援服务的二维码标签，可以快速直接地查看车辆的救援卡。二维码可通过联网的移动终端和免费应用程序进行扫描。救援卡将以终端中设定的语言进行显示。车辆上贴有两个二维码标签。一个标签粘贴在加油口盖板内侧，另一个粘贴在对面的 B 柱上。

十、专用工具

（一）固定锁，MB 编号：282589014000（如图 9-26 所示）

主要作用为拆卸 / 安装扭转减震器期间用于反向固定。

类别：梅赛德斯 - 奔驰乘用车基本操作责任 / 无例外。

（二）检测适配器，MB 编号：00058994 6300（如图 9-27 所示）

主要作用为手动断电和检查绝缘电阻期间，用于在电加热器（HV-PTC1 和 HV-PTC1）适配

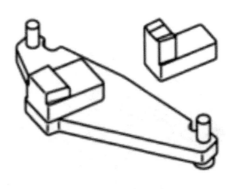

图 9-26

高压触点的检测适配器（高压蓄电池）。

类别：梅赛德斯－奔驰车辆/轻型商用车专用操作。

（三）适配器，MB 编号：177589036200（如图 9-28 所示）

用于举升拆下的单独高压蓄电池。

类别：梅赛德斯－奔驰车辆基本操作责任/允许配合使用和梅赛德斯－奔驰轻型商用车基本操作责任/无例外。

注意事项：与举升装置 W222589006200 配合使用（梅赛德斯－奔驰车辆基本操作责任/允许配合使用和梅赛德斯－奔驰轻型商用车基本操作责任/无例外）。供货范围包括两个盖螺栓（M10×25），用于更换组件目录中 W222589006200 应用的螺栓（M10×30）。

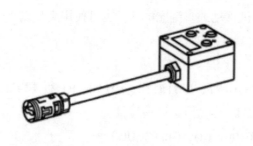

图 9-27

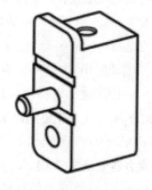

图 9-28

（四）检测适配器，MB 编号：222589026300（如图 9-29 所示）

用于在手动电源停用过程中检查是否存在电压。

类别：梅赛德斯－奔驰乘用车特殊操作。

（五）举升装置，MB 编号：222589006200（如图 9-30 所示）

用于拆卸各种车型的高压蓄电池。

类别：梅赛德斯－奔驰车辆基本操作责任/允许配合使用和梅赛德斯－奔驰轻型商用车基本操作责任/无例外。

注意事项：与适配器 W177589036200 配合使用（梅赛德斯－奔驰轻型商用车基本操作责任/无例外）。

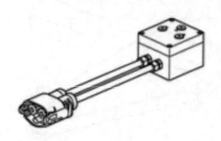

图 9-29

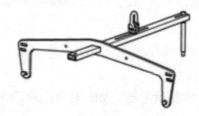

图 9-30

第十章　奔驰 AMG GT63 SE 高性能混合动力车型

一、导言

新款奔驰 AMG 高性能 P3 混合动力汽车于 2022 年春季上市，最开始为奔驰 AMG GT63 SE 高性能 4 门轿跑车车型 290，搭载 M177 发动机。新的模块化高性能插电式 P3 混合动力系统用于带代码 ME10 的高性能混合动力车型。车型 290 将顶级 AMG 8 缸发动机与永磁励磁三相同步电机、高压蓄电池以及全可变 AMG 高性能 4MATIC+ 全轮驱动结合在一起。

在奔驰 AMG 高性能 P3 混合动力汽车中，电机安装在后轴变速器后面的紧凑型电动驱动装置中。它还包含一个电动切换 2 速变速器以及一个电控锁止式差速器。电机将其扭矩直接传输到后轴，并在起步、加速或超车时提供额外的助力，在某些驾驶情况下，全轮驱动时将扭矩传输至前轴驱动轴。通过电机启用以下功能：能量回收和纯电动模式。其最大输出功率为 150 kW，纯电动模式下最大扭矩为 320 N·m。

电机的电能由外部充电式 400 V 高压蓄电池提供，其安装在电驱动装置正上方的后轴上。高压蓄电池的装机电能为 6.1 kWh，在纯蓄电池供电的情况下可行驶约 12km（WLTP）。所有蓄电池都单独冷却，这可确保蓄电池中的热量始终均匀分布。奔驰 AMG GT63 SE 高性能 4 门轿跑车车型 290 的 M177 发动机的最大输出功率为 470 kW，峰值扭矩为 900 N·m。与电驱动装置相结合，系统输出功率为 620 kW，最大系统扭矩为 1400 N·m。集成在 400 V 车载电气系统中的皮带驱动式启动发电机是全新型号。除启动发动机外，还可为车载电气系统和辅助设备供电。安装了湿式离合器的 AMG SPEEDSHIFT MCT（多离合器技术）9G 自动变速器为标配。高压蓄电池可通过家用插座、正确安装的壁挂式充电盒或公共充电站进行充电。通过标准安装的交流充电器进行充电，可对高压蓄电池进行单相充电，充电功率为 3.7 kW。

二、概述

车型一览如表 10-1 所示。

表 10-1

车型	车辆	投放市场	发动机	输出功率（kW）	扭矩（N·m）	变速器
奔驰 AMG GT63 SE 高性能 4 门轿跑车	290.679	2022 年 4 月 ECE 版	177.980	470+150（电动）	900+320（电动）	725.099
		2022 年 6 月 中国版 / 日本版				

三、整车

（一）设计

1.外饰。

新款奔驰 AMG GT63 SE 高性能 4 门轿跑车车型 290 最大程度地延续了 AMG GT 家族的设计风格，外部长度和宽度无区别。奔驰 AMG GT63 SE 高性能 4 门轿跑车车型 290 装备齐全，装配了 AMG 行驶控制和带新减震系统的悬挂。改装后的 AMG 陶瓷高性能制动系统和标准宽屏幕驾驶室也成为标准配置。其装配了带 AMG 混合动力专用显示和功能的 MBUX 多媒体系统。奔驰 AMG GT63 SE 高性能 4 门轿跑车车型 290 的独特外部特征如下：

（1）翼子板上装配"EPERFORMANCE"徽标。

（2）带集成式车辆插座和红色型号名称的后裙板。

（3）带方格梯形排气尾管饰件的双管路排气系统（V8 风格）。

奔驰 AMG GT63 SE 高性能 4 门轿跑车车型 290 左前侧视图，如图 10-1 所示。

图 10-1

梅赛德斯 AMG GT63 SE 高性能 4 门轿跑车车型 290 右后侧视图，如图 10-2 所示。

梅赛德斯 AMG GT63 SE 高性能 4 门轿跑车车型 290 后视图，如图 10-3 所示。

梅赛德斯 AMG GT63 SE 高性能 4 门轿跑车车型 290，翼子板上的"EPERFORMANCE"徽标，如图 10-4 所示。

2.内饰。

除行李箱外，新款奔驰 AMG GT63 SE 高性能 4 门轿跑车车型 290 的内部尺寸与非混合动力车辆的内部尺寸并无差异。由于载物舱底板装有台阶，载物舱容量（126 L）相对较小。后排座椅下方特殊构造的平坦燃油箱可确保可调节后排座椅的舒适性。新款奔驰 AMG GT63 SE 高性能 4 门轿跑车车型 290 没有可完全折叠的后排座椅。奔驰 AMG GT63 SE 高性能 4 门轿跑车车型 290 带前

图 10-2

图 10-3

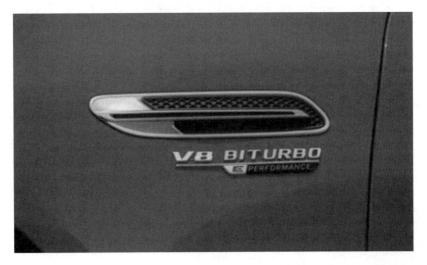

图 10-4

部中央控制台的仪表，如图 10-5 所示。

图 10-5

（二）技术数据（如表 10-2 所示）

表 10-2

项目	规格	单位
车辆（初步）		
电力范围（WLTP）	12	km
发动机的最大输出功率	470	kW
电机的最大输出功率	150	kW
发动机的最大扭矩	900	N·m
电机的最大扭矩	320	N·m
系统输出功率（发动机和电机）	620	kW
系统扭矩（发动机和电机）	1400	N·m
电机		
结构	内部转子	
最大输出功率时的转速	2500	r/min
高压蓄电池 HPB80		
类型	锂离子	
净重	约 89	kg
模块数量	14	
电池单元格数量	560（14×40）	
电池单元格类型	硬壳	

项目	规格	单位
容量	15	Ah
电能（装机）	6.1	kWh
最大输出功率	170	kW
标称电压	407	V
交流充电的充电时间（净充电量 10 % ~ 100 %）		
供电插座 1.8 kW	3.5	h
壁挂式充电盒 / 公共充电站 3.7 kW	1.75	h

四、保养

（一）技术革新

梅赛德斯 – 奔驰的保养策略适用于新款奔驰 AMG GT63 SE 高性能 4 门轿跑车车型 290（可能存在特定国家 / 地区的差异）：

（1）ECE 版：固定保养间隔为"每 20000 km/12 个月"。

（2）中国版：固定保养间隔为"每 10000 km/12 个月"。

（3）美国版：固定保养间隔为"每 16093.4 km/12 个月"。

（4）可始终选择 A 类保养或 B 类保养。

（5）客户可自由选择"附加保养服务"。

在相应市场，若车载智能信息服务作为 Mercedes me 的一部分提供，则可免费预订"保养管理"服务。通过此项服务，客户可对之后保养到期日的大概情况有所了解，经销商也会收到关于客户保养到期日的通知并联系客户提供相应服务。

（二）发动机

新款奔驰 AMG GT63 SE 高性能 4 门轿跑车车型 290 上市时首次采用 AMG 8 缸火花点火式 M177 发动机，排量为 3982 cm³，输出功率为 470 kW。通过油底壳中的放油螺塞排放发动机油。通过操作多功能方向盘上的按钮组 2 和组合仪表中的后续显示来检查发动机油位。以后所有发动机将装配汽油微粒滤清器（GPF）。进行该服务时允许使用符合 MB BeVo 的发动机油。

（三）附加保养作业

车辆规定的附加保养作业的间隔如下：

（1）更换制动液：每 2 年。

（2）更换空气滤清器滤芯：每 6000 km/3 年。

（3）更换火花塞：每 8000 km /3 年。

（4）更换火花点火式燃油滤清器和冷却液：每 200000 km /10 年。

（5）更换变速器油和机油滤清器（725.099/103/164）：每 60000 km。

（6）更换分动箱油：每 80000 km /3 年。

（7）更换后轴驱动装置油：每60000 km/3年。

（8）检查充电电缆和车辆插座是否存在机械损坏（每次保养时）。

（9）保持附加保养间隔。

（四）断开电源

为了在进行维修和保养操作时不存在任何风险，必须将高压车载电气系统断电并进行保护，以防止重新启用。将电源禁用以及重启程序记录在车辆电源禁用事件日志和/或车辆试运行日志中。日志要与车辆修理文件放在一起。高压车载电气系统的基于诊断的电源断开操作通过Xentry Diagnosis中的菜单引导进行。在装配M177发动机的新款奔驰AMG GT63 SE高性能4门轿跑车车型290中，手动高压断开装置安装在发动机罩下方，右侧发动机舱中，防止意外操作，如图10-6所示。用挂锁锁上高压断开装置，以防非授权的高压车载电气系统促动。

S7.高压断开装置

图10-6

（五）诊断

装配M177发动机的新款奔驰AMG GT63 SE高性能4门轿跑车车型290的诊断是通过Xentry Diagnosis进行的，这可以体现车辆的所有装备特点并进行准确的故障评估、故障校正及车辆特定数值和参数的评估。对高压车辆及其高压部件进行诊断时，要采取专门的资格认证措施。无资质的人员不得进行任何诊断操作。只有经过培训的授权服务中心人员（安全操作高压量产车型，奔驰AMG GT63 SE高性能4门轿跑车车型290的专家）才能进行基于诊断的电源断开工作和操作高压车载电气系统。

（六）对车辆进行作业

仅经过培训的授权服务中心人员（安全操作高压量产车型，插电式混合动力车型的专家）才允许进行电源断开操作和操作高压车载电气系统。

进行手动启用时，还需要其他培训。

1.发生事故、起火或故障后关闭高压车载电气系统。

发生事故、起火或出现投诉后，在对装配高压车载电气系统和 / 或锂电池和 / 或燃气驱动系统的车辆进行作业前，应遵照以下文档：

SI00.00–Z–0151A "发生事故、起火或故障后评估高压车载电气系统"。

SI00.00–Z–0152A "发生事故、起火或出现投诉后评估锂电池"。

AR47.70–P–0017FRH "检查锂电池"。

2.安全注意事项。

装配高压车载电气系统的电动车辆具有本质安全性。本质安全表示通过对高压车载电气系统采取适当的技术措施创建一套完整的接触和电弧保护系统，以确保用户的安全。发生故障时，除断开高压蓄电池外，主动放电也是很重要的一方面。储压器（如电容器）和所有高压部件（高压蓄电池除外）放电，这样高压车载电气系统就不存在危险电压。除技术措施外，还有高压识别保护措施：

（1）所有高压部件上的警告标签，如图 10–7 所示。

（2）高压部件外的高压线路以橙色区分。

图 10–7

（七）救援服务二维码

通过救援服务二维码标签，可以快速直接地查看车辆的救援卡。二维码可通过联网的移动终端和免费应用程序进行扫描。救援卡将以终端中设定的语言进行显示。车辆上贴有两个二维码标签，一个标签粘贴在加油口盖板内侧，另一个粘贴在对面的 B 柱上。

五、驱动系统

（一）驱动机构

1.驱动部件概述（如图 10–8 所示）。

为产生驱动扭矩，以下任一项适用：

（1）仅电机（电动模式）。

（2）电机与发动机配合使用（混合动力模式）。

在混合动力模式下，电机的扭矩与发动机的扭矩共同起作用。启动和加速期间（助力模式）产生扭矩支持。在电动模式下，车辆由电机单独供电。混合动力系统控制包括发动机控制和电驱动单元控制。此时中央控制单元为传动系统控制单元，控制混合动力系统中的所有扭矩以及油耗（尽可能降低），还通过传动系统控制单元进行能源管理。

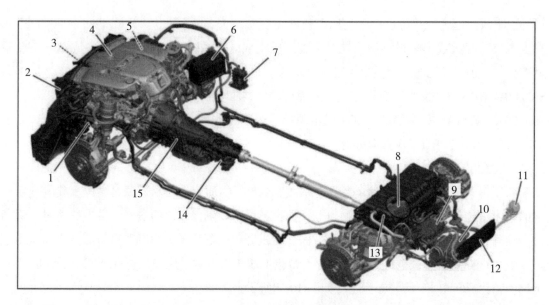

1.电动制冷剂压缩机　2.发动机冷却系统，M177发动机　3.前部发声器　4.M177发动机　5.皮带驱动式启动发电机　6.12 V蓄电池　7.高压正温度系数（PTC）加热器　8.电驱动系统单元　9.直流/直流转换器控制单元　10.高压蓄电池交流充电器　11.交流充电车辆插座　12.后部发声器　13.高压蓄电池　14.分动箱　15.9G–TRONIC自动变速器

图 10-8

2.AMG 8 缸火花点火式 M177 发动机。

新款奔驰 AMG GT63 SE 高性能 4 门轿跑车车型 290 上市时首次采用现代化的 AMG 8 缸火花点火式 M177 发动机，排量为 3982 cm^3，输出功率为 470 kW。M177 发动机首次装配集成在 400 V 高压车载系统中的皮带驱动式启动发电机。皮带驱动式启动发电机启动发动机，并通过直流/直流转换器为 12 V 车载电气系统提供支持。

3. 创新驱动技术包括：

（1）排气管道断开的双涡管涡轮增压器。

（2）仿照赛车采用封闭板构造的铝制曲轴箱。

（3）采用多火花点火的 Blue DIRECT 多点喷射。

（4）轻量化设计的铝铸活塞高效轻巧，因此可适应更高的发动机转速。

（5）采用锆石合铸的气缸盖，使输出功率达到最佳，并实现出了临界情况和里程数较大时的发动机稳定性（特别对于奔驰 AMG）。

（6）采用 NANOSLIDE® 涂层技术的气缸工作表面，可确保理想的润滑，减小摩擦并提高耐磨性。

（7）轻量化的钠冷 NIMONIC® 排气门即使在高负荷情况下也能实现更高的稳定性。采用主动式水冷控制单元。

（8）动态发动机支座不断进行调节（根据型号和设备），以适应动态操控选择 （DYNAMIC SELECT）的驾驶模式或相应的驾驶条件。

（9）排气系统装配了第 2 代带涂层的汽油微粒滤清器，采用最新的传感装置设计。

（10）新一代低摩擦油的使用有助于确保发动机的摩擦得到优化。

（11）新：集成在 400 V 高压车载系统中的电动制冷剂压缩机。新：带电控盘式分离器的主动式曲轴箱通风系统。

4.M177 发动机的扭矩和动力曲线（如图 10-9 所示）。

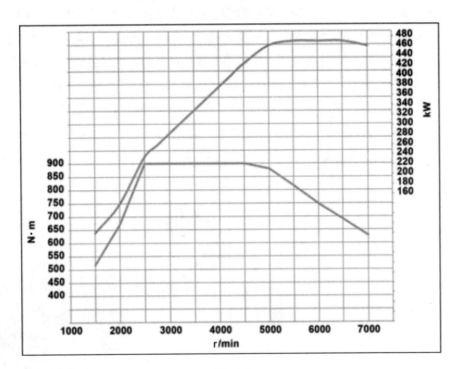

图 10-9

5.M177 发动机的技术数据，如表 10-3 所示。

表 10-3

结构和气缸数	—	V8
气门数量	—	4
排量	cm^3	3982
气缸间距	mm	90
单缸容积	cm^3	498
缸径	mm	83
行程	mm	92
行程 / 缸径	—	1.1
额定功率	kW	470（5500～6500 r/min）
最大扭矩	N·m	900（2500～4500 r/min）
单位功率	kW/L	118
压缩比		8.6
排放标准	—	欧 6d

6.压力箱系统。

通过发动机进行驾驶操作时，在燃油箱中形成的燃气存储在活性炭罐中，然后再供至发动机，在电动模式下不会进行燃烧。活性炭罐在某一时刻达到最大存储容量。为确保散发的燃气不释放到大气中，利用燃油箱隔离阀将燃油箱与大气隔离。阀门关闭时，蒸发作用会导致燃油箱系统中的压力升高。加注燃油前，必须使燃油箱降压。通过按下驾驶员车门中的"使燃油箱降压"开关完成。促动该开关时，燃油箱隔离阀打开且燃油箱中的压力下降。加油口盖板随之解锁，加油口盖可打开。在驾驶员显示屏中显示信息"请等待燃油箱降压"，以指示燃油箱降压。如果燃油箱已加满，必须先行驶约 500 m 的距离。通风不是自发的，可能需要一段时间。

7.电驱动装置的位置和传感器系统（如图 10-10 所示）。

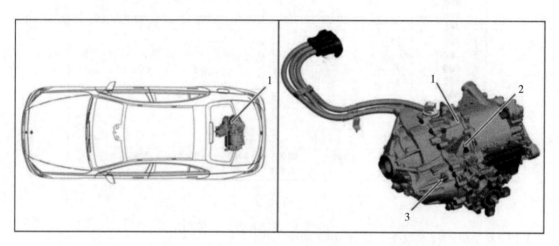

1.电驱动系统单元　2.变速器油温度传感器　3.副轴转速传感器

图 10-10

8.电驱动装置的结构（如图 10-11 所示）。

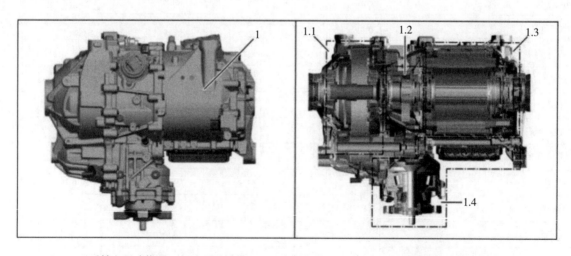

1.后轴电驱动装置　1.1.电子差速锁　1.2.2速变速器　1.3.电机　1.4.带副轴的锥形齿轮

图 10-11

后轴电驱动装置（图 10-11 中 1）安装在后轴上，其在后轴上的位置有利于重量分配。后轴电驱动装置（图 10-11 中 1）包括电机（图 10-11 中 1.3）、2 速变速器（图 10-11 中 1.2）、电子差速锁（图 10-11 中 1.1）和带副轴的锥形齿轮（图 10-11 中 1.4）。2 速变速器（图 10-11 中 1.2）和电子差速锁（图 10-11 中 1.1）由后轴电驱动装置控制单元进行电子调节。

电机直接作用于后轴，因此可以立即将其作用力转化为牵引力，从而在起步、加速或超车时提供额外的助力，电机带来的额外输出提高了整个驱动系统的效率，降低了排放和油耗。集成式电子控制差速锁的功能是提高曲线外的加速度，同时提供更大的牵引力，从而提高驾驶安全性。后轴上的自动切换 2 速变速器具有专门调节的传动比，可确保起步时的灵活性以及在更高速度下的可靠和稳定性能，最迟在约 140 km/h 的速度换入 2 挡。根据驾驶员输入情况，也可能大幅提前。

（1）润滑。

后轴电驱动装置（图 10-11 中 1）利用齿轮、轴承和电子差速锁（图 10-11 中 1.1）的共用油路，通过机械耦合油泵进行润滑，通过热交换器对机油进行冷却。

（2）冷却。

电机（图 10-11 中 1.3）通过冷却液流经定子周围的冷却套进行冷却。电机集成在低温回路 1 中。

（3）电机。

从技术角度来说，该电机采用三相永磁同步电机励磁的原理，采用内转子设计。只要电机和促动器连接（能量回收），就会驱动电机，与行驶方向无关。在减速和制动模式下，机械旋转动能会转化为电能为高压蓄电池充电。

（4）电子差速锁。

后轴电驱动装置控制单元根据需要促动电子差速锁促动器（图 10-12 中 2），以便通过多片式离合器产生锁止扭矩。为打开或关闭板条，电子差速锁促动器（图 10-12 中 2）通过锥形斜面将轴向力传递至板组件，此时锁止力矩可达 2500 N·m。集成在电子差速锁促动器（图 10-12 中 2）中的霍尔传感器（图 10-12 中 7）将位置信息传送至后轴电驱动装置控制单元。同样，集成的温度传感器（图 10-12 中 6）将电子差速锁促动器（图 10-12 中 2）的温度传递至后轴电驱动装置控制单元。无法通过 XENTRY 读取电子差速锁促动器的温度，仅用于自身监测。后轴电驱动装置控制单元持续将电子差速锁的锁止比和电子差速锁促动器（图 10-12 中 2）的状态传送至电控车辆稳定行驶系统（ESP®）控制单元。

（5）后轴电驱动装置的 2 速变速器（如图 10-13 所示）。

后轴电驱动装置控制单元控制促动器（图 10-13 中 2.1）进行换挡。根据以下因素进行换挡：

① 车轮转速。

② 电机转速。

③ 模式。

④ 行驶程序。

开始运行时，2 速变速器（图 10-13 中 2）处于空挡（图 10-13 中 C）。为了进行 1 挡（图 10-13 中 B）与 2 挡（图 10-13 中 A）之间的来回换挡操作，在各种情况下都会短暂选择空挡（图 10-13 中 C）。当促动器（图 10-13 中 2.1）促动时，凸轮盘（图 10-13 中 2.4）根据实际和目标挡位顺时针或逆时针转动。根据凸轮盘（图 10-13 中 2.4）的旋转方向，通过换挡拨叉（图 10-13 中 2.5）、

2.电子差速锁促动器　3.环形齿轮离合器组件　4.球道　5.离合器组件　6.温度传感器　7.霍尔传感器

图 10-12

滑动套筒（图 10-13 中 2.6）和爪齿（图 10-13 中 2.7）与相应的 1 挡（图 10-13 中 B）或 2 挡（图 10-13 中 A）齿轮形成固定连接。集成在促动器（图 10-13 中 2.1）中的霍尔传感器（图 10-13 中 2.3）将位置信息传送至后轴电驱动装置控制单元。同样，集成的温度传感器（图 10-13 中 2.2）将促动器（图 10-13 中 2.1）的温度信息传送至后轴电驱动装置控制单元。必要时，会将后轴电驱动装置当前接合的挡位显示在仪表上。1 挡的最高设计车速约为 140 km/h。

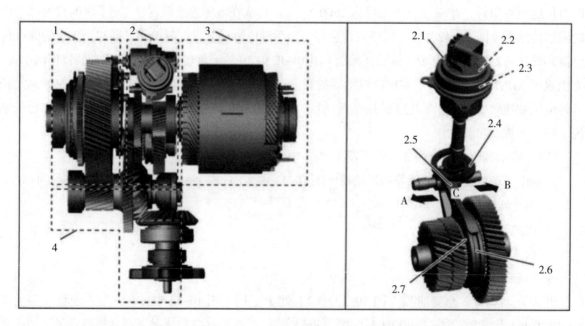

1.电子差速锁　2.速变速器　2.1.促动器　2.2.温度传感器　2.3.霍尔传感器　2.4.凸轮盘　2.5.换挡拨叉　2.6.滑动套筒　2.7.爪齿　3.电机　4.带副轴的锥形齿轮　A.2挡　B.1挡　C.空挡

图 10-13

（二）冷却装置

1. 专用混合动力冷却系统。

新款奔驰 AMG GT63 SE 高性能 4 门轿跑车车型 290 的热量管理包括：

（1）车内智能气候控制。

（2）M177 发动机的冷却。

（3）高压车载电气系统部件的冷却。

通过 3 条独立的回路实现冷却和智能气候控制：

（1）高温回路（M177 发动机和车内智能气候控制）。

（2）低温回路 1。

（3）低温回路 2。

低温回路 1 用于冷却：

（1）电机。

（2）功率电子装置控制单元。

（3）自动变速器。

（4）分动箱。

（5）皮带驱动式启动发电机。

（6）电控多端顺序燃料喷注 / 点火系统（ME-SFI）控制单元。

（7）两个增压空气冷却器。

低温回路 1 有 3 个转速可调的冷却液泵、1 个温度传感器和 1 个调节阀。

低温回路 2 用于冷却：

（1）高压蓄电池。

（2）高压蓄电池交流充电器。

（3）直流 / 直流转换器控制单元。

低温回路 2 有 1 个转速可调的冷却液泵、2 个温度传感器和 1 个调节阀。为降低高速时的能量消耗并减少发动机舱的冷却，冷却模块的顶部和底部安装了带可旋转水平板条的框架。在特定情况下两个促动器电机会打开和关闭空调系统的板条。

车型 290 的 M177 发动机（470 kW）的冷却回路示意图 [混合动力车辆（插电式，PHEV），代码为 ME10]，如图 10-14 所示。

电驱动低温回路（低温回路 1）的功能原理图，如图 10-15 所示。

高压蓄电池低温回路（低温回路 2）的功能原理图，如图 10-16 所示。

2. 高压蓄电池的创新型直接冷却。

创新型直接冷却可实现高压蓄电池 AMG 的大功率输出。高压蓄电池的所有 560 个电池都单独冷却并有冷却液持续流过。采用一种新研发的电动高性能泵使冷却液从上到下流经整个高压蓄电池，并流经各单个电池。直接连接到高压蓄电池的热交换器将热量引导到车辆的两个低温回路（LT）之一，并从该处进入车辆前部的低温冷却器，最终将热量散发到车外空气中。该系统旨在确保高压蓄电池中的热量分布均匀。无加速行驶时，高压蓄电池的温度平均保持在 35℃（最佳工作温度）。在高速行驶过程中会超过此值。直接快速冷却可确保再次达到最佳温度水平，并确保高压蓄电池能

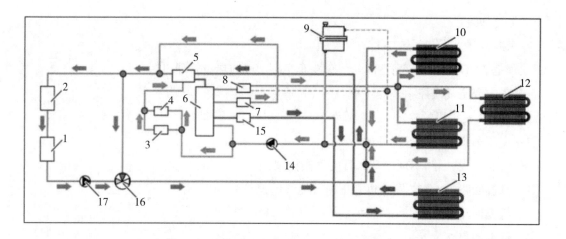

1.高压暖气增压器　2.3区域空调箱　3.右侧涡轮增压器　4.左侧涡轮增压器　5.发动机油热交换器　6.曲轴箱/气缸盖　7.加热器切断阀　8.节温器　9.高温回路膨胀容器+液位传感器　10.附加冷却液散热　11.高温回路冷却液散热器　12.附加高温回路冷却液散热器　13.发动机油冷却器　14.冷却液泵（机械）　15.发动机油节温器　16.控制阀　17.暖风循环泵（电动）

图 10-14

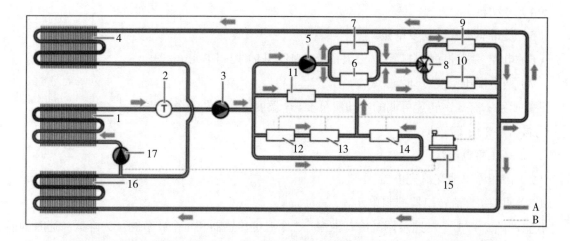

1.低温回路1通流散热器　2.低温回路1温度传感器　3.低温回路1冷却液循环泵　4.低温回路1附加冷却器　5.低温回路1冷却液循环泵　6.电机　7.功率电子装置控制单元　8.低温回路1调节阀　9.变速器油热交换器　10.分动箱　11.皮带驱动式启动发电机　12.电控多端顺序燃料喷注/点火系统［ME-SFI（ME）］控制单元　13.右侧增压空气冷却器　14.左侧增压空气冷却器　15.低温回路1膨胀容器　16.低温回路1附加冷却器　17.低温回路1冷却液循环泵　A.低温回路1冷却液管路　B.低温回路1通风管路

图 10-15

够保持其高性能。直接冷却还可改善能量回收性能，如果需要较高的能量回收性能，冷却可防止高压蓄电池过热，并防止能量回收过程中出现任何后续限制。直接冷却可使高压蓄电池的功率密度达到 1.7 kW/kg。不直接冷却各电池的高压蓄电池只能达到该值的一半左右。中央显示屏显示高压蓄电池和其他驱动部件各自的温度值。中央显示屏（驱动部件和温度显示的可视化），如图 10-17所示。

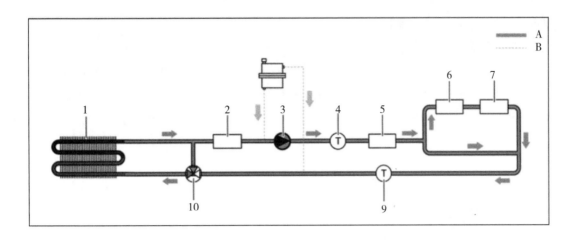

1.低温回路2冷却器　2.热交换器　3.低温回路2冷却液循环泵　4.低温回路2温度传感器　5.高压蓄电池　6.高压蓄电池交流充电器　7.直流/直流转换器控制单元　9.低温回路2温度传感器　10.低温回路2调节阀　A.低温回路2冷却液管路　B.低温回路2通风管路

图 10-16

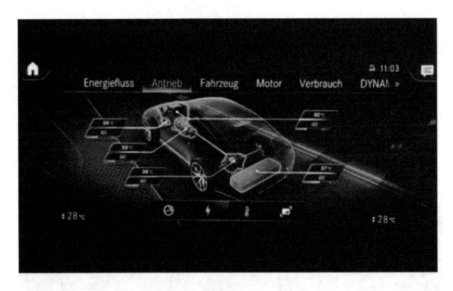

图 10-17

（三）运行策略

1. 概述。

新款奔驰 AMG GT63 SE 高性能 4 门轿跑车车型 290 的运行可通过 M177 发动机与电驱动装置的电能相结合实现，也可仅通过电驱动装置实现。运行策略未设想发动机单独运行的情况。基本运行策略是，当驾驶员需要加速驶出弯道或超车时，持续保持最大牵引力。为此，混合动力系统始终启用。电驱动装置的电机作为发电机工作。在混合动力模式下，输出峰值（加速或上坡行驶时）由高压蓄电池覆盖。在电动模式下，车辆由电机单独供电。在电动模式下，油耗和可达里程主要取决于驾驶模式。再生制动期间，在理想情况下，电驱动装置的电机将作为发电机产生全部制动扭矩。高压蓄电池通过在此过程中产生的电能进行充电。此运行策略可防止蓄电池电量完全耗尽。电驱动装置可启用电动模式或混合动力模式。在混合动力驱动过程中，发动机和电机的扭矩在电驱动装置的传动中重叠。前轴和后轴始终被驱动。

（1）电动模式。

对于电动模式，变速器分离发动机和传动系统之间的摩擦连接。电机（图 10-18 中 1.3）的工作能量通过 2 速变速器（图 10-18 中 1.2）和差速锁（图 10-18 中 1.1）传输至前轴和后轴。电动模式仅在 2 速变速器（图 10-18 中 1.2）的 1 挡中可用，因此在速度方面受到限制。电动模式示意图，如图 10-18 所示。

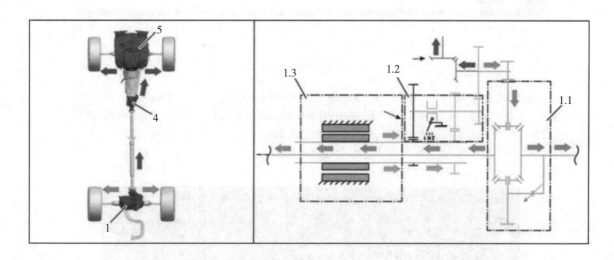

1.电驱动系统单元　1.1.差速锁　1.2.2速变速器　1.3.电机　4.分动箱　5.前轴变速器

图 10-18

电动模式（发动机关闭，电机用作电动机工作）中央显示屏中的图例，如图 10-19 所示。

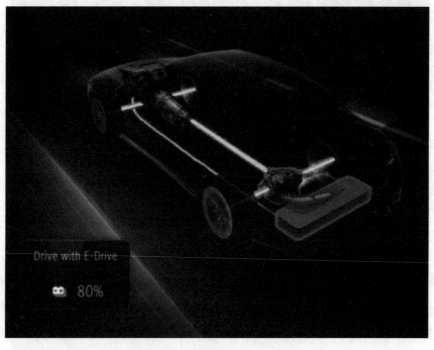

图 10-19

482

蓄电池符号旁边所示的百分比表示高压蓄电池当前的电量。

（2）混合动力模式。

在混合动力模式下，发动机和电机（图 10-20 中 1.3）的驱动输出是组合的。发动机的工作能量传输到前轴和带副轴的锥形齿轮。电机（图 10-20 中 1.3）的工作能量传输到后轴。根据车速 2 速变速器（图 10-20 中 1.2）在 1 挡或 2 挡运行。在混合动力模式下，电机（图 10-20 中 1.3）可以提供正扭矩（增加工作能量，助力效果）和负扭矩（能量回收），这使负载点能够在发动机的两个方向上移动。混合动力模式示意图，图 10-20 所示。

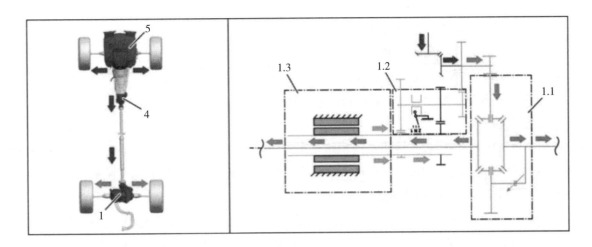

1.电驱动系统单元　1.1.差速锁　1.2.2速变速器　1.3.电机　4.分动箱　5.前轴变速器

图 10-20

混合动力驱动期间的助力模式（发动机运转，电机用作电动机工作）中央显示屏中的图例，如图 10-21 所示。

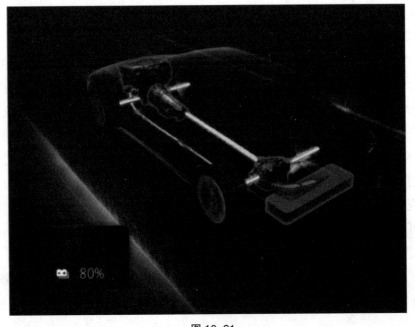

图 10-21

蓄电池符号旁边所示的百分比表示高压蓄电池当前的电量。

2.高压能源管理（EMM）。

高压能源管理是指对高压蓄电池和相应高压部件（由运行策略进行调节）进行管理，这会对油耗和可达里程有较大影响。

下面列出了一些重要任务：

（1）根据 HV 安全要求启用和停用高压部件。

（2）确定高压蓄电池的可用能量。

（3）基于可用能量的 HV 部件之间的能量分配。

（4）预测传动系统的当前可用电力输出。

（5）协调充电过程（高压蓄电池和充电部件之间的相互作用）。

（6）计算旅程计算机的电力范围和电力消耗。

（7）检查高压安全要求并根据需要调整至安全状态。

3.驾驶模式。

新款奔驰 AMG GT63 SE 高性能 4 门轿跑车车型 290 采用 7 种 AMG 动态操控选择（DYNAMIC SELECT）驾驶模式。根据所选驾驶模式，其会更改驱动系统、转向系统和电控车辆稳定行驶系统（ESP®）的属性。这些驾驶模式包括：

（1）舒适型模式是基本设置模式，当电机打开时，车辆无声启动，起步通常通过电动方式实现。

①驾驶模式提供：在超速运转模式（新）下的可调能量回收和所有智能混合动力功能的全部版本。

②根据驾驶状况和驾驶距离，通过混合动力系统在优化燃油消耗量的情况下提供舒适驾驶并选择合适的驾驶模式。

（2）电动模式：车速可达到 130 km/h。除了在超速运转模式下可调能量回收，还可通过触控加速踏板（强制降挡）的压力点启动发动机。

（3）打滑模式：能够在冬季和湿滑路面条件下优化启动和驾驶特性。

（4）自定义模式：用于单独设置多个参数。

（5）运动型模式：允许车辆通过发动机和电机以及两种驱动模式的情景交互启动。传动系统的设计基于运动驾驶性能和车辆静止时发动机关闭的情况。

（6）运动增强型模式：允许车辆通过发动机和电机以及两种驱动模式的情景交互启动。传动系统的设计用于更具运动性的驾驶性能。此外，还实现了悬挂、转向和传动系统的动态协调。

（7）赛车模式：用于在封闭赛道上高速动态驾驶。此时，所有参数都旨在实现最好性能，通过来自电机的全电动助力，在急加速期间为发动机提供支持。电量需求较低时对高压蓄电池强力充电，以实现最大可用电力。注意：触控加速踏板的功能仅在电动模式下可用。打滑和赛车驾驶模式不提供可调节的能量回收。若在赛车模式下打开 ESPOSPORT 或关闭 ESP®，则只能通过从 3000 r/min 的转速强制降挡来有意识有目的地使用助力效果。

通过中央显示屏下方中控台开关面板中的动态操控选择（DYNAMIC SELECD）按钮或 AMG 方向盘按钮的右旋转开关选择驾驶模式。所选的驾驶模式会显示在显示屏按钮上。

4. 能量回收。

允许在车辆减速期间进行能量回收，电机作为发电机工作并在车轮上产生制动扭矩，产生的电能流回到高压蓄电池中。能源管理系统控制能量的回流，可能的回收电量取决于高压蓄电池的电量。促动制动踏板时，再生制动系统优先选择电机，必要时还会选择行车制动器。完全自动调校。急剧减速时，行车制动器部分占主导。分配制动扭矩时，除了电量，还考虑与车辆动态相关的参数，如弯曲半径和道路平顺度，这同样适用于通过巡航控制功能或限距控制系统（SA）或限速器进行制动干预的情况。还可通过多功能方向盘下部按钮组 2 手动影响回收电量。在以下条件下，通过操作集成式显示屏按钮可实现能量回收调整：

（1）已选择电动、舒适型、运动型和运动增强型中的一种驾驶模式。

（2）电控车辆稳定行驶系统（ESP）已启用。

（3）DISTRONIC 主动式车距辅助系统未启用。

显示屏按钮显示电池符号，分 3 个部分分段显示，用于调整再生制动。在"+"方向转动旋转开关可增加能量回收，在"−"方向转动可减少能量回收。分为以下能量回收等级并显示在显示屏按钮上：

（1）无亮起分段：无能量回收，车辆自由滑行。

（2）一段亮起：标准能量回收，大致相当于装配发动机的传统车辆在超速运转模式下减速。

（3）两段亮起：增强型能量回收，在超速运转模式下车辆急剧减速，如在下坡行驶时。

（4）三段亮起：最大能量回收，超速运转模式下的最大车辆减速度。

注意：重新启动发动机后或重新接合变速器挡位 D 后，"标准能量回收"自动设置。

最大能量回收取决于车速以及高压蓄电池的当前充电水平和温度。由于 AMG 高压蓄电池始终保持在 45℃左右的最佳温度，采用直接冷却，再生制动得到优化。通常情况下，高压蓄电池在再生电量较高时会剧烈升温，因此需要限制再生制动。

多功能方向盘下部按钮组［装配 AMG 方向盘按钮（AMG 操控单元）］，如图 10-22 所示（左侧驾驶车辆）。

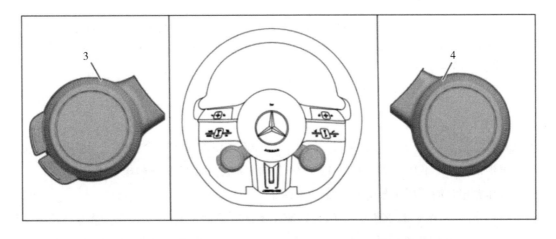

3.多功能方向盘下部按钮组1　4.多功能方向盘下部按钮组2

图 10-22

六、底盘

1. 悬挂和减震。

新款奔驰 AMG GT63 SE 高性能 4 门轿跑车车型 290 标配了空气悬挂系统（AIR MATIC）和减震系统（代码 489）。

2. 空气悬挂系统（AIRMATIC）。

空气悬挂系统（AIRMATIC）具备以下新功能：

（1）通过开放式的空气供给更快地降低和升高底盘，并在控制单元中控制新型空气悬挂系统。

（2）以更快的速度自动降低，从而降低油耗。

（3）通过自动降低功能与运动型驾驶模式结合使车辆动态性能更佳。

（4）可在车速最高为 60 km/h 的情况下提高行车高度（离地间隙与负载无关）。

七、电气系统

（一）电气系统

1. 新款奔驰 AMG GT63 SE 高性能 4 门轿跑车车型 290 高压部件，如图 10-23 所示。

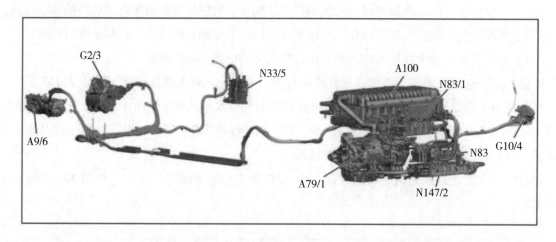

A9/6.电动制冷剂压缩机　A79/1.电机　A100.高压蓄电池模块　G2/3.皮带驱动式启动发电机　G10/4.车辆插座　N83.高压蓄电池交流充电器　N83/1.直流/流转换器控制单元　N33/5.高压正温度系数（PTC）加热器　N147/2.功率电子装置控制单元

图 10-23

2. 车载电气系统概述。

新款奔驰 AMG GT63 SE 高性能 4 门轿跑车车型 290 的电源通过两个独立的车载电气系统实现：带高压蓄电池的高压车载电气系统和带 12 V 车载电网蓄电池的 12 V 车载电气系统。

3. 带高压蓄电池的高压车载电气系统。

新款奔驰 AMG GT63 SE 高性能 4 门轿跑车车型 290 采用了高功率密度的紧凑型锂离子高压蓄电池。它由 560 个采用最新电池技术的单个电池组成，通过模块化结构进行串联和并联切换。蓄电池容量为 6.1 kWh。由于容量低，因此外部充电时间很短。高压蓄电池设计为以大电流充电和放电。操作策略可防止高压蓄电池完全放电。高压蓄电池直接冷却的操作模式是新研发的。所有电池都单独冷却，这可确保高压蓄电池中的热量始终均匀分布。通过高压蓄电池进行纯电动驾驶可实现 12 km 的里程（WLTP）。通过标准家用插座、壁挂式充电盒或公共充电站由高压蓄电池交流充电器进行充电。

4. 带 12 V 车载电网蓄电池的 12 V 车载电气系统。

12 V 车载电气系统利用直流 / 直流转换器通过高压车载电气系统供电。同时，直流 / 直流转换器将高压车载电气系统或皮带驱动式启动发电机的高压直流电转换为 12 V 直流电并为 12 V 车载电网蓄电池充电。

车辆网络支持。

新款奔驰 AMG GT63 SE 高性能 4 门轿跑车车型 290 使用的所有控制单元均通过 12 V 车载电网蓄电池供电，还会提供车载支持，以确保进行充电。行驶状态期间，如果 12 V 车载电网蓄电池的电量低于阈值，其通过直流 / 直流转换器进行充电。高压蓄电池：电池和前置热交换器的剖视图，如图 10-24 所示。正确使用时，高压蓄电池不存在任何危险。处理由于运转操作或事故导致损坏的高压蓄电池时，根据锂电池的安全处理指南进行操作（例如通过 Xentry Portal）。

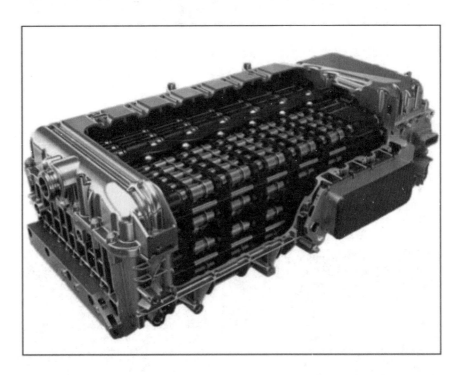

图 10-24

5. 皮带驱动式启动发电机（BSA）如图 10-25 所示。

皮带驱动式启动发电机集成在新款奔驰 AMG GT63 SE 高性能 4 门轿跑车车型 290 的 400 V 高压车载电气系统中。除了启动发动机外，还可为 400 V 车载电气系统供电。功率电子装置直接安装在皮带驱动式启动发电机外壳上。皮带驱动式启动发电机由低温回路 1 进行冷却。

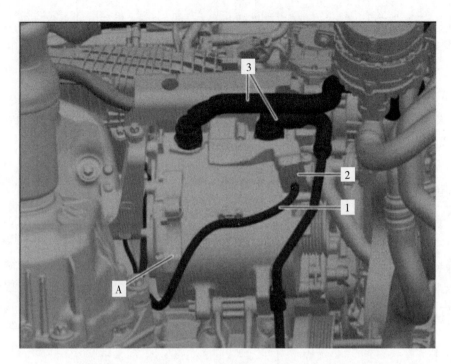

A.皮带驱动式启动发电机　1.12 V电线　2.电气连接器　3.冷却管路

图 10-25

6. 功率电子装置控制单元如图 10-26 所示。

功率电子装置控制单元集成在驱动系统中并直接连接至高压蓄电池模块和冷却回路，其任务如下：

（1）向电机供电。

（2）控制电机。

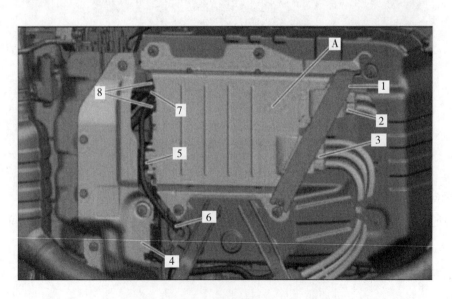

A.功率电子装置控制单元　1.支杆　2.高压插头　3.高压插头　4.隔热板

5.电气连接器　6.等电位连接线　7.通风管　8.冷却管路

图 10-26

（3）监测电机的温度和位置。

（4）为传动系统控制单元创建可用扭矩的诊断和预测。

为操作电机，交直流转换器将高压蓄电池、功率电子装置中的直流电转换为三相交流电。电机的转速和温度由功率电子装置进行记录。在超速运转模式下，若电机作为发电机工作，则功率电子装置将感应的交流电转换为直流电并用于高压车载电气系统。功率电子装置控制单元为水冷式，集成在低温回路 1 中。

7. 直流 / 直流转换器控制单元如图 10–27 所示。

直流 / 直流转换器控制单元有助于高压车载电气系统和 12 V 车载电气系统之间的能量交换。高压正温度系数（PTC）加热器和电动制冷剂压缩机通过集成式高压直流电源分配器供电。直流 / 直流转换器控制单元为水冷式，集成在低温回路 2 中。

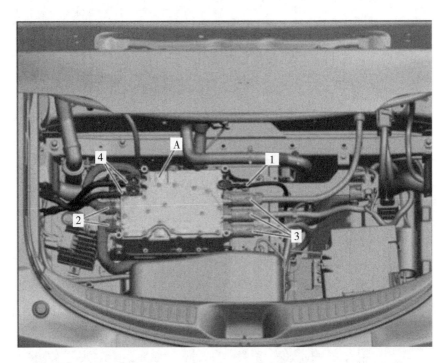

A.直流/直流转换器控制单元　1.等电位连接线　2.冷却管路　3.高压车载电
气系统电线　4.12V车载电网蓄电池电线

图 10–27

8. 高压蓄电池交流充电器。

高压蓄电池交流充电器将来自外部电源（如充电站）的交流电转化为直流电，其为水冷式，集成在低温回路 2 中。3.7 kW 高压蓄电池交流充电器如图 10–28 所示。

9. 电动制冷剂压缩机如图 10–29 所示。

无论电机的负载情况如何，电动制冷剂压缩机都能提供热舒适性。该功能在电量较低时或因噪声原因而受到限制。电动制冷剂压缩机通过直流 / 直流转换器供电。

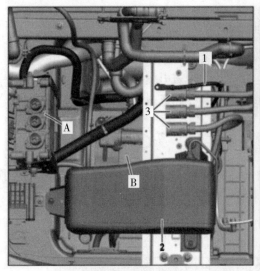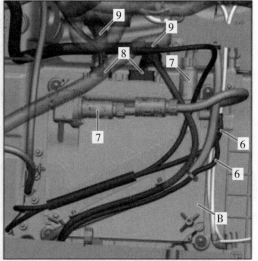

A.直流/直流转换器控制单元（折向一侧）　B.高压蓄电池交流充电器　1.直流/直流转换器控制单元等电位连接线　2.空气悬挂系统（AIRMATIC）储压罐　3.直流/直流转换器控制单元高压连接器　6.等电位连接线　7.高压插头　8.电气连接器　9.冷却管路

图 10-28

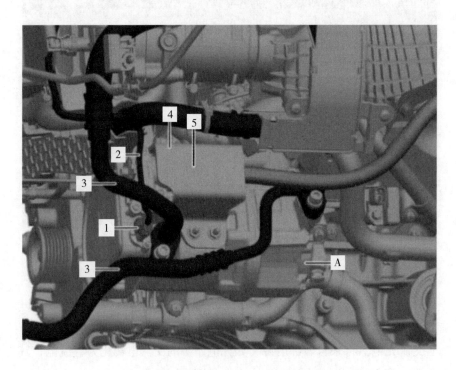

A.电动制冷剂压缩机　1.12 V电气连接器　2.12 V车载电气系统电线　3.制冷剂管路　4.固定板　5.高压电气连接器

图 10-29

10. 高压正温度系数（PTC）加热器如图 10-30 所示。

高压正温度系数（PTC）加热器位于右侧车轮拱罩中，通过直流／直流转换器供电。其为集成在加热电路中的高压水加热器。必要时，其为车内产生热量。

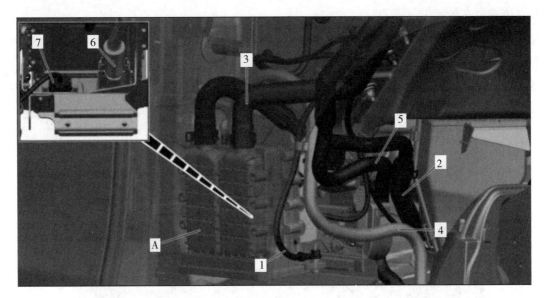

A.高压正温度系数（PTC）加热器　1.等电位连接线　2.冷却软管　3.冷却软管　4.高压车载电气系统电线　5.冷却管路　6.高压插头　7.12 V电气连接器

图 10-30

11. 声音环境保护。

在所有操作模式下，低速时车辆非常安静，存在不被其他道路使用者注意到的危险，或直至非常晚的阶段才注意到。声学环境保护的技术设计包括两个用于新款奔驰 AMG GT63 SE 高性能 4 门轿跑车车型 290 的发声器。发声器包含 1 个控制单元和 1 个音频输出级。前部发声器有 1 个用于发声的扬声器，后部发声器有 2 个扬声器。根据车速和加速踏板位置，发声器在 0 km/h 和 30 km/h 时产生音频信号。车速高于 30 km/h 时，发声器停用，因为车辆的滚动噪声和风噪已足够大，可以被感知到。

（二）充电

1. 电源设备。

充电过程中的所有相关部件（高压蓄电池交流充电器、车辆插座、充电电缆）均按照国际标准（如 IEC62196-2）进行标准化，这有助于通过差别较大的电网和电源设备轻松充电。新款奔驰 AMG GT63 SE 高性能 4 门轿跑车车型 290 可通过供电插座和公共充电站或壁挂式充电盒进行充电。为了避免本地电网过载，通过供电插座充电时，充电电流可能会受到限制。一旦连接了充电电缆，车辆自身的高压蓄电池交流充电器通过离散控制线路（先导控制装置）与充电电缆或充电站中的控制箱进行通信，同时传送有关电源设备的性能数据并相应地调节高压蓄电池交流充电器的耗电量。仅在此之后，交流充电器开始充电流程，同时其监测电压、电量和充电时间，以保护高压蓄电池。新款奔驰 AMG GT63 SE 高性能 4 门轿跑车车型 290 标配的高压蓄电池交流充电器的最大充电容量为 3.7 kW。

2.Mercedes me 充电。

通过 Mercedes me 应用程序或中央显示屏或驾驶员显示屏，利用远程访问可以轻松对充电站进行访问。可通过 Mercedes me 充电 RFID 卡认证。

3. 交流充电车辆插座。

交流充电车辆插座确保充电电缆的电气接触。在装配交流充电车辆插座的车辆（日本版和中国版）中，在充电过程中，充电电缆连接器由促动电机锁止。交流充电车辆插座安装在右后保险杠中。奔驰 AMG GT63 SE 高性能 4 门轿跑车车型 290 已连接充电电缆的交流充电车辆插座的后视图，如图 10–31 所示。

图 10–31

适用于车辆侧装配 COMBO2/Typ2xEV 车辆插座且仅带交流充电功能的车型 290 的示意图，如图 10–32 所示。

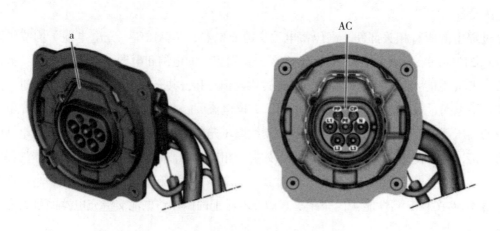

a.交流充电车辆插座　AC.插槽名称

图 10–32

注意：针脚上的编号和 / 或字母指示插槽的针脚编号。

4.通过供电插座进行充电的充电电缆（模式2）。

具有两种长度型号的一相充电电缆已进行改装，以使其符合特定国家标准，其通过载物舱中的插座供电。充电电缆包含电缆内部控制和保护装置（IC-CPD）。为满足IEC61851的安全规定，集成了1个接地故障断路器和1个通信装置（脉冲宽度调制模块）来设定电源。为保护用户和电动车辆，IC-CPD固定在充电电缆中，开闭车辆插入式连接和设施之间的电源触点，并将充电电流上限传送至车辆。若出现故障或存在电压下降，则立即中断充电过程。充电电缆仅在车辆请求电压后才开闭车辆插入式连接和防触电插头之间的电源触点，未插入的连接器则会断电。带电缆检查盒的供电插座的充电电缆（模式2），如图10-33所示。

图 10-33

5.公共充电站的充电电缆（模式3）。

一相充电电缆已进行改装，以使其满足特定国家标准，可作为特殊装备获得，共有两种长度型号。模式3充电电缆根据IEC61851在车辆和标准电源之间建立连接，即所谓的电动车辆供电装备（EVSE）。故障和过载保护、切断功能和规定的车辆插座集成在EVSE中，充电电缆带有电缆最大电流负载能力的电阻编码和连接至车辆与设施的标准插入式触点。充电站仅在车辆请求电压后才开闭电源触点。因此，未插入的车辆会断电。壁挂式充电盒和公共充电站的充电电缆（模式3），如图10-34所示。

6.显示和操作。

新款奔驰AMG GT63 SE高性能4门轿跑车车型290内部控制和显示元件，如图10-35所示。

新款奔驰AMG GT63 SE高性能4门轿跑车车型290中央控制台中的控制元件，如图10-36所示。

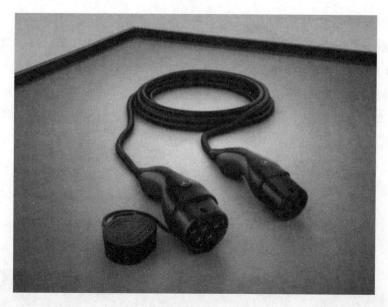

图 10-34

图 10-35

新款奔驰 AMG GT63 SE 高性能 4 门轿跑车车型 290 装配了扩展后的混合动力专用控制和显示元件：

驾驶员显示屏（s.u.）。

中央显示屏（s.u.）。

泄压油箱系统开关。

触控加速踏板：支持纯电动驾驶，带有额外压力点和随后增加的踏板阻力。

多功能方向盘下部按钮组 2：能量回收调节。

中央控制台开关组：

打开 / 关闭预进入智能气候控制开关：车辆内部可再调节 30 min，如在旅途休息期间。

将预进入智能气候控制开关设置为出发时间：可通过中央显示屏上的菜单调整设置。

图 10-36

AMG 高性能排气系统按钮：声音特性也会影响电动模式下的电机噪声。

动态操控选择（DYNAMIC SELECT）按钮：附加程序"电动"。

（1）驾驶员显示屏。

驾驶员显示屏具有多个混合动力专用显示，包括：

① 关于触控加速踏板的信息。

② 关于周围区域声音保护的信息。

③ 动力表上的附加信息：

a. 动力。

b. 驱动已启用。

c. 高压蓄电池的当前充电状态，最大回收电输出。

d. 组合输出显示屏。

装配混合动力专用显示屏的驾驶员显示屏（新款奔驰 AMG GT63 SE 高性能 4 门轿跑车车型 290），如图 10-37 所示。

（2）中央显示屏。

通过"充电选项"在中央显示屏上进行以下充电设置：

① 设置唯一的出发时间。

② 设置每周资料。

各种工作状态的能量流通过中央显示屏向驾驶员展示。除能量流外，还显示混合动力系统的状态和高压蓄电池的当前充电状态信息。发动机部件的能量流以橙色显示，电机以蓝色显示。根据操作状态，能量流以不同的颜色显示：

① 黄色：定速驾驶或中等加速。

② 橙色：强力加速（助力效果）。

图 10-37

③ 蓝色：在能量回收、电动操作和高压蓄电池充电期间的低排放能量流。

中央显示屏：新款奔驰 AMG GT63 SE 高性能 4 门轿跑车车型 290 的能量流显示、驱动和能量回收情况，如图 10-38 所示。

图 10-38

八、车载电气系统网络连接

（一）车载电气系统部件位置图（如图 9-39 所示）

（二）高压安全性

为降低高压车载电气系统造成健康损害的风险，新款奔驰 AMG GT63 SE 高性能 4 门轿跑车车型 290 装配了分离式互锁系统。互锁电路提供保护，以防意外接触高压部件。每个具有可拆卸高压

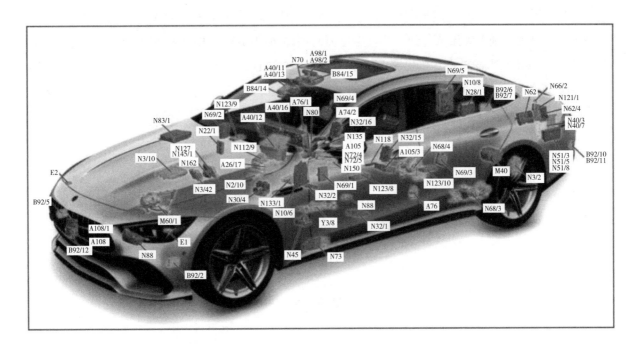

N3/10.电控多端顺序燃料喷注/点火系统［ME-SFI（ME）］控制单元　N118.燃油泵控制单元　N127.传动系统控制单元　Y3/8.完全集成式变速器控制单元　A40/12.平视显示屏　A76.左前可逆式安全带紧急拉紧器　A76/1.右前可逆式安全带紧急拉紧器　B84/14.增强现实摄像头　N2/10.辅助防护系统控制单元　N66/2.后视摄像头控制单元　N73.电子点火开关控制单元　N88.轮胎压力监测器控制单元　A26/17.主机　N133/1.仪表控制单元　N112/9.HERMES控制单元　N83/1.直流/直流转换器控制单元　N30/4.电控车辆稳定行驶系统（ESP）控制单元　N68/3.左后车轴转向控制单元　N68/4.右后车轴转向控制单元　A98/1.滑动天窗控制模块　A98/2.全景天窗遮阳帘控制模块　M40.多仿形座椅气动泵　N10/6.前侧信号采集及促动控制模组（SAM）控制单元　N10/8.后侧信号采集及促动控制模组（SAM）控制单元　N22/1.智能气候控制系统控制单元　N28/1.挂车识别控制单元　N32/1.驾驶员座椅控制单元　N32/2.前排乘客座椅控制单元　N32/15.驾驶员多仿形座椅控制单元　N32/16.前排乘客多仿形座椅控制单元　N69/1.左前车门控制单元　N69/2.右前车门控制单元　N69/3.左后车门控制单元　N69/4.右后车门控制单元　N69/5.无钥匙启动（KEYLESS-GO）控制单元　N70.车顶控制面板控制单元　N121/1.尾门控制单元　N162.环境照明灯控制单元　A74/2.多功能方向盘下部按钮组电动控制单元　N80.转向柱模块控制单元　N135.方向盘电子设备　A40/11.平面探测多功能摄像头　B92/6.外部右后保险杠集成式雷达传感器　B92/11.外部左后保险杠集成式雷达传感器　E1.左前灯组　E2.右前灯组　B92/2.前保险杠左侧外部雷达传感器　B92/5.前保险杠右侧外部雷达传感器　N62/4.梅赛德斯-奔驰智能行驶控制单元　B92/7.后保险杠右侧外部雷达传感器　B92/10.后保险杠左侧外部雷达传感器　A40/16.主机/仪表显示屏组　A105.触摸板　A105/3.触摸屏　B84/15.手势感测器　N123/8.移动电话托座控制单元　N123/9.电话控制单元（装配车载电话组件/代码380）　N123/10.后座区移动电话托座控制单元　N3/2.电子差速锁控制单元　N3/42.主动式发动机支座控制单元　N72/4.左侧下部控制面板　N72/5.右侧下部控制面板　N150.直接选挡（DIRECTSELECT）接口　A40/13.立体探测多功能摄像头　A108.主动式制动辅助系统控制单元　A108/1.DISTRONIC主动式车距辅助系统电动控制单元　B92/12.近距离和远距离雷达传感器　N45.全轮驱动控制单元　N51/3.主动车身控制系统控制单元　N51/8.空气悬挂控制系统（AIRBODYCONTROL）增强版控制单元　N62.驻车系统控制单元　N68.电液动力转向机构控制单元　N40/3.音响系统放大器控制单元　N40/7.高级音响系统放大器控制单元

图 10-39

连接的高压部件会自行监测该连接（分散式互锁），利用循环通过自身所有高压连接的互锁电压信号来实现。拆下高压连接时，其中的跨接装置会中断电压信号，会对高压部件进行评估，从而检测到高压连接断开并将互锁信息通过网络传送至传动系统控制单元，以进行集中评估。行驶时互锁信息不会导致高压车载电气系统关闭。仅在换挡杆位于 N 或 P 接合时间＞3 s 且车速＜5 km/h 时关闭高压车载电气系统。此外，换挡杆位于 D 时打开发动机罩也会关闭高压车载电气系统。若车辆关闭且互锁信息启用，则车辆无法行驶。若发生碰撞时辅助防护系统（SRS）控制单元触发燃爆保险丝（F63），高压断开装置断开，则电路 30C 信号线路会中断且以下系统关闭：

（1）高压车载电气系统。

（2）充电系统。

（3）电传动系统。

（三）高压部件和互锁回路（如图 10-40 所示）

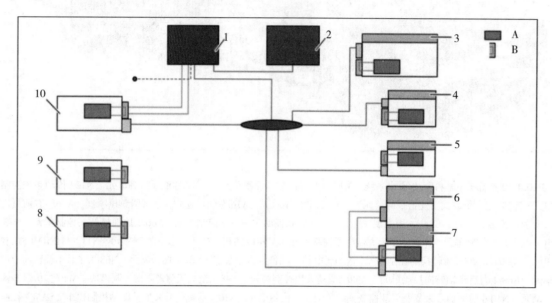

1.高压断开装置　2.热敏保险丝　3.高压蓄电池模块　4.直流/直流转换器控制单元　5.高压蓄电池交流充电器　6.电机　7.功率电子装置控制单元　8.高压正温度系数（PTC）加热器　9.电动制冷剂压缩机　10.皮带驱动式启动发电机　A.分散式互锁检测器　B.高压插头

图 10-40

九、舒适系统

新款奔驰 AMG GT63 SE 高性能 4 门轿跑车车型 290 标配了带空调系统（代码为 580）的 2 区自动空调智能气候控制系统。带自动空调（代码为 581）的 4 区自动空调智能气候控制系统（THERMOTRONIC）作为选装装备提供。为确保更好的加热性能，启用加热器电路中水侧的电动高压正温度系数（PTC）加热器。

预处理空调：预进入智能气候控制系统为车辆提供了更好的舒适性，车内已经预先进行加热或冷却且空气质量［装配空气质量组件（代码为 P21）］得到改善。通过高压蓄电池或外接电源（车辆与充电站连接）有效进行预进入智能气候控制且排放量为零。

预进入智能气候控制系统具有多种配置且可通过以下方式启用：

（1）车辆钥匙。

（2）中央显示屏。

（3）远程启用（奔驰智能互联）。

可通过每周资料完成一次配置或立即执行。多种因素都会影响该功能，包括高压蓄电池的电量，车辆是否与充电站连接。

十、专用工具

（一）孔眼，MB 编号：000586006100（如图 10-41 所示）

用于升起主总成。

注意事项：拧入式悬吊装置，3 件（2×M8，1×M6），与均布载荷调节器 W000588006200 配套使用。

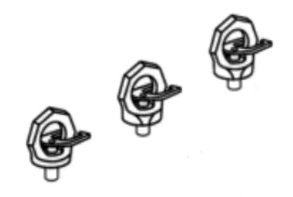

图 10-41

（二）套筒，MB 编号：290589001400（如图 10-42 所示）

用于将凸缘插入后轴电驱动装置（EDU）变速器输入轴。

图 10-42

（三）拔取和嵌入工具，MB 编号：290589004300（如图 10-43 所示）

用于在后轴托架处拔取和插入后轴差速器轴承。

注意事项：与手动泵 W652589003321 和液压软管（整条）W652589003323 以及空心活塞筒 W001589513300 配套使用。

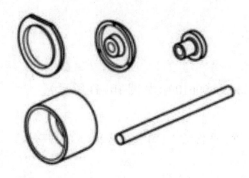

图 10-43

（四）冲子，MB 编号：290589021500（如图 10-44 所示）

用于在后轴电驱动装置（EDU）输入凸缘处安装径向轴密封环。

注意事项：与套筒 W290589001400 配套使用。

图 10-44